Martin Fieber (Hrsg.)

Die Botschaft der Santiner

Martin Fieber (Hrsg.)

Die Botschaft der Santiner

BERGKRISTALL

Bergkristall Verlag GmbH
Krumme Weide 30
32108 Bad Salzuflen
Tel.: 05222 – 923 451
Fax: 05222 – 923 452
info@bergkristall-verlag.de
www.bergkristall-verlag.de

1. Auflage 2007
Umschlag und Satz: Bergkristall Verlag GmbH
Druck und Bindung: Media Print GmbH, Paderborn
Printed in Germany

Foto von "N 164 Nebula in the LMC":
European Southern Observatory® (ESO)

ISBN 978-3-935422-60-4

Welcher ist der sicherste Weg zur Wahrheit?
Der sicherste Weg beginnt im eigenen Herzen.
Gott kann für diese Aufgabe keine Feiglinge gebrauchen.
Er braucht geistige Revolutionäre, die für ihn um die Wahrheit
mit dem ganzen Einsatz von Seele und Leben kämpfen.

Wie lautet die bedeutendste Kernfrage,
die von der Menschheit gestellt werden könnte?
Gibt es einen Gott oder nicht?
Gibt es ein geistiges Weiterleben oder nicht?

Inhaltsverzeichnis

Vorwort *11*
Wer sind die Santiner? *13*
Wer ist Ashtar Sheran? *14*
Einleitung von Ashtar Sheran *17*

Unser Auftrag *21*
Einen Eid fürs Leben *25*
Die große Mission *26*
Zur Reinkarnation *30*
Das All *35*
Das Weltall ist belebt *38*
Licht ist Urkraft *41*
Ein geheimnisvoller Stoff im All *45*
Seele, Geist und Neutrinos *47*
Das Gesetz des Lebens *52*
Zeit spielt keine Rolle *62*
Die Aufgaben des Menschen *65*
Der Läuterungsplanet Erde *68*
Das Ebenbild Gottes *77*
Wahre Kunst und Musik *79*
Eine globale Aufklärung *81*
Eine Mahnung an die Welt *87*
Der Widersacher existiert *94*
Missbrauch der Intelligenz *98*
Der Eigensinn *106*
Größenwahn *109*
Emanzipation *114*
Pornographie *117*
Die menschliche Seele *120*
Die Wahrheit wird euch frei machen *123*
Die Wahrheit siegt *126*

Irrtum regiert *129*
Liebe über alle Grenzen *135*
Zerstörerische Einwirkungen auf Mensch und Umwelt *138*
Atome und Atombomben *141*
Nicht zu beschreibende Rücksichtslosigkeiten *145*
Dummheit kennt keine Skrupel *147*
Das Wissen um die Reinkarnation gehört in die Universitäten *155*
Wissenschaftlicher Hochmut *158*
Was ist Wahrheit? *170*
Gott ist ewig *174*
Metaphysik *179*
Im besten Glauben *189*
Irrungen und Wirrungen im Bereich des Glaubens *193*
Massenerlösung *203*
Das Blutopfer der Erde *205*
Wo ist Gott? *208*
Der Glaube an das Übersinnliche *212*
Vorleben *214*
Was heißt Freiheit? *220*
Ewige Wahrheit *221*
Die Theologie kocht ohne Wasser *224*
Autorität und Antiautorität *227*
Gleichnisse *230*
Die falschen Vorstellungen der Religionen *232*
Der Mensch lebt geistig weiter *239*
Das Wunder von Fatima *241*
Seit 4.000 Jahren *243*
Propheten und ‚Engel' *246*
Die Propheten Hesekiel und Jona *248*
Der Prophet Mose *251*
Das interplanetarische Gesetz Gottes *265*
Von Mose über Noah bis Lot *270*
Die Lüge steht neben der Wahrheit *272*
Unter der Leitung von Erzengel Michael *275*

Die Angst vor dem Geistigen *279*
Interview mit einem westlichen Präsidenten *283*
Interview mit einem östlichen Präsidenten *290*
Die Diktatur des Todes *298*
Über die Menschenrechte *300*
Unendliches Bewusstsein *303*
Ausblick *307*

Beispiele aus dem täglichen Leben der Santiner *311*
Über Raumstationen, Raumschiffe und ihre Technik *316*

Gesammelte Worte von Ashtar Sheran *337*
Botschaften bis zum Jahr 2007 *407*
Das interplanetarische Gesetz Gottes *418*
Das Vater Unser im Urtext *422*
Ein Dankgebet *422*
Die zwei Gesetze der Santiner *422*

Mediale Zeichnungen *423*

Vorwort

Liebe Leserinnen und Leser,

die Regierungen aller großen Staaten wissen von der Existenz der Santiner oder, wie sie auch genannt werden, ‚kleinen Engel', einer Menschheit aus dem Sternbild Alpha Centauri.

Diese Regierungen wissen,

- *dass der Stern von Bethlehem ein Raumschiff der Santiner war,*
- *dass der Prophet Mose am Berg Sinai ein Raumschiff der Santiner sah und sich darin einige Tage aufhielt,*
- *dass der Prophet Jona nicht von einem Wal verschluckt wurde, sondern von einem zigarrenförmigen Raumschiff,*
- *dass das Wunder von Fatima keine Marienerscheinung war, sondern ein Santiner.*

Die Regierungen und der Vatikan wissen um die Existenz der Santiner und Ashtar Sheran, deren Führungspersönlichkeit. Warum vorenthalten die Regierungen dem Volk diese Informationen? Und warum sind die Santiner überhaupt hier?
Die Santiner haben seit vielen Tausenden von Jahren den göttlichen Auftrag, der Menschheit auf der Erde in ihrer moralischen Entwicklung zu helfen. In ihrer Entwicklung 10.000 Jahre voraus, übersteigen ihre technischen und spirituellen Fähigkeiten unser Vorstellungsvermögen. Die Santiner stellen eine Art Himmelspolizei dar, um uns vor fremden Einflüssen zu schützen, die objektive Wahrheit näher zu bringen und uns aus alten, dogmatischen Abhängigkeiten zu befreien.

Der Mediale Friedenskreis in Berlin empfing in den Jahren von 1956 bis 1975 über zwei Schreibmedien Botschaften der Santi-

ner. In den meisten Fällen war Ashtar Sheran der Botschafter. Dieser Kontakt wurde nicht von dem spirituellen Forschungskreis angestrebt, sondern von den Santinern hergestellt. Zum Glück, denn die Zeit wird immer reifer, diese Botschaften bekannt zu machen. Die Ufologie ist zwar mittlerweile in vieler Munde, aber die Ufologen halten sich meistens noch an den äußeren Phänomenen auf wie Ufo-Sichtungen oder Kornkreise. Die spirituellen Gründe dieser Vorkommnisse werden vernachlässigt.

Diese Botschaften sind epochal. Sie sind voll kraftvoller Wahrheit und kosmischer Weisheit. Ashtar Sheran sagt hierzu:
Diese Botschaften sind die Bibel für das heutige Zeitalter. Es ist an der Zeit, dass sich die Erdenmenschheit endlich aus den eisernen Fesseln falscher Deutungen, Definitionen, Vermutungen, Dogmen und Glaubensirrtümern befreit, die alle zusammen das Leben in Bahnen gelenkt haben, die den Untergang der Erdenmenschheit bedeuten.

Ursprünglich waren diese Botschaften in 14 Broschüren unter dem Titel „Friede über alle Grenzen" erschienen. Wir haben diese Broschüren nun in ein Buch zusammengefasst und mit ein paar aktuellen Botschaften ergänzt.

Möge der ‚Friede über alle Grenzen' endlich Wirklichkeit werden, ein Gruß der Santiner, der im Medialen Friedenskreis zum ersten Mal die Erde erreichte und mittlerweile in der ganzen Welt bekannt ist. Freuen Sie sich auf diesen Klassiker von Ashtar Sheran.

Gott zum Gruß und Friede über alle Grenzen.

Martin Fieber

Wer sind die Santiner?

Zu dem Namen Santiner, die auch ‚kleine Engel' genannt werden, hat das geistige Reich folgende Erläuterung gegeben:
Die Bezeichnung ‚Santiner' stammt von Ashtar Sheran. Es ist eine Bezeichnung, die eurer Sprache angepasst ist, um die heilige Mission der Sternenbrüder in ein Wort zu fassen. Übersetzen könnte man Santiner mit ‚kleine Engel' oder ‚kleine Heilige'. Von den Erdenmenschen, welche die ersten Aufzeichnungen über die Sternenbrüder machten, stammt die Bezeichnung Cherub oder Cherubim. Die Israeliten glaubten in den Sternenbrüdern Gott und seine Engel zu sehen. Daher wurde das Raumschiff über dem Berge Sinai für Gottes schwebenden Thron gehalten. Spätere Begegnungen mit den Sternenbrüdern setzten die Menschen ebenfalls in heiliges Erstaunen. Aus diesem Grunde hielt man die Sternenbrüder für Engel, die das Wort Gottes verkündeten. Die Bezeichnung Cherubim heißt eigentlich Engel der Nächstenliebe. Ihrer Mission entsprechend stehen sie auch tatsächlich im Dienste Gottes und der Nächstenliebe.

Wer ist Ashtar Sheran?

Zu der Person von Ashtar Sheran hat uns das geistige Reich diese Erklärung gegeben.

In vielen Fällen wird die Person Ashtar Sherans falsch beurteilt. Nur in manchen Fällen hat man ihn richtig erkannt. Theologisch gesehen wird man sich von der Wahrheit lieber distanzieren, d. h. man wird nicht akzeptieren, dass es noch weitere Söhne Gottes gibt, wie es bei Ashtar Sheran der Fall ist. Ashtar Sheran ist von euch als Oberkommandierender der Weltraumflotte bezeichnet worden. Ich muss euch leider sagen, dass dieser Vergleich hinkt. Ashtar Sheran kommandiert keine Kriegsflotte. Er ist der Führer einer Bruderschaft, die mit den Mitteln höchster technischer Vollendung im Universum einen göttlichen Auftrag verfolgt. Es ist unmöglich, ein Wort im irdischen Sprachgebrauch zu finden, um seine Funktion zu erklären.

Um es aber besser zu beschreiben, muss ich euch sagen, dass Ashtar Sheran ein Messias ist. Er ist ein sehr bedeutender Lehrer im Universum. Gleich Christus ist er mit der göttlichen Hierarchie telepathisch verbunden und richtet sich nach deren Anweisungen. Man könnte sagen, dass Ashtar Sheran der Christus der Santiner ist. Selbstverständlich ist ihm Christus nicht unbekannt. Die Mission ist die gleiche. Die Weltraumschiffe beteiligen sich schon seit biblischen Zeiten an der Erweckung der Menschheit. Der Stern von Bethlehem war kein Stern, sondern ein Raumschiff.

Nun haben viele die Frage gestellt, warum dieser Messias Ashtar Sheran nicht aus seinem Raumschiff aussteigen und wie Christus zu den Erdenmenschen sprechen will. Hier muss ich viele enttäuschen. Die Entwicklung dieses Santiners, sagen wir Christus, ist so hoch, dass es zu einer materiellen Feinstofflichkeit gekommen ist, wie sie uns in dieser Form unbekannt war. Auch Christus erreichte auf Erden eine bedeutende Feinstofflichkeit. Er konnte seinen Leib entrücken, er konnte die Schwerkraft

besiegen. Doch als ihm der Tod vor Augen stand, übermannte ihn der ganze Schmerz der lasterhaften Menschheit und hob all diese Eigenschaften auf. Als Christus erkannte, dass ihn diese medialen Fähigkeiten verlassen hatten, rief er verzweifelt: „Mein Gott, warum hast Du mich verlassen?“ Er übersah, dass sein eigener Schmerz ihn gelähmt hatte. Nun werdet ihr erkennen, dass zwischen dem Messias Christus und dem Messias Ashtar Sheran ein gewisser Unterschied besteht. Ashtar Sheran ist trotz aller Anstrengungen nicht fähig, sich auf diesem sehr festen Stern dauerhaft zu materialisieren. Jede derartige Materialisation löst sich schon nach wenigen Minuten wieder auf. Außerdem sind sie nur unter gewissen Voraussetzungen möglich. Ganz anders ist das bei anderen Santinern, die mit Hilfe technischer Vorrichtungen astralisiert oder materialisiert werden können.
Wenn ihr in diesem Kreis mit Ashtar Sheran einen Kontakt habt, so befindet er sich in einem astralisierten Zustand, d. h. er ist dann genau so ein Geist, wie wir es zurzeit auch sind. Er macht von den gleichen spirituellen Verständigungsmöglichkeiten Gebrauch. Ashtar Sheran ist ein Lehrer von gewaltigem Wissen. Er hat Einblick in die Geheimnisse des Universums und er kennt die Geschichte dieser Erde. Er weiß um die Dinge, die euch ewig verborgen bleiben würden. Habt volles Vertrauen zu ihm, er verdient es. Es gibt nur einen Ashtar Sheran, genauer gesagt nur einen Ashtar, denn Sheran ist sein Titel. Er ist das Licht, das der Erlösung und der Erleuchtung der Menschheit vorausgeht.

Kannst du uns erklären, was der Titel Sheran bedeutet?
Ashtar Sheran ist das geistige Oberhaupt der Santiner. Sheran heißt soviel wie geistiger Führer zum Emporstieg. Für die Santiner existiert er in seiner Materie, jedoch nicht für euch. Ihr könnt nur einen geistigen Kontakt mit ihm aufnehmen. Alle Versuche, sich für längere Zeit zu materialisieren, sind nicht geglückt.

Wie wird in der diesseitigen Welt das Porträt von Ashtar Sheran aufgenommen?
Ganz unterschiedlich. Viele werden überwältigt sein von dem imposanten, eindrucksvollen Antlitz des Oberbefehlshabers der Santiner. Viele werden es sehr befremdend finden, ob seiner eigenartigen Augen, aber sie würden in helles Entzücken geraten, sähen sie diese Augen farbig. *(Das Portrait ist neben weiteren im Kapitel ‚Mediale Zeichnungen' zu finden; Anm. d. Hrsg.)*

Warum sind die Augen so dunkel gezeichnet worden?
Sie sind etwas tief liegend, überdacht von der hohen Stirn, und bei Ashtar Sheran ist der Augapfel nicht schneeweiß, sondern geht in seiner Färbung etwas ins Blaue, während seine Augen an sich – mit einer großen Pupille – sehr ins Tiefblaue, Unergründliche gehen. Dabei hat das Antlitz von vorn gesehen etwas bestechend Offenes an sich. Die Farbe der Haut ist bronzen und wirkt trotz der Bräune fast durchsichtig. Das Haar ist tiefbraun, fast schwarz, durchsetzt von hellblonden Strähnen. Die Santiner kennen keinen Bartwuchs. Es ist seit langer Zeit ihre Mode, die Haare lang zu tragen, während man den Frauen das Haar meistens kürzer schneidet, um ihre edel geformten Nacken besser zur Geltung zu bringen.

Einleitung von Ashtar Sheran

Ich muss mich bei euch entschuldigen, weil ich mich eurer Sprache bedienen muss und somit sehr in meiner Ausdrucksweise behindert bin. Doch ich würde es sehr bedauern, wenn meine eigenen Worte, auch wenn sie eurem stilistischen Geschmack nicht entsprechen, abgeändert werden sollten. Ich verzichte auf einen Stil zugunsten einer absoluten Wahrheit für euch alle.

Ihr seht mich nicht. Ich bin außerhalb meines materiellen Körpers. Doch das ist ohne Bedeutung, da mein Geist durch diese Tatsache in keiner Weise in Mitleidenschaft gezogen wird. Was mir allein Schwierigkeiten macht, ist die individuelle Frequenz der Gedankenübertragung. Sie erfordert eine gewaltige Konzentration und Erfahrung. Wir wissen, dass ihr Brüder und Schwestern auf diesem Stern auf völlig falscher Grundlage und falschen Erkenntnissen erzogen worden seid. Ihr habt alle einen falschen Kurs eingeschlagen. Die Menschheit dieser Erde steuert einem ganz falschen Ziel entgegen. Das Ziel eures ganzen Strebens heißt Untergang.

Ich bin gezwungen, mich spirituell zu verständigen. Das ist nicht außergewöhnlich, denn eine solche Verständigung gibt es schon seit Menschengedenken. Betrachtet mich daher als einen Abgesandten Gottes. Ich bin sein untertänigster Diener, aber meine Liebe zum Menschen ist ebenso groß, wie die Liebe zu meinem Vater, dem Schöpfergeist Gott. Ich werde mich von ganzem Herzen bemühen, die Fehler aufzuzeigen und sie entsprechend zu berichtigen. Aber ich weiß auch, wie schwer es bei euch sein wird, anstelle des verewigten Irrtums die ewige Wahrheit zu setzen.

Furchtbares Morden und die Anwendung von Explosionsstoffen sowie ein entsetzlicher Missbrauch von Energien und Energiequellen auf dem Erdplaneten hat unsere Aufmerksamkeit erneut auf diesen Planeten ‚Shan' gelenkt. Wir wollten euch helfen, aber die Blasphemie, die auf dem Planeten hier herrscht, hindert uns daran. Wir können mehr erreichen, je mehr Seelen in die göttliche Richtung denken und danach handeln. Der Mensch muss immer den ersten Schritt dazu tun, um uns die Zeichen zu geben, dass sie dies tatsächlich wollen. Wir wären nie auf den Gedanken gekommen, je etwas zu unternehmen, das eure eigene Selbstentscheidung beeinflussen könnte.

Eure Vernichtungsexperimente haben katastrophale Folgen im Universum zur Folge. Aus diesem Grunde hat uns der Schöpfer erhört und uns als Weltraumpolizei einen Auftrag gegeben, diesen Planeten Erde unter Kontrolle zu nehmen, ihn zu beschützen und die Menschheit dieses Planeten in das goldene Zeitalter zu führen. Dies alles soll möglichst ohne Gewalt und ohne Zwang geschehen.

Nun, schon seit Tausenden von Jahren sind wir Santiner, die beauftragten Boten Gottes, über die wichtigsten Vorgänge und Ereignisse dieser schönen Terra unterrichtet. Wir sind laufend daran interessiert, euch im Namen der göttlichen Hierarchie zu helfen. Schon vor einigen tausend Jahren haben unsere Vorfahren dasselbe unternommen. Aber wenn ich von unseren Vorfahren rede, so meine ich uns selbst, denn wir wissen, dass wir selbst diese Vorfahren waren. Die Reinkarnation ist das wichtigste Teilstück unserer Religion. Wir können euch nur anraten, diese Erkenntnis zu respektieren.

Die Erde zählt mit zu den schönsten Planeten des Universums. Wie herrlich wäre es für die gesamte Menschheit, wenn sie als irdische Krönung der Schöpfung edel wäre im Denken und Handeln. Wir haben Verständnis für eure Verhältnisse, denn auch die Geschichte unseres Planeten wurde leider einst vor vielen, vielen Jahren mit Blut geschrieben. Doch der Geist Gottes hielt Einzug in unsere Herzen und wandelte das Böse und den Hass in Liebe um. Darum seht uns furchtlos entgegen. Wir unterstehen alle einem einzigen Gott. Er ist unser aller Vater und er will, dass seine Kinder einander lieben und beistehen in der Gefahr. Wir kommen, um seinem Willen zu entsprechen.

Wir Santiner haben eine wichtige Aufgabe, die ihr anhand dieser Offenbarung erkennen könnt. Als Beweis fliegen unsere Flugschiffe rund um euren Globus und unterscheiden sich von jedem anderen Flugobjekt eurer Fertigung.

Der wahre Gottglaube ist ein naturwissenschaftliches Wissen und keine menschliche Phantasie zur Befriedigung moralischer Gefühle. Die Religion ist dagegen eine fanatische, rechthaberische und unlogische Gefühlsäußerung, die nur einen kleinen Kern von Wahrheit hat und deshalb am großen Ziel vorbeiführt. In den häufigsten Fällen wird Gott angerufen, um Wünsche zu erfüllen, die jeder Notwendigkeit und Logik entbehren. Außerdem wird Gott ersucht, sich in Dinge einzuschalten, die allein dem menschlichen Verstand und seinen Möglichkeiten unterliegen.

Es ist wirklich sehr bedauerlich, dass euer hervorragender göttlicher Lehrer Jesus Christus schon so früh aus dem Leben gerissen wurde. Er hätte euch damals das sagen können, auf das wir heute Wert legen. Es ist die Liebe, die Nächstenliebe, die Inkarnationslehre, die eure Kirche euch verschweigt. Lest alles mit offenen Augen, bewusst und objektiv, realistisch und mit positiven Gedanken. Die Mission von Jesus Christus war nur ein Anfang, sie muss unter allen Umständen fortgeführt werden. Die größte und wichtigste Aufgabe ist jedoch, dass der Mensch erfährt, welche Mächte ihn tatsächlich umgeben und welchen geistigen Kräften er ausgesetzt ist. Diese geistigen Kräfte beeinflussen den Menschen meistens unbewusst, so dass er glaubt, ohne jede fremde Einmischung denken zu können.

Ein unaufgeklärter Mensch, ein Materialist oder ein Atheist wird sofort die Frage stellen: „Wer ist fähig, mir zu beweisen, dass es einen Schöpfergeist gibt?“ Meine folgenden Ausführungen sollen ihm die Antwort auf diese wichtige Frage geben.

Ashtar Sheran

Unser Auftrag

Unser universeller Gruß an alle Menschen im ganzen göttlichen Universum lautet: „Friede über alle Grenzen!“ Mit diesem Gruß meinen wir: „Friede im ganzen Universum!“ Da die Erde mit ihrer bedeutenden Menschheit mit zum göttlichen Universum zählt, so ist dieser universelle Gruß auch an diese Menschheit gerichtet. Es ist eine ungeheure Blasphemie, wenn dieser göttliche Gruß von euch nicht angenommen und nicht erwidert wird. Unser heiliger Auftrag besteht darin, euch zu helfen, zu diesem Frieden zu kommen, denn ohne ihn ist selbst der größte technische Fortschritt ohne wirklichen Wert, weil er sonst nur der Zerstörung dient.

Unser Auftrag ist eine heilige Mission und darum wird er angefeindet, wie eine Religion angefeindet wird. Unser Auftrag lautet: „Fahrt nieder zur Erde, nehmt sie unter Kontrolle. Beobachtet das Tun der Erdenmenschheit. Verhütet den Untergang des Planeten. Säubert die vergiftete Atmosphäre. Verdichtet und akklimatisiert euch, dass man euch auf Erden erkennt. Leistet den Erdenmenschen brüderliche Hilfe. Bringt geistiges Licht auf diese Welt und lasst eine neue, göttlich-soziale Weltanschauung entstehen! Lehrt den Gottgläubigen die Wunder, welche irrtümlich als Aberglaube und Magie missachtet werden! Vor allem aber, befreit die Erdenmenschheit von allen Erscheinungen der Dämonie, welche den Höhepunkt erreicht haben, denn die Zeit ist bald um, wo der Ungeist auf diesem Erdenplan sein Unwesen und seine Herrschaft getrieben hat!“

Wir kommen als Brüder von Stern zu Stern! Darum haben wir erneut diese Reise unternommen. Diesmal in solchen Massen, dass wir uns Raumstationen anlegen mussten, neue Stützpunkte auf Nachbarplaneten eingerichtet haben und uns für lange, lange Zeit vorbereitet haben, denn der Auftrag ist schwierig, umfangreich, vielseitig, und die Gefahren für uns sind sehr groß.

- Wir kommen als Freunde zu Feinden.
- Wir kommen als Gute zu Bösen.
- Wir kommen als Brüder von Stern zu Stern.
- Wir haben einen Auftrag, den wir bestimmt zu Ende führen müssen, weil der Allmächtige keinen Handel treibt. Was er befiehlt, ist für alle zwingend bis zum Sieg, ohne Rücksicht auf Raum und Zeit.

Mit diesem Auftrag hat Gott uns die Erde mit ihrer Menschheit anvertraut. Wir sind Treuhänder eures Planeten und regieren jetzt unsichtbar im Namen eures Erlösers. Tag für Tag und Nacht für Nacht fliegen wir mit unseren kleineren Flugschiffen bei euch ein und aus. Dabei versuchen wir ständig, uns zu verdichten, das heißt uns grobstofflicher zu machen. Denn kaum ein Mensch auf eurer Erde würde an unsere Existenz glauben, wenn man uns nicht optisch mit den Augen erfassen könnte. Wir setzen glühende Zeichen und Phänomene in den Himmel, indem wir uns Gegebenheiten zunutze machen. Wir ziehen in großen Formationen über eure Atomzentren. Wir nehmen Kenntnis von eurer Technik und Wissenschaft. Wir versuchen irdisch zu werden, obgleich dies das größte Opfer ist, das Gott je von einem interplanetarischen Seelenwesen verlangt hat.

Ich will euch berichten von den wichtigsten Dingen, die uns betreffen, und ihr sollt erkennen, dass eure Ziele falsch sind. Euer Schiff steuert völlig falsch, und ihr braucht eine gewaltige Umkehr. Euer Weg führt euch nicht ins Licht, sondern in die Dunkelheit, in die Bereiche der geistigen Finsternis, welche vom Ungeist regiert werden. Ihr habt leider keine Ahnung, was Finsternis wirklich bedeutet, weil nach der Nacht ein heller Morgen folgt. Fragt einen blinden Menschen, er kann euch schon besser antworten, was eine Finsternis bedeutet. Aber wenn ihr einen Unseligen fragen würdet, der würde euch nicht antworten, sondern sich an euch klammem und um Hilfe schreien. Die Erdenmenschheit schreit unselig nach Hilfe, und die Verantwortlichen eures Planeten verstopfen sich die Ohren. Aber diese Schreie der Verzweiflung und Angst sind nicht ungehört, sie dringen zu Gott und von dort zu uns. Und darum sind wir bereit, unsere eigene Existenz aufs Spiel zu setzen, um euch diese Hilfe zu bringen. Doch es ist nicht leicht, einem Ertrinkenden zu helfen, wenn er böse ist und um sich schlägt. Wir müssen vorsichtig sein, damit wir dabei nicht zu Schaden kommen.

Diese Schrift beinhaltet das größte Problem der irdischen Menschheit, nämlich das sichtbare Eingreifen höherer Mächtc. Es liegt klar auf der Hand, dass ein derartiges Problem nicht allein durch menschliche Logik gelöst werden kann. Da es sich um höhere Mächte handelt, so können uns nur diese höheren Mächte helfen, Dinge zu begreifen, welche zum größten Teil den Gesetzen der so genannten Vierten Dimension unterstellt sind. Beim Eisberg liegen sieben Achtel unter der Wasseroberfläche, so bleiben uns sieben Achtel unserer normalen Wahrnehmung verborgen.

Wir Santiner haben alles bis ins Kleinste vorbereitet, euren Planeten auf das Genaueste studiert und uns mit der Mentalität der Erdenmenschen vertraut gemacht und wir haben die Krankheiten organisch sowie seelisch studiert. Alles dies, damit unsere Hilfe auch fruchtbringend sein kann, damit sie für die gesamte Erdenmenschheit von Erfolg gekrönt ist. Wir Santiner stammen aus dem Sonnensystem Alpha Centauri. Wir haben Stützpunkte auf Mars und Venus. Als Zwischenstation auf dem Flug zur Erde benutzen wir auch den Mond an der Tag- und Nachtgrenze. Die geistig hohe Entwicklung befähigt uns, die Aura eines irdischen Menschen zu beurteilen.

Der erste Teil unserer großen Mission erstreckte sich hauptsächlich darauf, am Firmament unsere Gegenwart zu beweisen. Wir haben nicht allein die Aufmerksamkeit der friedlichen Bürger erweckt, sondern auch euer Regierungssystem in aller Welt nervös gemacht. Es hat ziemlich lange gedauert, bis wir von euch ernst genommen wurden. Es ist unser fester Wille, von euch sehr ernst genommen zu werden, so wie wir euren ganzen Zustand auf dem Planeten Erde sehr ernst nehmen. Weniger ernst habt ihr aber alle unsere Botschaften genommen, ganz gleich, ob wir in direktem Kontakt von Angesicht zu Angesicht mit einigen von euch gesprochen haben oder ob wir das geistige Band benutzen, das einem Radio- oder Ferngespräch gleichkommt. Mit einem Wort: Wir telefonieren mit euch gern über den geistigen Kosmos. Diese Verständigung ist weit mehr als eine Telepathie und außerdem haben wir noch die astrale bzw. kosmische Schreibmöglichkeit über eure medial veranlagten Sensitiven, die ihr einfach Medien nennt. Ob eine Verständigung über einen Draht geht oder über eine geistige Welle, bleibt schließlich egal. Die Hauptsache ist, dass wir uns überhaupt verständigen können und in eurer Sprache das sagen, was für euch von der allergrößten Bedeutung ist.

Wir sind Sendboten von einem anderen Stern und haben den Auftrag, mit euch Kontakt aufzunehmen. Konzentriert euch auf unsere Botschaften. Sie bedeuten eure zukünftige Existenz. Sie sind wichtiger als alles andere auf eurem Stern. Wir rufen euch zu einem universellen Frieden auf, zu einem Frieden über alle Grenzen, zu einem Frieden von Brüdern zu Brüdern, von Schwestern zu Schwestern, von Stern zu Stern, zu einem Frieden zwischen Gott und den Menschen im ganzen Universum! Ich bin ein Mittler, der eure Sprache einigermaßen versteht, und will auch als Dolmetscher dienen. Mein Name ist belanglos. Meine Stellung im Dienste einer gewaltigen organisierten, ernsten Mission ist meine Legitimation. Ich bin ein lebendiger Bruder

einer Menschheit, die den Anschluss an die Allmacht gefunden hat.
Wir wissen, dass viele von euch über unsere Existenz spotten, doch wir wissen auch, dass Lächerlichmachung die Waffe aller gottfeindlichen Elemente ist. Leichtsinn ist von jeher der Untergang eurer größten und machtvollsten Geister gewesen. Euer Leichtsinn, der sich in Spott und Hohn gegen alle höheren Begriffe und Wahrheiten äußert, wird auch euer Untergang sein. Doch aus diesem Untergang wird ein neues Zeitalter entstehen. Wenn das Alte stürzt, wird das Neue triumphieren.

Einen Eid fürs Leben

Ein Arzt muss einen heiligen Eid schwören, dass er unter allen Umständen das Leben achtet und es zu erhalten trachtet. Ein schöner Eid, der leider nicht allgemeine Beachtung findet. Bei einem Wissenschaftler, Techniker oder Politiker sieht das ganz anders aus. Diese Menschen brauchen den Eid zur Achtung jeden Lebens nicht schwören. Diese Menschen werden nicht eidbrüchig, wenn sie ihre Entscheidungen gegen das Leben treffen. Die Folgen dieser Unterlassungsfehler sind überall anzutreffen. Ein Politiker schwört auf die Verfassung, aber dieser Eid ist doch noch ganz anders als bei einem Arzt, bei einem Helfer der Menschheit.

Bei uns Santinern ist es so, dass wir alle einen solchen Eid ablegen, und wir tun es gern. Das ist ein Grund, warum wir die Erdenmenschheit als einen sehr kranken Patienten ansehen. Wir sind verpflichtet euch zu helfen, selbst wenn wir eigene Opfer dafür bringen müssen. Da eure Techniker, Ingenieure und Atomwissenschaftler keinen Lebenseid ablegen müssen, so können sie auch wegen eines solchen Eidbruchs nicht zur Verantwortung gezogen werden. Die Theologie hat sich bisher

nicht daran gestoßen, dass man Gott eine ungeheuerliche Bosheit angedichtet hat. Der Erzeuger und Spender allen Lebens soll laut Bibel die Erstgeburten in Ägypten erwürgt haben. *(2. Mose 12;29: „Und zur Mitternacht schlug Gott alle Erstgeburt in Ägyptenland von dem ersten Sohn Pharaos an, der auf seinem Stuhl saß, bis auf den ersten Sohn des Gefangenen im Gefängnis und alle Erstgeburt des Viehs.“; Anm. d. Hrsg.)*
Wahrlich ein negatives Gewaltmittel, das man Gott andichtet. Wer soll noch Vertrauen zu Gott haben? Wer soll Gott noch lieben können, wenn er so grausam ist, dass er seine eigene Schöpfung umbringt? Wenn das Volk der Ägypter angeblich voller Grauen floh und rief: „Wir sind alle des Todes“, so muss ich schon sagen, dass wir alle tatsächlich des Todes wären, wenn das stimmen sollte. Wenn die Theologie die Bibel zu ihrem höchsten Wissen rechnet, dann handelt es sich um Missbrauch des Wissens. Die Logik müsste ein Besen sein, der diesen Miststall reinigt!

Die große Mission

Die Terra ist eine Wohnung im großen Hause des Schöpfers, in der renitente Mieter wohnen, die sich nicht an den Vertrag halten und böswillig die Einrichtung zerstören, ganz besonders die sanitären Anlagen. An der Eingangstür befindet sich ein Schild mit der Aufschrift ‚Mensch’. Es ist so verschmutzt, dass man den Namen kaum entziffern kann. Diese unangenehmen und asozialen Mieter nehmen keine Rücksicht auf die anderen Bewohner des Universums. Außerdem bleiben sie dem Wirt die Miete schuldig. Soll der Wirt sie kündigen? Es wird kaum nötig sein, denn sie schlagen sich gegenseitig tot.

So ungefähr sieht die Situation im Gleichnis aus. Doch wer ist imstande, diese unangenehmen Mitbewohner im großen Hause

Gottes zu besänftigen? Man hat uns für diese große Mission bestimmt. Es nützt in keiner Weise, wenn wir auf den Mietvertrag hinweisen, den Gott durch uns am Berge Sinai euch ausgehändigt hat. Er wird missachtet und verfälscht. Es ist aber ein Irrtum, wenn die Mieter im Erdgeschoss glauben, dass sie es so weitertreiben können, ohne dass man sie zur Ordnung zwingt. Wir geben die uns übertragene Aufgabe nicht so leicht auf. Es ist keine andere Ordnungspolizei da, die unsere Mission durchführen könnte. Es ist uns alles in die Hand gegeben. Wir haben es zunächst mit Mahnbriefen versucht. Sie blieben unbeantwortet und wurden fast völlig ignoriert. Erst gestern trieb man einen großen Bolzen durch die Wand. Man wollte sehen, wie stark sie ist. Aber dabei traf man auf die Wasserleitung und nebenbei strömte auch noch das Gas aus. Niemand kommt auf den Gedanken, wer wohl den Schaden zu reparieren hat, noch wer die Kosten dafür trägt. Die renitenten Mieter im Erdgeschoss machen sich keine Gedanken, ob das ganze Haus in Gefahr kommen könnte. Viele von ihnen glauben, das Haus stehe leer! Wir werden jedoch genau nach den Erfahrungen handeln, die man mit asozialen Mietern gemacht hat. Stufenweise werden wir alles versuchen, um zuerst mit Milde, aber dann zunehmend mit energischen Mitteln eine Änderung zu bewirken. Glaubt nicht, dass ihr so leicht eine andere Wohnung bekommt, wenn die eure unbewohnbar geworden ist. Wir haben Kenntnis von jenen des Haushaltsvorstandes. Selbst wenn ihr eure Raumschiffe verbessert, so werden euch die Mieter anderer Wohnungen keinesfalls als Untermieter aufnehmen. Untermieter nehmen gewöhnlich noch weniger Rücksicht auf die Einrichtungen als Hauptmieter. Ich kann euch sagen, dass die übrigen Wohnungen im Universum hochkomfortabel sind. Es gibt sogar einige Luxusappartements darunter. Ihr habt zwar schon ein paar Mal die Scheiben eingeschlagen. Doch glaubt nicht, dass diese Rechnung schon bezahlt ist. Es gibt kein dümmeres Sprichwort als „Nach mir kann ruhig die Sintflut kommen.“ Diese Menschen, die so verantwortungslos und leichtsinnig denken, werden sich noch wundern, was für eine Sintflut sie erleben werden, entweder in einer neuen Inkarnation oder in anderen geistigen Bereichen.

Die Situation ist viel schlimmer als ihr ahnt! Wenn in einer Wohnung solche Mieter wohnen wie ihr, so wird dementsprechend das ganze Haus entwertet, denn der Hausfriede ist gebrochen. Darum nenne ich euer Verhalten Hausfriedensbruch im Hause Gottes. Er ist der Architekt und Erbauer. Ihr habt die Terra nicht erschaffen. Der Wirt hat jedoch einen Verwalter, der sich um das Wohl der Mieter kümmert und auch die Mieten zu kassieren hat. Sein Name ist Jesus Christus. Er hat alle Vollmacht. Einen besseren Verwalter gibt es nicht. Er ist ein Muster an Geduld. Doch unterschätzt nicht seine Intelligenz. Auch seine Geduld hat Grenzen, die ihr bereits erreicht habt. Erinnert euch seiner eigenen Worte: „Denn ihr wisst nicht, wann der Hausherr kommt, ob spät abends oder um Mitternacht, ob zur Zeit des Hahnenschreies oder am Morgen. Wenn er unvermutet kommt, so darf er euch nicht beim Schlafe treffen. Darum wachet.“ Wir hoffen inzwischen, dass eure Wissenschaft neue Wege findet zu ergründen, dass es eine geistige Existenz gibt, die nicht geleugnet werden kann.

Einige Menschen eurer Terra sind der Ansicht, dass wir als göttliches Strafgericht über die Verantwortlichen herfallen müssten. Dabei fühlen sich diese Menschen nicht als Verantwortliche, sondern als besonders gute Menschen. Doch wenn sie das Strafgericht in Form einer Katastrophe für die anderen wünschen und dafür beten, so sind sie nicht besser als jene. Sie tragen die gleiche Verantwortung für diese Menschheit, zu der sie auch gehören. Wir haben überhaupt noch keinen Grund, eine Katastrophe vorzubereiten. Die Erdenbürger bereiten diese Katastrophe selbst vor. Sie ist greifbar nahe und bedroht nicht nur ein Land, sondern den ganzen Globus. Ich meine damit die Atombombengefahr, die nicht allein durch einen Bombenkrieg, sondern auch durch die fortdauernden Experimente heraufbeschworen wird.

Seit Jahrtausenden interessieren wir uns für die Erde. Wir sind daher auf allen Gebieten informiert. Es gibt keinen Menschen auf der Terra, der so gut informiert sein kann, wie es uns möglich ist. Was wir mit eigenen Sinnen nicht erfassen können, das besorgen unsere Apparate. Wir besitzen Messgeräte, die sogar die allgemeinen Gedankenströme der Erdenmenschheit registrieren können. Wir lesen ab, ob und wo negative oder positive Gedankengänge vorhanden sind. Leider ist das Resultat vorwiegend negativ. Ja, selbst Messungen über Universitäten und Hochschulen zeigen dieses erschreckende Resultat. Wir registrieren eine entsetzliche Gottlosigkeit. Dieses erschreckende Resultat ist möglich, weil viele Religionen, Kirchen und Glaubensgemeinschaften in Frömmigkeitsgetue erstarrt sind. Es regiert nicht die Achtung oder die Wahrheit, sondern der Kult, die Angewohnheit, die Tradition und der Hang zum Phantastischen.

Wenn sich jedoch daran nichts ändert, so ist das Urteil über die Hauptverantwortlichen gesprochen. Diese Menschen verurteilten sich selbst und dieses Urteil kann durch keine Revision verändert werden. Es heißt: „Im Namen des Universums: Verurteilt zu einer Zwangsinkarnation in einem genetisch verunstalteten Körper!“ Das ist eine erbliche Folgeerscheinung ihrer eigenen Versuche. Dabei ist es völlig gleich, ob sie daran praktisch gearbeitet haben oder geistige Urheber sind. Doch leider haben diese Experten der Atombombenversuche und ihre Hinterleute keine Ahnung von einer Inkarnation. Sie halten den Tod für das letzte Ende des Lebens. Sie arbeiten für den Tod und stehen mit ihm sowieso auf du und du. Auch wenn es Theologen gibt, die die Inkarnation bezweifeln, besonders aber für die Reinkarnation keinen rechten Glauben aufbringen können, so ist die Reinkarnation überhaupt das eigentliche Lebensgesetz im Universum.

Zur Reinkarnation

Da wir die heilige Mission haben, euch in jeder Weise so zu belehren, dass ihr das Mysterium der göttlichen Schöpfung erfasst, so will ich einiges über die Reinkarnation sagen, damit ihr euch davon ein Bild machen könnt. Es herrscht noch Unklarheit darüber. Die Reinkarnation ist eine Schule des geistigen Menschen. Das Fleisch dient dabei als Mittel zum Zweck. Das Ziel heißt: Edelmensch als Mitarbeiter Gottes. Jeder von euch hat schon eine Reihe von verschiedenen Reinkarnationen hinter sich. Sie erfolgten hauptsächlich auf dieser Terra. Dabei ist es von besonderer Bedeutung, dass gerade die verkümmerten positiven Eigenschaften und Charakterzüge geschult werden sollen. Fehlt es einem geistigen Menschen an Mut und Ausdauer, so wird er in einen materiellen Menschen reinkarniert, der rassenmäßig und geographisch in einen natürlichen Daseinskampf gestellt ist. Auf diese Weise wird jeder Mensch auf den Platz gestellt, den er als Schüler einzunehmen und auf dem er sich zu bewähren hat. Diese Erkenntnis wurde euch schon vor Jahrtausenden aus der außerirdischen Hierarchie mitgeteilt. Verantwortungslose und selbstsüchtige Priester haben diese Erkenntnis vernichtet. Nur einige Überbleibsel haben sich schwach erhalten.

In der Reinkarnation büßt der Mensch einen Teil seiner negativen Existenz ab. Ihr habt dafür das Wort ‚Karma' gewählt. Eine Lehre, die vernichtet worden ist, kann nicht mehr gelehrt werden. Darum haben die verantwortlichen Menschheitsführer dieser Terra keine Ahnung von den Folgen einer Reinkarnation. Die Bibel redet von der Verantwortung vor Gott. Diese Verantwortung ist euch gewiss. Aber die Folgen einer böswilligen Tat realisieren sich hauptsächlich in einem irdischen Leben, das euch noch viele Male bestimmt ist. Es ist mitleiderregend zu wissen, welche Folgen jene Politiker und Kirchenfürsten auf sich laden, die bewusst gegen die Gesetze der Menschlichkeit verstoßen.

Allein die Atomsünder und Kriegsverbrecher sind nicht zu beneiden. Sie stehen heute auf dem Standpunkt, dass sie nach ihrem Tode nichts mehr mit dieser Welt, noch mit ihren Taten und Vorbereitungen zu tun haben. Oh welch ein entsetzlicher Irrtum! Die Folgen sind unmittelbar nach dem Austritt aus dem materiellen Menschen zu spüren.

Die Führer dieser Menschheit sind sehr ehrgeizig. Sie möchten in die Geschichte eingehen. Ihr Name soll nach ihrem Tode in aller Menschen Munde bleiben. Es ist ihnen dabei gleich, ob ihre Taten gut oder böse sind, wenn sie nur das erreichen, was ihnen diese Art von Unsterblichkeit sichert. Aus diesem Grunde werden die größten Kriegshelden verehrt, obgleich sie die Verantwortung von vielen Menschenleben auf dem Gewissen haben. Was auf Erden in dieser Hinsicht Ruhm bedeutet, ist im Himmel eine Schande.
Ich wende mich eindringlich an die heute lebenden Führer auf allen Gebieten der menschlichen Existenz: Lasst euch nicht blenden! Verlasst euch nicht auf angebliche Erkenntnisse, die euch den Gottglauben nehmen. Kümmert euch um euren Verstand, damit ihr jene Dinge begreift, die außerhalb der Materie liegen. Bedenket folgende Punkte:

• Ein Mensch, der auf dieser Terra geboren wird, ist ein Mensch dieser Welt und nicht ein Bürger eines Staates oder Landes.
• Ein Mensch, der ein Kind einer bestimmten Rasse ist, der bleibt dennoch ein Mensch, auch wenn er von anderer Farbe und anderem Aussehen ist.
• Ein Mensch, der in einem Glauben erzogen wird, der ist ein vorbereiteter Schüler der Wahrheit. Es ist gleich, welchen Glauben er hat, denn der Glaube ist ein Mittel, die Wahrheit selbst zu suchen und zu finden.
• Ein Mensch, der diese Erde betritt, ist ein Gast auf diesem Stern. Er besucht eine Schule des Lebens, um sich zu veredeln.

Unterstützt dieses Stadium und bringt ihn nicht vom wirklichen Ziel ab.

• Ein Mensch, der diese Terra betritt, kommt in seine Heimat, die er schon vor Jahren mehrmals verlassen hat. Er findet seine Freunde und Feinde wieder, aber er kennt sie nicht mehr.

• Ein Mensch, der zu einem Führer wird, hat im geistigen Reich ein Gelübde geleistet, das er nicht brechen soll, auch wenn er sich nicht mehr daran erinnert.

• Ein Mensch, der die gesammelten Erfahrungen früherer Generationen übernimmt, hat die Aufgabe, das zu vernichten, was nach neuen Erkenntnissen völlig negativ ist und der Allgemeinheit nur erheblich schadet. Es darf keine Tradition und keinen Denkmalschutz geben, wenn diese Überlieferungen dem Fortschritt entgegenstehen.

• Ein Mensch, der von der göttlichen Natur mit besonderen geistigen oder körperlichen Gaben und Kräften ausgestattet ist, darf diese nicht zu menschenfeindlichen oder rohen Taten anwenden.

• Ein Mensch, der seine Phantasie oder seine sonstigen Gedanken publiziert, muss wissen, dass diese im Universum von unendlicher Dauer existieren. Nicht allein, dass sie diese Menschheit verführen und irreleiten können, falls sie negativer Art sind, so stellen sie in geistigen Sphären ein gewaltiges Übel für den Erzeuger dar. Der Tod löscht dieses Übel nicht aus!

• Ein Mensch, der in der Materie lebt, muss wissen, dass es ein Weiterleben ohne Materie gibt. Im geistigen Dasein umgibt sie ihn wie ein geformter und gefärbter Dunst.

• Ein Mensch, der so mit Vorurteilen oder falschen Ansichten behaftet ist, dass er es ablehnt, sich um die geistigen Daseinssphären zu kümmern, die seine Zukunft bedeuten, ist in der irdischen Schule des Lebens ein Versager. Ein solcher Standpunkt hält ihn nicht nur auf, sondern wirft ihn weit zurück, da alles Bewegung ist.

• Ein Mensch, der auf Erden lebt, muss davon überzeugt sein und belehrt werden, dass sein Tun nicht eine Sekunde lang unbeobachtet bleibt. Die Intelligenzen der höheren Daseinsebene sowie auch die Intelligenzen der tieferen Daseinsebene umgeben ihn stets in Gruppen und in ganzen Scharen. Sie sind stets Zeugen aller guten und bösen Taten.

• Ein Mensch, der meint, dass er sich nach dem Tode an nichts mehr erinnern kann, der ist völlig unwissend in den Dingen des Lebens und des Sterbens.

• Ein Mensch, der über alle Bestätigungen und Merkmale eines Geisterreiches spottet, der ist nicht fähig, sich eine eigene Meinung zu bilden. Er ist dann auch nicht fähig, sich eigene Meinungen über andere Wissensgebiete zu machen.

• Ein Mensch, der zu der Ansicht neigt, dass die universelle Schöpfung keinen Schöpfer hat, der verleugnet die schöpferischen Fähigkeiten in sich selbst. Ein Auto oder ein Elektronengehirn baut sich nicht selbst.

• Ein Mensch, der die Wahrheit Gottes erfahren möchte, der muss sich nicht an einen Menschen, sondern an einen Diener der göttlichen Wahrheit wenden. Die besten Diener dicser Wahrheit sind die Geister der Wahrheit. Sie werden biblisch als der ‚Heilige Geist' bezeichnet.

• Ein Mensch, der keinen göttlichen Glauben hat, der hat auch kein Vertrauen in die Zukunft der Welt. Sie erscheint ihm nur wie ein notwendiges Übel.

• Ein Mensch, der sich in den Fragen der höchsten Erkenntnis neutral verhält, ist ein großer Schwächling. Er wartet stets ab, bis er Gelegenheit hat, sich nach der Mehrheit zu richten, ganz gleich, ob die Mehrheit Recht hat oder nicht.

• Ein Mensch, der sich mit Politik befasst, der muss wissen, dass er sich in die Bereiche des Negativen begibt. Er soll nicht mit dem Negativen, sondern gegen das Negative streiten.

• Ein Mensch, der sich vor der Öffentlichkeit schämt, sich zu göttlichen Beweisen zu bekennen, der gehört zu den Feiglingen, die ihre Unwissenheit vor der Öffentlichkeit zu verbergen suchen.

• Ein Mensch, der ein Atheist ist, der steht in Widerspruch mit der göttlichen Ordnung, nach der er sich in entscheidenden Augenblicken nicht richtet. Es ist unverzeihlich, solchen Menschen Vertrauen zu schenken.

• Ein Mensch, der gegen die Beweise und Erkenntnisse einer göttlichen Daseinswelt kämpft, ist durch den irdischen Daseinskampf verbittert, aber nicht fähig, die Quelle des Unrechts zu erkennen.

Seit Menschengedenken hat die Entwicklung dieser Terra einen blutigen Verlauf genommen. Seit vielen Jahrtausenden glaubt man, dass diese Entwicklung ein unumstößliches Naturgesetz sei. Je mehr Macht dem Menschen gegeben ist, umso größer ist der Missbrauch, der damit getrieben wird. Seit einigen tausend Jahren ist die Erdenmenschheit unter der Kontrolle höherer geistiger Mächte. Ihr werdet entgegnen, dass ihr nicht daran glauben könnt, weil die ständige negative Weltsituation das Gegenteil beweist. Doch diese Vermutung ist ein Irrtum, sowie fast alle Vermutungen zumeist Irrtümer zulassen.

Unsere Mission ist keinesfalls neu. Schon unsere Vorfahren haben die gleiche, schwere Aufgabe gehabt. Sie konnten sie leider nicht beenden. In neuerer Zeit haben wir das Wunder von Fatima unterstützt. Auch diese Mission wurde falsch aufgefasst. Wir haben nicht die Absicht, unter den religiös veranlagten Menschen einen Fanatismus zu erwecken. Im Gegenteil, unser Bemühen gilt einer Normalisierung des Gottglaubens. Aber wir wollen auch den Unsinn ausrotten und dafür die Wahrheit setzen.

Es ist unfassbar, mit welchem Fanatismus sich die Kirchen gegen die Wahrheit sträuben. Sie lieben die Zauberei und möchten aus eigenem Antrieb ihren gottbefohlenen Kirchengläubigen

Matineevorstellungen vorführen, die reine Illusionen sind, nur mit dem Unterschied, dass kein Applaus nötig ist, dafür aber ein entsprechender Singsang.

Wenn ein Familienvater seine Kinder um sich versammelt, um sie zu belehren, so würde er in Verzweiflung geraten, wenn diese Kinder verrückt spielen würden. So benehmen sich nicht nur die Christenmenschen, sondern fast alle Anhänger einer Religionsgemeinschaft. Dieses Verhalten stört nicht nur den Atheisten, sondern auch Gott und die positive geistige Welt. Die Religionsgemeinschaften sind in unseren Augen nichts anderes als eingetragene Theatervereine, die einen unglaublichen Fundus von Masken und Garderoben besitzen, angefangen von den Dämonenfratzen bis zur mit Gold verbrämten Robe der Kirchenfürsten, die mit dem Pomp der weltlichen Monarchen wetteifern möchten. Sie lassen sich lieber die Füße küssen, statt ihre Demut vor Gott zu beweisen.

Das All

Das ganze Weltall bewegt sich in einer Spirale. Es dreht sich um einen unsichtbaren Mittelpunkt. Der Mittelpunkt ist Gott. Und es entstehen immer neue Welten aus den Rückständen der universalen Schöpfungsexplosion. Alle Systeme drehen sich um Gott und bewegen sich spiralförmig immer weiter fort nach außen hin und erfassen immer mehr Raum. Das All ist unendlich. Gott ebenfalls. Die Planeten bewegen sich also scheinbar von ihm fort, spiralförmig. In Wirklichkeit aber nicht, denn sein Arm reicht weit. Er ist allgegenwärtig.

Das Universum ist der Begriff geschaffener Schwingungen, geschaffener Materie im unbegrenzten Raum ohne Zeit. Das All ist der unbegrenzte Raum ohne Materie, ohne Schwingungen, die

ihre Ursache in der Materie finden. Gott entstand nicht aus Materie, er wuchs aus sich selbst, aus der Leere des Alls. Er wuchs und wuchs als überdimensionaler, überintelligenter Geist aus dem ‚Nichts'. Er war der Anfang allen Seins. Er brachte das Licht in die Dunkelheit, auf das es ewig leuchte.
Der Mittelpunkt eurer Sonne in diesem Sonnensystem ist kalt. In dieser kalten Zone rotiert ein Planet. Die Sonne erscheint nur als ein glühender Gaskörper. Man sieht die Sonne aus großer Entfernung und dadurch entsteht ein falscher Eindruck. Die so genannten Sonnenflecken sind nichts anderes, als durch Kettenreaktion verursachte zeitweise Löcher in der Lichtblase, durch welche man hindurch sieht. Gewiss, die Hitze ist groß, jedoch wirkt sie hauptsächlich nach außen hin. Die Sonnenaura strahlt hauptsächlich ins Universum hinaus. Der Planet, der sich in der Mitte der kalten Zone befindet, hat nichts mit der eigentlichen Sonne zu tun, denn er hat eine eigene Atmosphäre. Wäre um diesen Planeten keine kalte Zone, könnte auf dem Planeten kein Wesen leben. Von diesem Planeten aus wird die Sonne durch hohe Wesen gesteuert. Auf diesem Planeten gibt es keine Nacht. Der Planet erhält das Licht und die Wärme von der Innenausstrahlung der Sonnenaura. Die Berechnungen eurer Wissenschaftler über Volumen und Energiedauer sind an den Tatsachen gemessen ein Nonsens. Auch die verhältnismäßig ziemlich dünne Sonnenaura, die wie eine ungeheure Blase im Universum schwebt und sich dreht, kann durch fortgesetzte schwere Störungen im Kosmos verändert werden. Demnach sind eure technischen und wissenschaftlichen Blasphemien gefährlicher, als ihr annehmt.

Die Spiralnebel im Universum sind übrig gebliebene Gase von gigantischer Ausdehnung. In diesen werden neue Welten geboren. Welten, die einst einmal Lebensträger werden sollen, mit einer Krönung der Schöpfung, nämlich mit intelligenten Wesen, die so intelligent sind, dass sie über ihren Schöpfer und sich nachdenken. Die Weltenkörper entstehen immer auf die gleiche Weise, nur das Resultat sieht verschieden aus. Eine Welt wie die andere bringt aus Feuer und Wasser Leben hervor. Jedoch gibt es Planeten, die mehr Wasser als andere haben. Die Bausteine bleiben die gleichen, das Prinzip ebenfalls.

Die Gravitation ist auf allen Sternen verschieden. Auch die Reichweite ist sehr unterschiedlich. Die Beherrschung der Gravitation hängt natürlich mit dem Kraftfeld zusammen, da es sich um eine Art Magnetismus handelt. Die Sache ist jedoch so kompliziert, dass ich sie an dieser Stelle nicht verständlich erklären kann. Es ist auch nicht erwünscht, dass ihr hinter dieses Geheimnis kommt, bevor eure Kriegsgelüste nicht endgültig vorbei sind.

Es hat nie ein Nichts gegeben. Aber es gab einmal einen materielosen Zustand. Im Zentrum des Alls lebt seit Äonen eine gewaltige Intelligenz, die sich aus einem Zustand laufend entwickelte. Es ist der ewige Geist Gottes. Er schuf ein geistiges Reich und bevölkerte dieses mit seinen Kindern, die er entwickelte und denen er das Leben schenkte. Als es sich erwies, dass die geistigen Wesen ihre eigene Schöpferkraft missbrauchten, wurde in unfassbarer Zeit die Materie geschaffen. Sie entstand als ein Energiekern von unvorstellbaren Ausmaßen. Als Gott es für richtig hielt, zerbarst dieser Kern in einer Riesenexplosion und streute die flüssige, feurige Materie in das ganze All aus. Es entstand das Grundbild des materiellen Universums. Die abgekühlten Teilchen, die Atome, wurden durch den durchdringenden Geist Gottes befehlsempfänglich gemacht. Sie verhalten sich so, wie Gott es ihnen befohlen hat. Jede Zelle ist befehlsempfänglich und wird gezwungen, das zu tun, was befohlen worden ist. Es können ganze Serien von Zellen zusammengefügt werden. Sie alle wissen, was sie für eine Aufgabe zu erfüllen haben, obgleich sie kein eigenes Bewusstsein besitzen. Sie

handeln intuitiv. Die inzwischen zur unvorstellbaren Größe angewachsene geistige Welt arbeitete an Plänen, die entstandene Materie nach dem Vorbild des geistigen Reiches zu gestalten. Um die vorhandene Materie weiter formen zu können, benötigte der Geist des göttlichen Menschen einen Körper, der ebenfalls zur Materie gehört.
Die Inkarnationen, also die Beseelungen der Körper, erfolgten, als nach unendlichen Versuchen die Möglichkeit dazu geschaffen war. Dieser Zeitpunkt kam nach der Vollendung der Nerveneiweißzellen und des menschlichen Gehirns. Die biblische Darstellung von Adam und Eva ist eine menschliche Phantasie, die nicht den Tatsachen entspricht. Die Menschheit wurde nicht auf dieser Terra ins Leben gerufen, sie erlebte ihre Erstinkarnation auf einem anderen Stern. Die gesamten Inkarnationen der Menschen und Tiere auf diesem Stern Erde erfolgten zu einer Zeit, da für solche Grundmaterialisationen genügend Stoff vorhanden war. Dieser Stoff ist nunmehr restlos aufgebraucht!

Das Weltall ist belebt

Vor etlichen Jahren erschien euch das Weltall als ein leerer Raum. Etwas später wusstet ihr, dass dieser Raum mit Gasen angefüllt ist. Heute wisst ihr bereits, dass der Weltraum mit Energien aufgefüllt ist. Doch ihr wisst noch nicht, was wir seit vielen, vielen Jahren wissen, nämlich, dass der Weltraum lebendig ist. Die im Weltraum vorhandenen Energien von einer allerfeinsten Zusammensetzung sind Träger einer unvorstellbaren Intelligenz. Es handelt sich um einen bis ins Endlose ausgedehnten Kosmos, der mit einem Willen, mit einer Erfahrung und mit Begriffen aufgefüllt ist. Es handelt sich um die Intelligenz, um den Verstand und um das Bewusstsein des Schöpfers. Jeder Mensch hat Anteil an einer ganz bestimmten Wellenlänge im Kosmos, mit euren Worten, an einer abgestimmten Frequenz.

Über die individuelle Frequenz kann kein menschliches Wesen hinaus, wohl aber kann der eigene Wellenbereich hoch entwickelt werden.
Ein gefasster Entschluss, also ein geistiger, bzw. gedanklicher Willensakt, hat Einfluss auf die Materie. Ein Gedanke kann also ausgesprochen werden. Ein Fuß oder Arm kann bewegt werden. Alle Muskeln können durch geistige Befehle bewegt werden. Das ist eine sichtbare Macht des Geistes, die zwingend ist. Jede Bewegung kann vom Verstand geleitet werden. Der Befehl ist unsichtbar und ein geistiger Vorgang, der nicht im Gehirn, sondern vom Kosmos her über das Gehirn auf individueller Frequenz zur Materie, d. h. zu den entsprechenden Molekülen und Atomen gesteuert wird. Moleküle und Atome reagieren auf die Macht solcher geistigen Befehle. Moleküle und Atome reagieren aber auch auf die geistigen Befehle, die im Gesamtkosmos ihren Ursprung haben. Der Geist des Menschen bedient sich göttlicher Gesetze, denen die Materie ebenfalls durch göttliche Gesetze untergeordnet ist. So reagiert der menschliche Körper auf Befehle, die aus dem Gesamtkosmos kommen. Ihr nennt das einfach ‚vegetatives Verhalten', obwohl es eigentlich ‚intuitives Verhalten' heißen müsste. Doch alle Bewegungen des Körpers, die aus dem individuellen, beziehungsweise aus dem zugeteilten Kosmos kommen, den ihr euer Bewusstsein nennt, bezeichnet ihr als bewusstes Handeln.

Gott kennt kein bewusstes Handeln dieser Art, denn er hat keinen organischen Körper und kann deshalb auf diese Weise nicht aktiv werden. Doch Gott bedient sich anderer Möglichkeiten. Er zwingt jedes Atom und jede geistige Schwingung durch seinen Willen. Gott ist demnach ein geistiger Sender, der seine Wellen in das ganze Weltall aussendet und auf unzähligen Frequenzen Reaktionen auslöst oder unter Kontrolle hält. Im selben Augenblick, wo dieser kosmische Zentralsender zwingender Intelligenz seine Funktion einstellen würde, müsste auch das ganze Weltall augenblicklich zu einem Chaos werden und in sich zusammenstürzen und sich auflösen, da sowohl das große Gesetz als auch der , Leim' fehlen würden. Der Mensch kann diesen Sender nicht stören noch außer Funktion setzen. Er kann nur gewisse Bereiche stören, die vom Sender aus versorgt werden. Gott hat gewissermaßen den Hauptschlüssel zu allen Räumen, auch wenn diese Einzelräume ‚Mensch' ihren eigenen Schlüssel haben, der nicht zu einem anderen Raum passt. Der große Universalgeist Gott hat Zugang zu jedem Gedächtnis eines Menschen, wenn er seinen Universalschlüssel zum Kosmos benutzt.

Immerhin ist es ein irdischer Fortschritt, dass ihr die Gedankenübertragung, die Telepathie, anerkennt. Also müssen die Gedanken unsichtbar den Raum durcheilen. Sie gleiten als Feinstwellen durch den Kosmos, aber sie stammen nicht aus dem Gehirn, sondern aus der transzendenten Seele. Auch Gottes Gedanken eilen durch den Kosmos, doch nicht jeder hat sich der Mühe unterzogen, seinen Empfangsbereich so zu erweitern, dass er diese Wellen empfängt, doch wäre es jedem Menschen durchaus möglich. Wir Santiner haben durch Schulung und durch Übung diese Fähigkeit hoch entwickelt und beziehen unsere besten Inspirationen aus den hohen Wellenlängen jener Gedanken des genialen Schöpfers. Nur so war es uns möglich, unsere Weltraumfahrzeuge zu bauen und Raum und Zeit zu überwinden. Das alles ist sehr schwer erklärbar, da eure Sprache nicht ausreicht und ihr könnt euch absolut nichts dabei vorstellen, wenn wir euch erklären würden, dass der Vorgang mit euren Vokalen und Lauten etwa: ‚Sen-ku-ama-rieh-tan-tu' heißen würde.

Jedes Molekül, jedes Atom und jedes X-Teilchen ist lebendig, da es geistig ansprechbar ist, wenn man die richtige Geistessprache anwendet. Auf diese Weise reagiert jedes Atom und X-Teilchen intuitiv. So gibt es also kein Wunder, sondern nur ein natürliches Verhalten der X-Teilchen und Atome oder Moleküle, wenn sie entsprechend positiv angefunkt werden. Das diesen Teilchen innewohnende Gesetz ist zwingend, solange die Speisung der Teilchen aus dem Gesamtkosmos, aus dem göttlichen Willen erfolgt. Doch tritt dieser Speisung ein anderer Wille entgegen, so ändert sich das Verhalten der Teilchen, sie reagieren mehr oder weniger auf die neuen geistigen Funksprüche. Dematerialisation und Telekinese, Levitation und magische Leuchterscheinungen sind Reaktionen auf derartige Befehlssendungen. Der Stoff, der zum geistigen Senden verwandt wird, ist ein göttlicher Urstoff, den man mit euren Erkenntnissen als ein gewaltiges, unsichtbares, für euch noch nicht messbares, Licht bezeichnen kann. Die Energie ist gewaltig, denn sie besitzt die größte Durchschlagkraft und Reichweite. Dieses unsichtbare Licht erfüllt alle göttlichen Bereiche des Universums und des Weltalls. Auch das Bewusstsein und die Tätigkeit der Gedanken basieren auf diesem Stoff. Sowohl Gottes Gedanken als auch die Gedanken aller Lebewesen sind lebendig als kosmisches Licht.

Licht ist Urkraft

Gott ist das große Licht. Ich weiß, dass viele Menschen das Wort Gott nicht gern hören. Irgendwie schämen sich die Menschen, in den Verdacht zu kommen, dass sie an einen Gott glauben. Sie wissen, dass man von Gott nicht viel hält und darum möchten sie keine Außenseiter sein. Es gehört nun einmal zu modernen Menschen, dass sie alles das mitmachen, was die Masse für richtig hält. Darum gehört auch der Atheismus zur Mode, und wir Lehrer haben alle Mühe, euch immer wieder darauf hinzuweisen, dass es doch einen Schöpfer gibt. Gottgläubige werden zu Narren gestempelt. Nun, so darf es nicht weitergehen, sonst ist es aus mit dem Fortschritt dieser Welt.

Ich könnte an die Stelle von Gott auch eine andere Bezeichnung setzen, z. B. Vorsehung oder Natur. Wenn ihr die Bezeichnung Natur vorzieht, so ändert das in gewissem Sinn nichts, denn Gott ist ja dasselbe wie Natur, nur wisst ihr nicht ganz genau den Unterschied zwischen natürlich und unnatürlich. Alles, was natürlich ist, ist zugleich göttlich. Doch alles, was unnatürlich ist, das ist nicht ein Nonsens, sondern das ist das Gegenteil von göttlich, es ist gottfeindlich. Darum sind unnatürliche Menschen gottfeindlich. Unnatürlich ist alles Böse, weil es ebenfalls gottfeindlich ist. Die Sünde ist unnatürlich und darum sind viele eurer heutigen Angewohnheiten und Leidenschaften unnatürlich und gottfeindlich, das heißt sie stehen im Widerspruch zum weisen Plan Gottes.

Eine abstrakte Kunst ist unnatürlich, also gottfeindlich. Zermürbende, aufpeitschende Tänze sind unnatürlich. Doch die Liebe, besonders die Hilfsbereitschaft, ist natürlich. Wir Santiner sind natürlich, weil wir im Plan Gottes eine große Rolle spielen. Auch unsere fliegenden Scheiben sind nicht unnatürlich, weil sie von göttlichem Bereich aus durch Inspiration verwirklicht worden sind. Wenn ein medialer Mensch plötzlich seinen verstorbenen Verwandten sieht oder mit ihm sogar einige telepathische Worte wechselt, so ist das keinesfalls unnatürlich, denn jener steht im Reiche Gottes. Doch wenn ein Mensch in Folge seiner negativen Einstellung darüber lästert und die Wahrheit zur Lüge stempelt, weil er seine gottlose Meinung mit Gewalt und viel Geschrei zum Ausdruck bringen will und sie anderen Menschen aufzwingen will, das ist unnatürlich!

Der tiefe Fall Luzifers ist darum unnatürlich und darum selbst für Gott nicht zu fassen. Aber auch eure Atombombenversuche und besonders die Kriege sind unnatürlich, sie sind gottfeindlich, weil sie nichts schaffen, sondern das erschaffene und gestaltete Sein zerstören. Ihr kennt nicht die großen Kraftquellen, aus denen man Herrlichkeiten schöpfen kann. Sie stehen jedem

Wesen zur Verfügung. Eine solche Kraftquelle ist die Sonnenkraft. Sie ist eine unvorstellbare Energiequelle, denn das Licht ist die größte Kraft im ganzen herrlichen Universum.

Es gibt zweierlei Licht, nämlich materielles und geistiges Licht. Das materielle Licht ist Urkraft. Die Lichtpartikelchen durcheilen längste Strecken und sind enorm schnell. Das Licht besitzt eine hohe Gravitation, ähnlich jener, welche die lichterstarrten Körper haben. Es ist eine hohe Anziehungskraft, die jede Pflanze und jedes Leben nach oben zieht. Wenn ihr eine Rakete abschießt, so wisst ihr, dass sie eine große Kraft benötigt um vorwärts zu treiben. Doch Licht ist unschlagbar in seiner vorwärts eilenden Kraft. Es ist viel stärker als jeder Magnetismus oder irgendeine Elektrizität. Wir Santiner haben diese Kraft erkannt und sind deshalb den richtigen technischen Weg gegangen, denn die Gravitation und Levitation hängen mit dem materiellen Licht engstens zusammen.
Das unsichtbare Licht ist noch stärker. Es ist die reine Kraft Gottes und Träger der Intelligenz. Seine Reichweite und Geschwindigkeit überragt alles, was im Universum existiert. Merkt euch bitte: Das materielle Licht mit seinen Nebenstrahlen, wie Magnetismus und Elektrizität wirkt vegetativ und intuitiv auf alle Atome und Zellen ein, steuert diese und bringt sie zu Gruppierungen. Das immaterielle Licht gibt die Kraft und Substanz für alles geistige Leben und ist die Kraft für jede intelligente Individualität.

Es ist ein großer Irrtum, zu vermuten, dass die Materie irgendeine Intelligenz hervorbringen kann, sie kommt mit ihren Atomen und Molekülen nicht über einen Magnetismus und über die Leitfähigkeit elektrischer Impulse hinaus. Das organische Leben kann ohne das geistige Leben niemals existieren. Auf diesen Lichtschwingungen vibrieren alle intelligenten Befehle und individuellen Lebensäußerungen. Alle Lichtschwingungen vollziehen sich in einer gesetzlichen Harmonie. Wo diese Harmonie gestört wird, da werden alle Schwingungen unnatürlich und richten sich gegen das Gesetz.

Eure Atombombenexplosionen erfolgen ohne gesetzliche Harmonie und richten sich gegen den göttlichen Befehl. Ihr werdet ermessen können, welche Folgen sich nach und nach einstellen müssen, wenn die wichtigsten Gesetze der Existenz in Unordnung gebracht werden, bzw. wenn sie außer Acht gelassen werden. Gesetze Gottes sind Naturgesetze, sie sind natürlich und müssen befolgt werden. Gebote sind keine Gesetze, sie sollen befolgt werden. Die Menschen dieser Erde sind von der göttlichen Welt keinesfalls zu einem besonders schweren Dasein verurteilt, sondern sie ernten nur ihre ‚eigene' Saat. Auch die heutigen Unruhestifter und Kriegstreiber, Atheisten und negativen Lehrer werden die eigene ausgestreute Saat einmal ernten müssen, wenn nicht schon in diesem Leben, dann in einem anderen. Die radioaktive Verseuchung der Erbmasse im Menschen wird ihre Strafe sein. Sie haben sich bereits selbst verurteilt, als armselige Kreaturen auf einem anderen Entwicklungsstern zu vegetieren, wenn sich das Leben auf dieser Erde grundlegend verändert hat. Sie ahnen nicht, dass sie selbst einmal die zukünftige Generation sind, die alles ausbaden muss. Diese entsetzliche Gefahr einzuschränken, ist unsere Aufgabe.

Die Zukunft bedeutet nicht eine arme Erde. Die Erde ist wunderschön und auch ihre Bewohner. Die Erde hat schöne und wohlriechende Pflanzen, schöne Tiere und ein vielfältiges Leben. Sie ist auch von Gott geschaffen und es ist keine Strafe, auf ihr zu leben. Nur ihr allein könnt sie euch gestalten wie ihr wollt. Das liegt in eurer Hand und nicht in der Hand des Herrn. Sie hat nicht mehr und nicht weniger Reichtümer als andere Sterne. Darum hört auch auf die Botschaften der Lichtboten. Wir warnen euch immer wieder: Seid nicht gottlos! Der Plan des Schöpfers ist noch lange nicht vollendet und wir alle müssen daran mitwirken. Doch glaubt mir, wenn wir alle besseren Willens sind und dem Schöpfer lieber ein wenig unter die Arme greifen, statt ihn zu bekämpfen, muss sein großer Gegner verlieren und das Gute wird triumphieren. Dann wird es eines Tages so weit sein, dass die Erde in Ruhe und Frieden im Universum kreist, ohne Krieg und ohne zu leiden.

Ein geheimnisvoller Stoff im All

Im göttlichen All, außerhalb der Materie, gibt es einen geheimnisvollen Stoff, eine immaterielle Substanz, die von unvorstellbarer Leitfähigkeit und Energie ist. Diese Substanz, die wir einmal Jahwus nennen wollen, hat keinen Zwischenraum und ist in ihrer Einheit wie ein Eidotter und hat ähnliche Eigenschaften wie das Wasser. Man kann dieser Substanz keine Lücke zufügen, nicht hineinstechen, auch nicht einen Strahl oder eine andere Energie hindurchschicken. Beim Wasser ist das möglich, doch nicht bei der Substanz Jahwus. Dieser universelle Einheitsstoff kann jedoch in einer euch nicht bekannten Weise vibrieren. Durch die Geschlossenheit der Energie vibriert stets das ganze All, nie pflanzt sich die Vibration fort. Im Millionstel Bruchteil einer Sekunde vibriert jede Stelle des Alls genauso wie am Ort der Entstehung. Alpha gleich Omega, Omega gleich Alpha: A = O, O = A.

Es gibt keine Reflektionen, da A und O immer die gleiche Kapazität haben. Alles ist in diese Einheit eingeschlossen, sogar das Negative und das Positive, ja Gott selbst, sein Empfinden und sein Denken sowie jede Lebensform im ganzen Universum. Die materielle Ebene hat ihre physikalischen Gesetze und die geistige Ebene hat auch ihre physikalischen Gesetze. Ich frage euch: was sind Gesetze der Physik? Diese Gesetze sind in unseren Augen nichts anderes als Erklärungen. Beide Ebenen korrespondieren miteinander, das heißt die Formen können gegenseitig ausgetauscht oder von einer Ebene in die andere übernommen werden. Wohlgemerkt, dazu gehören auch die Gedanken und die geistigen Eindrücke und Begriffe.

Bei einer Dematerialisation verändert sich nur die Struktur des Körpers, während sie ihre Form behält, nur, dass diese in eine andere Dimension übergeht, ähnlich wie bei einer Wolke. Es wird also das Größenverhältnis geändert. Das Auseinanderrücken der Atomsysteme kann mit Lichtgeschwindigkeit geschehen, womit auch das Gravitationsvermögen gelockert wird. Wir haben diese Abstandsveränderung der Atome genau studiert und erprobt, so dass es uns möglich ist, uns und unsere Flugobjekte zu dematerialisieren und auch zu rematerialisieren. Da die Seele aber aus anderen Energieteilchen besteht als der Körper, so bleibt die Seele bei der Dematerialisation vollkommen erhalten und sie fügt sich später wieder in den Körper ein. Dieses Wissensgebiet ist für euch vollkommen unverständlich in Folge der Unwissenheit der Unsterblichkeit. Kein Mensch kann sieben Sprachen sprechen, wenn er sie nicht erlernt hat, sie nützen ihm auch nur wenig, wenn er sie nicht praktisch geübt hat. So ist es auch mit der Dematerialisation. Sie ist ein interplanetarisches Wunder, das sehr schwer zu begreifen, noch schwerer zu erlernen ist. Sie ist ohne eine geistige Kontaktnahme mit dem Schöpfer unmöglich. Ebenso könnte ich sagen, dass der Schöpfer eine Dematerialisation nur jenen erlaubt, die seine Existenz vollkommen und ohne jeden Zweifel begriffen haben.

Wir alle sind Gott und seiner Liebe zugetan und deshalb sind wir auch von Ihm in diesen Dienst gestellt. Ebenfalls haben wir das Gelübde vor ihm abgelegt, der Liebe und der Wahrheit aus dem großen Universum zu dienen. Es gibt nur eine Seligkeit, nämlich das Gute anzustreben und für die reine Wahrheit zu arbeiten.

Seele, Geist und Neutrinos

Die Erdenmenschheit braucht keine Waffen zu ihrer Sicherheit. Sie braucht Wahrheit, ohne welche es keinen Frieden geben kann. Die Erdenmenschheit ist nicht in der Lage, die Wahrheit zu finden. Sie ist zu oft verfälscht worden. Wir möchten euch helfen. Diese Niederschrift ist eine solche Hilfe, um zur objektiven Wahrheit zu gelangen. Wenn der eine oder andere Leser die Echtheit dieser außerirdischen Botschaft bezweifeln sollte, so wird ihm das nicht übel genommen, denn es gehört schon ein geisteswissenschaftliches Studium dazu, derartige Phänomene richtig zu verstehen. Aber auch für diese Leser bleibt so viel Objektives übrig, dass sie ebenfalls auf ihre Kosten kommen. Der vorbereitete Leser wird jedoch mit Ehrfurcht erfüllt sein, wenn er spürt, mit welcher Geduld und Liebe die Erdenmenschheit umgeben ist. Wenn der Erdenmensch die geistigen Phänomene nicht begreifen kann, so liegt das daran, dass sie nicht zur Schulweisheit gehören.

Der Mensch ist gewöhnt, alles nur räumlich und zeitlich zu betrachten. Er kennt nur die Objektivität der Erde. Dieses Denken schränkt ihn jedoch ein. Er muss endlich begreifen und belehrt werden, dass er zwar auf dieser Erde lebt, aber gleichzeitig im gewaltigen Universum zu Hause ist. Nicht allein die irdischen Gesetze sind für ihn zuständig, sondern darüber hinaus auch die kosmischen und universellen Gesetze.

Das Universum besteht aus Billionen von Sonnensystemen. Billionen Voraussetzungen für menschliches Leben in allen Entwicklungsstufen sind damit durchaus gegeben. Wem es gelingt, den anderen Stern zu erreichen, der befindet sich in einer Entwicklungsstufe, die bereits das Irdische hinter sich lässt. Wir haben bei der Venus eine von mehreren Weltraumstationen. Die großen Entfernungen überbrücken wir durch eine Technik, die euch noch nicht geläufig ist und zwar mit dem Umpolen von

Materie auf Antimaterie. Aber wichtiger als diese Technik ist unser göttlicher Auftrag, euch die Wahrheit über das Leben in der Ganzheit zu bringen. Unser aller Schöpfer, der das Universum, das Antiuniversum und das geistige Reich geschaffen hat, ist das universelle Zentralbewusstsein im ganzen All.
Billionen von Sonnensystemen bilden das göttliche Universum. Der Mensch hat keine Vorstellung von der enormen Vielseitigkeit des damit verbundenen Lebens. Das alles wäre jedoch sinnlos, wenn der Mensch mit seiner Seele nicht der Betrachter dieses Universums wäre. Er kann darüber nachdenken. Durch ihn wird diese gewaltige Schöpfung überhaupt erst sinnreich. Sie ist seinetwegen überhaupt erschaffen.

Geist und Bewusstsein ist die Gottähnlichkeit des Menschen. Geist und Bewusstsein sind unsterblich. Die Tätigkeit des Bewusstseins ist das reine Denkvermögen. Es ist die hervorragende Eigenschaft der Seele. Wüsste der Erdenmensch, dass sein Leben nach der Entkörperung weitergeht, würde sich das ganze Denken und Verhalten zwangsläufig sofort ändern. Die Seele besitzt einen immateriellen Körper, der eine absolute Parallele zum materiellen Körper darstellt. Die Seele ist also räumlich abgeschlossen und in sich begrenzt. So wie der materielle Körper aus Atomen aufgebaut ist, so ist auch der immaterielle Körper ebenfalls aus kleinsten Bausteinen des Universums aufgebaut. Es sind Gruppierungen von kleinsten Bausteinen verschiedener Art. Sie sind euch bis auf eine Ausnahme noch unbekannt. Die Existenz der Seele ist unter allen Umständen nachweisbar. Da gibt es keine Ausrede. Einmal gibt es den Weg der Medialkräfte. Weiter gibt es spirituelle Sitzungen, die einen Nachweis ermöglichen. Doch diese Wege werden von der Wissenschaft nicht eingehalten, sondern lächerlich gemacht und ignoriert.

Es ist auch der irdischen Wissenschaft nicht verborgen geblieben, dass im Weltall subatomare Teilchen vorhanden sind, die

mit Überlichtgeschwindigkeit durch das Weltall rasen. Sie durchschlagen jedes atomare System. Diese Teilchen, die eure Wissenschaft Neutrinos nennt, sind perpetuell, d.h. sie haben ewige Drehkraft. Diese Neutrinos, die nach eurer Theorie überhaupt keinen Zweck erfüllen, gehören mit zu den immateriellen Bausteinen der geistigen Welt. Die Neutrinos sind mit herkömmlichen Mitteln auch nicht nachweisbar. Aber mit nicht herkömmlichen Mitteln hat man trotzdem ihr Vorhandensein festgestellt und ihnen deshalb auch einen Namen gegeben. Die Seele lässt sich auch nicht mit herkömmlichen Mitteln feststellen, aber dafür sehr gut mit nicht herkömmlichen Mitteln.
Diese Neutrinos gruppieren sich laut Gesetz in Verbindung mit einigen anderen Bausteinen zu Aufbausystemen, genau in der Art, wie es bei der Materie mit den Atomen auch der Fall ist. Der perpetuelle Drehkraftimpuls gibt ihnen die Bewegung und zugleich die Unsterblichkeit. Es liegt aber klar auf der Hand, dass sich solche Neutrino-Systeme nicht von selbst ordnen und organisieren können. Der Schöpfer ist ihr genialer Ingenieur und Wissenschaftler, der durch eigene Berechnung und Planung diese Bausteine zusammenfügt.

Die Theologie soll eine Gotteslehre sein. Was ist sie in Wirklichkeit? Ihr habt keine Ahnung von der Wirklichkeit Gottes. Sein Wille und seine Intelligenz ordnen jedes Atom, jedes Neutron, jedes Neutrino, sowie jede Jahwusströmung zu den geplanten und gewollten Bewegungssystemen. Für eine wahre Gotteslehre müsste man als Grundlage ein wahres Wissen über Gott haben. Könnt ihr das mit ruhigem Gewissen behaupten? Zunächst müsste der Erdenmensch den Versuch machen, seine bisherigen Ansichten über jede Gotteslehre erst einmal auf Null zu stellen. Nur so hat jeder eine sichere Plattform für das wirkliche Wissen.

Das Grundsätzliche einer Seele ist die Wahrnehmung, das Gefühl und das Denken. Es sind geistige Eigenschaften, die nicht durch die Materie hervorgebracht werden. Die Materie ist gefühllos, aber sie stellt einen Leiter zur Seele dar. Nehmen wir zum Beispiel das Auge. Die Materie ist zu einer optischen Leistung organisiert. Es genügt aber nicht, denn eine Fotolinse nimmt wohl das Bild auf, aber wo bleibt der Betrachter? Die Seele ist in allen Fällen der Wahrnehmer, der Begutachter und entscheidet den Denkprozess.

Bewegung ist gleich Leben, denn Leben enthält Kraft. Hiermit ist das angebliche Gesetz von der ‚toten' Materie widerlegt. Das ganze Universum ist ein Ergebnis fortlaufender Experimente. Doch das Universum experimentiert nicht von selbst, denn dazu bedarf es einer planenden, vorausschauenden und berechnenden Intelligenz. Doch der Schöpfer hat seine vielen Mitarbeiter und die Menschheit gehört mit dazu. Auch die menschliche Seele ist in ihrer Entwicklung noch nicht beendet, sie hat noch Äonen der Weiterentwicklung vor sich. Wir haben zwei Dinge streng zu unterscheiden, und zwar beseelte und unbeseelte Materie. Dieser Maßstab ist von den meisten Philosophen nicht eingehalten worden, denn sie wollten den Geist mit den Gesetzen der Materie messen. Es muss beachtet werden, dass der Geist und die Materie zwei verschiedene Welten darstellen, die ihre eigenen Gesetze haben, aber zu einem Universum gehören. Sofern es sich um Dinge des organischen Lebens handelt, sind Geist und Materie als eine miteinander verzahnte Einheit zu betrachten. Sofern es sich um Dinge nach dem Tode handelt, sind Geist und Materie streng auseinander zu halten, denn sie gehören in diesem Falle in keiner Weise mehr zusammen.

Ihr seht, dass die Wissenschaft den Beweis für die Existenz der unsterblichen Seele bereits längst in den Händen hat. Mit dieser Erkenntnis bleibt die irdische Wissenschaft leider im Hintergrund, weil sie nicht den Mut zu einer geistigen Revolution hat, die dadurch ausgelöst würde. Ihr dürft nicht den Fehler machen, das unbewusste Leben mit dem bewussten Leben gleichzustellen. Nur das bewusste Leben gehört zur Seele. Für diese Erklärungen ist es völlig unwichtig, ob sie aus den Regionen anderer Sterne kommen, oder ob es sich um eine irdische Erleuchtung handelt. Es ist wichtig, dass die Wahrheit unverändert gesagt wird. Und es ist noch wichtiger, dass diese Wahrheit von den verantwortlichen Menschen dieses Planeten endlich erkannt wird. Das Bewusstsein ist ein kosmischer Prozess und allein aus diesem Grunde durchaus nicht an die Materie gebunden. Es kann ohne dieselbe existieren. Aber das Bewusstsein kann an die Materie gefesselt werden, damit eine spezielle Aufgabe erfüllt wird. Das ist bei jeder Inkarnation der Fall. Wir haben in dieser Richtung mit allen Mitteln geforscht. Und wir haben die objektive Erkenntnis gewonnen.

Ihr traut der Materie eine Intelligenz zu, die es im ganzen Universum in dieser Form überhaupt nicht gibt. Weder ein Atom, noch ganze Systeme können ein Bewusstsein hervorbringen. Das Bewusstsein ist nicht an die Materie gebunden, sondern an den Geistkörper, der wiederum an die Materie gefesselt sein kann. Aber in allen Fällen ist das Bewusstsein ein selbständiger Prozess. Das Gehirn steht mit dem Bewusstsein in einer Art von Funkverbindung. Wenn der Mensch stirbt, so verliert er nicht sein Leben, sondern diese Funkverbindung zwischen Geist und Materie reißt wie bei einem Kurzschluss einfach ab. Die Auferstehung ist ein Freiwerden des Geistes von den Fesseln der Materie. Aber der Geist behält sein Bewusstsein, und es kann ihn sehr schwer plagen. Lernt erst einmal mit der Schöpfung richtig umzugehen, bevor ihr euch an die Verehrung Gottes wagt. Diese Art von Gottverehrung, wie ihr sie habt, ist vollkommen widerwärtig und sinnlos. Bitte, lernt erst einmal seine Schöpfung richtig zu verstehen und zu verehren. Fangt bloß nicht noch einmal am verkehrten Ende an. Leben aufbauen ist das Ziel, nicht töten!

Das Gesetz des Lebens

Die Unwissenheit aller verantwortlichen Menschen auf dieser Terra ist für unsere Begriffe unfassbar. Wir stehen vor einem unbegreiflichen Phänomen einer einzigartigen Geistlosigkeit. Eure Wissenschaft versteht unter dem Leben den beweglichen Zustand eines Körpers. Da es aber die Bewegung der Atome gibt, so seid ihr heute der Auffassung, dass das organische Leben ein Zustand sei, der mit dem Stoffwechsel zusammenfällt. Euer Irrtum lautet: Das Leben ist mit dem Stoffwechsel untrennbar verbunden. Wenn der Stoffwechsel aufhört, hört auch das Leben auf. Es ist wirklich schade, dass es zurzeit außerhalb unserer Macht liegt, auf eurer Terra einen Lehrstuhl zu übernehmen. Ein weiterer Irrtum besteht darin, dass eure Wissenschaft annimmt, das Leben sei zeitlich begrenzt. Wir haben darauf allerlei zu erwidern. Gerade auf dem Gebiet der Lebensforschung hat es bei uns die größten Fortschritte gegeben. Nur auf diesem Wege war es uns möglich, im Universum so Fuß zu fassen, dass die größten Entfernungen von Stern zu Stern überbrückt werden konnten. Die Kenntnis der Gesetze des Lebens ist die erste Voraussetzung für eine große Raumschiffreise. Ihr erforscht das Leben, indem ihr testet, was ein belebter Körper aushalten kann bzw. wie er unter gewissen Einwirkungen reagiert. Ich will versuchen das Leben zu beschreiben.

Die Bezeichnung ‚Leben' kennzeichnet in Wirklichkeit einen Zustand. Dieser Zustand ist perpetuell, das heißt er hört nie auf, er ist universell. Gott ist perpetuell. Und da der Mensch ein Teil dieses Zustandes ist, so ist auch er unsterblich. Es ist falsch zu sagen, dass ein Körper lebt. Jeder materielle Körper ist an die Gesetze der Erschaffung, das heißt an die langsame und schwere Vibration gebunden. Diese Vibrationsfrequenz ist nicht konstant, sie ändert sich unaufhörlich. Ein materieller Körper kann überhaupt nicht leben, er kann sich nur bewegen. Selbst ein

‚toter‘ organischer Körper, der Eiweißzellen enthält, kann sich noch in totem Zustand bewegen. Diesen Versuch kennt ihr durch den galvanischen Reizeffekt am Frosch. Dem Leben wird ein organisches Werkzeug zur Verfügung gestellt. Das Leben regiert dieses Werkzeug, solange es benutzbar ist. Seele und Leben sind ein Zustand. Der Stoffwechsel macht das Werkzeug, den Körper, für eine gewisse Dauer benutzbar. Wenn der Körper nicht mehr benutzbar ist, werden die Kopplungsfrequenzen voneinander getrennt und das unsterbliche Leben verliert den Kontakt mit der Materie.

Das Leben ist keine Bewegung sondern eine Energie, welche Bewegung hervorrufen kann, ohne sich dabei zu verbrauchen, denn sie ist perpetuell. Das Leben wird nicht aus dem Haushalt der Materie gespeist. Es erhält seine perpetuelle Kraft aus dem feinstofflichen Universum, das heißt aus kosmischen Strahlungsbereichen. Das Leben ist unzerstörbar, selbst als ein individuelles Teilchen. Man kann also ein Leben nicht auslöschen, sondern nur eine Trennung zwischen Leben und Materie auslösen. Doch der Mensch soll nicht das trennen, was Gott durch die Inkarnation zusammengefügt hat, das heißt der Mensch soll seinen Bruder nicht töten!

Die Verwandtschaft des Menschen erstreckt sich nicht nur auf die eigene Sippe sondern auf das ganze Universum. Diese Verwandtschaft aller Menschen miteinander wird durch die gleichen Anlagen und Intelligenzfähigkeiten bewiesen. Durch die Bewegung der Materie wird das Leben sichtbar. Dabei seht ihr nicht das eigentliche Leben – niemals die Energie – sondern nur die Bewegung des Körpers bzw. seiner Teile und Glieder. Beim Tod hört diese körperliche Bewegung auf. Die Energie aber bleibt, nur mit dem Unterschied, dass sie keinen materiellen Organismus mehr bewegen kann. Ein toter, nicht mehr gebrauchsfähiger Körper ist nicht mehr belebt. Doch die Atome, welche den Körper bilden, befinden sich noch in Bewegung und in Veränderung.

Bei der Geburt eines Menschen bringt die Seele des Menschen die ihr zugeteilte Lebensenergie mit in den vorbereiteten materiellen Körper, das heißt er wird belebt. Beim Tod eines Menschen nimmt die Seele die ihr zugeteilte Lebensenergie aus dem materiellen Körper mit heraus. Das Leben steht somit der Seele weiter zur Verfügung, nur mit dem Unterschied, dass nun kein materieller Körper bewegt werden kann, weil die Verbindung fehlt. Euer Irrtum besteht darin, dass ihr vermutet, eine Seele könne nach dem Tod eines Körpers nicht mehr weiter existieren. Jede Seele existiert auch nach der Entkörperung weiter, weil sie noch dasselbe Leben besitzt wie vor dem Tod. Diese perpetuelle Lebenskraft ist ein unübertragbares Eigentum des geistigen Menschen. Der geistige perpetuelle Mensch ist zugleich das Leben. Nur in der Inkarnation verliert er sein bisheriges Bewusstsein, das er sich für sein irdisches Dasein neu aufbauen muss.
Im geistigen Körper ist das Bewusstsein ohne die Materie tätig. Während einer Inkarnation ist das Bewusstsein an die Materie gebunden, weil das Leben dann auch an die Materie gebunden ist. Außerhalb einer Inkarnation ist das Bewusstsein an die Seele gebunden, weil die Seele mit dem Leben identisch ist. Auch das Bewusstsein ist unsterblich, es kann nur zeitlich unterbrochen werden.
Wir Santiner unterscheiden mit einer sehr genauen Definition den geistigen Menschen vom materiellen Menschen. Der geistige Mensch ist eine Schöpfung, die ihr Seele nennt, die ihr aber nicht genau definieren könnt. Der materielle Mensch ist ein organisches Gegenstück, ein Abbild, das nur eine Benutzung des geistigen Menschen zulässt, soweit das möglich ist. Während der geistige Mensch das Bewusstsein und den Willen sowie alle Sinneswahrnehmung in sich vereint, ist er während der Benutzungszeit des materiellen Menschen den Gesetzen der Materie unterworfen. Er kann in diesem Zustand nur mit Hilfe der materiellen Organe von den geistigen Eigenschaften vollen

Gebrauch machen. Der Stoffwechsel speist dabei nicht das Leben, sondern nur die Funktionen und Eigenschaften des materiellen Körpers, zu denen auch magnetische und elektrische Impulse gehören. Wenn die Seele, das heißt der geistige Mensch, denkt oder empfindet, so sendet das materielle Gehirn elektromagnetische Impulse aus. Diese haben nicht direkt etwas mit den Empfindungen oder Gedanken und Begriffen zu tun. Es sind nur Reflexe, die aus der Erregung der Seele herrühren, da die Seele dem Körper angeschlossen ist.

Das Leben gehört zum geistigen Menschen und ist mit diesem untrennbar verbunden. Diese Energie kann verschieden stark sein. Sie ist individuell und perpetuell. Aus diesem Grund ist der geistige Mensch unsterblich. Er kann niemals getötet werden. Will man jedoch das Leben stärken, so kann man die Seele, das heißt den geistigen Menschen stärken, denn dieser gibt die Lebenskraft an den Körper ab. Die materielle Ernähung betrifft nicht den geistigen Menschen sondern nur die Funktionsfähigkeit der organischen Materie.

Während der Dauer einer Inkarnation des geistigen Menschen nimmt dieser im materiellen Körper Platz. Er beseelt und belebt ihn zugleich. Das Leben gehört immer zur Seele, zum geistigen Menschen und nicht zum materiellen Menschen. Wenn die Funktionen des materiellen Menschen aufhören, so hört nicht das Leben des Menschen auf, sondern nur der Kontakt zum lebenden geistigen Menschen, der nun wieder frei ist. Aus diesem Grunde ist es eine verabscheuungswürdige Theorie, wenn behauptet wird, dass das Bewusstsein an die Materie gebunden sei, ohne die Behauptung in der richtigen Form zu erweitern.

In Wirklichkeit ist das Bewusstsein an den geistigen Menschen gebunden, aber der geistige Mensch ist mit allen seinen Eigenschaften während der Inkarnation an die Materie gefesselt. Sie ist das irdische Gehäuse der Seele zum Läuterungs- und Entwicklungsprozess des universellen Menschen. Wenn die Wissenschaft hierüber keine klare Erkenntnis gewonnen hat, so liegt das daran, dass sie sich durch die Funktionen der Materie hat täuschen lassen. Trotz all dieser auf Täuschung beruhenden Theorien gibt es aber nicht einmal in der empirischen medizinischen Wissenschaft der Terra eine Theorie oder maßgebliche Erklärung für die Phantasie oder geistige Planung, noch weniger für die Genialität. Aber man erdreistet sich, den Menschen als eine Laune der Natur hinzustellen. Nicht Gott, sondern ein blinder Zufall habe ihn erschaffen. Alle irdischen Universitätswissenschaften sind an die unsichtbare Fakultät des Atheismus angeschlossen, dessen Lehren den Tod verewigen.

Das Gesetz des Lebens kennt keinen Unterschied zwischen den Rassen, Völkern, Stämmen und Religionen. Das Gesetz des Lebens erstreckt sich nicht allein auf diese Terra, sondern ist im ganzen Universum gültig. Wenn der Mensch gegen dieses Gesetz verstößt, so trifft ihn auch die Strafe, indem er in seiner Entwicklung unvorstellbar rückläufig wird. Zum Universum gehören alle existierenden Regionen, auch die welche vom Erdenmenschen nicht wahrgenommen werden können, weil er noch nicht in diese Entwicklungsstufe gehört. Nähert er sich dieser Stufe, so ist es möglich, dass er Wahrnehmungen hat, die über das normale irdische Maß entsprechend hinausreichen. Noch vor kurzer Zeit war man auf der Terra der Ansicht, dass der Erdenmensch im Mittelpunkt des ganzen Universums stehe. Diese Ansicht, die besonders von den Kirchen vertreten worden ist, kennzeichnet die enorme Unfähigkeit höheren Denkens. An der Größe des Universums gemessen verschwindet die Terra wie ein Stäubchen in einem Atompilz. „Ich bin größer als du", sagt die Ameise zum Menschen, weil sie nicht richtig denken kann.
Meine Kundgebungen unterscheiden sich in keiner Weise von den Belehrungen, die von meinen Vorfahren an das Medium Mose gegeben worden sind. Diese Offenbarungen, welche ich euch überbringen darf, sind nur eurer heutigen Entwicklung angepasst. Ich weiß jedoch, dass die großen Kirchen meine

göttlichen Offenbarungen nicht so leicht verdauen werden. Sie passen genauso wenig in ihre selbstherrliche Besserwisserei, wie es bei den Israeliten am Berge Sinai der Fall war. Doch der Universalgeist lässt sich seine Offenbarungen durch keinen Menschen vorschreiben. Jeder Mensch hat das Recht zu leben, ohne dabei in Gefahr zu geraten, durch einen anderen getötet zu werden. Es gibt keine Entschuldigung für die Feindschaft und Verfolgung von anderen Rassen und Völkern. Jede derartige Feindschaft, jedes derartige Missverstehen ist entwicklungswidrig.

Der geniale Schöpfer hat die Verschiedenartigkeit der Völker und Rassen bestimmt, damit die Menschen voneinander lernen, sich zu ergänzen und vor allem sich zu lieben und zu verstehen, nicht damit sie sich in gegenseitigem Hass umbringen. Jeder Menschheitsführer der Politik oder der Wissenschaft handelt gegen diese gottgewollte Entwicklung, wenn er die Menschen außerhalb der Grenzen seines Landes hasst oder verachtet. Es gibt keinen Weltfrieden ohne die Liebe der Menschen untereinander. Das Gesetz des Lebens bevorzugt keinen Menschen. Nur der Mensch selbst verändert diese Situation. Die außerirdische Gerechtigkeit gleicht auch diesen Fehler aus. Die irdischen Staatsführungen haben sich allesamt von der Aufgabe religiöser Belehrungen getrennt. Sie überlassen das angeblich in toleranter Duldsamkeit den Kirchen und Glaubensrichtungen. In Wirklichkeit haben sich diese Staatsführungen nicht nur von der Aufgabe getrennt, sondern überhaupt von jeglichem Glauben an eine Verantwortung in einem überirdischen Dasein. Dabei stützen sie sich bereitwillig auf die negativen Lehren und Erkenntnisse einer mutmaßenden Philosophie und auf die Trugschlüsse der Wissenschaft. Sie sind aber auf dem falschen Weg, wenn sie glauben, dass dieses Vertrauen in die Wissenschaft berechtigt sei. Auch die Spitzen der Menschheit sind ein Opfer dieser Gutgläubigkeit. Die Wissenschaft denkt gar nicht daran, einen derartigen Irrtum einzugestehen. Das Prestige geht über die Wahrheit. Es ist durchaus nicht notwendig, in geistigen Belangen irgendwelche Theorien aufzustellen oder sich in fragwürdigen Vermutungen zu verlieren. Die außerirdischen Intelligenzkräfte sorgen für die zutreffenden Belehrungen. Ihr braucht diese Hilfe nur anzunehmen. Solltet ihr euch einmal danach richten, so wird diese Intelligenz und die universelle Erfahrung in einem Maß zu euch kommen, wie ihr es noch nicht ahnen und ermessen könnt.

Schon zu biblischen Zeiten wurde euch so manche Belehrung gegeben. Es ist nicht die Absicht einer außerirdischen Hierarchie, euch in Unwissenheit jener Dinge zu lassen, die wegen ihrer Entfernung oder geistigen Art schwer zu erfassen sind. So wurde euch auch die gewaltige Majestät Gottes erklärt. Ebenso wurden euch seine Gesetze überbracht, die allein den Fortschritt und eine Entwicklung möglich machen. Ihr habt Kunde vom Widersacher und seid immer vor ihm gewarnt worden. Wenn aber die Schlauberger, die sich Philosophen nennen, alle diese Hilfen als erlogenen Unsinn oder als menschliche Gehirnentgleisungen darstellen, so ist das ein Zeichen geistiger Rückständigkeit. Außerdem steht euch eine geistige Welt zur Verfügung, die euch, richtig angesprochen, jederzeit hilft, wenn der Wille zum Fortschritt ehrlich ist; das heißt wenn die Absichten edel sind und dem Weltenplan Gottes entsprechen. Diese Hilfe ist die enge Verbindung mit dem Leben einer übergeordneten Welt. Sie hat viele Möglichkeiten der Verständigung; bei der medialen Verständigung Christi angefangen bis zur Vollinspiration eines Künstlers. Diese Möglichkeiten werden leider nicht ernst genommen sondern verspottet. Vor allem ist es aber das Verschulden eurer Kirchen, die derartige Hilfen verdammen und sie euch sogar verbieten. Haben euch diese Kirchen den Frieden gebracht? Sie können es nicht, wenn sie die Engel des Friedens als Dämonen bezeichnen und uns fürchten. Die Geisterwelt ist auch für uns die einzige objektive Quelle der göttlichen Wahr-

heit. Sie ist das unsterbliche Leben und der Beweis einer höheren Ordnung. Christus war einer der Unseren. Er war ein Santiner, ein Engel des Friedens, der auf dieser Terra in die Inkarnation ging. Darum heißt er auch Friedensfürst. Unsere Vorfahren haben seinen Namen auf diesem Stern angekündigt und bekannt gemacht. Er stand mit dem Intelligenz-Kosmos in ständiger Verbindung. Er war hellhörig, hellsichtig und überaus magisch begabt. Sein ganzes Leben war eine einzige Verbindung mit den Kräften, die das Universum regieren.
Aber eure besserwisserischen Menschen lachen nicht nur über gute und böse Geister, sie verspotten uns in jeglicher Weise und stecken mit ihrem dummen Gelächter leider ihre vielen Mitmenschen an, die mit ihnen schuldig werden. Doch Christus sprach: „Ich will meinen Vater bitten, dass er euch einen anderen Beistand senden möge.“ Diesen Beistand habt ihr bekommen. Wir sind zu seiner Bestätigung da. Es gibt keinen Zweifel an unserer Existenz, und wir bezeugen die Existenz der Geisterwelt und die unantastbare Existenz Gottes.

Welch eine Blasphemie zu sagen, der Mensch war im All, aber er hat keinen Gott gesehen. Wie wollt ihr Gott erkennen, wenn ihr nicht einmal fähig seid, seine Wahrheit zu erkennen und seine Gesetze anzunehmen und zu befolgen? Warum zeigt er sich nicht? Weil er der reinste Geist im ganzen Universum ist. Ebenso rein sind seine Vernunft, sein Wissen und seine Macht. Er missbraucht diese Macht nicht für böse Zwecke. Er baut da auf, wo andere niederreißen. Er heilt dort, wo andere Wunden schlagen. Er lehrt da, wo andere Lügen verbreiten. Wir sind seine bevollmächtigten Diener und als Engel des Friedens bereiten wir den Frieden vor, dort wo der Hass den Verstand der Menschen blendet. Euer Wissen soll nicht auf Theorien beruhen sondern auf den Belehrungen und Offenbarungen einer überirdischen Intelligenz. Ich sage euch warnend: Der marxistische Sozialismus wurde aus einem grenzenlosen Hass geboren. Der Begrün-

der hasste eine Klasse und darüber hinaus hasste er die gesamte Religion. In der letzten Konsequenz hasste er alle Priester und zugleich Gott. Es gibt aber bei uns einen Sozialismus, der aus der Liebe geboren ist, aus der Nächstenliebe und der grenzenlosen Liebe zu Gott.
Die Entstehung eurer Religionsbegriffe ist beängstigend. Die Aufzeichnungen des Alten Testaments sind keinesfalls richtig und fördernd. Sie stellen vieles als ein Wunder dar und geben der Gottheit ein durchaus falsches Gesicht. Wir haben euch bereits erklärt, dass die Santiner mit einem Raumschiff zum Berge Sinai gekommen sind, um die Himmelsgesetze zu überbringen. Ebenso waren es die Raumschiffe unserer Vorfahren, die das Meer geteilt haben. Das ständige Hin und Her eurer jüdischen Rassenfragen beruht zum größten Teil auf einer völlig falschen Auslegung und Aufzeichnung des Alten Testaments. Der Gott Israels ist der Gott aller Menschen im Universum. Seine Gesetze betreffen nicht nur eine Rasse sondern die ganze Menschheit im unendlichen Universum. Sie wurden euch durch ein Weltraum-Strahlschiff gebracht. Niemals hat Gott je ein Blutvergießen gebilligt. Sein Name wird in vieler Weise missbraucht. Die Grenzen des israelischen Volkes sind nicht von Gott oder einem Santiner am Euphrat festgelegt. Der Gott der Juden ist auch derselbe Gott der Mohammedaner und Christen. Gott macht keine Unterschiede zwischen den Menschen, sondern gibt ihnen den Körper, den sie für ihre Entwicklung am besten gebrauchen können. Was ihr Rassen nennt, sind Entwicklungsstufen, die sich gegenseitig ergänzen sollen. Ein hoch gebildeter und hoch zivilisierter Europäer kann manches von einem Bewohner eines Naturvolkes lernen. Gleichzeitig ist er aber der Lehrer der unterentwickelten Menschen. Er soll jenen hauptsächlich durch Belehrung und gutes Vorbild helfen, so wie wir es mit den für uns unterentwickelten Erdenmenschen tun.

Lehrt die Unwissenden zuerst das Gesetz des Lebens, damit sie nicht allein das Gesetz verehren sondern das Leben, die göttliche Energie. Verehrt das Leben und huldigt nicht dem Tod. Der Lebensgeist wird durch Gott erhalten, die Materie durch die Kraft der Sonne. Statt einer einzigen wahren Religionsgemeinschaft gibt es auf eurer Terra mehr als zweihundert. Jede davon ist fanatisch gegen die andere und glaubt, der Wahrheit letzte Schlussfolgerung zu besitzen. Doch der Weisheit allerletzte Schlussfolgerung ist: Ihr habt von Gott und seiner Schöpfung überhaupt keine rechte Ahnung. Was euch an Wahrheit aus außerirdischer Quelle gegeben worden ist, wurde größtenteils vernichtet. Was davon übrig geblieben ist, wurde gefälscht oder arg entstellt. Kein Volk der Terra soll sich einbilden, besser zu sein als das andere. Gut und Böse sind auf alle Völker, auf alle Staaten verteilt. Keine Rasse hat Anspruch auf besondere Anerkennung. Ihr alle seid noch in der Entwicklung und ihr befindet euch in einer gefährlichen Entwicklungskrise, die euch deutlich vor Augen führen müsste, wie wenig euer Leben wert ist, wenn ihr nicht einmal wisst, was das Leben wirklich bedeutet. Wüssten eure verantwortlichen Führer auf allen Gebieten, welche Wahrheiten ihnen vorenthalten werden, sie würden einen erbitterten Krieg gegen die akademische Wissenschaft führen, welche seit Generationen Gott und die Unsterblichkeit des geistigen Menschen verleugnet und ihre Lügen durch fadenscheinige Definitionen und Theorien erhärten möchte. Sie wissen nur allzu gut, dass die Kirche nicht fähig ist, ihnen dieses bösartige Handwerk zu legen. Sie nennen es bereits heute ‚Triumph der Wissenschaft': der Mensch als Roboter und Automat. Hätte uns nicht der Universalgeist zur Hilfeleistung aufgerufen, so wäre der Terra von diesen Führern längst ein schändliches Ende bereitet worden. Doch noch steht der Engel der Wahrheit bereit.

Zeit spielt keine Rolle

Wir Santiner, wie ihr uns gerne nennt, sind keine Engel Gottes im eigentlichen Sinn. Wir möchten nicht mit diesen Lichtwesen verwechselt werden, denn das wäre eine Gotteslästerung. Doch wir stehen der Geistwelt Gottes sehr nahe und tauschen mit dieser unsere Gedanken und Pläne aus, lassen uns unterweisen und handeln für diese Lichtwesen, weil die Geisterwelt Gottes nur wenig Kontakt zur Materie hat. Wir sind ein Bindeglied zwischen der geistigen und physischen Welt.

Auch eure Welt hatte schon vor vielen, vielen Sonnenumläufen solche Bindeglieder zur astralen Daseinsebene, so zum Beispiel Christus, dem ihr viel zu verdanken habt, weil er den Kontakt mit den höchsten Sphären der großartigen Jenseitswelt trotz vieler Leiden aufrechterhalten hat. Trotz vieler Warnungen haben sich die Erdenmenschen von der sichtbaren Welt immer wieder täuschen lassen. Das wahre Glück liegt nicht im materiellen, sondern im geistigen Besitz, denn der eine vermodert und der andere bleibt bestehen. Eure schlechte Geisteshaltung hat viele unheilbare Krankheiten heraufbeschworen. Der Erdenbürger glaubt außerdem keine Zeit zu haben, er will raffen und besitzen. Er will vor allem seine auf Erden erworbenen Fähigkeiten so schnell wie möglich ausnutzen und wird oberflächlich in allen Gedanken und Taten.

Wir Santiner wissen ganz genau, dass wir eine endlose Zeit haben, die in einzelne Entwicklungsabschnitte aufgeteilt ist. Wir können unsere erworbenen Fähigkeiten niemals verlieren, noch etwas versäumen, was ein anderer uns voraushat. Höchste Wertigkeit und höchstes Wissen auf einer ganz bestimmten Stufe unseres Daseins, das ist unsere Erkenntnis. Was wir erlernt und erfahren haben, das bleibt uns und wir nehmen es mit ins Jenseits, wo uns diese Erfahrung ebenfalls weiterbringt. Doch die materiellen Güter lassen wir den materiell Lebenden zurück. Wir sind nicht unglücklich darüber und wir trauern auch nicht unseren Verstorbenen nach, weil wir absolut wissen, dass sie in einem anderen Land weiter existieren und trotzdem mit uns verbunden bleiben. Wenn es anders wäre, wäre die ganze Schöpfung Gottes sinnlos und eine Vergeudung von Zeit und Mühe. Ihr aber glaubt an einen für uns unvorstellbaren Unsinn, nämlich, dass ein Universum von unvorstellbarer Größe und Herrlichkeit besteht, aber für euch unerreichbar ist, weil nur Erdenmenschen existieren, die in verhältnismäßig kurzer Zeit zu Asche und Erde vergehen, ohne dass ein Lebensstrom übrig bleibt, noch eine Seele oder ein Bewusstsein diese Zerstörung, diesen Zerfall überstehen können. Doch eure erkenntnislose Kirche lehrt euch eine Auferstehung, von der ihr nicht wissen sollt, ob sie in Stunden oder in hunderttausenden von Jahren erfolgt.

Vor allem wissen wir, dass wir keinen Menschen töten können. Wir können ihn wohl aus dem materiellen Dasein stoßen, aber wir wissen, dass auch unsere Stunde schlägt und wir unseren Opfern unausweichlich einmal begegnen. Die Opfer, die auf euch warten, sind nicht zu zählen. Ihr habt keine Ahnung was es heißt, jenen Heerscharen zu begegnen, denen ihr das Erdenleben nicht gegönnt habt. Ihr seid ungeheuer leichtsinnig und erschreckend dreist, weil ihr auf die Rache eines Gottes wartet und die Erfahrung macht, dass es einen Gott der Rache gar nicht gibt. Aber das heißt nicht, dass es nicht einen Gott der Liebe gibt. Aber dieser Gott der Liebe hat seine Gesetze und ihr wisst, dass diese Gesetze zwingend sind, noch zwingender auf den gewaltigen Ebenen des Geistes.

Wir haben keine Philosophie, sondern nur Lebenserfahrungen. Das menschliche Denken allein genügt nicht. Es gibt Erdenbürger unter euch, die zu Gott zurückgefunden haben. Sie spüren die großartige Verbindung, die ihnen den Schleier von den Augen zieht. Jene warnen euch in seinem Namen, aber ihr glaubt ihnen nicht, weil dieser Planet der Stern der Unwahrheit ist, auf dem sich alle gefallenen Geister austoben.

Man erwartet heute oder morgen unser Kommen, wie eine Armee kampflustiger Soldaten, die am ‚Tage X' eine große Invasion durchzuführen haben. Man erwartet uns, als ob unsere Welt von gleichem Stoff wäre wie die eure. Wohl wären wir dazu in der Lage, euch zu überraschen, aber es wäre ein zu großes Opfer an eigener Gesundheit. Ihr wagt euch ja auch nicht in eine Giftgaskammer, ohne das Gift vorher erforscht und untersucht zu haben. Wir machen es auch nicht anders. Wir senden unsere Flugschiffe voraus und entnehmen viele Proben aus eurer Atmosphäre. Nach diesen Resultaten bauen wir unsere Apparate, die uns den Erdenaufenthalt für längere Zeit ermöglichen sollen. Könnt ihr beispielsweise auf dem Meeresboden aus eurem U-Boot einfach aussteigen und euch mit den Haifischen unterhalten? Wir können das auch nicht. Darum bleiben wir mit unseren Weltraum-Strahlschiffen im All und entsenden nur unsere kleinen Verbindungsflugschiffe in die Erdatmosphäre.

Ich sagte, wir können uns nicht einmal mit euch persönlich aussprechen, denn es ist wie eine Verständigung unter Wasser. Darum legen wir uns schlafen und konzentrieren unseren Astralkörper mit Hilfe eines Strahlenapparates aus unserem Fleisch heraus, um euch auf dem Wege der Engel zu besuchen. Hohe Geistwesen aus dem Reich Gottes sind unsere Beschützer und Begleiter. Wir vertrauen uns ganz bestimmten und ermächtigten Lichtwesen an, die uns zu den geeigneten Mittlern führen. Doch leider gibt es eine fast unüberbrückbare Schwierigkeit. Ihr habt keine Ahnung von dieser Art unsichtbarer Besuche. Darum müssen wir auf eurer Erde Menschen und Kreise aufsuchen, die davon etwas verstehen und auf diesem Gebiet experimentieren.

Doch die Unwissenden glauben sich klug und lachen darüber.

Eine der größten Gefahren für euch besteht darin, dass ihr eure größten Mitteilungseinrichtungen vollkommen negativ ausgerichtet habt. Radio, Zeitungen und Fernsehen sind gefährliche Instrumente einer allgemeinen Volksvergiftung, auch der Film gehört dazu, denn viele Nichtkönner sind am Werke und verbreiten nicht nur den Irrtum, sondern auch eine beispiellose Teufelei. Die Welt der unsichtbaren Existenz ist viel umfangreicher als ihr ahnt, und wenn sie nicht existieren würde, so hätte der Körper keine Seele, keinen Geist und keine Gedanken, überhaupt kein bewusstes Ich. Forscht auf dem Gebiet der unsichtbaren Intelligenz und ihr erreicht mehr, als wenn ihr Milliarden für Tod und Vernichtung ausgebt. Beschäftigt euch nicht mit dem Super-Massenmord, sondern mit dem Super-Massenleben, dass das ganze Universum erfüllt.

Die Aufgaben der Menschen

Wir sind unsichtbare Augenzeugen und über alles unterrichtet, was sich bei euch abspielt. Wir kennen eure unmenschlichen, ja bestialischen Forschungen auf allen Gebieten teuflischer Machtabsichten. Wir rufen aus dem Kosmos, aus einer unendlichen Ferne, aus einem göttlichen Universum die Erdenmenschheit auf, endlich aus dem Weltschlaf zu erwachen und logischer zu denken. Setzt euren Verstand in Aktion!

Die Demokratie darf keine Narrenfreiheit sein. Sie ist kein Freibrief für Verrückte und Schmarotzer an der Menschheit. Trotzdem ist das Grundelement der Demokratie, das heißt die Freiheit des Menschen das höchste Ziel eines friedlichen Zusammenlebens. Doch diese Freiheit darf nicht grenzenlos sein, sie muss der Ordnung gehorchen.

Der Kommunismus ist ein Irrtum und ein Unrecht am Menschen, denn er ist auf falschen Erkenntnissen und auf absoluten Irrtümern aufgebaut. Trotzdem enthält er manches, das akzeptabel ist und in eine bessere Weltanschauung der Zukunft aufgenommen werden kann.

Die Theologie beruht auf Dogmen und falschen Auslegungen, die nichts mit der tatsächlichen Existenz Gottes zu tun haben. Die Theologie hat noch vor Gott das geistige Reich zu akzeptieren, weil es kein Erfassen Gottes gibt, wenn nicht vorher die menschliche Seele und ihre gesamte Existenz erforscht und erkannt sind. Das ist die hohe Aufgabe der Theologie in gemeinschaftlicher Zusammenarbeit mit der Naturforschung.

Die Wissenschaft hat die Aufgabe, der Wahrheit zu dienen. Die Wahrheit kann niemals erkannt werden, wenn der Mensch in den Augen der Wissenschaft eine lächerliche und jämmerliche Rolle spielt. Der Mensch besteht nicht allein aus einem Körper, sondern sein tatsächlicher und edelster Wert im ganzen Universum besteht in seinem unsterblichen Geist.

Die Industrie hat dafür zu sorgen, dass alle Mordwerkzeuge jeder Art als Kinderspielzeug verboten und aus dem Verkehr gezogen werden. Das gesamte Potential des Kriegsspielzeuges ist zu vernichten. Wenn die Staatsregierungen nicht einmal fähig sind, das Kriegspotential des verbrecherischen Kinderspielzeuges abzurüsten, was wollen sie dann für eine Abrüstung bei den Superwaffen erreichen?

Die Publikations-Medien, wie Presse, Rundfunk, Fernsehen und Film haben jeden Anstand zu bewahren. Sie haben den Fortschritt und nicht den Rückschritt zu begünstigen. Es ist nicht angebracht, die Dinge in ein falsches Licht zu rücken. Es darf auch nicht sein, dass unanständige Redensarten verbreitet werden, nur um aktuell zu sein. Die Publikations-Medien müssen immer darauf bedacht sein, dass sie die bedeutendsten Bildungsmittel darstellen. Die dargebotenen Szenen und Dialoge existieren im Bewusstsein der Menschen unaufhörlich weiter. *(Wie die Wirksamkeit der Werbung deutlich zeigt; Anm. d. Hrsg.)* Alles bleibt im Kosmos erhalten.

Die Kindererziehung hat sich der Wahrheit und nicht der Lüge zu bedienen. Schon vor der Schulzeit ist mit der Charakterbildung zu beginnen.

In den Schulen ist von Anfang an, ein Moralunterricht einzuführen. Es ist nicht allein die Aufgabe der Eltern, dass die Jugend positiv erzogen wird. Auch die Schulen tragen die Verantwortung mit. Das Lehrmaterial ist unter allen Umständen genau zu überprüfen! Darin sind genug Anregungen zum negativen und menschenfeindlichen Denken enthalten. Schon in der Fibel der Kleinen müssen Moralbeispiele enthalten sein, wie zum Beispiel: „Fritz belügt seine Mutter. Warum tut er das? Ist das richtig?"

Wenn es unendlich schwer ist, die erwachsene Generation zu ändern, so stehe ich als Weltenlehrer und Mahner hier auf dieser Terra, um euch zu warnen, damit die zur Macht gelangende Generation nicht das ungeheure Unrecht an der Schöpfung begeht, das ihr in langen Jahren geplant und vorbereitet habt. Die Jugend muss richtig erzogen und nicht verzogen werden. Die Jugend trägt eine noch größere Verantwortung als ihr selbst. Die Jugend kann noch rechtzeitig geändert werden. Noch ist es dazu nicht zu spät. Aber es eilt trotzdem.

Der Läuterungsplanet Erde

Unsere Stärke wird nicht als Warnung demonstriert, wie es bei euren Manövern der Fall ist. Ein solches Manöver würde die Erde nur beunruhigen. Man würde nur noch in Angst leben, dass jeden Augenblick etwas ganz Furchtbares geschieht. Man würde sich an Sodom und Gomorrha erinnern. Wir wollen diese Stärke nicht ausprobieren, sie ist uns bekannt.
Ihr sagt, dass der Zweite Weltkrieg 55 Millionen Tote und 35 Millionen Verwundete forderte. Ihr fragt, wie wir Santiner diese Opfer zulassen konnten, wenn wir Missionare des Friedens sind und über eine Macht verfügen, um die irdischen Machthaber besiegen zu können? Diese Frage wird aus eurer Perspektive gestellt. Aus unserer Perspektive sieht das ganz anders aus. Es gehört mehr Wissen dazu, diese Situation richtig zu erkennen. Ich möchte versuchen, euch dies klarzumachen.

Dieser Stern Erde ist ein Läuterungsplanet. Wer auf diesem Stern inkarniert wird, hat eine geistige Stufe, die nicht gerade hoch ist. Erst das Leben in der Materie unter den irdischen Verhältnissen soll ihn auf eine höhere Stufe führen. Der Erdenmensch soll lernen, unter den Menschen friedlich zu leben. Obgleich der Mensch auf dieser Erde so manches lernt und mitunter sein Genie entwickelt, bleibt er charakterlich und moralisch zurück. Der wirtschaftliche und technische Erfolg ist nicht ausschlaggebend für die Reife eines Menschen. Aus diesem Grunde haben wir die Ursachen dieser Unreife studiert. Wir sind bemüht, euch in dieser Hinsicht zu helfen. Doch der Widerstand, der uns entgegengesetzt wird, ist sehr groß. Tod und Leben sind daher nicht so ausschlaggebend, weil die geistige Reife davon nicht betroffen wird. Ob ein Erdenmensch früher stirbt oder erst später, ob er im Krieg fällt oder einer Katastrophe zum Opfer fällt, ist unerheblich. In den meisten Fällen geht der Erdenmensch so oder so charakterlich ungeläutert ins geistige Leben zurück. Dieser

Zustand wäre derselbe, wenn die ganze Erdenmenschheit mit einem Schlage in die jenseitigen Bereiche befördert werden würde. Aus diesem Grunde sehen wir gar keinen Grund, eine totale Vernichtung der Erdenmenschheit aufzuhalten oder zu verhindern.

Gott hat einen Widersacher, und der würde sich die Hände reiben, wenn er einen Teil der göttlichen Schöpfung vernichten könnte. Das wäre ein Sieg für ihn. Das ist schon eher ein Grund für uns, eine globale Vernichtung der Erde zu verhindern. Doch die Grundursache besteht in der Absicht, die Erdenmenschheit durch hinreichende Aufklärung zu läutern, damit der Zweck der Erde gerechtfertigt wird. Das Erdenleben soll nicht nur der materiellen Entwicklung dienen, sondern den Menschen geistig reifer machen. Diese Reife kann aber niemals durch einen fortschreitenden Atheismus oder durch ein verlogenes frommes Getue erreicht werden. Von den 55 Millionen Menschen, die im Zweiten Weltkrieg ums Leben gekommen sind, gab es etwa 54 Millionen Menschen, die keine Läuterung ihrer Seele aufzuweisen hatten. Sie sind so in das geistige Reich zurückgegangen, wie ihre Entwicklung vor ihrer Inkarnation gewesen war.

Damit habe ich klar herausgestellt, dass es auf ganz etwas anderes ankommt, als auf das superlative Massensterben durch einen furchtbaren Krieg. Wir können noch nicht eingreifen. Nicht einmal Gott selbst würde eingreifen, weil damit gar kein Vorteil erreicht werden wird. Die Erlösung aus diesen Fesseln kann nicht von außen kommen, sie muss innerlich vorbereitet werden. Wir sind mit allen Mitteln bemüht, das menschliche Denken in andere Bahnen, in positivere Bahnen zu lenken. Die ganze Menschheit denkt verkehrt, weil sie falsch unterrichtet wird. Es fehlt die Wahrheit. Nur wenn die Menschheit zu positiverem Denken kommt, dann setzt die Logik ein. Augenblicklich wird die Logik gehindert, obgleich man sich einbildet, logisch zu sein. Die Einsicht und das Wissen fehlen eben auf der ganzen Linie. Aber Gott gibt euch das fehlende Wissen auf diesem medialen Wege.

Der irdischen Menschheit fehlt ein weltweites Verständnis für übersinnliche und außerirdische Phänomene. Sie werden seit Jahrtausenden falsch gedeutet und dogmatisiert. Die Erdensituation beruht auf einer Fehlentwicklung der letzten Jahre. Sie reicht mindestens 10.000 Jahre zurück. In dieser Zeit hat zwar eine Änderung der Lebensweise stattgefunden, aber die geistige Entwicklung ist nicht mit der technischen und wissenschaftlichen Entwicklung im Einklang. Die technische Entwicklung hat das Gesicht der Erde total verändert. Die geistige Entwicklung ist sehr, sehr zurückgeblieben.

Dieser Läuterungsplanet Erde hat seine Aufgabe nicht erfüllt, weil sich diese Menschheit jeder Läuterungsmöglichkeit hartnäckig und widerspenstig widersetzt. Fast jeder Mensch, der sein Leben auf dieser Terra abschließt und in die Regionen einer geistigen Welt hinübergeht, hat in Bezug auf eine Läuterung des Charakters seiner göttlich-menschlichen Anlagen überhaupt keine Fortschritte gemacht. Die Gefahren, die einem Menschen drohen, befinden sich nicht nur auf einer materiellen Ebene. Diese Gefahren können für die Seele eines Menschen noch eine unvorstellbare Steigerung erfahren. Die Regionen, in denen diese Gefahren auf euch lauern, werden von euch nicht akzeptiert, weil man diese Regionen, die ihr Jenseits nennt, für abergläubische Phantastereien hält. Ernsthaften Forschern sind diese Regionen bekannt. Es gibt mittlerweile Literatur darüber, die recht umfangreich ist. Ein Frieden ohne ein sittliches und religiöses Element ist naturwidrig. Man kann auch nicht in einer Sandwüste Gemüse pflanzen, wenn man den Regen verhindert. Dieser Regen, der euch fehlt, ist das Wissen um universelle Tatsachen.

Ich werde verschiedene Punkte berühren müssen, die ein heiliges Tabu angreifen. Ich warne euch eindringlich vor jeder religiösen Verdummung, wie sie seit Jahrtausenden die Menschheit in die tiefsten Abgründe geführt hat. Eine falsche Erziehung ist unsagbar schwer abzuändern. Falsche Lehren und Ansichten bilden den Bestand des gesamten Bewusstseins eines Menschen.

Hiermit bin ich bereits an der empfindlichsten Stelle, auf die es besonders ankommt. Jeder Erdenmensch stellt sich einmal diese Frage, ob es einen Gott gibt und welche Funktionen er ausübt. Ganz gleich, ob er auf seine Fragen eine Antwort bekommt oder nicht. Auch ein Professor mit einem vierfachen Doktorgrad kann nur seine Meinung zum Ausdruck bringen. Er kann nicht über etwas berichten, von dem er selbst keine Ahnung hat. Er ist selbst der große Fragesteller und möchte Klarheit über dieses Mysterium. Um diese Frage zu beantworten, muss man aus der irdischen Haut heraus. Das kann man aber nur, wenn man vorher stirbt. Aber dann kann man nicht mehr zur Erde in seinen alten Körper zurück.
Das sieht bei uns etwas anders aus. Wir sind nicht in der geistigen Entwicklung stehen geblieben. Wir haben uns nicht allein auf eine physikalische Entwicklung verlassen. Wir haben auch unsere spirituelle Entwicklung gefördert. Aus diesem Grunde stehen wir verschiedenen Mysterien bedeutend näher. Unsere Perspektiven sind erweitert. Wir haben Erfahrungen nicht allein im Stofflichen, sondern wir sind auch Experten auf geistigen Gebieten und Möglichkeiten. Eine dieser Möglichkeiten ist schon diese Verständigung mit euch.

Das verzerrte Bild der christlichen Kirchen hat die Aufwärtsentwicklung der niederen Schichten der Erdenmenschheit gehemmt. Sowohl die Reichen, als auch die Intellektuellen haben einen Druck auf die Durchschnittsmenschen und auf die arme Bevölkerung ausgeübt. Bei eingehender Untersuchung der Bibel stellte sich heraus, dass sie gegen jede normale Logik verstieß. In dieser Schrift, die einen so starken Einfluss auf das ganze Erdenleben ausübt, gab es ein ‚unmöglich'. Die Priester gaben dieses ‚unmöglich' nicht zu, sondern blieben gehorsam den Buchstaben gegenüber. Sie vertraten den Standpunkt, dass es dem Menschen verboten sei, über eventuelle Irrtümer nachzudenken. Für die Bibel gab und gibt es ein Tabu. Wer daran rührt, ist ein Ketzer, ein Gotteslästerer, dem ewige Verdammnis droht. Ich kann diesen Punkt nicht stark genug als Irrtum brandmarken.

Ein unlogischer Gott braucht nicht bewiesen zu werden. Die Unlogik ist Beweis genug. Doch an dieser Unlogik halten die Kirchen weiter fest. Ein Grund, warum in der politischen Auseinandersetzung eine unvorstellbare Verkrampfung eingetreten ist. Woher weiß die Erdenmenschheit überhaupt, dass es einen Gott gibt und welche Macht er hat? Die Bibel antwortet auf diese Frage: „Gott sprach am Berge Sinai zu den Menschen." Gott, ich meine den wirklichen Universalgeist, hat noch nie sein Angesicht gezeigt. Er würde auch nie auf eine so kitschige Art und Weise in Erscheinung treten, wie es die Bibel beschreibt.

Unsere Raumschiffe, die schon vor mehreren Tausend Jahren existierten, aber inzwischen wesentlich verbessert worden sind, haben die Bibel sehr beeinflusst. Unsere Vorfahren haben versucht, euch einen wahren Gottglauben zu bringen und euch ein friedliches Zusammenleben untereinander zu lehren. Wer auf dem Berge Sinai einen Gott vermutet hatte, der hat sich gewaltig geirrt. Und trotzdem sind unsere Vorfahren Gottesboten gewesen, wie wir es auch heute noch sind.

Der wirkliche Gott, so wie er in euren heiligen Schriften noch nicht beschrieben ist, regiert nicht die Menschheiten, sondern die Natur und ihre Sterne. Er schafft himmlische Gesetze, aber keine Gesetze für das Zusammenleben der Menschen und Tiere. Alles hat seine Freiheit der Entwicklung. Es existiert ein Gremium von großen Denkern, welche die Welten regieren. Dieses Team befindet sich in geistigen Regionen. Wer auf die Anordnungen dieses Teams nicht hört, der irrt vergebens umher, denn er wird niemals die wirklichen Probleme zur Zufriedenheit lösen. So ist auch noch niemals das Problem des Friedens auf der Welt durch Erdenmenschen gelöst worden. Es wäre zu lösen, und zwar im selben Augenblick, da ihr die Wahrheit uneingeschränkt in euch aufnehmt.

Hört auf meine Worte! Wir Santiner sind die zuverlässigen Garanten eurer Zukunft. Wir sind die bevollmächtigten Engel der Liebe und eurer Zukunft. Das politische Weltbild ist total verfälscht, weil die Grundsteine nicht aus Felsen bestehen. Der Felsen der Wahrheit ist das geistige Leben im unvorstellbaren Universum. Die Pseudologik der großen Soziologen hat auch auf alle Wissenschaftler den stärksten Eindruck hinterlassen. Kein Wunder, dass sie alles ablehnen, was mit Religion, Gott oder einem geistigen Reich zu tun hat. Die Wirklichkeit ist logisch und gewaltig. Man muss sie nur kennen lernen.

Ein Künstler kann das größte Genie aller Zeiten sein, aber sein Genie würde ihm nichts nützen, wenn er nicht das richtige Material für seine Werke zur Hand hat. Dies ist ein Vergleich, der auch für die großen Denker zutrifft. Sie können zwar großartig überlegen, aber ihre Denkresultate stimmen dennoch nicht. Wirklich geistvolle Menschen kommen im Laufe ihres Lebens dahinter, dass das Leben ohne göttliche Aspekte völlig ohne einen Sinn wäre. In der universellen Natur hat alles einen Sinn. Zwischen dem Begriff ‚Gott' und dem Begriff ‚Natur' besteht eine Gleichung. Das hat zur Folge, dass die Feststellung, dass etwas natürlich sei, auch mit den Worten „es sei göttlich" ersetzt werden kann.

Alles gruppiert sich nach der Art der Entwicklung: Die brutalen Menschen gesellen sich zu den brutalen, die geltungskranken zu den geltungssüchtigen. Diese Unterschiede können durch keine politische Weltanschauung aufgehoben werden. Dieses Gesetz der Entwicklung trifft auch für alle Rassen zu. Ob der Mensch weiß, schwarz oder gelb ist, das spielt keine Rolle. Entscheidend ist die Entwicklung des einzelnen. Ein einziger Mensch kann sich aus der Masse herausheben. Ein unterentwickeltes Volk hat keinen Anspruch an allen Errungenschaften der entwickelten Völker teilzunehmen. Sie haben sich von den erfahrenen Völkern führen zu lassen. Der Neid der Besitzlosen ist für alle gefährlich. Wir wissen, dass ein Leben auf einem Planeten nur eine Stufe in der Entwicklung des Individuums ist. Für die individuelle Entwicklung eines Menschen gibt es keine Grenze, und es wird für ihn auch nie eine Grenze geben.

Wenn vom menschlichen Leben die Rede ist, so kennt man nur eine begrenzte Lebensstrecke, die von der Geburt bis zum Tode verläuft. Was vor und hinter dieser Strecke liegt, ist in ein undurchdringliches Dunkel gehüllt. Aufgrund dieser Ansicht richtet der Erdenmensch sein ganzes Denken ein. Er kann dabei nicht begreifen, dass alle seine Erfahrungen und Erinnerungen für ihn begrenzt sind, das heißt nach seinem Ableben für ihn nicht mehr nutzbar oder sinnvoll sein sollen. Irrtum! Die Erdenmenschheit glaubt irrtümlich, dass der Erdenmensch seine Erinnerungen und Erfahrungen an seine nachfolgende Generation überliefert. Aus diesem Grunde haben sich auch die Erbschaftsgesetze gebildet. Aus diesem Grunde legt man Wert auf Kindersegen. Aus diesem Grunde will man Unsterblichkeit durch Bücher, Taten und Denkmäler erwerben. Aus diesem Grunde wollen Kapitalverbrecher in die Geschichte eingehen. Unsterblichkeit im Andenken der weiterlebenden Generation. Das ist keine Unsterblichkeit, sondern ein Irrtum! So haben schon die Pharaonen gedacht, obgleich sie etwas vom Jenseits wussten. Sie wussten nur nicht, wie man dort weiterlebt. Die falsche Definition des Todes kommt daher, weil man annimmt, dass die Seele eine Produktion des Körpers ist. Man glaubt, das Gehirn erzeuge die Seelentätigkeit, wenn das Gehirn aber tot ist, so könne es auch keine Seelentätigkeit erzeugen. Arme Wissenschaftler!

Ich könnte euch fragen, ob ihr der Meinung seid, dass es keinen Sender gibt, wenn der Fernsehapparat nicht mehr funktioniert oder zerstört ist. Der Apparat erzeugt nicht die Sendung, sondern er empfängt sie auf einer vorgesehenen Frequenz. Meine Gedanken können daher von jedem Menschen empfangen werden, dem es möglich ist, sich auf meine Gedankenfrequenz einzustellen. Wenn ein Mensch stirbt, so geht der Empfänger entzwei. Das Bewusstsein und die Erinnerungen werden von diesem Sterben überhaupt nicht betroffen. Das Bewusstsein mit allen seelischen Eigenschaften bleibt genau da, wo es schon vorher war, nämlich im Universum, im All. Die Philosophen haben gesagt, dass das Bewusstsein an die Materie gebunden ist. Das stimmt. Aber sie haben nicht festgestellt, dass diese Kopplung nur für den lebenden Menschen zutrifft. Der Tod löst die Kopplung, aber er löscht die Bewusstseinstätigkeit nicht aus, die ja schon immer ein kosmischer Prozess war. Der Tod wirkt wie das Abwerfen einer Rakete, wobei die Satellitenkapsel erhalten bleibt und in allen Teilen funktioniert.

Die Großartigkeit der Natur täuscht den Mediziner, denn er fällt auf den Effekt herein, den der Mensch in seinem Innern erlebt. Jeder Mensch glaubt, dass seine Sinneswahrnehmungen und Gefühle, sowie sein ganzes Bewusstsein im Körper bzw. im Kopf vorhanden sind. Das ist ein Irrtum! Alle diese Funktionen sind kosmische Prozesse. Sie sind geistiger Natur und völlig jenseits der Materie. Die Materie kann keinen Geist und auch keine geistigen Funktionen hervorbringen. Doch der Geist steht über der Materie. Wenn ein Mensch stirbt, so ist das eine ziemlich einfache Sache, denn es wird nur die Verbindung mit der Materie gelöst, sonst bleibt für den Geist alles beim Alten. Das bedeutet für den Menschen, dass alle seine Sinneswahrnehmungen, seine Gefühle, sowie alle seine Bewusstseinsvorgänge erhalten bleiben, aber dann ohne die Materie selbständig arbeiten können.

Im Vergleich zum irdischen Leben ist das Leben in den geistigen Bereichen superlativ. Das Denken und alle Wahrnehmungen arbeiten verstärkt. Eine Verstärkung findet auch schon im Traum des Menschen statt. Eine entwickelte Seele übertrifft sämtliche Fähigkeiten der Fauna. Sie kann wie ein Vogel fliegen, wie ein Fisch schwimmen, wie ein Wurm in die Erde kriechen, sich langsam bewegen oder gedankenschnell reisen.

Der Tod wird stets als ein endgültiges Ende angesehen. Darum kommt es zu großen Unzufriedenheiten unter den Menschen. Sie glauben fast alle, dass sie als Mensch von der Natur sehr ungerecht behandelt worden sind. Sie können nicht begreifen, dass andere Mitmenschen reich, berühmt und gesund sind, dass jene das Leben in unvorstellbarer Weise genießen können, während sie selbst unterdrückt und vom Leben vernachlässigt worden sind. Es gibt keine derartigen Ungerechtigkeiten, denn stets gibt es einen Ausgleich, weil der Mensch nicht nur von der Geburt bis zum Grabe lebt. Er hat Äonen an Zeit zur Verfügung. Ein üppiges Leben auf Erden erweist sich meistens nicht als eine Entwicklung. Eine entwickelte Seele ist einem begüterten Menschen auf Erden fast in allen Fällen voraus. In dieser Hinsicht fehlt euch noch eine bedeutende Belehrung. Es ist für uns unfassbar, dass sich in dieser Hinsicht auf der Erde kaum ein Fortschritt abgezeichnet hat.

Das Ebenbild Gottes

Es gibt einen großen Unterschied zwischen euch und uns: Wir haben die allerhöchste Achtung vor dem Universalgeist Gott. Gerade darum, weil er ein Wesen von so hoher Bedeutung erschaffen hat, wie es der Mensch darstellt. Der Mensch als lebendiges Wesen hat ein Bewusstsein, eine Individualität, die nirgends in der ganzen Schöpfung in dieser Form anzutreffen ist. Er hat einen eigenen Willen, hohe Intelligenz und eine gewaltige Vorstellungskraft. Er kann planen und gestalten und kann das vorhandene Weltbild verändern und neu gestalten. Der Mensch ist ein Teil aller Eigenschaften Gottes und in dieser hohen Erkenntnis, die wir in uns und in unseren Brüdern und Schwestern gefunden haben, sind wir alle zutiefst ergriffen von der wunderbaren Macht und Erhabenheit aller Funktionen, die im menschlichen Geist und im menschlichen Körper liegen. Aus diesem Grunde haben wir Gott nicht allein auf einem philosophischen Wege, sondern erst recht im Ebenbild Gottes, in uns selbst erkannt. Wir bringen daher unseren Mitmenschen ohne jede Ausnahme die höchste Achtung entgegen, denn jede Beleidigung, Kränkung und Beschädigung erscheint uns als eine Gotteslästerung. Sein vollendetes Werk ist unsere Glaubenskraft und wir trachten danach, dieses hohe Werk Gottes zu erhalten, zu pflegen und zu ehren. Aus diesem Grund ist es für uns eine sehr schwere Prüfung, uns mit eurer Nichtachtung zu befassen und euch Rügen zu erteilen. Ihr achtet nicht den hohen Schöpfungsakt Gottes im Menschen, in eurem Nächsten, weil ihr überhaupt keine Vorstellung von dieser Erhabenheit des großen Geistes habt, den ihr Gott nennt. Ihr verfolgt und tretet das höchste und großartigste Wesen, das allein imstande ist, neben Gott und seinen Engeln die Schöpfung zu erfassen.

Die Menschheit dieser Erde ist leider noch sehr rückständig, wenn man die Entwicklung im ganzen Universum dabei in

Betracht zieht. Dieser Stern ist ein Sammelpunkt rückständiger Seelen, die sowohl materiegebunden als auch materiegelöst ihre außerplanmäßige Existenz haben. Herrschsüchtige und intolerante Gruppen erdreisten sich, viele Millionen von Gott erschaffener Menschen, die dem Schöpfer ihre Existenz verdanken, zu misshandeln und an ihrer Höherentwicklung zu hindern, sie zu versklaven, auszubeuten und ihnen nach dem Leben zu trachten, ja, das Leben ihnen, zur Schande der universalen Menschheit, zu nehmen. Der größte Diebstahl ist der Mord. Wenn er in Massen geschieht, so betrachten wir dieses Vergehen als superlativen Raub an Gottes Eigentum.

Die Stunde der Erdenmenschheit - unserer Brüder und Schwestern - hat bereits geschlagen, und euer Untergang wäre bereits da, wenn die geistige Welt des großen Schöpfers uns nicht aufgerufen hätte, diesen Untergang von vielen Milliarden Menschen zu verhindern. Nicht etwa, weil eine akute Gefahr besteht, dass dieser Stern seine molekularen Verbindungen zu ändern beginnt, sondern weil die Atmosphäre durch Strahlen, die euch völlig unbekannt sind, total verseucht ist, so dass spätere Generationen nicht mehr gesund geboren werden könnten, noch imstande wären, aufzuwachsen. Der Grund ist eure Zwietracht, geboren aus einer verkehrten Anschauung des wahren Lebens. Eine verkehrte Einstellung hat Religionen und Kulte hervorgebracht, die von rationell denkenden Menschen nicht akzeptiert werden können und das mit vollem Recht.

Doch vieles, was abgeleugnet wird, ist tatsächlich vorhanden, jedoch in einer anderen Weise als gedeutet und zum Kult gemacht wird. Eine derartig durch Dogmen und Phantastereien entstellte Religion, wie sie in vielen Variationen auf diesem Stern Erde entwickelt und verbreitet worden ist, würden wir nie wagen, unseren Kindern als Märchen vorzusetzen. Darum ist es für uns kein Wunder, wenn eure Verstandesmenschen darüber nur spöttisch lachen und alles, ja alle Wunder ablehnen, weil sie, außer einigen Philosophien, nichts Besseres haben, das sie dafür einsetzen können. Ein aufgeblähter Irrtum, verankert in hunderttausenden von Büchern, verewigt in Regalen und Bibliotheken, wird als höchstes Wissensgut gepflegt und zu einem Götzendienst verwendet, der jeder Beschreibung spottet. Wir wissen, dass ihr auch uns verspottet und an unsere Existenz nicht glauben wollt, genauso wie ihr weder an Gott noch an den Teufel glauben wollt, obgleich ihr diese machtvollen Existenzen jede Sekunde selbst in eurem ganzen Dasein erfahrt und eigentlich bestätigt finden müsstet. Können Gedanken und Erinnerungen oder Begriffe durch Maschinen oder Apparate festgehalten und für jeden anderen Menschen fassbar aufgezeichnet und vorgeführt werden, ohne dass der Geist erst dabei das Erfassen und Begreifen möglich macht? Nein! Ihr wisst genau, dass ihr noch nicht so weit seid, um diese Geistesschwingungen zu registrieren. Doch fällt euch nicht im Traum ein, deshalb dieses Vorhandensein des Geistes zu leugnen. Aber warum leugnet ihr ganz im Gegensatz zu dieser Tatsache eine geistige Welt? Weiterhin seht ihr zum Beispiel unsere Weltraumfahrzeuge, ihr registriert und fotografiert sie. Ihr habt hoch entwickelte Messgeräte, die ihr Radar nennt und damit könnt ihr uns genau orten. Aber dennoch wird der Weltbevölkerung die Wahrheit verschwiegen, die keine Möglichkeit der sicheren Orientierung hat, und die darum die Tatsache unserer Existenz nicht zur Kenntnis nehmen kann, wenn sie nicht zufällig mit eigenen Augen eine unserer Scheiben sieht. Die Ohnmächtigen sollen nicht wissen, was die Mächtigen wissen und vorhaben.

Wahre Kunst und Musik

Die Sprache der Kunst des Altertums überliefert die Größe, die Macht der Magie, das Mysterium der Geisterwelt und die

Verehrung eines geheimnisvollen Schöpfers. Sie kündet immer noch von der Schönheit und universellen Harmonie. Doch was damals der Beginn eines wirklichen Wissens war, das nennt ihr heute Aberglauben, was so viel heißt, wie falscher Glaube oder Irrtum. Künstler, wie Raffael, Michelangelo, Rubens oder Leonardo da Vinci, und in der Musik Beethoven, Bach, Haydn oder Mozart haben den Sinn und Zweck der Kunst richtig erkannt. Sie haben gewusst, dass die wirkliche Kunst nur eine theistische Anbetung, eine Andacht an die wirkliche Größe und Wahrheit des Schöpfers sein kann. Und deshalb haben sie auch wirklich Großes geschaffen. Sie öffneten ihr Herz und verbanden sich mit den unsichtbaren Intelligenzen, die sich durch sie offenbaren konnten. Der heutigen Kunst fehlt die echte Beseelung durch den gläubigen Künstler. Die gläubige Kunst ist immer unterstützt worden, sie gelang daher immer. Die ungläubige Kunst von heute ist keine Andacht, keine göttliche Sprache, keine Anbetung mehr, keine Verehrung des Schöpfers und seiner Werke, kein Dank an den Schöpfer sondern eine schwere Beleidigung in allen Möglichkeiten und Ausmaßen.
Ich sah, wie ein angesehener Politiker eine Kunstausstellung besichtigte. Er stutzte vor einer Verwringung von Stein und Form. Schließlich schloss er sich dem Urteil der ihn begleitenden Kunstsachverständigen an, und er fand es einfach großartig und neuartig. „Doch was soll es eigentlich darstellen?" fragte er einen der Experten. Dieser flüsterte ihm zu: „Im Vertrauen, der Künstler nahm Sie selbst zum Modell." Diese Antwort trieb dem Politiker das Blut ins Gesicht und mit heiserer Stimme rief er aus: „Entsetzlich!" Der Schock gab ihm die Objektivität zurück und sein Ausruf war die reine Überzeugung und Wahrheit seiner Seele. Wer den Frieden sucht, der suche ihn bei Gott, denn er ist ein Teil der göttlichen Harmonie.

Die Kunst ist eine superlative Ausdrucksweise, eine höhere Sprache, gerichtet an die Empfindsamkeit der menschlichen

Seele. Doch wenn man glaubt, dass der Mensch keine lebende Seele hat, dann ist jeder Kommentar überflüssig, dann ist auch dieses dämonische Verhalten gegenüber der Schönheit und Harmonie der Schöpfung zu verstehen. Es kennzeichnet aber wiederum euer geistiges Niveau.

Die Musik stammt nach unseren tausendjährigen Beobachtungen aus dem Priesterkult, aus den religiösen Tänzen und Gesängen. Die Grundmusik auf eurer Terra war das geheimnisvolle Mantra, nämlich jene akustische Lautbildung, die überirdische Kräfte auslöste. Später entstand daraus der Gesang der Priester, welche ihrer Gottverehrung Ausdruck gaben und damit das Volk in Verzückung versetzten. In weiterer Entwicklung entstanden Lieder und ganze Konzertstücke, sowie die vielen Instrumente zur Begleitung. Die schönsten Werke sind jene, die in einer Gottverehrung oder aus Liebe entstanden sind. Hohe Inspirationen aus geistigen Bereichen sind mit tätig gewesen. *(Haydn hat gesagt, dass seine Werke nicht von ihm selbst stammen, sondern höhere Eingebungen sind. Beethoven komponierte noch, als er bereits taub und blind war. Mozart komponierte schon als Jugendlicher großartige Werke. Sie alle hatten ihre geistige Führung aus jenseitigen Sphären; Anm. d. Hrsg.)*

Eine globale Aufklärung

Die Zukunft dieser Erde ist nicht grau. Dieser Stern der großen Entwicklung befindet sich in den schmerzhaften Wehen einer neuen Zukunft. Wir glauben an den Weltfrieden dieser Terra und beten für das Heil dieser unwissenden Menschheit. Mögen diese Menschen bald erkennen, dass es eine göttliche Lenkung, eine überdimensionale Aufsicht gibt. Möge diese Menschheit zu einem einheitlichen Glauben kommen, der jede Konfession, jede Vermutung, jede Theorie, jede Phantasie und jegliche Missdeutung ausschließt. Möget ihr alle erkennen, dass es wunderbar ist, im ständigen Wechsel der Materie zu leben, aber dass das Leben unzerstörbar und von ewiger Dauer ist. Ich meine damit nicht das Leben als Volumen des Alls, wie eure Philosophen es sich vorgestellt haben, sondern ein individuelles Leben des Einzelmenschen, der von Gott erschaffen worden ist und seinen unsterblichen Odem in sich trägt. Schon manches habe ich euch sagen können. Schon mancher unter euch hat meinen Worten mit der Schärfe seines Verstandes folgen können. Ich vertraue auf die Vernunft unter den Menschen. Ich meine damit nicht die Masse, sondern einige, die als Steinchen ins Rollen kommen, die aber in ihrem Lauf wie eine Lawine alles mit sich reißen werden. Diese Welt braucht sehr viel Platz für das Neue, das bereits im Universum für euch vorbereitet worden ist. Ihr wollt die Sterne besuchen. Wir besuchen euch bereits seit Jahrtausenden. Die Kirchen wollen auf anderen Sternen missionieren. Wir missionieren schon seit Jahrtausenden auf diesem Stern. Doch noch nie war der Fortschritt dieser Terra in ein solches Stadium gekommen, dass wir uns euch in der rechten Weise verständlich machen konnten.

Jetzt ist der wichtige Zeitpunkt gekommen, wo auch ihr unsere Existenz begreifen könnt, ebenso die enorme Distanz zur Erde. Wir werden von euch als Feinde betrachtet. Aus diesem Grunde ist eine Massenlandung nicht möglich. Ihr verfolgt zwar unsere Raumschiffe, aber ihr kennt nicht unsere Möglichkeiten. Keinesfalls würde man uns als Missionare oder als Freunde, Brüder noch weniger aber als Engel des Friedens betrachten. Aus diesen Gründen wurden auch bei uns viele Pläne entsprechend geändert. Wir kennen sämtliche Bestrebungen und Vorgänge auf dieser Erde. Wir kennen jedes Geheimabkommen und haben Einsicht in alle Pläne genommen. Es ist uns nichts unbekannt. Dementsprechend kennen wir auch die geheimen Superwaffen aller Staaten. Wir finden dafür keine Worte, noch nicht einmal in eurer

Sprache. Würden wir mit allen Mitteln eure Erde erobern, so würde das einen Kampf auslösen, für den es keine Worte gibt. Es wäre keine Hilfe, keine Mission, sondern ein Untergang einer Menschheit, mehr noch, ein Untergang einer ganzen Welt. Die Menschheit der regierenden Staaten glaubt weder an die Dämonie noch an den Widersacher. Man hat es fertig gebracht, diese Begriffe zum Aberglauben zu verdammen. Ich sage euch, dass dies ein großer Irrtum ist. Das ganze Denken der staatlichen Gewalt ist in den Fängen dieser Dämonie. Der einzig Profitierende ist der Widersacher, den wir den negativen Geist nennen.

Wir müssen euer Denken in eine logische und auf die Allgemeinheit abgestufte Frequenz bringen. Die weltweite Bevölkerung dieser Terra hat nicht die Fähigkeit der eigenen Gedankenverarbeitung. In den meisten Fällen richtet man sich nach dem Denken der Masse. Aber die findigen Köpfe dieser Menschheit machen von ihrer Intelligenz einen verabscheuungswürdigen negativen Gebrauch. Der Staat zahlt für die Mittel der Zerstörung, aber er spart geizig am Etat, der für das Leben und für den Wohlstand dieser Terra bestimmt sein müsste. Milliarden für den Krieg doch nur Millionen für den Frieden. Recht hängt mit der Gerechtigkeit zusammen. Die Gerechtigkeit ist die Tugend der Wahrheit. Was dem Staat nützt, ist weder die Gewalt noch ein Unrecht. Gewalt und Unrecht sind Mittel, die nicht dem Volke dienen, sondern den Führern des Volkes. Sie sind es, die sich als Staat betrachten und bezeichnen. Wo Unkenntnis oder absolute Erkenntnislosigkeit Störungen verursachen, muss nicht die Waffe, sondern die Belehrung eingreifen. Reagiert die Welt nicht auf diese Belehrung, so ist sie falsch. Es gibt aber auch Fälle, wo die Wahrheit nicht erwünscht ist, weil sie dem Unaufrichtigen gefährlich wird und ihn vor der Welt entlarvt. Es kommt in eurer Welt darauf an, einen Weg zu finden, der die Wahrheit vor der Gewalt schützt. Eine Immunität oder ein hoher Titel dürfen nicht die Möglichkeit haben, sich mit ihrem Prestige über eine neue

Erkenntnis zu setzen, oder diese nur mit der einflüsternden Macht einer angeblichen Allwissenheit auszulöschen. Die Völker dieser Terra brauchen keine Phrasen, sondern sie müssen zu einer eigenen Urteilsfähigkeit erzogen werden. Die Selbsterkenntnis steht hoch über dem Allgemeinwissen.

Eine Aufklärung und Belehrung ist billiger als ein Weltkrieg, noch billiger als eine Aufrüstung. Eine kleine Zeitungsnotiz kann der satanischen Zielsetzung dienen, ein gutes Wort kann den göttlichen Aufbau unterstützen. Jeder Erdenbürger hat die heilige Pflicht, sich um eine höhere Erkenntnis zu bemühen und die Suche nicht aufzugeben, noch zu vernachlässigen, bis er sich seiner Aufgabe und Existenz voll bewusst ist.

Die Naturvölker dieser Welt wissen, dass es eine geistige Welt gibt, in der die Menschen ebenfalls leben. Der Zivilisierte weiß das leider nicht, weil er sich klüger dünkt. Er fragt sich, was denn ein Bewohner eines Naturvolkes schon für eine Intelligenz haben kann. Der Bewohner eines Naturvolkes hat aber die Gabe der unverdorbenen Wahrnehmung, aber er fürchtet sich vor dem Geheimnisvollen. Der Zivilisierte fürchtet sich nicht so vor dem Geheimnisvollen, sondern er verwandelt diese Furcht in Spott und glaubt, auf diese Weise sein Gewissen zu beruhigen.

Gegen ein Volk Krieg zu führen heißt, auf Geheiß des Ungeistes wesentliche und wichtige Teile der Organisation des Schöpfers zu zerstören und damit die vernünftige, planvolle Fortentwicklung der universellen Schöpfung zu hindern. Für dieses Ziel ist der Mensch auf dieser Terra ein williges Werkzeug, weil er nicht weiß, welche unsterbliche Rolle er im Universum spielt. Er weiß nichts über sein inneres Ich. Das innere Ich des Menschen ist überhaupt das Geheimnis, das für die ganze Menschheitsexistenz ausschlaggebend ist. Die hierüber bestehende Unwissenheit macht sich der Ungeist in vollem Umfang zu nutze. Das Wissen hierüber würde ihm das Handwerk legen.

Das Widernatürlichste, was es auf diesem Stern gibt, ist die Feindschaft unter den Menschen. Die Intelligenz des Menschen steht über den Tieren. Die Feindschaft der Menschen untereinander ist dieser Intelligenz nicht würdig. Wir kennen diese Fehlentwicklung seit mehreren tausend Jahren. Sie ist die Folge einer Propaganda, einer Verhetzung, einer Verbildung und Irrlehre. Die Feindschaft unter den Menschen beruht auf einer Masseneinbildung. Die militärische Aufrüstung unter den Staaten beruht auf einem Machtwahn, der die Stärke und Überlegenheit der Machthabenden repräsentieren soll. Die Führung der gesamten Erdenmenschheit und die gesamte Erdenmenschheit selbst sollen auf einen Nenner gebracht werden. Die Sprache des Volkes stimmt mit den Worten der Führung nicht überrein. Die beeinflussende Propaganda sorgt dafür, dass das Volk daran glaubt, dass die Führung die Intelligenz und das Wissen des Volkes weit überragt. Die Führung denkt für das ganze Volk. Es gibt keinen Staat auf dieser Terra, der im Sinne wahrer Existenzerkenntnis geführt wird. Die vielen unterschiedlichen Staatsführungen bemühen sich in keiner Weise um metaphysische oder universelle Probleme, sondern nur um die Entwicklung der Technik, die in den Dienst der staatlichen Gewalt gestellt wird.

Ganz anders ist das bei uns und bei den Menschen anderer Planeten. Wenn ich von Planeten spreche, so meine ich die Planeten anderer Sonnen. Auch andere Menschheiten haben ihre Staatsführungen. Diese kennen untereinander keine Feindschaft, sondern eine aufbauende Zusammenarbeit. Wir sind der Ansicht, dass jeder Staat verpflichtet ist, jeden Menschen zu einer Höchsterkenntnis zu führen. Jede Staatsführung ist verpflichtet, jedem Bürger die Wahrheit zu sagen. Es gibt im ganzen Universum keinen einzigen Grund, der dazu berechtigt, jemanden zu belügen oder zu hintergehen. Jede Lüge und Unaufrichtigkeit führt am Ziel vorbei und führt ins Negative. Bei uns gibt es für jedes Einkommen eine Maximalgrenze. Diese ist so hoch gesetzt, dass sie jeden Wohlstand gestattet. Doch was über dieser Grenze liegt, wird freiwillig abgeschöpft. Dieser Überfluss dient nicht einer Verteidigung, sondern der positiven Entwicklung auf allen Gebieten, die uns dem Endziel näher bringen. Somit sind wir so erzogen, dass wir in der Staatsführung eine Gottesvertretung sehen. Diese hat nichts mit einem Papsttum zu tun. Wir huldigen der Staatsführung nicht als einem Pseudo-Gott. Wir wissen, dass die Staatsführung genauso unsere Entwicklung zum Guten beabsichtigt, wie es der große Universalgeist, den ihr Gott nennt, im Auge hat. Die Staatsführung ist für das Volk eine heilige Religion. Mit der höchsten Erkenntnis, der menschlichen unsterblichen Seele, hat die Staatsführung auch die Verantwortung vor dem Universalgeist alle Menschen zum Guten zu erziehen.

Eure Staatsführungen dulden zum Teil die Kirchen, aber sie fördern trotzdem den Atheismus. Man verteidigt die Tradition der Kriege und setzt völlig sinnlos jede Vorbereitung zur Zerstörung des Lebens fort. Eure Rüstung auf der ganzen Terra ist ein sichtbarer Beweis einer geistigen Rückständigkeit, wie sie im Universum einmalig ist. Je schrecklicher die Waffen, um so erkenntnisloser und unwissender sind ihre Erzeuger. Je größer die Gewalt, umso kleiner der menschliche Geist, der ihrer bedarf. Die superlative Gewalt der Zerstörung kennzeichnet die superlative Erkenntnislosigkeit im Bereich des universellen Lebens. Es gibt keinen einzigen Krieg, der die Menschheit zu den Regionen einer höher entwickelten geistigen Welt führen kann. Jeder Mensch muss nur den Kampf der Selbstüberwindung führen, die ihn dazu bringt, dem Negativen zu entsagen.

Jede Nation braucht nur eine Rüstung für diesen heroischen Kampf. Sie besteht in der Ehrlichkeit der Wissenschaft und Politik! In eurer Wissenschaft befinden sich zwar verdiente Professoren und Kämpfer für die Naturerkenntnisse, aber es sind Menschen der bisherigen irdischen Erziehung. Sie sind mit allen diesen Mängeln einer erkenntnislosen Erziehung behaftet. Man hat ihnen falsche Philosophien eingehämmert. Ihr Wissen ist auf den Sektor ihrer akademischen Tätigkeit begrenzt. Vor dem Angesicht Gottes sind sie große Versager. Vor der Welt leugnen sie alles ab, was sie selbst nicht begreifen. Der Menschheit lehren sie das, was ihnen den materiellen Gewinn und ihr Ansehen vor der Negativität sichert. Sie sind fast alle in der Wissenschaft des absoluten Todes groß geworden und haben das akzeptiert, was ihnen die Freiheit des Denkens und Handelns ins Unermessliche erweitert. Sie sind Anhänger einer Philosophie der Verantwortungslosigkeit vor sich selbst. Sie sind in Wirklichkeit nicht die Garanten einer friedvollen Zukunft, denn ihr Wissen ist einseitig und voller Irrtümer.

Eine Mahnung an die Welt

Da ich nicht in der Lage bin, meine Worte weltweit zu veröffentlichen, bin ich auf die Zuverlässigkeit meiner bewährten Medien angewiesen. Ich weiß, dass der große Widersacher gegen mich ist und alles daran setzen wird, meine Worte zu unterdrücken oder zu diskriminieren. Doch ich stehe im Lager des großen unendlichen Schöpfers. Dieser Kampf ist nicht allein ein Kampf des Geistes, der Intelligenz und Einsicht, sondern zugleich ein heißer Kampf auf der materiellen Ebene, also ein Kampf, der mit allen Mitteln der Technik und der wissenschaftlichen Erkenntnis durchgeführt wird. Das Ziel meiner Mission ist: Friede über alle Grenzen!

Ich klage an! Diese Menschheit der sehr schönen Terra hat sich von Gott getrennt und folgt, seine Entwicklung missbrauchend, den Weisungen einer geistigen Organisation, die als Dämonie bekannt ist. Die Führung dieser Menschheit hat es nicht für notwendig erachtet, sich Erkenntnisse zu verschaffen, die jenseits der Materie liegen, aber von übergeordneter Bedeutung sind. Ich klage nicht nur die Lebenden an, sondern auch die ‚Toten', die das Unglück dieser Terra mitverschuldet haben. Der Egoismus der Erdenmenschen ist im ganzen Universum beispiellos. Er führt zur völligen Isolation des einzelnen. Parteien, Völker, Rassen und Gruppen führen einen erbitterten Kampf gegeneinander, aber sie wissen nicht warum. Sie wissen nicht die Wahrheit, weil ihnen die höheren Erkenntnisse, die ihr ganzes Dasein betreffen, völlig fehlen oder weil sie falschen Parolen folgen. Das Chaos bahnt sich an. Das Verhalten der verantwortlichen Führungsgremien ist naturwidrig. Die Natur, also der göttliche Wille, fördert und erhält das Leben. Die menschliche Planung beschäftigt sich überwiegend mit dem Gegenteil. Der allgemeinen Bevölkerung der Terra sind die Einzelheiten dieser Anstrengungen nicht bekannt. Was man öffentlich darüber weiß, sind nur Teile einer Vernichtungsvorbereitung. Technik, Industrie, Wissenschaft und Geldwesen werden zu diesen unheilvollen Machenschaften missbraucht.

Die Anklage umfasst 10.000 Seiten. Diesem Umfang entsprechend kann eine solche Anklage von keinem irdischen Gericht je verhandelt werden. Darum ist eine außerirdische Instanz dafür zuständig. Sie wird zunächst noch von den Regierungen dieses Planeten spöttisch abgelehnt, als existiere sie nicht. Wir könnten auf dieser Erde ein Protektorat der universellen Bruderschaft errichten. Aber das wäre keine freiheitliche Entwicklung. Zu einem solchen Schritt können wir uns noch nicht entschließen jedenfalls nicht, solange wir hoffen, dass ein Durchbruch der Vernunft erfolgen kann. Wenn Regierungskreise der USA die

Existenz unserer Raumschiffe abstreiten, so frage ich, was sie über das Wunder von Fatima wissen? Über Fatima zeigte sich ein außerirdisches Weltraumstrahlschiff. Aber mit dieser Demonstration erfolgte auch zugleich eine Botschaft. Heute ist es nicht anders. Es bleibt nicht allein bei den Demonstrationsflügen unserer Raumflotte, sondern wir richten zugleich unsere Botschaften an die Menschheit dieser Terra.

Was ich mit dieser Botschaft verkünde, ist ein Phänomen, das mehr Inhalt und Bedeutung hat, als je auf dem Berge Sinai oder über Fatima passiert war. Es ist eine an diese Menschheit gerichtete Mahnung und Belehrung. Euer Wissen ist völlig einseitig und es fehlt an dem zweiten Pol. Eine volle Wirksamkeit des menschlichen Wissens kann nur erreicht werden, wenn wie beim elektrischen Strom zwei Pole sich gegenüberstehen, nämlich die materielle und geistige Welt. Man spricht vom Fortschritt, von einer Evolution. Was sich wirklich vollzieht, ist ein Abstieg, der allerdings durch die Errungenschaften der Technik verdeckt wird. Man kann sagen, dass die enorme Entwicklung in der materiellen Forschung der Weltbevölkerung Sand in die Augen streut, damit sie das absolut Wirkliche nicht erkennt.

Wenn man eine Sache ganz und gar nicht kennt, so liegt für diese Sache auch kein Interesse vor. Genauso verhält es sich auf der Terra. Man distanziert sich von einer Sache, die man für Zeitverschwendung hält, weil man keine Ahnung hat, von welcher Bedeutung sie wirklich ist. Die Erdenmenschen sind fast ohne Ausnahme sehr begriffsunfähig. Man muss immer wieder zu vergleichenden Beispielen greifen, so wie es Christus auch musste. Wer hätte auf dieser Terra z.B. vor 120 Jahren die große Bedeutung der elektrischen Wellen erkannt oder voraussagen können? In ähnlicher Weise verhält es sich mit der Bedeutung der geistigen Forschung. Was ihr darunter versteht, ist ein

Hokuspokus. Die Tatsachen sind nur wenig erwähnt und werden von den Universitäten negiert.

Irrt euch nicht! Das Chaos ist noch nicht von euch abgewendet und es könnte sein, dass wir es aus guten Gründen zulassen würden. Die Erweckung der irdischen Führung, zu der die Kirchen, Pädagogen, Politiker, Militärexperten, Wissenschaftler und Kriegsvorbereiter jeder Art gehören, ist unvermeidbar. Das ist keine Drohung mit dem ‚schwarzen Mann', sondern eine Auswirkung der naturgesetzlichen Gesetze von Ursache und Wirkung. Die höchstverantwortlichen Menschen dieser Terra haben eine goldene Binde vor ihren Augen, wie sie vom Widersacher erdacht worden ist. Solange sie diese Binde vor den Augen haben, sehen sie ihr eigenes Unglück nicht. Nämlich ein entsetzliches Unglück für sie selbst, das aber noch nicht zeitlich akut ist, aber unausweichbar bestehen bleibt.

Es ist sehr schade, dass euer Messias Christus nicht zum Zuge gekommen ist. Er deutete zwar das unsterbliche Leben des menschlichen Bewusstseins an, aber er kam nicht mehr dazu, es zu erklären. Heute gibt es Institute, die sich mit der Psyche des Menschen befassen, aber sie kommen zu keinen echten Resultaten, weil sie von vornherein eine Bewusstseinsexistenz außerhalb der Materie ablehnen oder nicht fähig sind, sie sich vorzustellen. Die Lehren über den Geist bzw. über das Bewusstsein des Menschen sind von überragender Bedeutung. Das Fleisch kann nur als ein hoch entwickeltes Instrument betrachtet werden. Was nützt der beste Fernsehapparat, wenn die entsprechende Sendung fehlt? Er würde nur zwecklos herumstehen. Alle Bewusstseinsvorgänge im Menschen sind außerhalb der Materie, also außerhalb der Sinnesorgane. Die Sinnesorgane haben nur Wechselbeziehungen zwischen Geist und Körper. Das trifft nicht nur für den Menschen zu, sondern ist auch bei allen Tieren nicht anders. Ein Bienengehirn kann winzig klein sein, es kann jedoch hervorragend als Mittler geeignet sein, nämlich Mittler zwischen einem sehr umfangreichen kosmischen Bewusstseinsprozess und dem Kopf der Biene. Wichtig ist stets der Umfang der geistigen Frequenz.

Ich klage weiter an: Die Religionen dieser Welt haben einen Kult entwickelt, der die Menschen zwar beeindruckt, aber ihnen die Wahrheit nimmt. Was wirklich wahr ist, braucht nicht durch einen Kult verkitscht zu werden. Die Wahrheit hat Würde genug. Sie braucht keinen Singsang. Damit wird der Irrtum nicht aus der Welt geschafft. Ein Tier weiß nichts von geistigen Erkenntnissen. Dem Menschen sind alle Möglichkeiten gegeben, sich diese Erkenntnis zu verschaffen und sie auch zu begreifen. Geistig gesehen, steht der Mensch noch unter dem Tier, denn der Mensch benutzt seine Unwissenheit über sich selbst zu unheilvollen Taten und Gedanken, indem er zum Feind der göttlichen Natur wird und der höchsten Schöpfung den Kampf ansagt. Ein Soldat wird in Unkenntnis gehalten, ob sein Tun sinnvoll ist oder nicht, nur so kann man ihn missbrauchen. Der Widersacher macht es nicht anders. Fast alle Menschen dieser Terra sind seine in Unwissenheit gehaltenen Soldaten, die er für seine üblen Zwecke missbraucht. Dabei spielt es überhaupt keine Rolle, in welcher Stellung sich diese Soldaten der Harmagedon-Schlacht befinden, denn Luzifer braucht alle Berufe und alle gesellschaftlichen oder öffentlichen Stellungen. Die Unwissenheit genügt, sie überall bedingungslos einzusetzen. Der für eine Märchenfigur gehaltene Widersacher will seine Rache am Schöpfer vollziehen. Diese Rache ist so ungeheuer negativ, wie es sich niemand vorstellen kann. Diese Rache ist überhaupt nur möglich, weil eine ganze Sternenmenschheit bereit ist, sie zu verwirklichen. Das ist die gefährliche Unwissenheit, die zum Missbrauch einer ganzen Menschheit führt, ohne dass auch nur einer dieser Harmagedon-Soldaten merkt, was mit ihm geschieht und auf welcher Seite er sich ganz und gar einsetzt. Je größer ein

Idealismus vorhanden ist, desto besser kann ihn Luzifer gebrauchen, genau nach dem Vorbild aller militärischen Institutionen. Daher handelt es sich nicht nur um eine gewöhnliche Auseinandersetzung zwischen Gut und Böse, sondern um eine wirkliche Schlacht von absoluter Realität. Die Unwissenheit über den gesamten Menschen, über sein Leben auf Sternen und in geistigen Regionen, kennt keinen Halt vor einer Religion. Auch die Kirchen und Sekten, der Buddhismus und auch der Islam, alle machen keine Ausnahme und dienen der Harmagedon-Schlacht willig, ohne es zu ahnen.

Ich klage daher auch die Religionen dieser Terra an, sich nicht genügend um die objektiven Tatsachen gekümmert zu haben. Statt, dass man sich um diese wichtigen Erkenntnisse bemüht hat, ist man anderen Interessen nachgegangen. Man hat sich um unbedeutende Maßnahmen herumgestritten. Man hat überflüssigen Pomp entwickelt, und man hat die Wahrheit überall da mit Füßen getreten, wo sie zögernd in Erscheinung trat. Es fehlt überhaupt der Mut zur Konsequenz. Man ist nicht bereit, sich der Vernunft zu bedienen. Märchenhafte Wunder, die keiner wissenschaftlichen Betrachtung standhalten, werden dogmatisch und traditionell mit einem Fanatismus verteidigt, der nicht zu begreifen ist.

Ich habe euch erklärt, was sich am Berge Sinai abgespielt hat, nämlich, dass ein Mutterschiff gelandet war, damit die Erdenmenschheit Richtlinien für ein normales Zusammenleben der Völker erhalten sollte. Zugegeben, dass jene Menschen eine solche Raumfahrt nicht begreifen konnten, weil ihre Technik noch unzureichend war. Man hielt die Besatzung für Jehova und seine Hierarchie. Die feurig glühende Wolke, nämlich das Raumschiff, fuhr den Juden voraus und ermöglichte den gefährlichen Durchzug durch das Meer. Nun behaupten die Juden, dass Gott sie auserwählt, geführt und ihnen ein Land geschenkt habe.

Mose habe mit Gott von Angesicht zu Angesicht gesprochen. Die christliche Kirche hat diese Version akzeptiert. Was nun folgte, ist ein gefährlicher Unsinn, der zum heutigen Unfrieden auf dieser Welt in einer beispiellosen Superlative geführt hat. Wenn nun eine Forschungsgemeinschaft - sagen wir, eine Ufo-Studiengemeinschaft - behauptet, dass die Gesetzgebung auf dem Berge Sinai mit allen Begleiterscheinungen auf einem außerirdischen Besuch beruhe, so kann kein Mensch zunächst erwarten, dass die jüdische Gemeinschaft Halleluja ausruft. Im Gegenteil, man wird alles daran setzen, den schönen ‚Gottglauben' zu erhalten. Ganz besonders schon wegen der Inanspruchnahme einer besonderen Bevorzugung durch die hohe Majestät Gottes. Folglich sind wir überhaupt nicht überrascht, dass es uns nicht gibt.

Nicht anders ist es mit der christlichen Kirche. Auch da möchte man keinen Irrtum zugeben. Man glaubt an jeden Buchstaben, der in der Bibel steht. Man will das Wunder als Beweis Gottes haben, obgleich man damit bei normal reagierenden Menschen nur das Gegenteil erreicht. Ganz besonders die Jugend ist nicht willens, sich damit abzufinden. Die Jugend ist kritischer als ihre Vorgängergeneration, auch wenn sie teilweise im Unrecht ist. Unsinn von solchen Ausmaßen wird abgelehnt. Denkt daran, dass gerade die Jugend ein sehr begehrtes Menschenmaterial für die negative Seite der Harmagedon-Schlacht darstellt. Die Jugend ist das beste Kanonenfutter für den Widersacher. Diese Tatsache wird euch durch die Drogensituation vor Augen geführt.

Ihr müsst wissen, dass in allen Evolutionsvorgängen eine Steigerung zu erwarten ist. Die Jugend wird in ihrem naturgesetzlichen Eifer stets versuchen, sich zu steigern. Wenn sie heute revoltierend zehn Schaufensterscheiben zerschlägt, werden es das nächste Mal bestimmt zwanzig Scheiben sein und das nächste Mal sogar vierzig. Diese Steigerung ist ein Naturgesetz. Wenn diese Aktionen nicht gestoppt werden können, so wird das Chaos nicht ausbleiben. Das Chaos gehört aber zur Strategie der negativen Seite innerhalb der Harmagedon-Auseinandersetzung. Ebenso steigert sich die Kriminalität. Auch die Mittel zur menschlichen Ausrottung sind dieser Steigerung unterworfen. Die Öffentlichkeit hat keine Ahnung, was auf diesem Gebiet geschieht. Es werden Kampfstoffe entwickelt, die direkt aus der Inspiration der Hölle stammen. Ihr glaubt natürlich nicht an einen solchen Ort. Er ist auch nicht auf der materiellen Welt zu finden. Aber eure Sinne sind ja hauptsächlich auf irdische Frequenzen eingerichtet und damit auch die Konstruktion eurer Messgeräte. Darüber hinaus können nur wenige Menschen etwas Ungewöhnliches wahrnehmen.

Ich klage die Universitäten und Schulen an, die sich um alle möglichen Dinge kümmern, nur nicht um die Hauptsachen, die zum menschlichen Leben gehören. Die Schüler und Studenten spüren instinktiv, dass es etwas geben muss, das von riesiger Wichtigkeit für das menschliche Leben ist. Aber dieses Etwas wird ihnen vorenthalten, weil die Verantwortlichen davon selber keine Ahnung haben, oder weil sie sich gegen dieses Wissen sperren.

Der Widersacher existiert

Wenn die Inspiration der Dämonie auf echtes positives Denken stößt, kann sie nichts ausrichten. Doch positives Denken will sehr geschult sein und diese Schulung fehlt überall. Ein absolut guter Wille ist das, was ihr fördern müsst. Jene Menschen, die sich durch die Telepathie der Dämonie herabziehen lassen, können sich auf einiges gefasst machen. Wenn sie Gottes Gnade erlangen, so können sie noch einmal auf diesem Planeten reinkarniert werden. Aber sie haben auch das Karma ihrer Schuld abzutragen, um die Gnade zu bezahlen. Die Gerechtigkeit ist unbestechlich, sie basiert auf der Grundlage von Soll und Haben. Gott könnte im Besitz seiner Allmacht die gesamte dämonische Schöpfung mit einem Schlage vernichten, aber er müsste dann mit vielem ganz von vorne anfangen. Es besteht ein Desinteresse für alles, worüber man etwas mehr nachdenken muss. Die Angst vor einem Atomkrieg, vor einem Weltuntergang und die augenscheinliche Ausweglosigkeit, sind alles Dinge, die müde und teilnahmslos machen. Der allgemeine Unglaube unterstützt das negative Denken. Heute ist es in dieser Hinsicht viel schlimmer als vor etlichen Jahren. Es fehlen die guten Führungskräfte. Wer positiv denkt, gilt als Schwächling und hat keine Chancen weiterzukommen. Die überaus oberflächliche Handhabung des Spiritismus mit seinen Phänomenen wie die Aufhebung der Schwerkraft führt selbstverständlich zu Gefahren und Fehlschlägen jeder Art. Demgegenüber steht der Spiritualismus, der in vielen Kulturstaaten ernsthaft gepflegt wird. Dies sind belehrende Kontakte über Medien. Die Ergebnisse beweisen eine überaus hohe Intelligenz. Doch da alle guten Botschaften einen göttlichen Charakter zeigen, distanzieren sich die Mächtigen dieser Welt von der Wahrheit. Zu den Mächtigen gehören auch die maßgebenden Kapazitäten der Wissenschaft, sowie die Häupter der großen Glaubensrichtungen.

Der große Geist kann bestehende Gesetze allmählich abändern, wenn es notwendig wird. Auch Gott befindet sich in einer Evolution, die ewig ist. Auch Gott hat einmal bescheiden angefangen. Eine Abänderung, sagen wir eine Mutation, kann sich zuerst gefährlich auswirken. Eine radikale Abänderung käme einer kosmischen Katastrophe gleich. Darum warne ich auch alle Führer und Reformer auf dieser Terra vor radikalen Maßnahmen, da sie ebenfalls chaotische Wirkungen haben können. Änderungen sollten nur allmählich, d.h. stufenweise durchgeführt werden. Wer das Alte plötzlich stürzt, muss ja ganz von vorne anfangen. Das bedeutet ebenfalls einen Rückschritt. Alles, was übersinnlich, okkult oder spirituell ist, wird als heißes Eisen erklärt. Damit will ich sagen, wer die Sache anfasst, verbrennt sich die Finger. In meinen Augen ist das nichts anderes als eine beispiellose Feigheit vor der Wahrheit. Man ahnt die Konsequenzen, die aus einer solchen Wahrheit entstehen und kneift davor. Das heiße Eisen ist eine Weltgefahr Nummer eins. Die ungeheure Raffinesse und negative Schläue des Widersachers hat es fertig gebracht, dass er sich so vollkommen gegen die Menschen getarnt hat, dass die allgemeine Ansicht vorherrscht, dass es diesen Widersacher überhaupt nicht gibt. Alle Menschen machen unliebsame Erfahrungen. Aber sie leben nicht so bewusst, dass sie erkennen, wer dahinter steckt. Der Böse tritt nie direkt in Erscheinung. Er wird sich hüten, seine Nichtexistenz in Gefahr zu bringen. Er legt keinen Wert auf ein Erkanntwerden.

Wenn der Widersacher von der Menschheit als existente negative Macht erkannt und entsprechend zur Kenntnis genommen wird, muss er zwangsläufig seine Tarnung aufgeben, denn dann nutzt sie ihm nichts mehr. Der offenkundige Hauptfeind des Menschen und der gesamten göttlichen Schöpfung stünde in seiner wahren Gestalt der Menschheit gegenüber. Erst dann wird er von dieser Menschheit entsprechend gefürchtet und bekämpft werden. Ohne diesen Kampf kann es nie einen Frieden auf diesem Stern geben. Die großen Zweifler der Religionen stellen die Frage, warum Gott nicht eingreift, wenn er wirklich existiert? Hierauf kann ich euch die logische Antwort geben: Gott greift ein! Wir sind die Missionare der Wahrheit und zugleich die Vollstrecker seines Willens. Wenn der Mensch vor einer Strafe Angst hat, so fürchtet er auch jenen, der die Strafe über ihn verhängt. Auf diese Weise haben es die Kirchen fertig gebracht, dass die Menschen mehr Scheu als Liebe für ihren Schöpfer haben.

Ihr habt viele religiöse Schriften. Dabei ist es gleichgültig, ob es sich um diese oder jene Religion handelt. In allen diesen Schriften wird die Gefährlichkeit des Menschenfeindes Luzifer nicht genügend herausgestellt. Das ist unverständlich! Das ist der große Fehler, der schwerer wiegt, als alle großen sozialen und politischen Probleme der Welt zusammen genommen. Der Widersacher ist real wie das ganze Universum. Diese Menschheit weiß leider noch zu wenig vom unsichtbaren Leben. Aus diesem Grund ist es auch unglaublich schwer, die sorglos dahinlebenden Menschen von so gewaltigen Vorgängen zu überzeugen. Nicht anders verhält es sich mit uns. Man verurteilt alle außerirdischen Raumschiffphänomene zur Lächerlichkeit, damit man nicht an uns glauben soll.

Die Liebe ist hoch und heilig, sicher das Schönste und Kraftvollste, was es im ganzen Universum gibt. Doch der Widersacher hat die Liebe zu seinem größten Angriffsziel erwählt. Im Verlauf der Harmagedon-Schlacht wird die Liebe in den Schmutz gezogen und die Menschheit ihrer höchsten Ideale beraubt. Eine Geschmacklosigkeit ohne Gleichen. Leider merken die Menschen nicht, was sie dem Widersacher für einen Dienst erweisen. In dieser geschmacklosen Verhaltensweise liegt eine unübersehbare Gefahr für die Zukunft der Erdenmenschen. Wenn der Anstand und das natürliche Schamgefühl verletzt werden, dann folgt unbedingt der Abstieg der geistigen Entwicklung. Die Entwürdigung der Geschlechter führt zur totalen Entwürdigung der gesamten Menschheit. Wir wünschen euch Frieden über alle Grenzen.

Wenn ich eine Bibel schreiben müsste, so würde ich das ganze Gewicht auf die Tatsache legen, dass die Menschheit auf die Raffinessen des Widersachers hereinfällt, der es mit großem Geschick versteht, die richtigen Maßnahmen zu treffen, welche die Menschheit ins Verderben führen. Er kennt nämlich die vielen Schwächen der Menschen und nutzt sie in jeder Weise aus. Vor allem kennt er die Wünsche des Menschen und passt sich der Entwicklung geschickt an. Der Widersacher ist sehr gefährlich, aber keineswegs einfältig oder dumm. Wenn etwas für harmlos und unwichtig hingestellt werden soll, so dass man es nicht ernst nimmt, gibt es kein besseres Mittel als die Lächerlichkeit. Man macht das Objekt so lächerlich, dass es für einen absoluten Nonsens, für ein törichtes Gerede, gehalten wird. Genauso verhält es sich mit dem Widersacher. Er wird mit menschlicher Unterstützung so lächerlich gemacht, dass ihn niemand wirklich zu fürchten braucht.

Missbrauch der Intelligenz

Der Mensch ist das höchste Wesen der gesamten göttlichen Schöpfung, ausgezeichnet mit der von Gott verliehenen Intelligenz. Sobald das göttliche Naturgesetz auf den Menschen Anwendung finden soll, sträubt sich jeder Gedanke gegen diese Zumutung. Trotzdem wird der Mensch sich mehr und mehr mit der Tatsache abfinden müssen, dass er ein Geschöpf Gottes ist und nicht ein Wesen einer intelligenzlosen Entwicklung. Wozu erforscht ihr überhaupt die Vorgänge in der Natur, wenn sie euch selbst nicht als Muster gelten sollen? Diese Einstellung ist ein vollendeter Missbrauch der göttlichen Intelligenz. Aber es ist nicht so absonderlich, wie man annehmen müsste. Schon ein größerer Geist als ein Erdenmensch missbrauchte die ihm von Gott anvertraute Intelligenz. Luzifer verfiel in den Irrsinn. Er fiel durch seinen Hochmut, weil er die verliehene Intelligenz nicht in den Dienst des Schöpfers stellte. Er wandte sie für seine egoistischen Ziele an.

Der Mensch ist stolz auf seine negativen Erfindungen, die sich besonders gegen das Leben richten; gegen die Natur, gegen das

Erdreich, gegen die Atmosphäre und gegen andere Sterne, ja selbst gegen das noch ungeborene Leben auf diesem Planeten.
Ich frage euch auf Ehre und Gewissen:
• Warum duldet ihr Völker den Missbrauch der Intelligenz?
• Warum verehrt ihr diese Intelligenzverbrecher wie Götzen?
• Warum duldet ihr einen Missbrauch der göttlichen Intelligenz, die allem Leben auf dieser Terra nach dem von Gott geschenkten Leben trachtet?
• Warum sperrt ihr nicht die gefährlichen Irren ein?
• Warum habt ihr überhaupt Gesetze und Gerichte geschaffen, welche die Menschheit schützen sollen?

Gott hat nicht im entferntesten daran gedacht, seine dem Menschen übertragene Intelligenz für negative Ziele einzusetzen. Um jedoch die negativen Ziele zu rechtfertigen, sinnt man mit Hilfe der Intelligenz darüber nach, wie man ein positives Ziel vortäuschen und vorschwätzen kann. Man spricht von Sicherheit, von Verteidigung der Freiheit, vom Heldentum und von vielen anderen Idealen. Hierbei täuscht der Mensch andere Ziele vor, nur um seinen Willen durchzusetzen. Das ist Missbrauch der Intelligenz. Keine Schule und keine Bibel lehrt den Menschen dieser Terra das richtige Denken und den richtigen Einsatz seiner anvertrauten Intelligenz.

Der Mensch hat mehr zu verantworten, als er ahnt. Das Leben nach dem Tode ist eine absolute Gewissheit. Wenn euch klar ist, dass der Mensch ein Geist ist, dann wisst ihr, dass jedes Ding in eurer Welt falsch ist, das diesen Geist in seiner Ausdruckskraft hindern will. Denen, die den Geist zu unterdrücken suchen, muss die Macht genommen werden, dies zu tun. Wahre Freiheit ist das Ideal, das von der Entwicklung und Entfaltung des Individuums abhängt. Solange ihr nicht den Schlüssel besitzt, der zum Wissen führt, ist eure Konzeption der Freiheit eine armselige. Die wahre Freiheit bedeutet aber nicht, dass jeder tun und lassen kann, was ihm beliebt, dass er sich jede Laune erlauben kann, oder dass er jeder Neigung frönen darf. Die Freiheit schließt ein hohes Maß von Verantwortung und Verständnis ein. Auch muss der Zweck, warum jeder Mensch auf Erden ist, anerkannt werden. Eure Aufgabe ist es, ein Leben des Dienstes zu leben und euch gegenseitig Hilfe zu spenden. Wer von euch besondere Gaben entwickelt, hat diese mit den anderen zu teilen, die diese nicht besitzen. Denen ist zu helfen, die weniger glücklich sind als ihr. Der Geist wurde erschaffen, um frei zu sein, denn er ist ein Teil des großen Geistes allen Lebens und steht außerhalb aller menschlichen Einschränkungen. Er ist nur den natürlichen Gesetzen des Universums unterworfen, die den Rahmen bilden, in dem sich der Geist auszudrücken hat.

Die Freiheit ist an ein göttliches Gesetz gebunden, besonders an das Gesetz der Gerechtigkeit. Sobald dieses Gesetz verletzt wird, hört die Freiheit sofort auf. Alle Fehler und sogar Sünden, die aus der missbrauchten Freiheit herrühren, hat der Mensch zu verantworten, teils bereits in der irdischen Existenz, in voller Stärke jedoch im großen Dasein in den jenseitigen Regionen. Mit Hilfe der euch übermittelten Erkenntnisse aus dem geistigen Reich gibt es nur eine Möglichkeit, diese gefährliche und kaum zu begreifende Macht zu besiegen, nämlich nur durch die wahre, auf höchste Erkenntnis gestützte, voll verantwortliche Nächstenliebe. Die Freiheit muss unter der Kontrolle der Vernunft stehen, weil sie sonst katastrophal werden kann. Die Vernunft ist die Bremse, um nicht einer Zügellosigkeit den Lauf zu lassen.

Wir haben die Entwicklung der Terra seit Jahrtausenden beobachtet und auch hin und wieder beeinflusst. Wenn die irdischen Machthaber nichts von unserer Existenz wüssten, hätte ein nuklearer Krieg schon längst alles ausgelöscht. Obwohl wir immer wieder schockiert werden, zeigen wir eine himmlische Geduld, denn wir wissen, dass der Schöpfer ebenfalls mit euch

Geduld hat. Aber auch diese Geduld Gottes ist kein Zeichen für Schwäche. Aber wer will schon seine eigene Schöpfung angreifen oder vernichten? Warum macht ihr immer wieder einen Unterschied zwischen euch Menschen? Warum erkennt ihr nicht, dass auch die Menschen anderer Klassen und Völker Menschen sind?

Unser Konzept heißt: Zusammenhalten, um zu überleben! Wir sind euch zwar weit voraus, aber trotzdem haben wir unsere Vergangenheit nicht vergessen. Die Schwierigkeiten unserer eigenen Entwicklung konnten wir meistern, indem wir uns alle eng zusammengeschlossen haben, um nicht der Negativität anheim zu fallen. Darum sage ich euch: Schließt euch in Freundschaft zusammen, um zu überleben und nicht dem Widersacher Gottes in die Hände zu fallen. Ihr habt keine Ahnung, was das bedeutet! Habt ihr eure Spaltung und Trennung noch immer nicht begriffen? Diese Machenschaften des Widersachers haben bei euch einen vollen Erfolg, weil man euch eingeredet hat, dass der Teufel eine Märchenfigur ist. Eure Terra braucht kein Militär, um andere Völker zu vernichten, sondern eine internationale Polizei, die sich nach einem internationalen Gesetz richtet und in allen Ländern der Terra keine Unterschiede kennt. Ein Verbrecher in einem Land ist nicht anders als ein Verbrecher in einem anderen. Negative Menschen müssen als negative Menschen behandelt und entsprechend angesehen werden.

Wenn die gesamte Weltpresse zugeben würde, dass die Erde von außerirdischen Raumschiffen besucht wird, so würde sicher auf der Erde eine Art Panik ausbrechen. Jedenfalls käme alles durcheinander. Das Vertrauen zur Führung würde augenblicklich schwinden. Wenn die gesamte Weltpresse zugeben würde, dass es für die Menschen ein verantwortungsvolles Leben nach dem ‚Tode' gibt, so würde das alles aus den Angeln heben. Nun ist es zu verstehen, warum die Wahrheit ein Geheimnis bleiben soll.

Alles, was mit der göttlichen Wahrheit zusammenhängt, hat tabu zu sein und es wird streng über dieses Tabu gewacht. Zu diesem großen Tabu gehört die Erkenntnis vom Leben in einem geistigen Reich, von der Reinkarnation und von den außerirdischen Raumschiffen. Aller Spott und jede Verächtlichmachung auf diesen Gebieten ist bei euch leider erlaubt und wird sogar gefördert.

Besserwissende Menschen haben gesagt: „Wenn man schon an einer solchen Quelle sitzt und Kontakt mit so hochintelligenten Wesen hat, so müsste man sie ganz anders in die Zange nehmen, um sie auszuquetschen wie eine Zitrone." Noch dümmer kann niemand reden. Die Basis für einen positiven Kontakt ist Liebe und Vertrauen, nicht das Ausspionieren. Der Kontakt würde hierbei sofort unterbrochen, oder zumindest eine eindringliche Mahnung würde geschehen. Zweifellos könnten wir euch mehr sagen, als wir tun. Aber wir haben nicht die Absicht, unsere Medien in Gefahr zu bringen. Wir wissen, dass die Mächtigen dieser Terra vor nichts zurückschrecken, wenn es um Weltraumforschung geht. Jeder derartige Unfall kommt auf das Konto der irdischen Allmächtigkeit.

Die Terra ist ein Sonderplanet! Dieser Stern dient der Entwicklung gefallener Menschen, die in ständiger Wiederholung immer wieder reinkarniert werden und sich nur unglaublich langsam weiterentwickeln. Aber sie haben keine Aussicht, je diesem Stern Terra zu entfliehen. Von allen Sternen, die ich kenne, ist die Terra das größte Problem. Selbst für Gott ist dieser Stern ein großes Problem, denn hier ist das Hauptquartier des Widersachers. Aber der Widersacher, der das gesamte Regime an sich reißen möchte, betreibt eine Geheimwissenschaft, auf die eine ganze Menschheit hereinfällt. Der Widersacher ist keine Person, sondern ein machtvolles Bewusstsein, das Milliarden von Menschen beeinflusst und kontrolliert. Die Erdenmenschheit ist vor Probleme gestellt, die sie nicht alleine lösen kann. Wenn eine Familie ein Sorgenkind hat, so erwartet man, dass die Allgemeinheit hilft, anstatt es totzuschlagen. Das befiehlt das moralische Gesetz. Wenn jedoch innerhalb der Weltfamilie, die aus vielen Völkern besteht, ein Sorgenkind ist, so denkt die Allgemeinheit der Erdenmenschen nicht daran, diesem Sorgenkind zu helfen; sondern man überfällt es und richtet ein Blutbad an. Das befiehlt das dämonische Gesetz, dem man willig folgt. Aber die Erfüllung des dämonischen Gesetzes ist nicht billig. Es kostet mehr, als wenn man das moralische Gesetz befolgt hätte. Das ist durchaus kein neuzeitlicher Zustand, sondern das geschieht schon seit Jahrtausenden. Wir fragen uns, woran das wohl liegen mag? Zunächst stellen wir dabei fest, dass der Stern Terra innerhalb des Universums das Sorgenkind der universellen Menschheit ist. Darum bemühen wir uns, euch zu helfen. Keinesfalls auf eure Weise, nämlich durch Überfall und Mord. Wir wollen damit das moralische Gesetz erfüllen. Doch leider erwartet man nun den Totschlag des Sorgenkindes, weil man bei euch keine andere Lösung kennt und nie kennengelernt hat. Sodom und Gomorrha ist kein Beispiel. Denn Sodom und Gomorrha war nur eine Operation. Der irdische Fortschritt kann sich nur sehr langsam vollziehen, denn die irdischen Gesetze sind größtenteils auf negativen Einschätzungen und Irrtümern entwickelt worden. Falsches Wissen zeugt selbstverständlich falsche Beurteilung.

Ganz kurz gesagt, handelt es sich dabei um folgendes, das überhaupt keiner näheren Erklärung bedarf, weil es euch schon lange bekannt ist, aber von negativen Menschen zerredet und in Abrede gestellt wird:

- Die Erdenmenschheit ist weit hinter anderen Menschheiten im Universum zurückgeblieben.

• Der Einzelmensch ist ein perpetuelles Individuum, das bedeutet seine Seele ist unsterblich. Die Zeugung der Seele liegt Äonen zurück.

• Der physische Körper ist ein Parallelstück zur Seele und steht in Wechselbeziehung zu ihr.

• Die Religionen der Erde sind falsch und verderben mehr, als dass sie geeignet sind, den Erdenmenschen zu entwickeln. Diese Tatsache mag vielen Menschen nicht schmecken. Aber es gibt Dinge wie beispielsweise Kriege, über die man sich nicht den Kopf zerbricht, ob sie einem schmecken oder nicht.

• Eure Erde ist in eine Sackgasse geraten, aus der ihr aus eigener Leistung nicht mehr herauskönnt.

• Der Körper stirbt zwar, aber sein Geist wird im Augenblick des Todes unvorstellbar lebendig und voller geistiger Aktivität. Er kann sich an alles erinnern. Die Seele kann sich je nach Erleben auf der Erde einige Tage in Erholungsschlaf begeben und wird gesund gepflegt. Aber auch dort gibt es Unterschiede, je nach dem gelebten Leben.

• Die Strafe für ein verfehltes Leben ist die Erinnerung.

• Menschen, die kirchentreu sind, haben noch weniger Aussicht auf einen Himmel, den es in der Form, wie sie ihn sich vorstellen, überhaupt nicht gibt.

• Jeder Mensch kommt in die Sphäre, die seiner geistigen Entwicklung entspricht.

• Wenn unter euch ein Mensch ist, der glaubt, dass er gut sei, so irrt er gewaltig, denn das ist in unseren Augen nur Heuchelei und Hochmut. Mit menschlichen Selbstverständlichkeiten braucht keiner zu prahlen.

• Der Mensch soll keine Rache üben, auch wenn er Grund dazu hat, denn mit einer Rache bringt er seine Seele ins Unglück. Wir kennen keine Rache, obwohl wir Grund dazu hätten. Ihr wisst nicht, was ihr bereits angestellt habt. Außerdem leidet euer eigener Stern. Eure Erde ist in Gefahr!

In der ganzen Welt lacht man über Gott und sein Reich. Es besteht überhaupt kein Grund für eine derartige Verhaltensweise. Ihr habt einen schönen Stern mit vielen Schätzen. Das ist doch kein Grund dafür, den Schöpfer zu verspotten. Ernste Forscher, die sich um wirkliche Geheimnisse bemühen und sogar ihren privaten Besitz und ihr Leben einsetzen, werden lächerlich gemacht und dem Gelächter der Weltöffentlichkeit bedenkenlos preisgegeben. Ist das euer geistiger Fortschritt? Welche Regierung schützt den Kämpfer, der für die Wahrheit eintritt?

Der geniale Schöpfer, der für alle Menschen Gesetze gegeben hat, ist nicht persönlich auf die Terra gekommen, um seine wichtigen Gesetze den Menschen in die Hand zu drücken. Er hat diese Gesetze durch seine vertrauten Mitarbeiter überbringen lassen. Dieses Himmelsgesetz wurde durch uns Santiner am Berge Sinai an die Erdenmenschheit überbracht. Das Himmelsgesetz stammt also nicht aus einem irdischen Denken, sondern aus dem Denkprozess der göttlichen Hierarchie! Das Himmelsgesetz enthält, im Gegensatz zu der irdischen Gesetzgebung, keine genauen Angaben über die Strafen, die bei einer Missachtung eintreten. Schon das ist ein wichtiger Grund, warum dieses Gesetz von fast allen Menschen missachtet wird. Aber Gott hat nicht ohne Grund auf diese Gebote und Forderungen hingewiesen.

Wer das Himmelsgesetz missachtet, der ruiniert sich selbst, denn die Naturgesetze sind ursächlich. „Warum spricht Gott kein Machtwort und schaut diesem Gräuel zu? Warum hat er kein Gefühl für seine Geschöpfe? Gott gibt es nicht, denn sonst würde er eingreifen.“ So denkt ihr! Ich kann eure Gedanken verstehen. Aber ihr urteilt und denkt nur in den Maßstäben eines einzigen kurzen Lebens und diese Maßstäbe sind falsch! Ihr urteilt nicht aus den Maßstäben der Unsterblichkeit, auch nicht aus den Gesichtspunkten einer Wiedergeburt auf Erden. Daher ist es falsch, anzunehmen, dass Gott nur zuschaut! Die Macht des Glaubens ist die Macht des Geistes. Dieser Geist steht hoch über der Materie, denn diese ist nur untergeordnet. Nun könnt ihr vielleicht ermessen, welche enorme Kraft auch in einem richtigen, ehrlichen Gebet liegt. Wir wollen keine Religionsstifter sein, aber der Mensch braucht unbedingt das Wissen, dass es noch viel höhere Stufen an Leben für ihn gibt. Wenn der Mensch so wenig von einer Religion wissen will, wie soll er dann Achtung vor dem Universellen haben?

Der Eigensinn

Es gibt kein Gebiet, auf dem der Eigensinn, also der Egoismus, keine große Rolle spielt. Er ist traditionell. Denkt einmal über den Eigensinn nach! Er steht dem Fanatismus nicht nach und ist ebenso negativ.
Aus reinem Eigensinn verschließen sich die Wissenschaftler den spirituellen Erkenntnissen, sie scheuen aus Eigensinn die höhere Erkenntnis.

- Aus Eigensinn wollen negative Politiker nicht abtreten.
- Aus Eigensinn hält man an Vorurteilen fest.
- Aus Eigensinn werden kostspielige Prozesse geführt.
- Aus Eigensinn gehen Ehen und Familien zugrunde.
- Aus Eigensinn hat man auf die Hinrichtung Christi bestanden.
- Aus Eigensinn hält man an der Rüstung fest.
- Aus Eigensinn gesteht man nicht seine Fehler und Irrtümer ein, sondern sucht nach Ausreden.

Der Eigensinn ist ungeheuer stark ausgeprägt und kein Philosoph oder kein großer Denker hat je über diese Eigenschaft der Erdenmenschen nachgedacht. Kein Politiker macht sich Gedanken darüber. Es fällt ihm überhaupt nicht auf, weil er an der gleichen Unterentwicklung des Geistes leidet. Wenn ein Mensch auf Erden stirbt, so kommt er in geistige Regionen, wo auch die Menschen untereinander leben und miteinander auskommen müssen. Aber selbst in diesen Bereichen ist der Erdenmensch gekennzeichnet durch seinen Eigensinn, den er nicht bekämpfen will. Hier versagt der gute Wille. Er kommt aus Eigensinn nicht an das große Licht und muss, dem Gesetz der Entwicklung folgend, wieder auf den Erdenplan zurück. Selbst wenn er alle Frequenzen seines Bewusstseins zurücklässt und sich an nichts mehr erinnern kann, selbst wenn er eine neue Erinnerung auf einer neuen Frequenzbasis aufbauen muss, so behält er doch seinen Eigensinn, der ja eine geistige Eigenschaft ist. Auf diese Weise klebt der Mensch auf dieser Erde fest und zieht wie ein Kometenschweif alle seine geistigen Fehler und Laster hinter sich her.

Wer an meinen Worten Zweifel hegt, der beobachte einmal die Kinder. Sie sind noch unbeeinflusste neue Geschöpfe. Aber sie bringen ihre geistigen Eigenschaften aus ihren früheren Leben mit auf die Erde. Dazu gehört auch der überaus stark ausgeprägte Eigensinn. Ein Kind, das nicht gleich seinen Willen bekommt, benimmt sich in haarsträubender Weise. Es wirft sich auf die Erde, trampelt mit den Füßen und schreit ohne aufzuhören. Selbst eine Tracht Prügel kann nicht helfen. Das ist nicht angeboren, sondern seit Urzeiten mitgebracht und nicht aufgearbeitet. Die Lebenserfahrung löscht diese Eigenschaft leider nicht aus. Der Eigensinn sollte ein Schulfach sein, es müsste ein Teil des Universitätswissens sein. Der Eigensinn ist eine Falle des Widersachers. Es gibt keine Religion auf der ganzen Welt, die sich eingehend mit dem gefährlichen Eigensinn befasst hat. Aber es gibt eine universelle Religion, die den Eigensinn absolut verbietet, weil mit dieser unseligen Eigenschaft kein Mensch und kein Volk auf der Erde oder auf einem anderen Planeten friedlich auskommen kann. Der Eigensinn ist ein Wille, der nicht zulässt, was ein anderer möchte, der auch keinen Kompromiss duldet.

Mit dieser Eigenschaft haben die Völker, Stämme und Gruppen noch nie miteinander auskommen können. Was nützt es, wenn die Erdenmenschheit technische Erfolge aufzuweisen hat. Der Eigensinn lenkt alles in falsche Bahnen. Er steht der Macht des Geldes kaum nach. Kinder müssen in ihrer Entwicklung überwacht werden. Das kann nicht durch zügellose Freiheit geschehen. Die Züchtigung ist deshalb kein Fehler, aber sie darf nicht in Körperschädigung ausarten. Damit will ich betonen, dass der Eigensinn gezüchtigt werden muss.

Wir Santiner kennen sehr genau eure Schwächen und weisen euch darauf hin. Der Eigensinn ist ein wichtiges Schulfach, ein Universitätswissen. Ihr könnt den Eigensinn bei Schülern, Studenten, aber auch bei Lehrkräften und vielen anderen beobachten. Der Eigensinn ist eine Falle des Teufels, an dessen Existenz ihr leider nicht glauben wollt. Es gibt keine Religion auf der ganzen Welt, die sich eingehend mit dem gefährlichen Eigensinn befasst hat. Aber es gibt eine universelle Religion, die den Eigensinn absolut verbietet, weil mit dieser unseligen Eigenschaft kein Mensch und kein Volk auf der Erde oder auf einem anderen Planeten friedlich auskommen kann.

Wir Santiner sind nicht eigensinnig, deshalb halten wir einen Abstand und wollen euch nichts aufzwingen, auch nicht einen neuen Glauben. Aber wir wollen eure Logik, eure Vernunft aktivieren. Ihr sollt aus einem verderblichen Schlaf erwachen. Ihr sollt dazu gebracht werden, die andere Hälfte eures Gehirns in Tätigkeit zu setzen. In euren Köpfen liegt etwas brach, das eure Denkfähigkeit eingeschläfert hat.

Größenwahn

Wir haben zwei Möglichkeiten, euch zu beobachten und zu studieren: Einmal fliegen wir mit unseren bemannten Raumschiffen um euren Stern, andererseits schicken wir unbemannte Flugobjekte in eure Atmosphäre, die mit hervorragenden Mess- und Beobachtungsinstrumenten ausgestattet sind. Durch jahrelange Beobachtung sind wir bestens informiert. Der Größenwahn ist viel schlimmer als ihr ahnt. Kein Philosoph oder Sozialforscher hat sich mit diesem wichtigen Problem befasst. Dabei ist diese Krankheit so umfassend und weit verbreitet, dass sie wie ein Krebsgeschwür die Welt verseucht. Es ist wichtig, etwas näher darauf einzugehen, damit ihr eure Lage besser beurteilen könnt. Der Größenwahn ist so gefährlich, dass er ganze Völker vernichtet, ja sogar die ganze Welt in ein absolutes Chaos stürzen kann. Eine derartige Erscheinung wurde im Zweiten Weltkrieg besonders deutlich. Aber der Größenwahn zeigt sich nicht nur bei einer gewissen Führungsschicht, sondern tritt fast bei jedem Menschen auf und hindert seine Entwicklung zum besseren Menschen. Der Größenwahn, auch in seiner kleinsten Form, verhindert die Aufgabe dieses Planeten und unterstützt den Widersacher Gottes.

Sobald ein Erdenmensch, wenn auch nur in der kleinsten Weise, etwas an Bildung oder Kultur erreicht, oder nur etwas zu Geld kommt, so findet er sich nicht damit ab, indem er zufrieden ist. Dieser Fortschritt steigt ihm sofort zu Kopfe, so dass er nur Freude dabei empfindet, wenn er sich größenwahnsinnig gegenüber einem Minderbemittelten benimmt. Aus diesem Grunde verliert er seine Objektivität und so entsteht sofort eine Feindschaft mit allen seinen Mitmenschen. Selbst seine Freunde bleiben nur seine Freunde, wenn sie diesen Größenwahn akzeptieren und ihn als den Überlegenen anerkennen. Wenn nicht, so wird der Erdenmensch sofort aggressiv. Ein so genannter

Vorgesetzter zeigt einen Größenwahn, den es bei uns nicht gibt, weil er nicht zum Menschen gehören darf. Was aber den einzelnen Menschen betrifft, zeigt sich auch in der Gruppe oder hinauf bis zur Regierung eines Volkes.

Klassenunterschiede gibt es nur, weil die Verhaltensweise des Menschen stets im Zusammenhang mit dem Größenwahn steht. Der Größenwahn ist mit der Unobjektivität völlig identisch, weil es eine psychische Krankheit ist, die bisher nicht berücksichtigt wurde, trotzdem sie in ihrer vollen Erscheinung eine katastrophale Entwicklungsstufe zeigt. Die Rüstung, die Art und Vervollkommnung katastrophaler Waffen, sind durch den jahrtausendlangen Größenwahn zustande gekommen. Die Anwendung dieser Waffen soll bestätigen, dass dieser Größenwahn zu Recht besteht.

Alle Friedensbemühungen sind erfolglos, weil der allgemeine Größenwahn, zu dem sich die ganze Menschheit erzogen hat, einen Frieden nicht zulässt. Ein Frieden bedeutet absoluter Verzicht auf eine Feindschaft irgendwelcher Art. Aber der Größenwahn ist eine Feindschaft, auf die der Erdenmensch nicht verzichten will. Die Großmannssucht gehört zur ‚Menschheitslehre'. Sie ist ein Wissen, das in jede Universität gehört. Alle Studentenunruhen hängen damit zusammen, denn die zweite Form besteht darin, sich gegen diesen Größenwahn zu wehren.

Ich weiß, dass ich nicht nur kritisieren darf. Den Fehlern sind auch die besseren Erfahrungen gegenüberzusetzen. Unsere Erfahrungen dienen als ein durchschnittlicher Maßstab. Auf unserem Heimatstern ist der Größenwahn ausgerottet. Wer eine höhere Stellung einnimmt, wird dementsprechend geachtet, nicht beneidet oder gehasst. Aber keiner von uns wird einen Untergebenen oder Minderbemittelten verächtlich behandeln. Er wird ihn stets als einen gleichberechtigten und gleichwertigen Mitmenschen bzw. als ein Glied in der Kette der universellen Menschheit betrachten. Wer will mit Sicherheit beurteilen, ob in einem Müllbeseitiger nicht doch ein großer Philosoph steckt? Wer will beurteilen, ob sich ein Hochgelehrter nicht in einem entscheidenden Punkt völlig irrt? Die Beurteilung des einzelnen Menschen steckt in den Kinderschuhen, schon allein deswegen, weil die Seele in ihrer Gesamtentwicklung völlig ausgeschaltet wird, oder weil sie als eine Gehirnfunktion dargestellt wird. Der wichtigste Bestandteil einer Seele besteht in den Gedanken. Sie sind unsichtbar und trotzdem vorhanden.

Auf dieser Terra fehlt der große Weltenlehrer, die Führungspersönlichkeit aller Führungspersönlichkeiten, der Weise unter den Weisen. Selbst das größte Genie kann nicht Vorbild sein, wenn dieses Genie mit solchen Fehlern behaftet ist, wie wir es bei der Großmannssucht sehen. Aufgrund dieser Erscheinung können auch die großen Religionen nicht zur Wahrheit kommen. Auch sie zeigen alle Tendenzen für eine Besserwisserei, für einen unobjektiven Eigensinn, für größenwahnsinnigen Kult und eine Gehässigkeit gegenüber anders eingestellten Mitmenschen.

Die Unobjektivität der Kirchen will ich euch nur an einem Beispiel beweisen. Es handelt sich um keine Parabel, sondern um eine Tatsache, die erst kürzlich bekannt wurde. Ein Mörder und Gewaltverbrecher beichtete in Italien seinem Bischof sein Verbrechen. Der Bischof war aufgrund des Beichtgeheimnisses zum Schweigen verurteilt. Daraufhin wurde ein unschuldiger Mann verdächtigt und zu lebenslangem Gefängnis verurteilt. Der Bischof wusste davon, konnte aber nichts zu dessen Entlastung beitragen. Der Unschuldige blieb im Kerker. Das sind Auswirkungen eines eurer kirchlichen Dogmen.
Hierzu unsere Kritik: Wenn die Kirche ein Beichtgeheimnis anwendet, so muss es sich um eine sakrale Sache handeln, sonst

hat das nichts mit der Kirche zu tun. Aber dieses Beichtgeheimnis ist ein Verbrechen an einem Unschuldigen, also gottwidrig, denn Gott ist die Wahrheit und die Gerechtigkeit. Den Vorteil wollte nur der Verbrecher, der sich einbildete, durch die Beichte seine Sünde loszuwerden. Die Kirche aber unterstützte dieses unsinnige Verlangen. Für diese Unverschämtheit konnte ein Unschuldiger lebenslang büßen und die Kirche schweigt dazu.

Das sind Zustände, die wir sehr verurteilen. Wir dürfen nicht zurückdenken, denn die Macht der Kirche hat sich niemals von der Macht der weltlichen Regierungen unterschieden. Die meisten Glaubenssätze der Religionen sind undurchführbare und unlogische politische Richtlinien, mit denen sich kein Fortschritt erreichen lässt. Ohne eine wissenschaftliche Ergänzung des Wissens über den Menschen mit seiner unsterblichen Seele wird es immer Erscheinungen auf dieser Terra geben, die zum Chaos führen. Aus diesem Grunde braucht diese Menschheit eine völlig neue Religion, die kein imaginärer Glaube ist, sondern eine exakte Beweisführung für das Leben jenseits der Materie.

Wenn der große Lehrer Christus von der notwendigen Demut sprach, so meinte er selbstverständlich auch den Verzicht auf jeden Größenwahn. Mit dieser Krankheit verliert jeder Mensch die Fähigkeit, seinen Nächsten zu lieben. Gott müsste eigentlich dem Menschen gegenüber aggressiv werden. Das ist sogar der Wunsch von Millionen von Menschen. Nur durch Gottes Toleranz ist es möglich, dass ihr so wenig von ihm selbst erfahrt. Gott ist ein Bewusstsein, das da in Erscheinung tritt, wo ein Denken erforderlich ist, das die Natur nicht von selbst hervorbringen kann, auch wenn es nur eine Zelle betrifft. Die Information einer Zelle beruht auf einem Gedankenprozess des Schöpfers.

Selbstverständlich führt der Größenwahn zum Hochmut. Auch die Wissenschaft ist nicht davon frei. Im Gegenteil, der Hochmut ist hier besonders stark ausgeprägt. Die Wissenschaft protzt mit ihren Erkenntnissen und fordert somit die Feindschaft anderer Völker heraus. Es ist schade, dass die irdische Wissenschaft nicht mit den höchsten Erkenntnissen protzen kann. Wissenschaftliche Erkenntnisse sind nicht für ein einziges Land da. Die ganze Welt ist auf diese Erkenntnisse angewiesen. Aber die Wissenschaft ist nicht willens, noch fähig, sich um jene Erkenntnisse zu bemühen, die absolut zur Höherentwicklung der Menschheit erforderlich sind. Das würde alle Religionen und Dogmen beseitigen. Aber die Welt würde zu einer einheitlichen Menschheitslehre kommen, die mehr bedeuten würde als irgendeine Religion dieser Erde.

Wir haben beobachtet, mit welchen Mitteln diese Menschheit falsch orientiert wird. Die größten Publikationen, wie Radio, Fernsehen und Presse, befinden sich jenseits der Moral, weil eine Moral mit einem höheren Verantwortungsgefühl identisch ist. Dieses Gefühl ist jenen Menschen fremd, dic innerhalb dieser Publikationsmittel etwas zu sagen haben. Die Politik, die sich nur auf die Gewalt stützt, ist völlig überbetont. Der Größenwahn, der keinen Glauben kennt, hat keine Begrenzung. Er riskiert das Leben einer ganzen Menschheit und nimmt auf keine Schöpfung Rücksicht.

Ich weiß, dass meine Worte nicht schmeichelhaft sind. Doch wenn man angesichts dieser Tatsachen noch etwas schmeicheln wollte, so wäre das eine gottlose Heuchelei. Nur ein wahrer Freund darf die Wahrheit sagen. Ich bin euer Freund! Eingangs sagte ich schon, wie schwer es für mich ist, die richtigen Worte zu finden. Fühlt euch also nicht angegriffen, denn es ist kein Angriff, sondern eine Information.

Emanzipation

Da die Frau für den Fortschritt der Menschheit eine so bedeutende Rolle spielt, muss ich auf die Emanzipation eingehen. Nach unseren Ermittlungen hat diese Emanzipation einen falschen Weg eingeschlagen, der alles andere als ein Fortschritt ist. Schon das Wort ‚Gleichberechtigung' ist fehl am Platze. Man hat bereits gemerkt, dass der Bogen der guten Vorsätze überspannt ist. Ich bin sehr dafür, dass die Frau beruflich, ebenso wie der Mann, reelle Aufstiegsmöglichkeiten erhält. Auch bin ich dafür, dass die Frau ein Mitspracherecht in der Politik hat. Aber gleichermaßen bin ich entschieden gegen jede Diskriminierung und Unterdrückung der Frau. Doch ich bin dagegen, wenn die Frau versucht, dem Mann den Rang abzulaufen und ihn in Bereichen zu überbieten, wo es für sie nicht gut ist. Die Gleichberechtigung der Frau wird von den meisten Menschen falsch aufgefasst. Das Wort ‚Gleichberechtigung' darf es für diese Angleichung nicht geben. Vielmehr müsste es ‚soziale Angleichung' heißen, denn darunter kann man sich etwas anderes vorstellen. Falsch aufgefasste Rechte führen zu verkehrten Lebensweisen und zwangsweise zur Dekadenz. Das ist eine sehr ernste Angelegenheit, weil der Hormonhaushalt des weiblichen Körpers vollkommen gestört wird. Derartige Störungen haben aber wiederum schwere Folgen der allgemeinen Gesundheit. Dekadenz führt immer zu negativen Erscheinungen, die nicht gleich sichtbar werden. Bei allem Fleiß und Ehrgeiz sollte die Frau stets danach trachten, Frau zu bleiben. Die Emanzipation der Frau ist eine sehr wichtige Angelegenheit, denn sie verändert die Frau so stark, dass sie ihrer eigentlichen Bestimmung entzogen wird. Ihr müsst wissen, dass der menschliche Körper, also der physische Teil des Menschen, nach einem geistigen Modell entsteht. Die Information in der DNA für den Aufbau des Körpers richtet sich nach dem unsichtbaren Modell, dem Astralkörper. Dieser für euch unwahrnehmbare Geistkörper besteht nicht aus einem leeren Fluid. Er enthält bis auf die kleinste Zelle sämtliche Organe des leiblichen Menschen. Es spielt dabei keine Rolle ob einige Organe im Geistleben eine andere Funktion ausüben. Der große Planer hat eine unübersehbare Fauna und Flora im ganzen Universum geschaffen, um aus ihr Erfahrungen zu gewinnen, die schließlich zum Menschen geführt haben. In ihm ist alles Leben konzentriert. Selbst der unsterbliche Geistkörper ist immer noch einer ständigen Verbesserung unterworfen.

Die Emanzipation der Frau verändert den physischen Körper derart, dass dieser nicht mehr mit dem geistigen Modell übereinstimmt. Das aber kann sehr üble Folgen für die Bestimmung der Frau haben. Wenn die Geschlechter ihren markanten Unterschied einbüßen, so verlieren sie allmählich ihre Anziehungskraft. Das ist so unnatürlich, wie es mit euren Worten nicht zu beschreiben ist. Wenn nämlich die Anziehungskraft zwischen Mann und Frau verloren geht, so schwindet auch jede Achtung, und vor allem die heilige Liebe. Damit will ich sagen, dass eine emanzipierte Frau nicht mehr liebenswert ist. Was man aber nicht liebt, wird einem gleichgültig.

Nach euren Gesetzen heißt die Emanzipation soviel wie eine Entlassung aus der Obhut des Vaters, aus der elterlichen Gewalt, also eine Freilassung in ein eigenes, ungeschütztes Leben. Diese formelle Feststellung ist sehr wichtig, denn sie findet hier tatsächlich volle Anwendung. Mit der Emanzipierung verzichtet die Frau freiwillig auf den Schutz und auch auf die Verantwortung des Mannes. Sie ist sich selbst überlassen. Wenn das jedoch schief geht, so ist das kein Wunder. Dies ist keineswegs gottgewollt. Der Mann soll ihr die Schwere der Verantwortung abnehmen, wenn es sich um die Existenzfragen handelt. Die Frau als verantwortliche Trägerin des menschlichen Lebens birgt in sich das größte Schöpfungsgeheimnis der Natur. Einem großen Geheimnis steht der Mensch immer mit einer gewissen Ehrfurcht gegenüber. Aber wenn dieses Geheimnis in den Schmutz gezogen wird, so verwandelt sich die Ehrfurcht in Verachtung. Jedenfalls empfinden wir es als einen großen Fehler, wenn man die Frau zur Emanzipation zwingt. Die Frauenrechtlerinnen haben es stets als ein Unrecht empfunden, wenn der Mann in seiner familienrechtlichen und öffentlichen Stellung über der Frau steht. Durch die erfolgte Freilassung sind jedoch die moralischen und ethischen Bande zwischen den Geschlechtern gelöst. Um jedoch dieses Übel auszugleichen, setzen sich die meisten dieser Frauen über alle diese Schranken hinweg, um ihre Begierden und die Befriedigung ihrer Sinne und des Fleisches in unkritisierter Freiheit zu finden.

Die Emanzipation der Frau ist in Wirklichkeit ein schlechter Witz, cin Schritt zur Entartung. Es wäre besser, wenn man den Mann an seine Pflichten erinnert hätte. Dem Mann hätte man mit aller Strenge des Gesetzes klar machen müssen, dass die Frau keine Sklavin ist, sondern ein menschliches Wesen, das höchste Achtung und den naturbedingten Schutz des Mannes und der Gesellschaft verdient. Heute verstehen die meisten Frauen unter der Emanzipation die Freilassung aus der Abhängigkeit des Mannes. Damit geben sie gewisse natürliche Rechte auf, die weit wertvoller und wichtiger sind, als die Freiheit der Emanzipation. Ja, das geht sogar so weit, dass sie das natürliche Recht verlieren, vom Partner innig geliebt zu werden. Wenn der gewaltige Unterschied, der zwischen den Geschlechtern besteht, einfach verflacht oder ganz ausgelöscht wird, was bleibt dann noch übrig? Mit dem Erlöschen der Weiblichkeit ist die Frau zur Dekadenz verurteilt.

Pornographie

Die Bezeichnung sagt alles, nämlich unzüchtige Literatur. Trotz dieser eindeutigen Feststellung nimmt diese Unzucht ungeheure Ausmaße und Formen an. Der Intelligenzmangel und die niedere Moral zeigen ein irdisches Niveau, für das wir keine passenden Worte finden. Das hat nichts mit einer notwendigen Aufklärung zu tun. Das ist Geschäftemacherei mit den niederen Instinkten einer rückläufigen Menschheit. Die wenigsten Menschen wissen, dass diese Erscheinungswelle in die Harmagedon-Schlacht, d.h. zur gewaltigen Auseinandersetzung zwischen Gut und Böse gehört. Der Widersacher findet volle Unterstützung, denn schon seit Bestehen dieser Menschheit auf diesem Stern hat er klar erkannt, dass die Liebe das beste Angriffsziel ist, den Menschen zu ruinieren, um dadurch seine Rache an Gott zu vollziehen.

Die gegenseitige Achtung der Geschlechter ist das Grundprinzip der Liebe. Wenn der Erdenmensch keine Ahnung von den gewaltigen geistigen Mächten hat, die unsichtbar über ihm walten, kann er die Machenschaften des Widersachers nicht begreifen. Wie ich schon erwähnte, ist der Widersacher keine Märchenfigur, keine Phantasievorstellung, sondern eine bewusste Negativität eines machtvollen Geistes, dessen Niedertracht sich kein Mensch vorstellen kann. Seine Absichten und seine Macht sind von ungeheurer Gefährlichkeit für die menschliche Entwicklung. Diese gefährliche Geistesmacht, mit vielen Helfern und gezwungenen Anhängern ist bestrebt, diese zur Läuterung bestimmte Menschheit zu vernichten. Es gibt kein Erbarmen und auch kein Gefühl für Menschlichkeit. Seine Herrschaft ist schlimmer als irgendeine Grausamkeit in der Tierwelt. Es gibt überhaupt keinen Vergleich, denn diese Negativität ist einmalig in ihrer Größe und Gefährlichkeit sowie einmalig in ihrer Raffinesse und hintergründigen Schläue.

Luzifer weiß genau, wo die Angriffsflächen des Menschen vorhanden sind. Er geht einen fast mühelosen absolut sicheren Weg, der ihn zum Erfolg führt. Eine dieser Angriffsflächen ist das gesamte Gebiet der sexuellen Liebe. Von der Prostitution über die Perversitäten bis zur Pornographie hat er ein leichtes Spiel. Noch nie ist ihm die Menschheit so entgegengekommen, wie es augenblicklich zum Zeitpunkt der Harmagedon-Schlacht der Fall ist. Menschen, denen nichts heilig ist, die weder an Gott noch an den Widersacher glauben, ja, die keine Ahnung vom Überleben der Seele haben, machen mit der in den Schmutz gezogenen Liebe die schmutzigsten Geschäfte. Das führt zu einer seelischen Verseuchung, die man gar nicht beschreiben kann. Erst nach dem leiblichen Tode wird es jenen Menschen klar werden, in was sie sich da eingelassen haben. Das Unterbewusstsein des Menschen ist nicht so leicht zu säubern und es entscheidet den Aufenthalt in den Sphären.

Ich habe nichts gegen eine Natürlichkeit, auch wenn sie sexuellen Charakter hat. Was natürlich ist, kann niemals falsch sein. Aber die Pornographie hat nichts mit dieser Natürlichkeit zu tun. Die Pornographie ist eine beabsichtigte Verunreinigung der menschlichen Seele, der Moral und des gesunden Empfindens. Der Staat hat die Verantwortung für die Bildung und Erziehung seines Volkes. Was tun die Regierungen in dieser Angelegenheit? Ich weiß aufgrund unserer Ermittlungen, dass die Führer dieser Menschheit auf der Seite des Negativen stehen. Das Niveau der Geschlechtspartner bestimmt das Niveau der Inkarnation! Es sind nicht allein die erbbiologischen Fakten. Was aber soll inkarniert werden, wenn das geistige Niveau so verseucht ist? Um das alles richtig zu erklären, müsste ich dicke Bücher diktieren. Aber ich kann leider nur einen sehr konzentrierten Kurzbericht geben. Wichtig ist die Frage, ob man meinen Ausführungen überhaupt glaubt. Man kann nicht ein paar Sätze herausgreifen, um sich ein Urteil zu bilden. Die ganze Botschaft ist so wahr, dass sie nur als einheitliches Ganzes angesehen werden kann. Um den Abstieg dieser Menschheit zu verhindern, bemühen wir uns durch lange gefährliche Reisen.

Die menschliche Zeugung ist das größte Naturgeschehen, das es im ganzen Universum gibt. Dieser Schöpfungsakt wird in unglaublicher Weise in den Schmutz gezogen. Ein absolut sicheres Zeichen für eine Verwahrlosung der Erdenmenschheit. Trotzdem bin ich überzeugt, dass es noch einige Menschen auf Erden gibt, die sich der Heiligkeit voll bewusst sind und alles daran setzen werden, gegen diese Verwahrlosung aufzutreten.

Wir Santiner warten auf den geistigen Durchbruch. Es muss zu vielen Neuordnungen kommen. Unsere Botschaften sollen eure Gemüter bewegen. Ihr sollt nachdenken! Ich weiß, dass die Allgemeinheit von der Pornographie angeekelt wird. Der Gipfel der Unzucht ist bereits erreicht worden. Aber gerade weil alles Unzüchtige und Gemeine öffentlich gezeigt wird, führt es zur allgemeinen Entrüstung und zum Ekel. Ich bin daher davon überzeugt, dass diese Beispiele auf die anderen Völker wirken werden. Man wird umso schneller dahinter kommen, dass die Erdenmenschheit auf diese Weise nicht vorwärts kommen kann.

Es wird in Zukunft keinen Puritanismus mehr geben, denn dazu ist die Masse sexuell ziemlich aufgeklärt, aber dennoch wird man unbedingt neue Grenzen ziehen müssen. Man wird besser unterscheiden müssen, was zur notwendigen Aufklärung gehört oder was unsittlich ist. Auch die Pornographie macht keine Ausnahme, denn sie untersteht den Gesetzen von Ursache und Wirkung. Ein solcher Tiefstand der beteiligten Menschen wirft diese weit zurück und da das Leben noch nach der Entkörperung andauert, sind die Folgen zu sühnen. Die Neugierde ist sehr groß, aber es zeigt sich trotzdem, dass mehr als 50% der Neugierigen schockiert werden. Es übersteigt ihre kühnsten Erwartungen an negativer Pornographie.

Ich behaupte, dass die Geschlechter durch einen gemeinschaftlichen Unterricht abgewertet werden, schon dadurch, weil die Intimsphäre verletzt wird, wodurch das natürliche Schamgefühl schwindet. Ihr habt keine Ahnung, wie wichtig dieses Schamgefühl ist, denn es hängt mit der gegenseitigen Achtung zusammen. Einen Menschen ohne Schamgefühl kann man nicht lieben. Wie wichtig aber die Liebe im Zusammenleben der Menschen ist, müsstet ihr eigentlich längst wissen.

Die Wissenschaftler wissen bereits, welche Vorgänge in einem weiblichen Körper ablaufen. Aber wo bleibt die Ehrfurcht vor diesem grandiosen Geschehen? Glaubt ihr, dass der Zeugungsakt nicht mit hinzugehört? Nur ein normales, gesundes Zusammenleben zwischen den Geschlechtern kann diese Terra vor dem Untergang retten. Die zunehmende Entartung der jungen Generation warnt bereits vor einer schrecklichen Zukunft.

Die menschliche Seele

Wie schwer es ist, sich von falschen Anschauungen zu distanzieren, kann an einem einzigen Wort der Neuzeit bewiesen werden. Ihr habt zum Beispiel für die vermutete unteilbare materielle Einheit das Wort ‚Atom' gewählt. Aber ihr wisst heute, dass es diese Einheit nicht gibt, weil die letzte Auflösung und Verwandlung in die Bereiche Gottes führt. Trotzdem habt ihr euch diese Erkenntnis in scheuer Ehrfurcht vor etwas Unbegreiflichem noch aufgehoben. Das Wort ‚Atom' bleibt weiter im Dienst der Wissenschaft, auch wenn es längst überholt ist, aber niemand wagt, etwas zu ändern. Jedes Atom wird geistig gesteuert, es gehorcht also einer Intelligenz, die der Schöpfer für diese

Aufgabe geschaffen hat. So ist es auch bei einer Samenzelle eines Menschen. Ihr habt euch eingehend damit befasst. In ihr vermutet ihr alle Vererbungsgesetze und die Kraft des Lebens. Ich meine die Theorie der Chromosomen. In dieser winzigen Zelle wohnt nicht ein einziges Gesetz, sondern sie ist nur ein vegetatives Relais, das auf geistige, immaterielle Befehle reagiert. Dieses winzige, göttliche Relais schaltet sofort, wenn der geistige Impuls empfangen wird. Es teilt sich. *(Relais bedeutet Überbringer von Befehlen und Meldungen durch Steuerimpulse geringer Leistung; Anm. d. Hrsg.)* Nun gibt es zwei göttliche Relais. Doch schon besteht zwischen beiden ein Unterschied, denn jedes Relais wird durch einen anderen Lebensgeist geleitet. Ein solcher Lebensgeist ist ein lebendiger Roboter Gottes. So können wir es euch nur in eurer Sprache erklären, denn unser Denken muss in eure Sprache gefasst werden.

Auch die menschliche Seele ist ein System von Billionen geistiger Partikelchen, die alle eine verschiedene Funktion ausüben und sich gegenseitig ergänzen und unterstützen, wie ein Volk, wie eine ganze Menschheit. Kein Partikelchen kann sagen: Ich bin mit meiner Aufgabe nicht zufrieden. Ich möchte zum Beispiel ein Herzpartikel sein, doch leider bin ich nur ein Bewegungspartikel. Doch wenn innerhalb des ganzen Systems keine Harmonie, keine Einigkeit besteht, dann erfolgt in der Seele eine Revolution, die schwere Folgen hat, denn nach der Seele richtet sich auch der Körper aus. Ihr sagt heute Psychosomatik dazu. Es ist wunderbar und ewig interessant, das alles richtig zu erforschen. Doch ihr bleibt leider in einer wissenschaftlichen Sackgasse stecken, weil ihr über einen Bibelgott stolpert, der nichts mit dem wahren Schöpfer gemeinsam hat. Wir wollen euch nur zum besseren Denken anregen. Und wenn ihr unserem Fingerzeig folgt, so werdet ihr ein unvorstellbares Glück ernten.

Die Wissenschaft ist dieser Frage bisher bewusst ausgewichen. Denn sobald man darüber nachdenkt, kommt man zu einem Gottglauben und darum lehnt man diese Betrachtung lieber ab, denn ein wahrer Gottglaube soll bei euch nicht sein, nicht auf wissenschaftlicher Basis. Er stürzt nämlich alles um! Der Mensch soll auf einem Stern lernen, dass er mit einem sehr großen ihm anvertrauten Besitz gewissenhaft und fürsorglich umgehen kann. Wenn er aber Missbrauch treibt, diesen Besitz schädigt oder zerstört und somit beweist, dass er das von Gott in ihn gesetzte Vertrauen missbraucht, so wird er durch ein göttliches Gesetz immer wieder auf tiefere Stufen gebracht und weiteren Prüfungen unterzogen. Nur, wenn er ein treuer Mitarbeiter Gottes ist und ein ehrlicher Verwalter und Treuhänder der Materie, kann er im großen Universum mit höheren Aufgaben innerhalb der Schöpfung betraut werden. Das ist der Sinn des Daseins in der Materie. Es ist im Universum so eingerichtet, dass nie ein Zwang ausgeübt wird. Es sei denn, dass dieser Zwang aus negativer Intelligenz entspringt. Somit hat jeder Mensch einen freien Willen. Doch kann jedem Menschen eine Stütze gegeben werden, die ihn auf den richtigen Weg lenkt. Auch wir vom anderen Stern zwingen euch nicht, sondern lenken euch nur auf den richtigen Weg, Die wichtigste Lehre bei uns heißt: Da sich alles bewegt und fortentwickelt, also intelligent gelenkt wird, stammt alles aus einer Intelligenz. Die Intelligenz ist der Erzeuger! Alles, was existiert, ist das Erzeugte! Der Erdenmensch ist auf erblicher Grundlage so veranlagt, dass er nicht dazu neigt, selbst begangene Fehler einzugestehen. Sobald an solchen Fehlern eine öffentliche Kritik geübt wird, verteidigt sich der Erdenmensch mit einer Fülle von unlogischen Lügen. Dieses Verhalten ist mehr als eine Unwissenheit, es ist, mit euren Worten gesagt, Dummheit. Eure Sachverständigen und Psychologen haben von diesem enormen Faktum überhaupt noch nichts in diesem Sinn in Erwägung gezogen. Man sagt nur einfach: Dieser Mensch ist dumm oder beschränkt. Damit glaubt man, dass er nicht vollwertig ist und im Leben nur eine unbedeutende untergeordnete Rolle spielt. Der Dumme wird nicht ernst genommen, weil man ihm keine Intelligenz zutraut. Irrtum!

Die Wahrheit wird euch frei machen

Unsere Botschaften sind euch nicht neu. Wir übermitteln sie fast auf allen Kontinenten. Viele Botschaften sind falsch verstanden worden und viele sind nur Fälschungen. Eine sehr wichtige Kontaktstelle haben wir in Deutschland einrichten können. Leider sind eure Kenntnisse auf okkultem Gebiet, also auf übersinnlichen Ebenen nur sehr unvollkommen. Ihr habt diese äußerst wichtige Wissenschaft vernachlässigt, verspottet und als ein heißes Eisen bezeichnet. Echte Propheten wurden als Lügner behandelt. Telepathie wird zum Unfug und als Seelenanalyse durch eure Ärzte herangezogen. Ihr bezeichnet höhere Sinnesbegabung als unbewusste Geistestätigkeit eines Einzelindividuums und nennt diese übernormale Leistung Unterbewusstsein. Ihr stellt euch die Frage: „Wic kann eine Materie befähigt sein, Gott zu erkennen und mit ihm eine Verbindung herzustellen, wenn es – nach euren Begriffen – einen Gott gar nicht gibt?“

Die Wahrheit soll euch frei machen. Aber die Menschheit dieser Erde verteidigt den Irrtum mit Bomben und Kanonen. Die Wahrheit ist das Bemühen um die Erkenntnis des ewigen Lebens und nicht das Bemühen um den irdischen Tod. Die Gottsucher rufen nach dem Messias. Euer Messias ist der von Gott eingesetzte und total bevollmächtigte Treuhänder dieser Erde. Sein Name heißt Jesus Christus. Er hat Lichtboten und Helfer von anderen Sternen aufgerufen, dieser Menschheit die Wahrheit zu verkünden, auf dass der Irrtum, den der Ungeist schürt und verteidigt, ausgetilgt werde. Mit jedem Tag, mit jeder Stunde werden die höheren Kräfte aus anderen Dimensionen und

Sphären auf diesen Planeten konzentriert, ohne die von Gott verliehene Freiheit zu beschränken.

Wenn du einem toten Körper begegnest, so kannst du dich nicht mit ihm unterhalten, noch von ihm verlangen, dass er Taten vollbringt. Wenn du einem lebenden Körper begegnest, so zeigt er Intelligenz und ist befähigt, schöpferisch zu planen und zu handeln. Der Körper ist in beiden Fällen sichtbar und wahrnehmbar. Doch die Intelligenz ist unsichtbar, nur ihre Äußerung ist wahrnehmbar. Entweder hat sie Kontakt zum Körper oder sie hat ihre Selbständigkeit wiedererlangt. Wer wagt es, zu bezweifeln, dass das Eine wie das Andere vorhanden ist? Die Geburt fügt beide zusammen. Der Tod reißt sie wieder auseinander. Und über alles waltet Gott.

Viele Wissenschaftler, Techniker, Politiker, Ärzte und andere Akademiker dieser Erde haben eine genaue Kenntnis von unseren Bemühungen, aber sie haben nicht den Mut, sich für diese Tatsache einzusetzen und zu bekennen, dass sie von unserer Existenz vollauf überzeugt sind. Wer eine Wahrheit erkannt hat, ist Gott verpflichtet, für diese Wahrheit einzustehen. Wer sich vor der Umwelt fürchtet und darum die Wahrheit verschweigt, der bekennt sich zur Feigheit. Doch die Feigheit ist der Feind aller Wahrheiten. Feigheit regiert eure ganze Welt! Eure weit verbreitete Feigheit schafft alle Unsicherheit auf eurem Stern und ihr müsst superlative Vernichtungswerkzeuge erfinden und bauen, damit ihr eure Feigheit verteidigen könnt. Furcht und Feigheit sind Eigenschaften einer unbeschreiblichen Dämonie, die nur im Menschen einen sichtbaren Ausdruck finden kann.

Wir Menschen vom anderen Stern dringen in die Körper eurer Medien ein und vollbringen viele merkwürdige Wunder der transzendenten Verständigung. Warum bezeichnet ihr diese bekannte Tatsache als ein heißes Eisen? Ihr wisst genau so gut wie wir, dass in eurem Körper ein Vorgang stattfindet, der euch die Welt erfassen lässt und der euch zu der Erkenntnis führt, dass ihr ein über der materiellen Schöpfung stehendes Wesen seid. Auch ihr habt auf eurer Erde Schulen und höhere Lehrinstitute eingerichtet, die sich mit jedem Eisen zu befassen haben, auch wenn es noch so heiß ist. Ihr erforscht jede Seuche, untersucht den größten Unrat und weder die Gefahr noch der Ekel schrecken euch davor zurück, den kleinsten Vorgang einer Mikrowelt zu erforschen, um das wirkende Gesetz zu ergründen. Ihr forscht im Grobstofflichen, doch alle Vorgänge, die das Leben in euch selbst betreffen, werden mit einer unbegreiflichen Scheu und Lächerlichmachung verneint und abgewiesen.

Ihr wisst aber, dass der Himmel in euch ist, aber ihr denkt nicht über diese Möglichkeit nach. Der Himmel in euch heißt: Erweitert eure Sinne und befähigt eure Seele, einen Kontakt mit höheren Welten aufzunehmen. Durch eine solche Verbindung ist euch Gott, der Schöpfer, kein Geheimnis mehr, sondern eine aufgeschlossene Wirklichkeit in eurem geistigen Kräftebereich.
Milliarden eurer einstigen Erdenbürger haben unter der Verneinung übersinnlicher Wahrheit gelitten und sind getötet worden. Die Wissenden haben den Tod ohne Grauen erduldet, aber Millionen Menschen dieser Erde fürchten sich geradezu vor dem Tod, den es in keiner solchen Weise gibt, wie ihn eure Gelehrten hinstellen.
Das Leiden dieser Erde ist beispiellos groß und es erscheint euch allen sinnlos. Die Deutung sucht ihr nicht in euren Denkfehlern, sondern in einer scheinbaren Grausamkeit der Natur. Doch zwischen Mensch und Kreatur sind absolute Unterschiede. Wohl ist die organische Verwandtschaft des Körpers vorhanden, aber Tierseele und Menschengeist sind so grundverschieden, dass ihr euch schämen würdet, wenn ihr Kenntnis von der Wirklichkeit hättet.

Die Wahrheit siegt

Sich klug dünkende Journalisten haben sich an die Stirn getippt und dann in die Welt posaunt: „Warum gehen die Santiner nicht zu den Machthabern dieser Erde, um mit ihnen am grünen Tisch zu verhandeln?“ Stattdessen suchen sie Hinz und Kunz auf. Nun, wir lassen uns keine Vorschriften machen und suchen unsere Vertrauensleute lieber selbst aus. Wichtig ist jedenfalls, dass wir Botschafter haben, die unsere Mahnungen verbreiten. Ihr sollt lieber zufrieden sein, dass wir da sind und uns bemühen, euch vor dem größten Unglück zu bewahren, das einer ganzen Menschheit eines Planeten zustoßen kann. Wir arbeiten nach dem Prinzip: Einer sagt es dem andern, denn wenn eure Regierungen euch etwas zu sagen haben, so ist jene Botschaft ‚zurechtfrisiert'. Diese Welt ist eine Stätte der Lüge, der Bosheit und der Verdrehung. Kein Mensch kann seinem Nachbarn vertrauen oder ihm glauben. Darum übertragt ihr dieses Misstrauen auch auf uns und unsere Mittler. Ganz abgesehen davon, dass es überdies noch Menschen unter euch gibt, die mit der übersinnlichen, also der kosmischen Wahrheit Sensation machen und jede Art des Missbrauchs und des Betruges damit ausüben. Alle diese Eigenschaften der Erdenmenschheit sind uns nicht unbekannt, sie konnte uns darum nicht enttäuschen. Seit vielen Jahrtausenden hat sich daran nichts geändert. Im Gegenteil, es ist bis zum heutigen Tage noch schlimmer geworden.

Ihr liebt den Aufruhr, den Terror und den Mord. Ihr liebt die Sensation, das Unheimliche und die Gewalt. Darum sind wir für eure Begriffe viel zu lau. Ihr möchtet lieber mit uns erbittert kämpfen, und wenn es euch die ganze Erde kostet. Ihr könnt ohne Aufregung nicht mehr leben und redet daher im Tratsch und Klatsch vom Frieden. Bevor wir irgendwann auf diesem schönen Planeten Erde landen, der von euch durch Ströme von Blut und Tränen entweiht ist, werden wir euch noch die Wahrheit bringen. Die Wahrheit wird siegen, solange wir auch gewartet haben. Doch nun ist es an der Zeit. Auch diese Wahrheit wird es sehr schwer haben - aber sie wird sich dennoch durchsetzen nach unserem Prinzip: Einer sagt es dem anderen. Und nach dieser Methode, sollt ihr ebenfalls handeln. Ihr habt die Möglichkeit der Verbreitung.

Liebe Brüder und Schwestern auf dieser schönen Erde! Wir wissen, dass ihr viele heilige Bücher habt, die von allerlei Wundern berichten, die euch heute noch Kopfzerbrechen machen. Wenn ihr keine vernünftige Erklärung dafür finden könnt, so lehnt ihr dieses Wunder einfach ab oder ihr verspottet leichtsinnig den ganzen Inhalt. Ihr macht es euch sehr einfach, wenn euer Denken nicht ausreicht. Es ist ein großer Leichtsinn, den ihr mit dem Wort Aberglauben treibt. Bevor ich zu euch über unseren Auftrag, über unsere heilige Mission spreche, möchte ich euch erst von der Wahrheit überzeugen, da sonst alle meine Worte keinen Glauben bei euch finden würden. Der große Fehler liegt darin, dass ihr das Wissen eurer Philosophen über das Wissen Gottes stellt. Euch fehlt die Verbindung mit der Intelligenz des göttlichen Alls. Liebe Brüder und Schwestern auf diesem Stern, ich muss es betonen, dass ihr euer Leben in geistiger Beziehung vernachlässigt habt. Ihr seid zu einseitig in euren Betrachtungen, in eurer Kritik und in eurer Auffassung. Ihr wisst nur sehr wenig über die großen, wunderbaren Funktionen des Lebens, der Steuerung des Daseins. Ich spreche mit euren Worten und versuche alle eure Vorstellungen und Begriffe auf das anzuwenden, was die Lücken in eurem Wissen ausfüllen soll. Es ist für mich sehr schwer und ich muss mich tief herabschalten, um von euch verstanden zu werden, und dennoch bleibt so vieles übrig, das ich euch gerne sagen möchte. Mir fehlt nicht der Glaube, aber mir fehlen die richtigen Worte.

Jeder Zweifel kommt aus der Ungewissheit und aus der Unwissenheit. So zweifelt auch die gesamte Wissenschaft stets an dem, was ihr noch unbekannt ist. Auch der Ingenieur dieser Erde sagt sehr oft: Das ist technisch unmöglich. Doch wir Santiner wissen seit langer Zeit, dass es kein ‚unmöglich' gibt. Es gibt ein Nichtwissen, ein Nichtkönnen, ein Nichtwollen und ein Gegenarbeiten. Aber es gibt im ganzen bereits erforschten Universum kein ‚unmöglich'. Wo der Mensch in seinem Können versagt, steht ihm die Hilfe der kosmischen Intelligenz zur Verfügung. Doch wenn ihr diese Intelligenz ableugnet und euch nicht mit ihr befassen wollt, wenn ihr sie mit Hohn und Gewalt von euch weist, wie kann sie euch da noch helfen? Ihr habt dem Universalgeist einen Namen gegeben, ihr nennt ihn Gott. Darüber hinaus gibt es für euch keine Vorstellung, die noch einen höheren Begriff auslösen könnte. Es bedeutet das Ende eurer Auffassung, aber nicht für uns.

Wir wissen, dass alles in einer fortlaufenden Entwicklung ist, dass es nie einen Stillstand oder ein Ende gibt, dass sich der Universalgeist in jeder Sekunde unvorstellbar vergrößert und dass selbst das große Können des Urgeistes sein eigenes Unmöglich, seine eigene Begrenzung durch Neuerfahrung überspringt. Somit haben wir von Gott eine weit höhere Vorstellung, als jene, die ihn nur an der vorhandenen Schöpfung messen. Damit will ich sagen, dass ein Wunder, das vor tausend Jahren erdacht, geplant und vorbereitet wurde, aber nicht durchführbar war, tausend Jahre später zu einer spielenden Leichtigkeit wird. Wenn der Universalgeist, den ihr Gott nennt, heute auf dieser Erde ein so genanntes Wunder vollbringen will, so wird dieses Wunder alle bisherigen Wunder, die jemals auf diesem Planeten stattgefunden haben und in euren heiligen Büchern der Wahrheit aufgezeichnet sind, weit übersteigen.

Nicht allein die Technik gehört zu den großen Wundern, sondern der Fortschritt im gesamten Universum, denn was fern von euch im unendlichen All geschieht und entwickelt wird, kann euch zu jeder Zeit gebracht werden. Es gibt für euch auch keine zeitliche oder räumliche Trennung, wie ihr irrtümlich glaubt. Die vielen Versionen und Ausgaben der Bibel umfassen die größten Auflagen eures ‚gesamten' Schrifttums. Eure Vorfahren haben Tempel und Kirchen gebaut, die zu vielen Tausenden hoch in den Himmel ragen. Es sind steinerne Gebete, deren Liebe und Arbeit nicht zu errechnen ist. Doch leider ist alles umsonst, denn es fehlt dennoch das Wissen zum Glauben, und der Zweifel frisst am Glauben wie die Motten am Gewande.

Irrtum regiert

Der Begriff Technik ist euer Heiligtum. Mit dieser Technik möchtet ihr den universalen Geist, Gott, entthronen. Mit der Technik tötet ihr Menschen und Tiere. Mit der Technik möchtet ihr den lebendigen Geist jedes Menschen auslöschen. Mit der Technik möchtet ihr das ganze Universum angreifen und Gott übertrumpfen. Die Technik, die wir entwickelt haben, ist nicht zum Töten da. Weder die Elektrizität noch Explosionsstoffe oder Strahlen werden bei uns zu irgendeinem Mord benutzt. Es sei denn, wir töten Tiere auf eine sehr schmerzlose Weise. Je gewaltiger ihr eure Technik entwickelt, umso gefährdeter ist die menschliche Existenz auf eurem Planeten. Mit jeder neuen Erfindung gibt es neue Gefahren für das Leben auf dieser Erde. Nur die geistige Konzentration auf den Sinn des materiellen Daseins vermag diesen Fehlschritt zu überwinden. Wir möchten euch dabei gern helfen, aber ihr erwartet von uns nicht diese Hilfe, sondern eine Hilfe, die eure Technik erhöht, noch gewaltiger gestaltet, noch gefahrvoller für die bereits schwer leidende Menschheit dieser Erde macht. Das tun wir niemals, weil wir uns nicht mitschuldig machen wollen. Wir sind nicht geneigt, euch technische Daten zu übermitteln, die auch nur entfernt dazu führen könnten, die Macht über Tod und Leben eurer Mitmenschen zu verstärken. Wir sind jedoch bereit, euch höhere Erkenntnisse zu vermitteln, die besonders auf geistiger, religiöser oder okkulter, das heißt magischer Ebene liegen, wenn wir die Bereitschaft antreffen, dass unsere Lehren angenommen werden.

Wenn die Wissenschaft oder Technik etwas zu beurteilen hat, so geschieht das durch den Vergleich mit jenen Erfahrungen, die man gemacht hat und die anerkannt worden sind. Die anerkannte Erfahrung ist also das Maß, mit dem das Neue gemessen und begutachtet wird. Fügt sich das Neue nicht in dieses Maß, so kommt es sofort zu einer Ablehnung, indem man eine Definition erfindet, mit der man das Abgelehnte hinreichend erklären will.

Fast allen Machthabern und verantwortlichen Kriegsexperten dieses Planeten ist bekannt, dass die Atombombenversuche für den Fortbestand der Erdenmenschheit äußerst gefährlich sind. Wir haben wiederholt auf dieses Verbrechen hingewiesen und entsprechend davor gewarnt. Unsere Warnungen sind zwar nicht lächerlich gemacht worden, wurden aber als ein unmögliches Verlangen hingestellt. Die politische Verfahrenheit auf dieser Erde ist grauenvoll und die Angst vor der Überlegenheit des Gegners beherrscht alle Völker, weil es auf dieser Erde Völker und keine geschlossene Menschheit gibt. Doch den wahren, unsichtbaren Gegner habt ihr noch nicht erkannt, vielmehr nahmt ihr ihn nicht ernst genug. Rassen und Völker haben sich gegeneinander abgeschlossen. Die Erde wurde von ihnen aufgeteilt und separat in Anspruch genommen. Die Geburt entscheidet die Heimat, nicht die Reinkarnation auf diesem Stern.

Der Sinn der Völker besteht in der Bedrohung des Nachbarn. Die Wissenschaft und eure Technik haben Möglichkeiten geschaffen, die ausreichen, nicht nur Menschen zu töten, sondern ganze Völker restlos zu vernichten, ja die Erde in eine Wolke Asche zu verwandeln. Die Erde ist für die Menschheit keine Heimat mehr, sondern eine Todeszelle, in der jeder Mensch auf seine Hinrichtung wartet, von der er nicht weiß, ob sie heute oder morgen an ihm vollstreckt wird. Diese Erde ist keine göttliche Besserungsstätte mehr, sondern eine materielle Hölle, in der Luzifer freie Hand und willige Helfer hat. In dieser Situation ist ein Frieden unmöglich!

Wir Menschen und Geschöpfe Gottes vom anderen Stern Metharia haben uns mit euren Problemen befassen müssen, um einen Ausweg zu finden. Wir können aufgrund unserer eigenen Geschichte nur feststellen: Der Irrtum regiert! Würde ein Volk vollständig abrüsten, so würde das andere Volk triumphieren. Die Macht aufgeben hieße tatsachlich, sich beugen und den Untergang beschleunigen. Guter Wille würde als Schwäche ausgelegt werden. Die Menschheit dieser Erde würde nur zu retten sein, wenn wir Santiner ein Machtexempel durchführen würden, das eure ganze Kriegsführung über den Haufen werfen würde. Ihr würdet die Frage stellen, ob wir das könnten? Auch wir haben die Mittel zur Verfügung, die Menschheit dieser Erde restlos auszulöschen, ohne dabei das Risiko eigener Verluste zu übernehmen. Wir selbst haben uns immer die Frage gestellt, ob wir damit der universellen Menschheit dienen, noch in den Augen Gottes zu einer solchen Strafaktion berechtigt sind. Die Antwort aus unserer Erfahrung und Erkenntnis lautet eindeutig: Nein! Macht ist keine Sicherheit. Macht ist ständige Bedrohung. Es gibt nämlich nur eine Macht, die keine Bedrohung darstellt, die große Macht der Liebe, sofern sich diese Macht nicht plötzlich in Hass umwandelt.

Wir möchten euch von Herzen helfen durch die unvorstellbare, gewaltige Macht der Liebe. Doch wir sind längst zu der Einsicht gekommen, dass es keine Liebe ohne eine wahre Gott-Erkenntnis gibt. Die Bezeichnung Gott kann niemals von dem Begriff Liebe getrennt werden, denn wo sich die Liebe selbständig macht und sich von Gott trennt, da wandelt sie sich bald in Hass um.

Hier liegt aber das ganze Problem dieser Erdenmenschheit. Ihr habt keine rechte Vorstellung von Gott und auch nicht von der Liebe, darum kommt ihr auch nicht aus euren vielen Schwierigkeiten heraus. Je größer eure Macht anwächst, umso größer werden eure Schwierigkeiten und umso mehr trennt ihr euch von Gott und der Liebe. Wir haben in unseren Basen auf der Venus große Konferenzen gehabt, die sich nur mit dem Machtproblem dieser Erde befasst haben. Wir sind aber auch zu dem Resultat gekommen, dass es nur eine Rettung für euch gibt. Diese Rettung kann nur gewaltlos sein, darum sind wir auch äußerst vorsichtig in allen unseren Entschlüssen, eure Erde demonstrativ zu besuchen, wie wir es einmal vorhatten. Wir wollen nicht falsch verstanden werden. Wir sind auf keinen Fall feindlich gesinnt. Ich sage euch als ein Mittler zwischen euch und der Menschheit anderer Sterne: Auf eurer ganzen Erde wird falsch regiert. Das soll kein Fanfarenruf zu einer Weltrevolution sein. Durch Aufstand ist stets nur das gleiche negative Resultat erzielt worden, wie in einem Krieg. Wo getötet wird, regiert sowieso das Unrecht. Immer kämpft nicht die Idee, sondern die Sünde. Krieg ist Wut, die sich in der Zerstörung abreagieren möchte.

Unsere Religion heißt nicht Erforschung der Existenz Gottes, sondern enge Verbindung mit allen existierenden menschlichen Seelen, ob sie sich in einer sichtbaren oder unsichtbaren, in dieser oder jener Sphäre, in dieser oder in einer anderen Vibrationsebene befinden. Religion heißt: Die Verehrung Gottes im lebendigen Menschen!

Ihr habt nicht mehr die Voraussetzung für eine Abrüstung eurer entsetzlichen Vernichtungswerkzeuge. Aber ihr habt die Macht und die Voraussetzung, eure geradezu phantastische Religion abzurüsten und sie zu vereinfachen und zu beweisen, so dass ihre Wahrheit von jedem Menschen verstanden werden kann. Wenn ihr auf diesem Wege zu einem geordneten Weltfrieden schreitet, dann folgt unmittelbar eine Abrüstung aller menschenfeindlichen Einrichtungen und Maschinen.

Wanderer dieser Erde: Werdet nicht zu blinden und verkrüppelten Bettlern, denn die Großen dieser Erde werden klein, sobald sie ihre Erdenprüfung nicht bestanden haben. Viele von euch wollen dasselbe, was der große Gegner Gottes will, nämlich den Menschen, den Bruder krank machen und an Leib und Seele zerstören. Jenen Elementargeist nennt ihr Teufel oder Luzifer. Mit welcher Bezeichnung soll ich jene Erdenbrüder und Schwestern anreden, die genau dasselbe tun? Die wirklichen Wahrheiten sind euch bereits bekannt, doch sie werden lächerlich gemacht oder als vermeintlicher Unsinn unterdrückt. Negativ eingestellte Menschen in guten und bedeutungsvollen Positionen erfinden neue faule Ausreden, um diese Ausreden zu verdrehen und zu bagatellisieren oder zu vernichten. Faule Ausreden können trotzdem sehr intelligent sein, und auch die Lüge kann von einer bestechenden Logik sein. Doch die Anwendung einer hohen Intelligenz braucht deshalb nicht positiv zu sein, sie braucht nicht den Kern der Wahrheit zu treffen. Hohe Intelligenz ist bei euch am Werke, um die höchsten Existenzbegriffe zu schänden und ein unvermeidliches Chaos herbeizuführen, weil diese Intelligenz durch hohe aber negative Geisteskräfte aus dem Kosmos missbraucht wird.

Die über allen politischen Zielen stehende Wahrheit lautet:

● Es existiert eine geistige Kraft, die der Träger einer unvorstellbaren denkenden Intelligenz ist, deren Willen entscheidend auf alles Existierende einwirken kann. Diese Kraft heißt in der deutschen Sprache Gott!

● Die universelle Menschheit ist aus dem gleichen Stoff, aus demselben Licht, aus dem der Universalgeist besteht, und daher ist sie göttlich!

● Die Menschheit ist keine Sonderheit dieser Erde, sondern auf das ganze Universum verteilt. Die Entwicklungsstufen sind verschieden und auch der Festigkeit der Materie angepasst.

● Die gesamte Menschheit hat ein dreistufiges Dasein:

- Seele mit fluidalem Körper.
- Seele mit fluidalem und materiellem Körper.
- Seele mit geläutertem Lichtkörper.

● Die Reinkarnation, Fleischwerdung, folgt nach Gesetzen der geistigen Entwicklung stufenweise, solange, bis die Planetenstufe überwunden ist. Nach diesen Gesetzen kehrt der Erdenmensch solange zur Erde zurück, bis er seine Fehler selbst abgetragen hat, um dann, nach Vorbereitung, in eine höhere Stufe eingeführt zu werden. Eine solche höhere Stufe haben wir Santiner bereits erklommen.

● Nach einem Planetenleben folgt unmittelbar ein fluidales Dasein, ohne Beeinträchtigung der Bewusstseins-Individualität. Nur die Sinnestätigkeiten können behindert sein, wenn die entsprechende geistige Vorentwicklung fehlt.

● Bei einer Reinkarnation erlischt das Erinnerungsvermögen mit vielen negativen Eigenschaften, die im Vorleben erworben worden sind. Negative Eigenschaften können aber neu erworben werden.

● Nach einer Reinkarnation und physischem Sterben erfolgt nach einiger Zeit eine Rückerinnerung an viele materiell und geistig gelebte Daseinsstufen.

● Jeder Mensch ist individuell im Denken und Handeln, aber nicht individuell in seinen Wahrnehmungen, denn diese sind bei allen Menschenseelen gleich. Höhere Sinnesbegabung ist jeder Seele möglich und erstrebenswert. Was der Mensch je in einem Leben geistig erworben hat, das geht nicht verloren, es ist sein Seelenbesitz.

Liebe über alle Grenzen

Bibelleser haben schon etwas von einer Harmagedon-Schlacht gehört. Es handelt sich um eine visionäre Prophetie. Diese Schlacht ist keine Sage, kein Mythos, sondern eine geistige Auseinandersetzung in der für euch unsichtbaren Welt. Aber dieser Kampf zeichnet sich nun mit zunehmender Stärke auch auf der materiellen Ebene dieser Erde ab. Ihr glaubt nicht an Gott und darum erst recht nicht an den Teufel. Doch ohne Rücksicht auf Glauben oder Unglauben: Luzifer hat alle seine Positionen im geistigen Reich und auf vielen Sternen des Weltalls eingebüßt und sucht seine letzte Zuflucht auf diesem Planeten, wo ihm eine geistig zurückgebliebene Menschheit hilft. Luzifer kämpft mit allen Mitteln, um diese Erde zu verteidigen und an sich zu reißen. Es ist die größte Tragik des gesamten göttlichen Universums, dass die meisten Menschen dieser Erde nicht begreifen können, noch glauben wollen, was sich hinter den materiellen Kulissen dieser Erde vollzieht. Immer stärker werden die Kräfte des Himmels und der Hölle auf diese Erde konzentriert.

Euer Zeitalter ist genauso großartig und aufwühlend wie zu Noahs Zeiten, als ein Drittel der Erdoberfläche in den Fluten versank. Gottes Gesetze vernichten keine Indianer oder Naturvölker, sondern die weit fortgeschrittene Intelligenz und Technik jener Zeitepoche. In den ungeheuerlichen Fluten versanken und ertranken Kulturmenschen, die sich gegen Gott aufgelehnt hatten. Doch die Menschheit ist darum nicht untergegangen. Viele Milliarden Menschen sind auf dieser Erde reinkarniert. Manche Seele ist darunter, die damals in den Fluten versank. Aber die Folgen jener Zeit müssen ebenfalls ausgebadet werden. Krebs, Kinderlähmung, Pest, Cholera, Typhus und Grippe, alle diese furchtbaren Leiden rühren noch aus dieser Sünde her - ich nenne diesen Begriff wiederholt ganz bewusst - denn die entsetzliche Verseuchung der Atmosphäre durch frevelhafte

Menschenhände hat alle diese Qualen für die folgenden Generationen ermöglicht.

Gott steht seinen Kindern bei. Seine Liebe erstrahlt über alle Grenzen. Aus den fernsten Räumen seines Universums zieht er seine Helfer herbei und gibt ihnen Anweisungen und Macht, sich um das Schicksal dieser Erdenmenschheit zu kümmern und sich im Liebesdienst zu bewähren. Die Liebe über alle Grenzen ist das höchste Gesetz des Universums. Die Liebe ist identisch mit Harmonie und Frieden. Frieden über alle Grenzen ist das höchste Gebot. Eure Grenzen töten die Liebe und ihre Schranken sperren jede Menschlichkeit zwischen den verschiedenen Völkern. Betrachtet jene Menschen, die jenseits einer selbsterrichteten Grenze leben, nicht als eure Feinde. Ob jene Menschen schwarz, gelb, rot oder weiß sind, welche Farbe sie auch haben, es sind Menschen, die Vernunft und Gefühl haben, um Gottes Schöpfung zu erkennen, auch wenn ihre Kulturen unterschiedlich sind.

Als Leiter einer großen Raumschiff-Flotte möchte ich euch sagen, dass diese große Flotte, die meiner Befehlsgewalt unterstellt ist, keine Kriegsflotte darstellt, sondern eine Raumschiffflotte des universellen Friedens! Wir üben keine Gewalt aus, die zur Vernichtung oder zur Versklavung oder zum Tode der Menschen führt. Vor der Landung unserer Weltraum-Strahlschiffe muss die Erdbevölkerung soweit als möglich aufgeklärt werden, damit sie diesen großartigen Phänomenen nicht entsetzt und völlig verständnislos gegenübersteht. Das ist unsere schwierigste Aufgabe. Wir wünschen eine harmonische Eintracht und keine disharmonischen Auseinandersetzungen. Wir verachten jeden Streit und möchten nicht unsere große Freundschaft mit der höchsten Welt aufs Spiel setzen, die uns leitet. Diese Erdenmenschheit belastet unser Verantwortungsgefühl und unser Weltgewissen. Unsere Propheten haben alles vorausgesagt und, was sie in Visionen sahen, das ist mit kaum fassbarer

Genauigkeit eingetroffen. Dieser Stern ist in großer Gefahr und seine Menschheit noch mehr.

Euch interessieren nicht die Propheten, aber umso mehr die Kanonen. Eure Religionshüter erdreisten sich, eure Super-Mordwerkzeuge im Namen Gottes, des ewigen Herrn und Gebieters über Leben und Tod zu segnen. Die heilige Hierarchie der Engelwesen, die das ganze Universum zu hüten haben, ist seelisch gefoltert durch euer Benehmen, welches es im ganzen Raum des göttlichen Seins nicht noch einmal gibt. Ich selbst bin erschüttert, die Aufgabe zu haben, einer gefallenen Menschheit diese Rüge erteilen zu müssen. Wir alle schämen uns, dass wir Brüder und Schwestern haben, die mit einem Heer von Mördern und Kriegsknechten im Dienst des lichtlosen Engels gemeinsame Sache machen und nun seelisch und körperlich zu Tode drangsaliert werden. Wir sind gewöhnt, liebe Worte zu sprechen. Aber meine Zunge ist trocken und meine Augen sind rot, wenn ich zusehen muss, was auf diesem Stern für Zustände herrschen.

Ihr habt einen göttlichen Gesandten auf Erden gehabt und seine Lehren aufbewahrt. Aber ihr verspottet diese Lehren und verhöhnt Gott in unglaublicher Weise, wenn ihr in seinem Namen die Wahrheit zur Lüge macht und den Atomtod für die einzige Lösung aus eurem selbstverschuldeten Jammer für gottgenehm haltet. Der lichtlose Engel, der verstoßene Lichtträger, der geltungsbedürftige Widersacher Gottes, lebt geistig auf diesem Stern. Es ist sein letztes Domizil und hier auf dieser Erde muss die große Schuld getilgt werden. Die Phänomene am Firmament zeichnen bereits das Finale zu diesem Endkampf einer Auseinandersetzung, die schon auf anderen Planeten ihren Anfang genommen hat. Diese Erde ist mit dem Blut von vielen, vielen Millionen Menschen getränkt. Hier haben sich die bösen Instinkte Luzifers ausgetobt. Hier hat er seine Drohungen wahr gemacht.

Macht euch frei von dem Unhold und Widersacher Gottes, der sich krampfhaft an euch und seine Genossen auf dieser Erde geklammert hat, um das große Vernichtungswerk durchzuführen. Wenn ihr noch gesunden Verstand habt, dann macht es euch nicht so schwer. Wir sind bereit, euch in jeder vernünftigen und möglichen Weise zu helfen. Beachtet unsere Warnungen und Botschaften! Kümmert euch um eure heilige Existenz, die von kosmischer Bedeutung und Ewigkeit ist. Folgt nicht Luzifer in die Dunkelheit, aus der euch kein Christus noch einmal erlösen kann.

Achtet auf unsere Raumschiffe und fliegenden Scheiben. Sie beweisen euch, dass ihr nicht verlassen seid. Betet für das Gelingen des schweren Kampfes mit dem Ungeist von unvorstellbarer Macht und Tücke. Verstärkt seine Macht nicht noch mehr durch euren Leichtsinn, indem ihr eure Mitmenschen schändet und tötet. Jeder Blutstropfen, der auf dieser Erde vergossen wird, ist ein Sieg des Gottlosen! Wenn diese Erdenmenschheit einen Fehler macht, dann siegt der Ungeist auf diesem Planeten durch seine unvorstellbare Konzentration. Sein Sieg würde heißen: „Sieh, Gott, ich habe es dir angetan. Auf diesem Stern, der zur Läuterung deiner Kinder ausersehen war, leben in Zukunft nur noch menschliche Ungeheuer.“ Alles liegt in euren Händen.

Zerstörerische Einwirkungen auf Mensch und Umwelt

Verbrennungsantriebe sind gefährlich, sie verpesten die Luft und sind ungesund. Das Entölen der Erde wird nach und nach zu Veränderungen der Kraftfelder führen. Eure Atmosphäre enthält Verbrennungsrückstände, welche die Sonneneinstrahlung verändern, das Wetter beeinflussen, die Vegetation schädigen und das Blut des Menschen verändern. Nachfolgende Generationen werden völlig erbgeschädigt und geistig minderwertig sein, da Blut und Nervensubstanzen durch veränderte Lebensbedingungen erkrankt sind.

Das größte Problem bilden zunächst die verseuchten Abfallstoffe, die überhaupt nicht unschädlich gemacht werden können, irgendwann werden sie unheilvoll aktiv. Die radioaktive Luft tut ihre Wirkung. Es fängt zuerst mit Erschöpfungszuständen und permanenter Gereiztheit an. Die Zunahme der gefährlichen Strahlungen wird zur Folge haben, dass die Erdenmenschheit an einer langsam fortschreitenden Blutzersetzungsepidemie zu leiden haben wird.

Das Strontium 90 wurde an den Indianern Amerikas ausprobiert. Strontium ist eine Bezeichnung für gewisse Feinststrahlungen. Die Wirkung ist nicht nur tödlich, sie zerstören das Blut, verändern Organe, führen zu qualvollem Siechtum und zu schrecklichen Entartungen über die Eiweißzellen. Es gibt Strahlen, die euch noch völlig unbekannt sind und in großen Mengen durch Atomspaltungen erzeugt werden. Unter diesen Strahlen, die sehr fein sind, gibt es sehr feindliche, speziell für den Organismus und seine Erbträger. Ein besonderes Nervengas wird hauptsächlich in Amerika hergestellt. Die Berührung mit diesem Nervengas tötet in wenigen Minuten durch Lähmung sämtlicher Nervensysteme.

Gott lässt es nicht zu, dass die Menschheit an der Seuche der Radioaktivität zugrunde geht. Wir sind mit Hilfe unserer Apparaturen imstande, radioaktive Stoffe aufzufangen und umzuwandeln. Wir Santiner kennen eine Art ‚Röntgenstrahlen', die den Menschen nicht nur durchleuchten, sondern wir vermögen die Materie auch zu astralisieren, also unsichtbar zu machen, wenn wir diese Strahlen konzentrieren. Solange ihr die Radioaktivität nicht durch entsprechende Blenden abschirmt, werdet ihr nicht Herr des schleichenden Todes. Ihr unterschätzt die wirkliche Gefahr. Sie ist unvorstellbar groß, doch ihr freut euch wie kleine Kinder an einem Feuerwerk.

Die Einseitigkeit der körperlichen und geistigen Beschäftigung nimmt dem Menschen jede Möglichkeit, die Disharmonien in seinem Ich zu beseitigen. Der Mensch ist nicht mehr fähig, die Unordnung in sich selbst zu erkennen und demnach zu ordnen oder neu zu organisieren. Die gesamte Erdenmenschheit ist bereits krank. Jeder einzelne Erdenbürger ist erfasst und spürt eine innere Disharmonie und Unausgeglichenheit. Die seelische Armut und Langeweile sollen betäubt werden, darum bietet man den Menschen Sensationen, Übertreibungen, Rauschgifte, Lärm, Raserei, Rekordsucht und Nacktkultur. Ob Zeitung, Radio, Film oder Fernsehen, Tanz oder Sport - auf allen Gebieten, selbst in Schulen und Universitäten, auf Kasernenhöfen oder Parlamenten - überall befindet sich die Menschheit auf dem gleichen Kurs, der mit überstürzender Geschwindigkeit hinunter in die Vernichtung, in die Hölle, führt.

Der Umgang mit Maschinen und Geräten verkürzt das Leben, wenn diese Maschinen nicht zur geistigen Existenz des Menschen parallel stehen. Lärm, Gestank, Unruhe, Unsicherheit, Zeitmaß und Disharmonie in tausendfacher Steigerung gegenüber der Leistungsfähigkeit eines Menschen ist ein falscher Weg. Der ‚Tag X' bringt nicht Tod und Blut mit sich für Menschen, die an Gott glauben und unsere Freunde sind. Der ‚Tag X' bringt den Frieden, das Gottvertrauen und den Gottglauben.

Wir beherrschen die Schwerkraft und dazu die Antimaterie. Beide Kräfte haben wir der Terra schon einmal zur Verfügung gestellt. Die Erde ist nicht nur wegen eines totalen Krieges mit nuklearen Waffen in Gefahr, sondern auch durch die allgemeine Zerstörung lebenswichtiger Bedingungen, z. B. die Atmosphäre, das Wasser, die Wälder und vor allem die menschliche Geisteshaltung.

Das Mittel, eure Lebenserwartung zu erhöhen, ist einfach. Man muss es nur richtig anwenden. Ihr seid alle im Besitz dieses lebensverlängernden Mittels. Es handelt sich nur um eine richtige Anwendung und Schulung des Geistes. Der Geist regiert die Materie und somit auch den Organismus. Auch eure Ärzte haben zum Teil festgestellt, dass geistige Regsamkeit das Leben verlängert, aber geistige Regsamkeit ist noch etwas anderes, als ihr darunter versteht. Wenn der Geist durch positives Denken enorm angeregt wird, so wirkt er belebend auf den ganzen Körper ein. Doch davon seid ihr noch ziemlich weit entfernt. Aber den Anfang könntet ihr wenigstens machen, und nicht immer nur Tabletten schlucken. Körperliche Tätigkeit ist unerlässlich. Aber sie darf nicht übertrieben werden. Jeglicher Leistungssport gehört zur Dämonie, denn er zerstört den heiligen Tempel eurer Seele. Der Geist muss mehr als der Körper tun, denn geistige Leere lässt den Körper schnell altern. Widerstände können nicht mit Gewalt, sondern nur mit Geduld beseitigt werden.

Atome und Atombomben

Das Atom an sich gehört zur göttlichen Schöpfung. Wird seine innere Harmonie durch Spaltung zerstört bedeutet dies Tod, radioaktiver Regen, Feuerregen, Trockenheit, Orkane, Vernichtung der Pflanzenwelt. Ist das genug? Ihr müsst in einer anderen Richtung denken und forschen! Die in den Kosmos geschleuderte Radioaktivität mit ihren vielen euch noch völlig unbekannten Nebenstrahlungen verseucht andere Planeten mitsamt deren Fauna und Flora. Die Sterne senden positive und negative Strahlen aus, die den Erdball je nach dem Stand der Gestirne treffen. Diese Strahlen hatten Einfluss auf den Menschen und beeinflussten sein Denken und Handeln. Ihr habt mit der Kernspaltung die ganze Astrologie über den Haufen geworfen.

Mit der Kernspaltung ist eine Unordnung der kosmischen Strahlungen eingetreten. Doch jetzt wird die Erde für andere Planeten zu einer zunehmenden Gefahr. Diese Gefahr kommt aus den fortlaufenden Versuchen mit Wasserstoff- und Atombomben. Dieses sträfliche Tun hat Einfluss auf die magnetischen Kraftfelder zwischen den Planeten. Es ist sehr bedenklich, denn der Mond kann aus seiner Bahn geschleudert werden. Der Mond ist für das ganze Leben auf dieser Erde von entscheidender Bedeutung. Bedenkt, dass er Ebbe und Flut reguliert, sowie die Säfte der Flora, das Blut des Menschen usw. Ohne einen regulierten Mondabstand wäre ein Leben auf der Erde in dieser Form nicht mehr möglich. Die Santiner sind seit Jahren emsig bemüht, die magnetischen Kraftfelder auf dem Mond und in der Nähe des Mondes zu kontrollieren. Astronomen eurer Erde haben bereits Beobachtungen gemacht, dass auf dem Mond riesige Raumschiffe ihre Fahrten durchführen.
Atombomben verschlechtern das Wetter. Die Radioaktivität ist nur ein Teil der Beeinflussung auf die Weltwetterlage. Die ungeheuren Hitzewolken, welche sekundenschnell in die Atmosphäre geschleudert werden, verändern den gesamten Luftdruck. Es kommt zu gewaltigen Verschiebungen der aufeinander abgestimmten Luftschichten! An vielen Stellen der Erde entsteht ein atmosphärischer Überdruck der sich an ganz anderen Zonen auswirkt als an der Explosionsstelle selbst. Die Meteorologen können sich das nicht erklären. Bedenkt, dass eine einzige Wasserstoffbombenexplosion eine größere Explosionskraft besitzt als sämtliche Bomben des letzten Weltkrieges. Es ist absurd, einen direkten Zusammenhang abzustreiten. Das Wasser besteht auch aus Atomen, und diese sind auch nur verwandelte Atome feuriger Art. Hier liegt das Geheimnis der unerschöpfli-

chen Energie. Diese Energie darf nicht zu Explosionen verwandt werden, es widerspricht den Naturgesetzen der Schöpfung!

Der Sintbrand ist im gewissen Sinne ein Brennen in den oberen Luftschichten der Stratosphäre. Es handelt sich um ein kaltes Brennen. Denkt dabei an kaltes Licht. Die Ursache des Sintbrandes findet ihr in den Atom- und Wasserstoff-Bombenversuchen. Dieses kalte Feuer kann sich äußerst schädlich auf die Flora und ganz besonders auf die Fauna der Erde auswirken. Für eure Flugobjekte ist es gefährlich, in die Zonen des Sintbrandes vorzustoßen. Motoren, die elektrische Anlagen haben, können sehr leicht versagen. Auch die Moleküle der Metalle können sich verändern.

Das menschliche Denken ist eine Ursache, und hieraus folgt eine sichtbare Wirkung. Technische Entwicklung ohne Gottesfurcht und ohne Gottglauben ist eine Ursache, welche sich negativ auswirken muss, weil sie im Widerspruch zum göttlichen Plan steht. Die materielle Entwicklung ist ebenfalls - ohne Rücksicht auf die höhere Ordnung - eine Ursache, die zur Anarchie der Materie führt. Die Wirkung dieser Anarchie zeigt sich bei den Wasserstoffatomen. Anarchie der Materie heißt: Gesetzlosigkeit der Moleküle. Nach dem Gesetz von Ursache und Wirkung würden in Zukunft die folgenden Generationen dieser Erdenmenschheit und wahrscheinlich auch anderer Planeten degeneriert geboren.

Durch Atomexperimente entsteht zusätzliche Strahlung euch unbekannter Art, die auf anderen Planeten katastrophale Folgen hat, und zwar durch eine sehr starke Aufschwingung im All. Diese Wellenfronten pflanzen sich noch stärker fort, wo keine Luft ist. Diese Druckwellen werden zu Intensivschwingungen, die im All den Raum einfach überspringen. Wenn diese enormen Schwingungen, die im All auf ihrer schnellen Reise zunächst passiv sind, auf die Atmosphäre eines anderen Planeten treffen, so gibt es an dieser Stelle augenblicklich eine Katastrophe von riesigem Ausmaß. Die Druckwellen schwingen sich auf und lösen gewaltige Phänomene aus. Der Schöpfer könnte es verhindern, jedoch er will, dass seine Kinder von allein zur Vernunft kommen. Er will, dass seine Kinder ganz von selbst erkennen, dass sie sich zum Werkzeug des Bösen gemacht haben.

Ihr wisst sehr genau, dass die gewaltsame und überschnelle Auflösung der Atomsysteme einen Stoff freimacht, den ihr als einen unbekannten kosmischen Leim bezeichnet. Diesen Stoff kennen wir sehr genau und haben ihn bereits erforscht. Wir nennen ihn Jahwus. Es handelt sich um einen göttlichen Grundstoff, der allerwichtigste geistige Eigenschaften enthält. Er ist der Atem Gottes oder Sein Odem. Er ist der Träger der Information und gibt den Befehl an das Atom oder Molekül. Dieser frei werdende Stoff Jahwus ist für das Leben von höchster Bedeutung. Der Mensch hantiert mit der Urkraft und mit dem Geiststoff Gottes. Er weiß nicht, was das bedeutet. Man kann sich Gott nicht ungestraft ohne Liebe nähern. Der Erfolg bleibt vorwiegend negativ, da ihr noch nicht genügend mit derartigen Kräften umgehen könnt. Und warum nicht? Weil ihr die falsche Einstellung zu Gott habt. Die Menschheit hat noch nie aus einer Warnung, sondern immer nur aus einem Schaden gelernt.

Das Atom darf nicht in die Luft gesprengt werden, es darf nicht auseinander gerissen werden. Denn hier trifft der Bibelvers zu: Was Gott zusammengefügt hat, das soll der Mensch nicht scheiden! Das Atomgebilde ist ein Planetensystem im Kleinen. Bei einem dritten und letzten Weltkrieg würden sowohl im Diesseits als auch im Jenseits und auf benachbarten anderen Planeten unübersehbare und nicht zu beschreibende Vernichtungen eintreten. Die Schwingungen können so negativ werden, dass sie sogar in die astralen Bereiche der Erde eindringen.

Ihr habt Kenntnis von den Schwingungen, von Atomen und ihren eingeschlossenen Energien. Ihr wisst bereits, dass es hinter eurer Wahrnehmung viele Kräfte und Dinge gibt, wie Ultraschall und Ultralicht. Die Erdenmenschheit ist bereits so weit, dass sie große Erkenntnisse auf dem Gebiet des Funkwesens und der Fernsehübertragung hat. Der irdischen Wissenschaft und Technik dürfte es nicht schwer fallen, die letzten Schleier vom Unsichtbaren, vom Okkulten zu nehmen. Doch wenn dies geschieht, dann schaut die Wissenschaft mit Hilfe der Technik in das Reich Gottes.

Nicht zu beschreibende Rücksichtslosigkeiten

Die Erde ist in eine magnetische Hülle eingebettet. Diese Hülle wurde in den Anfängen eurer Atomforschung durch eine amerikanische Höhenbombe verletzt. Man wusste, dass dieser Eingriff in die kosmischen Naturvorgänge für die Erde gefährlich ist. Aber die Verantwortlichen schreckten nicht vor dieser Sünde gegen den Kosmos zurück. Sie wagten das Loch in den Strahlungsgürtel. Es ist ein Wunder, dass die Erde noch nicht eine andere Rotation bekommen hat, denn sie dreht sich wie ein Motor zwischen den Magneten. Aber die Veränderung im magnetischen Verhältnis wirkt sich auf das Leben aus. Sowohl die Fauna als auch die Flora wird davon betroffen. Der Rhythmus im Lebensprozess ist für lange Zeit gestört. Die Rotation der Erde betrifft auch die Luftmassen und die Ozeane, die auch zur Materie gehören. Noch ist die Rotation der festen Erde, d. h. der Globus selbst, nicht betroffen. Aber die Rotation der Luftschichten stimmt nicht mehr. Es bilden sich große Wirbel und auch große Luftlöcher, wie auch die ganze Strömung mittlerweile ziemlich durcheinander geraten ist. Die Völker erfahren zwar durch die Presse, dass hier und dort riesigen Überschwemmungen und verheerende Wirbelstürme vorkommen, die unvorstellbare Schäden verursachen. Aber man sagt nichts über die Entstehung dieser Katastrophen. Weil es solche Katastrophen schon immer gegeben hat, so reiht man sie unter dieser Serie ein. Wer soll das kontrollieren? Im August des Jahres 1883 stürzten die Meeresfluten in den Krater des Krakatau in der Sundastraße zwischen Sumatra und Java. Die Folgen dieser Katastrophe sind euch bekannt. Die Insel flog in Folge der ungeheuren Dampfentwicklung in die Luft. Gigantische Flutwellen überschwemmten fremde Länder und Küsten. Etwa 36.000 Menschen wurden offiziell getötet. Die tatsächliche Anzahl der Toten war erheblich höher. Die Flut lief siebenmal um die ganze Erde. Die Rauchsäule der Eruption stieg 30.000 Meter in die Höhe und veränderte die Lichtverhältnisse auf der Erde. Ihr könnt euch vorstellen, was für Folgen eintreten würden, wenn sich eine große Narbe des Meeresgrundes öffnet und das Meer ins Innere der Erde stürzt. Das wäre das Ende dieser Welt! Diese Dampfexplosion würde den ganzen Stern zerbersten lassen. Eine solche Explosion hat es schon einmal in eurem Sternsystem gegeben. Die Trümmer des ehemaligen Planeten Mallona, den ihr Asteroidengürtel nennt, ziehen noch heute jenseits eures vierten Planeten ihre Bahn um die Sonne. Ich warne eindringlich vor den unterirdischen Atomversuchen!

Die nicht zu beschreibende Rücksichtslosigkeit der politisch gelenkten Wissenschaft und Technik hat bewiesen, zu was man fähig ist. Die großen Katastrophen kommen auf ihr Konto. „Keine Angst! Es wird schon schief gehen“, sagt ihr. Die Abgebrühtheit auf politisch-technischem Gebiet ist uns bekannt. Wir sind sehr besorgt über diese Entwicklung, die langsam aber sicher zu einer Weltkatastrophe führen muss. Im Bereich des Erdinnern erhöhen sich die Spannungen. Die Erde besitzt einen gewaltig großen Kern, der aus einem einzigen Diamanten besteht. Von diesem Diamanten gehen gewaltige Strahlen aus, die den Gegenpol zum kosmischen Strahlengürtel darstellen. Zwischen diesem Kern und der Erdoberfläche befindet sich eine Spannungszone, deren Druck durch die Atomtests im Innern verändert wird. Dieser Druck kann sich in Folge des überaus festen Kerns der Erde nicht nach dem Innern verteilen, sondern der Überdruck in der Spannungszone richtet sich nach außen, also zur Erdoberfläche. Wenn sich der Druck weiter erhöht, so findet er schließlich keine Verteilung mehr und sucht sich mit ungeahnter Kraft einen Ausweg. Diese Explosion braucht nicht durch ein Ventil der Erde zu erfolgen. Es muss nicht ein Vulkan sein, der den Überdruck reguliert. Jede dünne Stelle der Erdkruste kann zum Bersten kommen. Doch die Geologen wissen nicht, wo sich diese Stellen überall befinden. Es kann eine scheinbar sehr feste Unterlage gerade eine Eruptionsfläche sein. Ihr steigert in unvorstellbarer Weise die Gefahr! Schon ein kleiner Bruch unter Wasser kann so erhebliche Folgen haben, dass ganze Erdteile überschwemmt werden. Dieser Stern ist kein Experimentierofen für kriegerische Zwecke. Es geht nicht allein um die Verseuchung der Atmosphäre, es geht um dcn Bestand der ganzen Erde. Welcher Mensch will das nach seiner Entkörperung je verantworten? Die Gewissensqualen nach seinem Tode sind unbeschreiblich. Sie finden überhaupt kein Ende mehr. Es ist entsetzlich anzusehen, mit welcher Dummheit eure Geistesgrößen geschlagen sind.

Dummheit kennt keine Skrupel

Die Dummheit macht von der Intelligenz einen negativen Gebrauch. Die Dummheit kann äußerst diplomatisch sein. Sie kennt dabei keine Skrupel und lässt sich durch keine Einsicht hemmen. Sie lehnt Gott ab, trachtet böswillig nach Gut und Leben, vernichtet alles, ja, sogar sich selbst. Sie führt alle Kriege, baut dafür die besten technischen Instrumente, erfindet und konstruiert Atombomben, spinnt gefährliche Netze über den ganzen Erdball und blufft die Wissenschaft mit raffinierten Spitzfindigkeiten. Die Dummheit ist in ihrer grenzenlosen Rücksichtslosigkeit und Negativität aller irdischen Philosophie und angeblichen Klugheit überlegen. Es gibt keinen anderen Schutz vor ihr als den höchsten Trumpf des Universums dagegen auszuspielen, nämlich das absolute Wissen über Gott und seinen Aufbau nebst der ganzen Organisation. Ohne diese Erkenntnis wird die Dummheit stets der Sieger über diese Erde und alle ihre Bewohner sein. Die Dummheit ist die höchstmögliche Raffinesse und Verlogenheit menschlicher Intelligenz, die durch die eigene Seele missbraucht wird. Die Dummheit erschlägt im Streit den Klugen. Die Dummheit der Wissenschaft gibt der Politik den Auftrieb zum politischen Streit. Die Dummheit der Politik erschlägt ohne Skrupel jeden Menschen, der sich nicht wehren kann. Die Dummheit ist ein superlatives Sich-nie-ernsthaft-mit-der-geistigen Existenz-befassen-Wollen. Wir können euch aus diesen Fesseln nicht befreien, wenn nicht der eigene Wille bei euch vorhanden ist. Wir können euch nur auf alles hinweisen, wie es Christus vor uns tat. Wir können nur hoffen, dass wir bei euch Menschen finden, die uns unterstützen.

Wir haben Gottes Wünsche auf dem Berge Sinai verkündet. Wir haben Christi Wünsche in Fatima verkündet. Doch alle diese Botschaften, verbunden mit herrlichen Phänomenen, sind durch die irdischen, angeblichen Gottesdiener verfälscht, vernichtet oder verschlossen worden. Das Phänomen ihrer Verkündigung wurde zu selbstherrlichen Zwecken ausgenutzt. Wo aber die entfernte Wahrheit eine Lücke hinterließ, setzte man gewissenlos ein Dogma ein. Die Wissenschaft steht selbstherrlich und anmaßend neben der Theologie. Und sie hat nicht den Mut dazu, den verlogenen Bruder zu tadeln, weil in der Unwahrheit über die göttlichen Belange bei beiden kein Unterschied besteht. Auch die Wissenschaft hat für die abgelehnte Wahrheit schnell ein kompliziertes Dogma zur Hand. Sie ist jedoch der Lehrer der Völker. Zu ihr hat die Menschheit ein blindes Vertrauen. Und wenn sie feierlich sagt, dass es kein Leben nach dem Tode gibt, so wagt kaum ein Mensch, an dieser Behauptung zu zweifeln. Doch eine Behauptung ist noch lange keine ernste Feststellung. Nach göttlichem Gesetz werden zuerst die Gottsucher unterstützt und nicht die Atheisten. Ihr habt alle keine Ahnung, wie viel ehrliche Gottsucher in den noch existierenden kommunistischen Staaten sind. Ihnen wird der Gottglaube durch ein diabolisches Machtsystem entzogen. Wer aber die Wahrheit gefunden hat, soll sie aus reiner Liebe an den nächsten Gottsucher weitergeben. Der Leitspruch unserer Wissenschaft lautet: „Erkenne erst Gott und dann dich selbst, bevor du versuchst, alle anderen Dinge zu erkennen, sonst kommst du zu Fehlurteilen. Präge dir ein: Alle Fehlurteile trachten dir und der Welt nach dem Leben und nach deiner Existenz."

So wissen zum Beispiel die Ärzte, dass das Rauchen ein schwerwiegendes Verbrechen ist. Doch sie tun es selbst und gehen, wie jeder andere, langsam daran zugrunde. Der gefährliche Einfluss des Nikotins auf die Blutbahnen des Menschen beeinträchtigt auch die Leistungen des Gehirns. Die Ärzte und medizinischen Forscher wissen jedoch nicht, dass das Gehirn die Leistungen nach dem Tode an den Geistkörper abgibt. Was dann?

Wenn man von der Kriegsrüstung spricht, so kann man sagen, schade um das viele Geld, welches für den Menschenmord ausgegeben wird. Wenn man von der Theologie spricht, so kann man sagen, schade um das viele Geld, das für den Seelenmord ausgegeben wird. Beides hängt zusammen und beide können nicht voneinander los, weil die ganze Sache von Grund aus verfahren ist. Der Mensch überträgt seine unaufrichtigen

Gewohnheiten auf sämtliche kultischen Einrichtungen dieser Erde. Er benimmt sich nicht wie ein gottesfürchtiger Mensch, sondern wie ein Vollidiot.

Die Ähnlichkeit mit Gott besteht für den Menschen nur durch die Fähigkeit der Wahrnehmung und des besonderen Denkens. Hierbei handelt es sich um Eigenschaften, die an einen Organismus gebunden sein können, aber auch ohne diesen existieren können. Der Mensch ist nicht die Krone der Schöpfung. Er könnte es einmal sein. Zunächst ist diese Krone immer noch das Engel-Heer. Wenn ein Mensch stirbt, so verlässt er die ihm anhaftende Materie. Er braucht nicht jahrelang auf eine Auferstehung warten, ganz gleich, ob er gut oder schlecht war. Mit dem Austritt der Seele aus dem organischen Körper ist der ‚Jüngste Tag' für ihn bereits da, nämlich der erste Tag im geistigen Dasein, das ebenfalls für alle Sinne eine Stofflichkeit anderer Frequenz aufweist. Die Art des geistigen Lebens wird durch die irdische Entwicklung bestimmt. Ein jenseitiges Erwachen erfolgt unterschiedlich, je nach der Länge des irdischen Lebens und nach der Art des Todes oder nach der Stufe der geistigen Entwicklung. Der Unterschied beträgt zwischen einer Stunde bis zu einem Jahr.

Der Mensch besitzt eine größere Masse Gehirn als er zum Denken und Regulieren benötigt. Der zivilisierte Mensch hat bestimmte Funktionen seines Gehirns eingestellt, da die Technik ihm diese Funktionen abgenommen hat. Wir Santiner haben jedoch, trotz einer großen Technik, diese Spezialfunktionen des Gesamthirns behalten. Das ist der bedeutende Unterschied zwischen irdischen und außerirdischen Menschen. Naturvölker haben die Funktionen des Gesamtgehirns noch nicht eingestellt. Ein Angehöriger eines Naturvolkes, wie er beispielsweise bei den Papuas in Neuguinea lebt, benutzt den besagten Teil seines Gehirns zu übersinnlichen Funktionen. Er verständigt sich telepathisch, ja, sogar mit abgeschiedenen Seelen seiner Verwandten und Freunde. er wird gewarnt, wenn er in Gefahr ist. Er spürt über das Gehirn den Feind, auch wenn er jenseitig ist. Kein Wunder, dass er überall Geister sieht, mit ihnen spricht und mit ihnen gewissermaßen noch zusammenlebt. Der zivilisierte Kulturmensch kann das nicht mehr, bis auf äußerst geringe Ausnahmen. Doch der zivilisierte Mensch ruht in technischer und zivilisierter Kultursicherheit. Er kann also dieses Phänomen wegen Mangel an einer Selbsterfahrung nicht begreifen und spottet darüber. Ihr müsst einsehen, wie töricht dieses Urteil ist. Ein stillgelegter Teil eures Gehirns versperrt euch die nötige Einsicht in ein Mysterium von gewaltigem Ausmaß. Das ist ein großer Irrtum.

Nun müsste eigentlich die Häufigkeit des Phänomens entscheiden. Aber auch das ist nicht der Fall, weil die Voreingenommenheit gegenüber den primitiven Naturvölkern viel zu groß ist. Der Kulturmensch traut ihnen keine Objektivität in dieser Weise zu. Entscheidend für den Kult ist nicht der Ort, sondern die Fähigkeit, die geistigen Bereiche zu spüren und sie zu erkennen. Die geistigen Wesenheiten sind absolut existent, so dass sie von einem medialen Menschen mit diesen Fähigkeiten wahrgenommen werden können. Der über die ganze Welt ausgedehnte Geisterkult hat seinen Ursprung nicht in der Primitivität, sondern in der Realität. Er wird nur verschieden ausgeübt. Indem sich der Kulturmensch von der Primitivität der Naturmenschen distanziert, entfernt er sich auch von der Realität ihrer übersinnlichen Begabung. Natürlich haben primitive Menschen Wahrnehmungen der geistigen Welt, die ihrer Entwicklung entsprechen, nach dem Gesetz ‚Gleiches zu Gleichem'. Aber es ist durchaus möglich, sich die Freundschaft höherer Entwicklungsstufen zu erarbeiten. Aber das kostet Anstrengung und wer ist dazu schon bereit? Außerdem müssten die alten Spielregeln erst wieder erlernt werden. Auf diesem Stern und seiner geistigen Umgebung ist die Hölle sehr groß und der Himmel nur unsagbar klein. Die Unsauberkeit unterstützt die niederen Sphären, die sich entsprechend betätigen. Wo der Schmutz dominiert, kann von Gott keine Rede sein.

Doch wenn es der Erdenmenschheit mit allen Rassen zu schwer fallen sollte, Gottes Existenz nachzuweisen, so wende sie sich zuerst an die Hölle. Sie ist unvergleichlich größer und näher auf diesem Erdenplanet. Sie lässt sich aus diesen Gründen viel leichter beweisen. Das negative Verhalten der Erdenmenschheit gibt die Gewähr für einen eindeutigen Nachweis dieser dämonischen Mächte. Selbstverständlich bleiben die weißen Rassen von den Geistern eher verschont, da ihnen die entsprechende Medialität fehlt und die Gehirnfunktionen in dieser Hinsicht eingeschränkt bzw. nicht mehr benutzt werden. Die reale Tatsache aber bleibt bestehen. Alles entsteht aus der Wahrheit, auch wenn sie später entstellt wird. Auch der Europäer handelt kaum anders, nur seiner Kulturstufe entsprechend. Die theatralischen Vorführungen der vielen Kirchen und Sekten sind nicht viel anders, sondern nur den Umständen angepasst. Hinter diesen pomphaften Aufführungen ist aber leider weniger jenseitige Objektivität und Wahrheit vorhanden als bei den primitiven Naturvölkern. Um aus dieser Situation herauszukommen, müssen die Erdenmenschen lernen, ihr Gehirn in einem positiven Denkprozess zu benutzen. Die eine Hälfte des menschlichen Gehirns ist aktiviert, und der Mensch verhindert durch sein negatives Denken jede Inanspruchnahme des Gesamtgehirns. Erst wenn der Mensch die Fähigkeit erlangt, auch den zweiten Teil des Gehirns in Tätigkeit zu setzen, wird er logischer denken können. Erst wenn das völlig sinnlose Blutvergießen für immer eingestellt wird, wird ihm die Fähigkeit verliehen, auch den zweiten Teil des Gehirns zu benutzen.

Wir haben uns viele Gedanken darüber gemacht, warum es auf der Terra kein friedliches Zusammenleben gibt. Der Grund ist im geistigen Entwicklungsstand zu finden. Wir sind überzeugt, dass der Erdenmensch nicht fähig ist, einen Gedanken bis zum Ende zu verfolgen. Der Erdenmensch übersieht die letzten Konsequenzen. Daher nehmen seine Planungen einen Verlauf, den er nicht einkalkuliert hat. Es werden Dinge angefasst, die man lieber meiden sollte. Auch in der hohen Politik, und besonders in der Diplomatie denkt man viel zu oberflächlich. Das Gehirn der Erdenmenschen unterliegt einer Trägheit. Ein großer Teil des Gehirns ruht völlig unbenutzt, völlig vernachlässigt.

Es ist sehr wichtig, dass man weit vorausschaut. Diese Vorausschau ist für euch unmöglich. Sobald eure Gedanken einen gewissen Punkt erreichen, sind sie beendet, obwohl noch alles Wichtige unerfasst bleibt. Eine richtige Gedankenschulung müsste schon von Kindheit an geübt werden. Aus diesem Grund ist es den meisten Erdenmenschen nicht möglich, zu erfassen, was noch hinter seinem Tode liegt, was ihn nach dem Sterben erwartet. Man denkt nur bis zum Sarg, aber schon macht der Gedanke halt und weiter geht es nicht mehr. Es erscheint euch jede Verlängerung der Gedankengänge als abstrakt. Doch das abstrakte Denken ist manchmal wichtiger als das konkrete Denken.

Ihr müsst euch an die Tatsache gewöhnen, dass euer Bewusstsein unsterblich ist. Zwar sind die Erinnerungen in einem Erdenleben verschleiert, aber niemals sind die Erinnerungen gänzlich ausgelöscht. Sobald der Mensch seinen Geist von der Erde befreit, erinnert er sich an Dinge, die tausend Jahre zurückliegen. Wenn man alle Irrtümer aufzählen sollte, so würden sie ein ganzes Lexikon füllen. Doch das Bewusstsein ist überhaupt nicht an die Materie gebunden. Es existiert frei im All. Nur durch eine

Täuschung hat der Mensch das Gefühl, als sei sein Bewusstsein im Kopf.

Wenn eine Mondsonde eine Aufnahme vom Satelliten zur Erde funkt, so dass diese Aufnahme auf einem Fernsehschirm erscheint, so wird niemand behaupten, dass diese Aufnahme im Fernsehapparat seinen Sitz hat. Es ist ein Beispiel für die erwähnte Täuschung. Das Bewusstsein kann eine Ausdehnung von Millionen von Meilen haben, trotzdem befindet sich der Endeffekt im Körper. Das bedeutet aber, dass der Endeffekt auch in einem geistigen Körper oder in einem Antikörper sein kann. Das Bewusstsein braucht ein Instrument, aber dieses Instrument muss nicht unbedingt aus Fleisch und Blut sein.

Wenn ein Mensch stirbt, so stirbt nicht das Bewusstsein, obgleich das Gehirn seine Funktion einstellt. Das Gehirn hat seine Aufgabe in der genauen Innehaltung der persönlichen Frequenz des Bewusstseins. Eine geringe Verschiebung dieser Frequenz hat gewaltige Folgen, die man als Irrsinn bezeichnet. Aber das Gehirn ist nicht zum Denken da, sondern zur Frequenzkontrolle. Der von einer technischen Entwicklung verblendete Erdenmensch glaubt überwiegend nur noch, was ihm die großen Medien, wie die Presse, Rundfunk oder Fernsehen vermitteln. Die Naturwissenschaften schrecken vor der größten Erkenntnis und Wahrheit zurück, weil die Repräsentanten aus Angst vor einer überirdischen Gerechtigkeit kapitulieren. Es darf nicht wahr sein, was nach Rechenschaft und Wiedergutmachung aussieht. Falsch gedeutete Erfolge der Wissenschaften führen zu Analogien, die eine ganze Menschheit verderben. Was wir dabei tatsächlich empfinden, kann mit euren Worten nicht genügend ausgedrückt werden.

Das Wissen um die Reinkarnation gehört in die Universitäten

Wie kann etwas jenseitig sein, wenn es absolut zur Existenz des Menschen gehört? Es ist nicht eine andere Seite des Lebens, sondern die Entkörperten leben zum größten Teil mitten unter euch und nehmen stärksten Anteil an jedem Geschehen auf der Terra, die sie nur aus einer anderen Perspektive sehen. Für sie gibt es kein materielles Hindernis, sie durchdringen alle Wände. Es ist für die Erdenmenschheit außerordentlich wichtig, das alles zu wissen.

Es darf keinen blinden Glauben geben. Der Gottglaube gehört an die erste Stelle der irdischen Wissenschaft. Die Kirchen bzw. die Theologie haben in Zukunft dafür zu sorgen, dass an Stelle des blinden Vertrauens zum Glauben und an die Stelle des Zweifels am blinden Glauben das objektive Wissen tritt, das nicht den geringsten Zweifel übriglässt. Dieses objektive Wissen zu erarbeiten, ist kein Unding. Es erfordert viel Mühe, Ruhe, Harmonie, Geduld und eine absolute Objektivität und Realität. Die entsprechenden Vorarbeiten sind in der ganzen Welt schon seit Jahrtausenden geleistet worden. Diese Ergebnisse sind zur Auswertung überreif. Es ist unerhörte Böswilligkeit und strafbare Ignoranz, wenn an diesem Material vorübergegangen wird.

Ich sagte schon früher einmal, dass dieses Wissen nicht zur Theologie gehört, sondern zur allgemeinen internationalen Naturwissenschaft. Demnach gehört dieses Wissen in die Hörsäle der Universitäten. Der Frieden ist ein Anrecht jedes Erdenmenschen, er ist eine Forderung, wie die Ernährung auf diesem Planeten. Der Frieden auf dieser Terra und das gegenseitige Verstehen der Rassen hängt von dem Wissen und dem weltweiten Verständnis der menschlichen Existenz im Universum ab. Erst wenn in den Hörsälen und in allen Korridoren der Universitäten über dieses Thema nicht mehr gelacht und gespottet wird, kann ein Dauerfrieden zustande kommen. So wie es heute noch bei euch aussieht, wird jeder Mensch, der sich ernsthaft damit befasst, für einen Idioten gehalten, der nicht fähig ist, sich der Zeit anzupassen.

Betrachten wir einmal eine große Sekte, die sich ganz und gar auf die Bibel stützt. Ihre Auslegung betrifft den ‚Jüngsten Tag', an dem fast die ganze Menschheit in das Höllenfeuer kommen soll. Diese Sekte hat einen Umfang, der nicht begreiflich ist. Millionen von Menschen glauben bedingungslos diese unsinnige Auslegung, für die es nicht einen einzigen praktischen Beweis gibt. Aber sie glauben nicht deshalb daran, weil sie durch ihre eigene Logik davon überzeugt sind, sondern weil es labile, kritiklose Menschen sind, die einen Frömmigkeitstick haben und sich maßlos vor dem Höllenpfuhl fürchten, in dem sie einmal schmoren sollen. Sie glauben aus Angst, denn Feuer tut weh, wenn man weiß, was Brandwunden bedeuten. Noch schlimmer, wenn man dabei nicht mehr sterben kann. Wir nennen das gemeine Angstmacherei. Wenn der Mensch auf diese Unlogik hereinfällt, dann kann man mit ihm machen, was man will. Man kann ihn sogar zum Fanatiker erziehen und ihn überall einsetzen, weil er aufgrund seiner Unlogik nicht fähig ist, über diese Dinge objektiv zu urteilen.

Ich weiß, dass man meine Erklärungen ebenfalls verdammen wird. Man wird in Kirchenkreisen darüber reden und sagen, dass es Ketzerei aus der Hölle sei. Aber ich appelliere nur an eure Vernunft, und wo diese Vernunft nicht vorhanden ist, da werden auch meine Worte vergebens sein. Ich tue indessen nur meine hohe Pflicht. Die Ungewissheit, was nach der Wandlung, dem Tod, kommt, ist der größte und folgenschwerste Irrtum, den es überhaupt geben kann. Diese Ungewissheit baut eine Welt gegen den Plan Gottes auf und regiert sie durch den Irrtum. Was dadurch der Menschheit zugemutet wird, kann man mit Worten gar nicht beschreiben.

Wie viel Leid, Trauer, Angst, Gefühle der Einsamkeit und Krankheiten könnten durch die Gewissheit, dass der Tod nur eine kurze Trennung vom geliebten Menschen ist, vermieden werden. Mit dem Wissen der Reinkarnationslehre geht man einer Wandlung gelassener entgegen. Der Tod des Menschen ist die Geburt in einer neuen Form. Es ist der ‚Jüngste Tag', der Tag des Abschieds von der greifbaren Materie. Doch die Materie bleibt für ihn trotzdem sichtbar. Es ist ein Umtausch zweier Lebensformen, die doch eine Welt bilden. Die materielle Welt wird als eine Schule verlassen. Der Entkörperte kann sich mit Überlichtgeschwindigkeit bewegen. Er besitzt fortan die Geschwindigkeit des Gedankens, wenn er die Freiheit hat, das heißt wenn er nicht durch ein schlechtes Erdenleben an die Erde gebunden ist. Dieses Ziel kann er nur erreichen, wenn er geistig den Grad der Entwicklung erreicht hat, der ihm diese Freiheit bietet.

Schafft mehr Klarheit über den Tod des Menschen und ihr löst euer ganzes Erdenproblem! Nur so werdet ihr dem Tod den Schrecken nehmen. Die Theologie hat eine falsche Vorstellung geschaffen, von der sie nicht abgeht, auch wenn man bereits ahnt, dass sie nicht stimmt. Man ist zufrieden, wenn recht viele Menschen ihren Beitrag zur Kirche leisten oder ihr Vermögen als Erbschaft hinterlassen. Die großen Religionen versprechen etwas, das der Mensch nicht so leicht nachprüfen kann. Die Erlösung durch das Blut des Messias ist ein Dogma. Verlasst euch nicht auf solche Dogmen, sie sind nur Philosophie, die euch keine Wahrheit und auch keine Sicherheit bieten. Wenn die Wissenschaft dieser Erde einen Anspruch auf Ehre und Gewissen erhebt, so appelliere ich an diese angebliche Ehre und erst recht an das fragwürdige Gewissen.

Wissenschaftlicher Hochmut

Auf eurem Stern geschieht das Ungeheuerliche, das im ganzen Universum einzig dasteht und niemals von positiver Seite aus begriffen werden kann. Es gibt bei euch Menschen, die sich aufgrund des Ansehens, das die wissenschaftlichen Ehrensymbole besitzen, erdreisten, mehr zu ahnen und zu wissen als der Schöpfer selbst. Die Erfahrungen, die Generationen der Erdenmenschheit gemacht haben, werden durch fadenscheinige und geradezu bösartige Definitionen und Thesen vergewaltigt. Doch die Menschen dieses Planeten werden durch die akademischen Titel und Würden geblendet, so dass sie bereit sind, den wissenschaftlichen Unsinn einer vernunftlosen Selbsterschaffung des ganzen Universums zu glauben. Doch diese hochmütigen Wissenschaftler und Theoretiker aller Gebiete sind noch nie, in keinem einzigen Fall, fähig gewesen, eine solche propagierte Selbsterschaffung ohne jeden individuellen Geist nachzuweisen.

Der Hochmut geht so weit, dass man sich erdreistet, die Erdbevölkerung durch grausamen Massenmord reduzieren zu müssen. Zu diesem Zweck werden Milliarden über Milliarden für Mordmaschinen ausgegeben, welche den Massenmord beschleunigen sollen. Wenn gottlose Menschen regieren, so regieren Gottes Feinde. Doch Gott ist das Leben und seine Feinde sind der Tod. Die Zügellosigkeit aller Laster und die ungestraften Sünden dieser Menschheit führen zu dem Verdacht, dass jeder tun und lassen kann, was er will. Wenn dem so wäre, so würde auf diesem Stern kein Leben mehr existieren, denn ihr hättet die euch von Gott gegebene Freiheit derartig missbraucht, dass ihr Fortschritte in der Vernichtung gemacht hättet, die nicht auszudenken sind. Ihr handelt gegen den Plan des Schöpfers und gegen die Schöpfung. Doch ihr wisst nicht, dass all euer Tun die Strafe durch die Gerechtigkeit des Schöpfers bereits erfahren hat und dass ihr an dieser Gerechtigkeit nicht rütteln könnt. Allein eine solche Änderung wäre nur möglich, indem ihr euch zum Guten hinwendet. Wollte ich jede Strafe aufzählen, so würde es ein ganzes Lexikon werden. Doch ich kann es mir ersparen, weil alle diese Strafen an euch selbst und an eurem Stern abzulesen sind. Diese Menschheit ist gezeichnet. Sie trägt die Folgen der Unzucht, der Kriege, der Laster und Leidenschaften, der Verbrechen an Leib und Seele, der Dämonie, des Egoismus und der Gottlosigkeit in jeder denkbaren Form öffentlich zur Schau. Mit Farben und mit Stoffen bemüht ihr euch krampfhaft, die vielen Zeichen der Lasterhaftigkeit und Unvernunft zu verdecken. Gott wünscht nicht die Vernichtung seiner Kinder auf diesem Stern.

Wir müssen und werden den wissenschaftlichen Hochmut brechen, der sowohl in den Akademien als auch in den Palästen der Theologie herrscht, denn ein Wissen darf nicht herrschen, es hat nur zu dienen. Es muss aber ein wirkliches Wissen sein. Erst dann wird die internationale Politik einer anderen Einsicht folgen. Wenn je von einer Verteidigung die Rede sein kann, so gibt es nur eine berechtigte Verteidigung, die alle Völker einschließt, nämlich die Verteidigung des friedlichen Fortschritts, die Verteidigung des göttlichen Heilplanes. Christus war ermächtigt, diesen Heilplan zu erläutern. Er kam leider nicht mehr dazu, weil der Mord an ihm verübt wurde. Daher ist euch dieser Heilplan völlig unbekannt. Ja, ihr wisst nicht einmal von der wahren Mission Christi. Darum kommt nicht auf den Gedanken, dass wir nur als Menschen von einem anderen Stern zu euch sprechen und handeln.

Auch unsere Mission ist ein Teil des göttlichen Heilplans. Diese Mission reicht lange zurück und steuert jetzt dem Höhepunkt zu. Unser Erscheinen ist nicht allein ein technisches Wunder, sondern mehr als eine Technik, eine Sendung Gottes an die Menschheit dieser Erde. Darum ist es auch sinnlos zu erwägen, ob es eine Möglichkeit gibt, uns mit Waffengewalt zu begegnen.

Wie sehr die Wissenschaft bei euch irrt, beweisen die vielen Theorien, die sich einander ablösen wie die Staatsmänner. Allein die Gravitation, das Schwerkraftgesetz, ist nur eine bedingte Erscheinung. Für uns ist sie überhaupt kein Hindernis. Der Bau des Turms zu Babel, die Kolossalbauten von Atlantis und der Pyramiden in Ägypten oder die Riesenbauten in Mexiko konnten nur mit Hilfe jener Gesetze geschaffen werden, die der Gravitation geradezu hohnsprechen.

Christus, der im Alter von etwa 25 Jahren seine volle Erinnerung an seine außerirdische Entwicklung hatte, wusste sehr gut um alle diese Gesetze und magischen Möglichkeiten. Darum stillte er das Meer, ging über die Wellen, verständigte sich mit den Santinern und sprach zu den Juden: „Wahrlich, ich kann euren Tempel zerstören und in drei Tagen wieder aufrichten." Damit meinte er, dass wir Santiner, auf sein Geheiß hin, den Tempel in Sekunden durch Telekton zum Einsturz bringen können. Doch mittels der Aufhebung der Schwerkraft hätten unsere Vorfahren die schwersten Steine übereinander geordnet. Diese gewaltigen Kräfte entfernten auch die schweren Felsblöcke vor seinem Grabgewölbe. Kein Mensch auf diesem Stern ist in der Lage, an Gott glauben zu können, noch sich ein kleines Bild von der Entstehung der Schöpfung zu machen, weil eine Gruppe von völlig atheistischen und negativen Menschen dafür sorgt, dass auf diesem Stern unentwegt die Hölle los ist. Wo aber die Hölle regiert, kann von Gott keine Rede mehr sein und das ist auf dieser Erde leider der Fall. Was wirklich positiv ist und eine solche erhabene Existenz beweist, wird mit aller Macht und Unterstützung von Akademien und wissenschaftlichen Institutionen verfolgt und lächerlich gemacht.

Das Geltungsbedürfnis der Erdenmenschen ist derartig groß gezüchtet worden, dass jeder Mensch die größte Angst vor Spott hat. Bei jeder Gelegenheit tippt man sich an die Stirn und hält jeden Menschen für geistesgestört, der an eine höhere Ordnung glaubt oder ein Wunder für möglich hält. Doch ein nicht zu begreifendes Kriechen vor einem Titel oder einer Uniform oder einer Robe verhindert jede echte Erkenntnis. Auch die Robe bietet keine Gewähr für eine echte Erkenntnis, denn der Teufel schmückt seine Diener, ehrt die Mörder mit allen Auszeichnungen und versteckt die Missetat unter kirchlichen Gewändern. Die Wissenschaft dient nicht Gott noch dem Heilsplan, sondern beleidigt den Schöpfer in Wort und Tat. Die Theologie weiß um einen solchen Gott, doch sie dichtet ihm sämtliche menschlichen Eigenschaften und Wunschträume an. Ein Gott, wie ihn die gesamte Theologie dieser Erde hinstellt, gibt es nicht! Es ist nur ein Götze. Der wahre Schöpfer und Gott des Universums hat eine weit höhere und fern vom erdenmenschlichen Geist und Körper zu vergleichende Individualität. Wenn der Mensch als Ebenbild Gottes bezeichnet wird, so bezieht sich das hauptsächlich auf die Fähigkeit des Denkens, der Wahrnehmung. Das Denken ist jenseitiger Natur, es ist überdimensional, denn der Geist erschaut jene jenseitigen Gebilde, die er sich selbst mit Gottes schöpferischer Kraft gestaltet.

Wir haben jedoch beobachtet, dass gerade die ärgsten Feinde des Theismus oder des Christentums geradezu an einer neurotischen Angst vor einem persönlichen Gott leiden. Diese Menschen sind abergläubisch und fürchten sich vor einer unbegreiflichen Vorsehung, die aus keinem Denken oder Bewusstsein heraus, aber als eine unerklärliche Gesetzgebung unausweichlich handelt. Dieser Ansicht schließt sich auch die internationale Wissenschaft an. Das lebendige Gewissen, das in jedem Menschen nagt, kann durch keine Definition oder Theorie, noch durch einen exakten Beweis außer Kraft gesetzt werden. Fast alle Wissenschaftler machen den großen Fehler, dass sie sich in völlig verkrampfter Weise anstrengen, alles Übersinnliche durch materielle Vergleiche erklären zu wollen. Sie vergessen immer wieder, dass es sich um verschiedene Welten handelt, auch wenn sie sich oft genug berühren.

Jeder positive Mensch will aus seinem natürlichen Recht leben, denn dieses Recht ist ihm durch die Inkarnation auf dieser Erde gegeben. Er wird auf diese Welt geschickt, damit er sich behaupten soll und nicht darum, dass er verfolgt werden soll. Jeder Mensch auf dieser Erde soll geistig wachsen und nicht körperlich und seelisch zugrunde gehen. Kein Mensch auf diesem oder auf einem anderen Planeten hat das Recht, einem anderen Menschen das Leben zu nehmen, ihn körperlich und geistig zu vergiften, ihn einzuräuchern, oder ihn sonst in irgendwelcher Weise an Leib und Seele zu schädigen. Selbst wenn ihr eure ganze Gottlosigkeit zu Hilfe nehmt, wenn ihr die Philosophie eurer größten Denker anwendet, so werdet ihr nie eine brauchbare Erklärung für ein solches Verhalten finden, die euch je erlaubt, das Leben und die Gesundheit eines anderen Menschen anzugreifen und die Seele vom Körper zu trennen. Wäre eine solche Erklärung denkbar, so brauchte der Mensch nicht erst geboren zu werden. Er könnte in den Sphären einer weit größeren Welt verbleiben. Nur eine einzige Sammlung alter, verfälschter und durcheinander gebrachter Überlieferungen räumt euch irrtümlich ein solches Recht ein: Die Bibel. In diesem Buch der Bücher steht der Krieg und das brutale Ausrotten von Rassen, Stämmen und ganzen Völkern an der Spitze aller Belehrungen, denn diese Gräuel standen unter der Schirmherrschaft eines angeblichen Gottes, der ein Kriegsgott und Eroberer war.

Ich sage euch dasselbe, was unsere Vorfahren im Namen und in Vollmacht Gottes zu euch gesagt haben. Was Gott zusammengefügt hat, das soll der Mensch nicht scheiden. Diese Mahnung ist zwar erhalten geblieben, doch wurde sie aus der kümmerlichen Erinnerung heraus an eine falsche Stelle gesetzt. Gott fügt die Menschen nicht zusammen, denn jeder Mensch hat die Freiheit und das Recht, sich seinen Ehepartner selbst zu suchen und zu erwählen. Selbst wenn eine Trauung von einem Priester vollzogen wird, so geschieht das wohl im Anruf an Gott, der um den Segen gebeten wird. Doch Gott hat seine Gesetze, die für alle Menschen einheitlich gültig sind. Dieser Gott fügt mittels seiner erhabenen Gesetze die Seele mit dem Körper zusammen, so dass eine Einheit entsteht. Diese Einheit durch die Inkarnation oder Reinkarnation darf der Mensch unter keinen Umständen voneinander trennen, denn was Gott zusammengefügt hat, darf der Mensch nicht scheiden. Nur das Gesetz Gottes ist dafür zuständig.

Auch das Neue Testament hat den Irrtum übernommen. Es muss richtig heißen, wie es Mose im Raumschiff gesagt worden ist - und wie es ursprünglich in der Bundeslade aufbewahrt wurde:
• Um der Inkarnation willen schuf Gott Mann und Frau.
• Die zur Welt bestimmte Seele wird das Fleisch der Eltern als Kleid erhalten, also ein gemeinsames Fleisch haben.
• Die Seele wird am Tage der Geburt hinzukommen und das Fleisch nach der Trennung von der Mutter regieren.
• Dies geschieht nach dem Willen Gottes und der Mensch hat kein Recht, daran etwas zu ändern.

Im Neuen Testament bei Matthäus heißt es aber: „Jesus sprach zu ihnen: Mose hat euch erlaubt zu scheiden von euren Weibern wegen eures Herzens Härtigkeit; von Anbeginn aber ist‘s nicht also gewesen.“

Jesus Christus wusste um die Gesetzgebung durch das Raumschiff am Berge Sinai; darum sagte er: „Mose hat euch erlaubt“ und nicht: „Gott hat euch erlaubt.“ Mit dem Wort ‚Ehe’ wurde zu jener Zeit der Zeugungsakt bezeichnet. Wer jedoch auf unserem Heimatstern ein Liebesverhältnis in Verbindung mit einem Geschlechtsverkehr hat, der bricht die Ehe dann, wenn er zur

selben Zeit noch ein anderes Verhältnis dieser Art hat, ganz gleich ob er nach Gesetz oder Religion verheiratet oder noch ledig ist. Zur Scheidung von Mann und Frau sagte Christus jedoch sehr richtig, wie es bei Markus geschrieben steht: „...ärgert dich dein Auge, so wirf es von dir! Es ist besser, dass du einäugig in das Reich Gottes gehest, denn dass du zwei Augen habest und werdest in das höllische Feuer geworfen." Wenn es nicht so wäre, wie ich es euch erkläre, so käme kein Wahrheitssucher aus den Widersprüchen eurer Bibel heraus.
Ihr könnt mir glauben, dass dieses Gottesbuch in eurer Welt mehr Unheil angerichtet hat, als es von wahrem Nutzen war. Die vielen Widersprüche verhindern aus einem logischen Bewusstsein heraus, jenen Texten zu glauben. Die persönliche Erfahrung jedes normalen Menschen steht im Gegensatz zu den Berichten. Schon ein Jugendlicher kann sich ein gesundes Urteil erlauben, indem er sagt: Da stimmt etwas nicht. Darum kommt es unter euch zu zwei gewaltigen Gegensätzen:

- einmal zu einer absoluten Ablehnung aufgrund des Misstrauens,
- zum anderen zu einer blinden, kultischen Vertrauensseligkeit, die keine Logik anwendet und darum auch gegen jeden anders denkenden Menschen feindselig auftritt.

Die resultierenden Folgen sind unbeschreiblich, denn sie bedeuten die Vernichtung der Menschheit durch falsche Lebenseinsicht und durch absolutes Getrenntsein von Gott und seiner Wahrheit. Die unfehlbare Entwicklung und Ordnung im Weltall, die eure Wissenschaft in ahnender Weise als höchste Ordnung und Gesetzmäßigkeit mit dem Wort ‚Kosmos' bezeichnet und die im Gegensatz zum ‚Chaos', der Auflösung und Zerstörung steht, würde kein Leben, keine Seele und keinen Körper entstehen lassen, der die Fähigkeit zur Gotteserkenntnis besitzt, wenn diese Schöpfung nicht als Kosmos geplant und geschaffen ist. Ihr selbst seid diejenigen, die ihr euch und eure Mitmenschen statt dem Kosmos dem Chaos unterordnet. Das Dasein des Menschen ist aus den göttlichen Gesetzen heraus zeitlich begrenzt und findet aber in anderen Bereichen eine erweiterte Fortsetzung. Es gibt keine Entschuldigung oder Begründung dafür, das menschliche Dasein durch menschliche Gewaltanwendung anzutasten. Es ist auch nicht logisch, die Tierwelt mit dem Dasein der Menschen zu vergleichen. Die Tiere haben ohne eine einzige Ausnahme eine anders verlaufende Entwicklung und ein anderes Ziel. Sie haben keinen Verstand, wie ihn der Mensch besitzt. Die Gegensätze in der Schöpfung und Natur beweisen den erbitterten Kampf zwischen Gut und Böse. Es bleibt keinem Menschen verborgen, dass es sich um zwei kosmische Mächte handelt, die miteinander ringen. Hierdurch ist jedoch der exakte Beweis erbracht, dass diese Mächte intelligent, d.h. denkend und überlegend sind, sonst könnte es bei einer planmäßigen Entwicklung des Universums einen solchen Kampf und derartige Gegensätze niemals geben.

• Wissenschaftler dieser Erde:
Strengt euer hochmütiges Denken an! Ich stelle euch vor die Frage: Mit welchen wissenschaftlichen Gesetzen wollt ihr den Massenmord dieser Erdenmenschen rechtfertigen?

• Theologen, Priester und Religionslehrer dieses Planeten:
Was folgert ihr aus eurer Gotteslehre? Ich stelle euch vor die Frage: Mit welchen Gottesgesetzen und Gotteslehren habt ihr die Menschen dieser Erde von der universalen Liebe überzeugt und von der grausamen Kriegführung abgehalten? Für dreißig Silberlinge habt ihr alle vor dem Vater Staat gebuckelt und eure Ehre und euer Gewissen verkauft.

Nun steht ihr vor dem selbst geschaffenen Ungeheuer, dass euch alle zu verschlingen droht. Ihr alle fürchtet euch vor dem riesigen Atheismus, jenem erbarmungslosen Götzen, der keine Liebe kennt und nichts von der Unsterblichkeit weiß. Welch ein Wahnsinn zu glauben, diesen Kampf ohne Gottes Hilfe ganz allein, bestehen zu können. Arme verblendete Erdenmenschheit!

Da ist die östliche Gefahr, die westliche Gefahr, die rote Gefahr und die gelbe Gefahr, und alle Gefahren zusammen fürchten sich vor der Atomgefahr. Aber nur sehr wenige Menschen kennen die wirkliche Gefahr, nämlich die Gefahr vor der Gerechtigkeit eines mächtigen Schöpfers. Die Schöpfungsdarstellung, einschließlich der Schilderung von Adam und Eva mit dem Apfel und der Vertreibung aus dem Paradies, ist eine Fiktion. Ein jeder ahnt, dass es sich hierbei nicht um die Wahrheit handeln kann. Doch an diese Irrtümer wollen sich alle Konfessionen und Religionen anklammern. Die so genannte ‚Heilige Schrift' ist durch und durch voller nachweisbarer Fehler und es wäre eine wahre Weltreform und Menschheitserlösung, wenn diese ‚Heilige Schrift' endlich einmal von allem Negativen gereinigt würde. Ich meine jedoch die heiligen Schriften aller Konfessionen und Religionen.

Die zunehmende wissenschaftliche und technische Entwicklung auf eurer Erde gibt euch neue Möglichkeiten, Vergleiche auf die angeblichen Geschehen in eurer Bibel anzuwenden. Je mehr ihr aber prüft, umso mehr zweifelt ihr daran. Nun ist es jedoch nicht recht, die ganze Überlieferung abzulehnen, weil dieser oder jener Text nicht stimmt. Es kommt immer auf den Kern an - und der Kern eurer Bibel ist gut und echt. Ihr könnt mir glauben, dass sich in 100.000 Jahren eure Erde sehr verändert hat. Nicht allein Atlantis und Lemurien sind untergegangen, sondern die Kontinente haben alle einmal einen anderen Zusammenhang gehabt. Atlantis hatte eine Hochkultur. Doch die Schilderung von der Arche Noah ist ein glatter Unsinn. Denn eine Hochkultur hat es nicht notwendig, einen verpechten Kahn bzw. einen zoologischen Aufbewahrungskasten zu bauen. Die tierischen Arten und menschlichen Rassen waren über die ganze Welt verteilt. Nur Teil für Teil, Kontinent für Kontinent hat sich in jahrtausendlangen Abständen geändert. Alle Tierarten eurer heutigen Welt reichen in ihren Arten und im Aussehen bis zu 40.000 Jahre zurück. Doch das entfernte Leben im Universum reicht auf eine göttliche Existenz von Millionen Jahren zurück. Es ist als ganz sicher zu betrachten, dass die menschliche Seele an der Schöpfung der Materie stark beteiligt war. Heute hat der Mensch die Aufgabe, die erschaffene Materie zu gestalten und zu erhalten.

Welch ein Unsinn bei der Frau, der verantwortlichen Trägerin des menschlichen Lebens, einen Schuldkomplex und eine Missachtung zu erzeugen, indem die Frau dieser Erde für einen Sündenfall verantwortlich gemacht wird, den es in dieser Form nie gegeben hat. Welch eine Blasphemie gegen den Schöpfer aller Welten und allen Lebens, ihn einer grausamen Rache zu bezichtigen, in einem Falle, da es sich nur um einen angeblichen Apfel handelt während es Menschen gab, die sich schon vor mehr als 7.000 Jahren mit der Massenvernichtung von Menschen befasst haben. Stark ist der Geist Gottes, aber um mit ihm zu kämpfen, dafür gibt es keine Waffen. Gott zählt bei uns als Herr und unumstößliches Gesetz der Liebe. Auf seine Gedanken hören wir und handeln danach. Darum lasst euch nicht durch die Zweifler täuschen! Wir existieren wirklich, und auch unsere Raumflotte ist keine Phantasie. Ihr müsst selbst erkennen und euch gegenseitig beweisen, dass ihr eine göttliche Seele von bleibender Existenz habt, denn dann ist es für uns leichter, uns euch zu zeigen. Solange dieser Zweifel besteht, höhnt der Erdenmensch. Daher geben wir euch die volle Unterstützung, um dazu beizutragen, die Wahrheit zu verbreiten, damit diese Menschheit zu einer vollen Erkenntnis kommt.

Unser Vorschlag, wie ihr eure politische Lage am besten entspannt, ist folgender: Eure Parteipolitik treibt zu viel Propaganda. Unterlasst zunächst einmal die übertriebene Parteipropaganda und klopft dafür lieber den wilden Journalisten und Reportern einmal gehörig auf die Finger. Das Volk jedes Landes hat einen Anspruch auf Wahrheit, doch es wird zumeist nur Lüge geboten. Jeder große Staatsmann oder Politiker sollte lieber auf sein Nest aufpassen und nicht aus anderen Nestern Eier stibitzen. Die universalen Richtlinien lauten:

- Erkenne dich selbst und ändere dich zum Guten.
- Verurteile nicht, sondern vergib.
- Hasse nicht, sondern gib Liebe.
- Verzeih deinem Feind, dann wird er dein treuer Anhänger.

Nur so sind eine Zusammenarbeit und ein gemeinschaftliches Zusammenleben möglich. Wir befolgen diese Richtlinien aus Liebe zur göttlichen Schöpfung. Darum sind wir auch mit Gott und seinen Helfern eng verbunden. Darum kümmern wir uns auch um euch. Uns sind wirklich alle eure Sorgen bekannt. Wir haben sogar technische Möglichkeiten, alle eure Gedanken aufzufangen, ja, sogar das Gefühl zu registrieren. Das gibt uns eine sehr aufschlussreiche Übersicht über den allgemeinen Zustand der Erdenmenschheit.

Die Ignoranz bringt diese Menschheit unweigerlich an den Abgrund. Der Hochmut der sogenannten Intellektuellen ist eine Weltgefahr. Aber niemand kann den geistigen Bereichen ausweichen. Dort werden viele keine ruhige Sekunde finden, denn dort macht ihr euch Selbstvorwürfe, dass ihr in der wichtigsten Sache eures ganzen Lebens völlig versagt habt. Wem wollt ihr dann den Vorwurf machen? Wollt ihr alles darauf abschieben, dass eure Lehrer versagt haben?

Weder Geld noch Ruhm kann euch glücklich machen, denn keine Seele versäumt das, was ihr auf Grund ihrer Entwicklung zusteht. Was einer entwickelten Seele nicht auf Erden erfüllt wird, kann das geistige Reich geben. Es gibt für alles einen Ausgleich, denn Gott ist gerecht. Wenn ihr auf keine Stimme eines Propheten hört, so hört endlich auf die Stimme, die von Menschen stammt, die in ihrer Entwicklung weit voraus sind. Ihr wollt den unterentwickelten Völkern helfen, sie unterstützen und beraten. Wir betrachten euch alle als unterentwickelte Menschen und wollen euch ebenfalls unterstützen und beraten. Darum nehmt unseren Rat an. Der Weg, der uns zu euch führt, ist zwar ungewöhnlich, aber er ist notwendig, um das Mysterium der unsterblichen Seele zu begreifen. Unsere Vorsichtsmaßnahmen sind vollauf berechtigt, weil wir eure Mentalität und euer Denken genau studiert haben. Kein Mensch will unnötig zuviel riskieren, wir auch nicht.

In der Bibel könnt ihr lesen, dass ein Cherub zum Propheten sprach. Ein Cherub spricht wiederum zu euch. Wer will das bezweifeln? Ihr wollt nicht begreifen, dass wir durch das Weltall zu anderen Sternen reisen, aber ihr selbst gebt bereits Milliarden für die gleichen Absichten aus. Ihr wollt nicht einsehen, dass wir bereits das können, was ihr euch wünscht. Jedenfalls haben wir in der Erkenntnis der Kräftebeherrschung einen gewaltigen Vorsprung. So kommt es, dass ein Mensch von Gott verlassen ist, weil er sich von ihm losgesagt hat. Es fehlt die geistige Verbundenheit zum Schöpfer und zu seiner geistigen Welt. Immer wieder zeigt es sich, dass der Erdenmensch sehr träge im Denken ist. Er richtet sein Augenmerk zu stark auf die Materie. Er sperrt sich gegen das unsichtbare Wirken geistiger Bereiche. Die Beeinflussungen durch erkenntnislose Lehrer sind so stark, dass der Hochmut anstelle der Demut tritt.

Das Weltall ist so unfassbar groß, dass der Mensch dagegen in seiner Winzigkeit allen Grund hat, demütig zu sein. Aber er tut es nicht, er sperrt sein Denken gegen diese Tatsache. Er weigert sich gegen die Feststellung, dass er einer majestätischen Größe gegenübersteht. Er lacht über das Unfassbare, das ihm eigentlich diese Ehrfurcht und diese Demut abfordert. Durch diese Sperre, die durch einen schlechten Willen und durch einen Eigensinn zustande kommt, wird selbstverständlich die Logik untergraben. Das Resultat ist nur noch das, was andere ihm vorgerechnet haben. Er bemüht sich nicht um eine eigene Feststellung, ob die Rechnung stimmt. Doch wer nicht nachrechnet, muss die Rechnung bezahlen, selbst wenn er das Letzte dafür hergeben muss.

Was ist Wahrheit?

Es geht im Grunde um die äußerst schwierige Feststellung, was echt oder unecht ist. Was weiß ein normaler Mensch, was ein Medium erlebt? Was weiß ein Arzt von der Seele, wenn ihm stets erklärt worden ist, dass es nur ein Gehirn gibt? Ihr seht, wie schwer die Beurteilung der Wahrheit ist. Worüber man nur eine oberflächliche Kenntnis besitzt, soll man nicht leichtsinnig ablehnen, sondern versuchen, sich mehr Gewissheit zu verschaffen. Aber dieser Schritt verlangt eine Aufgeschlossenheit. Wer die religiöse Wahrheit wissen will, muss sich an die Geisterwelt Gottes wenden. Sie allein hat das objektive Wissen. Wir bewachen euer Tun, damit das Unrecht nicht überhand nimmt.

Die Wissenschaft kennt keine echte Formel, welche die persönliche Existenz Gottes fest verankert. Wenn ich ‚persönliche Existenz' sage, dann meine ich mit euren Worten, dass dieser Gott ein Bewusstsein hat, dass er denken und überlegen kann. Aber besonders wichtig ist der Hinweis, dass dieser Gott der Erschaffer des Universums ist, indem er ein geistiges und ein materielles Reich geschaffen hat, sowie das Antiuniversum.

Ich bitte euch sehr genau auf meine Erklärungen zu achten. Ich will euch zehn Feststellungen geben, die euch zeigen werden, dass sich die großen Logiker in ihren Überlegungen wirklich irren.

1. Das Universum existiert. Es wird von jedem Menschen diesseits und jenseits wahrgenommen.
2. Das Universum ist kein Chaos, sondern es weist eine Ordnung auf.
3. Das Universum befindet sich in einer fortlaufenden Entwicklung. Die Schöpfung ist noch lange nicht abgeschlossen. Auch die Entwicklung der Menschheit schreitet immer noch voran.
4. Das Universum weist unzählige Menschheiten auf, die auf vielen Sternen leben.
5. Es gibt geistige Reiche, die für die Materie nicht voll sichtbar sind. In ihnen leben ebenfalls große Menschheiten, die in dauernder Wechselbeziehung zur materiellen Schöpfung stehen.
6. Der unvorstellbare Aufbau des Universums kann nur gerechtfertigt sein, wenn er durch Intelligenzen erkannt und gewürdigt wird.
7. Das Erkennen des Universums kann bei seiner Größe nicht von einer einzigen Menschheit ausgehen, sonst wäre der billionenfache Überschuss der universellen Schöpfung überflüssig. Die vielen Sterne hätten keinen sinnvollen Zweck.
8. Eine Menschheit kann kein Universum aufbauen, noch nicht einmal einen Stern. Folglich muss es eine Macht geben, die über der Menschheit regiert und den Aufbau besorgt.
9. Dieser gewaltige Aufbau wird von der Erdenmenschheit mit Naturkraft bezeichnet. Doch über der Naturkraft regiert eine Intelligenz, da es sonst keine sinnvolle Ordnung geben könnte.
10. Neben der aufbauenden Kraft existiert eine Gegenkraft, die nach der Zerstörung und Desorganisation trachtet. Auch sie wird durch eine Intelligenz geleitet.

Anhand dieser Feststellungen ist ersichtlich, dass das Universum aus unzähligen sinnvollen Einzelvorgängen besteht. Diese Vorgänge im Großen können durch die Bibel nicht erläutert werden. Die Bibel erhebt auch keinen Anspruch, ein Buch der Naturwissenschaft zu sein. Wenn wir alles Existierende in Betracht ziehen, kommen wir zu der weiteren Feststellung, dass es für das Universum einen Planer geben muss. Nennt mir ein einziges Beispiel, dass etwas Sinnvolles ohne eine Planung entstehen kann. Ein Planer muss zuerst eine Idee haben, nach der er seine Planung vornimmt. Das ist bei allen euren Erfindungen und Tätigkeiten dasselbe. Es ist ein geistiger Vorgang, der vom Geist ausgeht. Nicht die Materie plant und hat Ideen, sondern das kann nur der Geist. Der Mensch hat einen göttlichen Geist, der ihm das Planen gestattet. Der Mensch kann weit in die Zukunft planen. Er kann alles berechnen und seine Erfahrungen einkalkulieren. Doch über dem Geist des Menschen steht ein höherer, machtvollerer Geist, der noch weiter in die Zukunft planen kann, noch besser berechnen und noch größere und reichere Erfahrungen einkalkulieren kann.

Wenn euch das Wort ‚Gott' stört, weil es durch die Menschen entweiht worden ist, so sollte die irdische Wissenschaft das undefinierbare X endlich beseitigen und dafür das Wort ‚Planer' setzen. Selbstverständlich handelt es sich um den größten Planer, den es im Universum gibt. Dieser große Planer hat jedoch einen Gegner. Einen Gegenplaner, der dauernd stört und so vieles in die falsche Richtung lenkt. Wenn die Wissenschaft sich an dem Wort ‚Teufel' stört, weil dieser Begriff dauernd lächerlich gemacht worden ist, so schlage ich vor, das Wort ‚Gegenplaner' anzuwenden, weil es dem ganzen Verstand des Erdenmenschen besser liegt. Ein Planer muss nicht unbedingt jede seiner Ideen selbst verwirklichen. Er hat seine Arbeiter, seine Ingenieure des Universums, seine Bevollmächtigten. Der Planer erhält durch die von ihm geschaffenen Naturgesetze diese Welt. Aber was auf dieser Welt geschieht, soweit es in eure Hände gegeben ist, müsst ihr selbst lenken und verantworten.

Was glaubt ihr, wie lächerlich sich die meisten Menschen schon gemacht haben, wenn sie annehmen, dass Gott jeden Schritt persönlich überwacht und nach seinen Wünschen lenkt. Diese Allmacht ist absolut keine Allmacht, sondern der größte Unsinn auf religiösem Gebiet. Eine unglückliche Ehe, die angeblich durch und vor Gott geschlossen ist, wird geschieden, weil man einen Irrtum in der Bibel nicht berichtigen will. Beide Menschen lässt man den Weg in die Hölle laufen, nur weil es dem Dogma so gefällt, anstatt zu helfen und sei es nur durch offene, ehrliche Gespräche. Die Eheschließung beispielsweise gehört nicht in das Ressort des Planers, dies haben die Menschen selbst zu verantworten. Doch der Planer hat eine Ordnung vorgesehen. Aus diesem Grunde gibt es für jeden Fehler entsprechende Folgen. Die Folgen falschen Verhaltens sind im Erdenleben nicht immer erkennbar. Diese Unübersichtlichkeit verleitet zu der Annahme, dass es keine Folgen gibt. Wenn ihr aber die Folgen sehen könntet, die jenseits eurer materiellen Wahrnehmung liegen, würdet ihr mehr als erschrecken. Was der Mensch persönlich verschuldet, muss er unbedingt sühnen, selbst wenn es Jahrhunderte dauert.

Es gibt zwei Dinge, die euch in Fesseln halten:
- Die völlig falsche Vorstellung von Gott.
- Der Unglaube, dass die Seele des Menschen auch nach der Entkörperung weiterlebt.

Gott existiert. Aber er ist nicht zuständig für alle diese Dinge, für die man ihn verantwortlich macht und die man von ihm verlangt! Gott ist ein Planer. Wenn jemand etwas plant, so liegt immer eine Idee zugrunde. Eine Idee wird durch eine bessere abgelöst. Was fixiert wurde, wird in die Tat umgesetzt. Man findet hier und da etwas zu verbessern. Es gibt Fehler, die man nicht in Betracht ziehen konnte, weil die in die Tat umgesetzte Idee vorher kein Beispiel hatte. Gott wird aus seinen Erfahrungen immer größer. Er findet Mittel auch für jene Fälle, die nicht vorauszusehen waren. Das ist die Gottesformel!

Gott ist ewig

Es gibt nur zwei Möglichkeiten: Entweder einen Weg, der zum Frieden führt, oder einen Weg, der zur restlosen Vernichtung dieser Terra führt. Ein konsequenter, absolut vernünftiger Weg kann nur der Weg zum Frieden sein. Alles basiert auf dem Gesetz von Ursache und Wirkung. Dieses Gesetz, kann niemand ändern. Die Wirkung spürt ihr bereits, aber ihr kennt die Ursache nicht. Bisher ging das Wissen über geistige Zusammenhänge nicht über die Bibel hinaus. Dieses Wissen ist zum größten Teil absolut falsch oder falsch interpretiert. Die Bibel wird zu vielen Millionen gedruckt und in viele Sprachen übersetzt. Der Irrtum darin wird immer wieder neu verbreitet. Wie klein nimmt sich gegen diese Lügenkampagne die Wahrheit aus? Die Überlieferungen der Bibel können einer Logik nicht standhalten. Die heutige Logik ist durch die Erfahrungen auf dem Gebiete der Technik und Wissenschaft geschult und verstärkt worden. Schon ein Jugendlicher kann den Ausführungen der Bibel nicht mehr folgen. Er fühlt sich nicht nur belogen, sondern in seiner Ehre gekränkt, dass man ihn für dumm verkaufen will. Doch ohne Religion geht es nicht, weil es nur eine Religion gibt, nämlich eine Wahrheit und ohne diese Wahrheit gibt es keine menschliche Evolution, kein friedliches Zusammenleben untereinander.

Bei all dieser negativen Verschönerung und Verklärung wissen die Erdenmenschen leider nicht, dass sie den Weisungen der Hölle folgen, die eine große Macht auf die Gedankentätigkeit der

Menschen ausübt. Diese Inspiration verstärkt sich umso mehr, je mehr man sich negativ einstellt. Es findet somit ein Sympathieverhältnis zwischen dem Widersacher und den negativ gepolten Menschen statt. Die Menschheit dieser Erde hat keine Vorstellung vom Ausmaß eines Lügengewebes, das wie ein riesiges Spinnennetz über dieser Erde liegt. Erneuerung kann es nur durch die Wahrheit geben. Zu dieser Wahrheit gehören auch wir. Aber ich weiß, dass es in der ganzen Welt genug Ufo-Studiengemeinschaften gibt, die genau wissen, dass die Machthaber unverfroren lügen.

Um Gott zu begreifen, muss eine Voraussetzung und Bedingung, erfüllt werden, nämlich, dass der Mensch seine eigene Existenz völlig begreift und sie auch erklären kann. Umgekehrt ist das unmöglich, denn man kann nicht Gott begreifen, wenn man nicht einmal den Geringeren erkennt und begreift, nämlich den Menschen. Wer sich erkennt und begreift, wird erst aufgrund seines Wissens und Denkens zum Menschen. Doch wer sich damit befasst, muss wissen, dass er eine Seele hat, ein Bewusstsein, das kosmischer Natur ist. Jeder Denk- und Bewusstseinsprozess ist nicht organisch, sondern perpetuell-universell. Hier aber finden wir die Gottähnlichkeit. Gott ist ein perpetuelles, universelles, ewiges Bewusstsein. Es handelt sich dabei um das unvorstellbar große Bewusstsein der gesamten Natur. Wer das nicht begreift, fange ganz von vorne an, aber lasse die Theologie aus dem Spiel.

Schon längst hat die Wissenschaft begriffen, dass alles Leben einer Information folgt. Vom Informator war bisher nie die Rede. Aber hier handelt es sich um das Bewusstsein der Natur. Gott lenkt ja diese Natur, aber er hat für das Schicksal und für die Freiheit der Menschheit eine übersinnliche Organisation geschaffen. Mancher wird es nicht glauben, aber es gibt Wissenschaftler von hohem Ansehen, die offen bekennen, dass sie nur an das glauben, was sie im Topf sehen. Sie mussten immer erst vor eine vollendete Tatsache gestellt werden, ob es sich um das Radio oder um das Fernsehen handelt, ganz egal, immer war man zuerst dagegen und später erst dafür. Aber die Natur ist ein Topf, der so gefüllt ist, dass sich diese Wissenschaftler die Frage stellen müssten, wer denn diesen Topf gefüllt hat? Ja, aufgrund von Gesetzen ohne einen Gesetzgeber?

Der Philosophie ist viel zuviel Bedeutung zugemessen worden, obgleich sie eine geradezu verderbliche Wissenschaft darstellt, die alle möglichen Theorien aus der Luft gegriffen hat, ohne die geringsten Realbeweise zu besitzen. Auf diesem Planeten werden Philosophen für Menschen gehalten, von denen man annimmt, dass ihnen die höchsten Erkenntnisse zugänglich waren. Wenn man zu diesen Philosophen auch Voltaire hinzurechnet, dann zeigt sich deutlich genug, welcher Art diese Philosophen wirklich waren. Wir wissen, dass Voltaire gesagt hat: „Ich fange an, größeren Wert auf Leben und Glückseligkeit zu legen als auf die Wahrheit." Da jedoch die Philosophie als ein bedeutendes Fach auf den Universitäten gelehrt wird, impft man diesen himmelschreienden Unsinn der wissbegierigen, unerfahrenen Jugend ein, so dass ihr ganzes Leben davon verseucht wird. Eine wirkliche Philosophie, wie wir sie auf unserem Stern entwickelt haben, beschäftigt sich speziell mit der spirituellen Geisteswissenschaft, die für uns die einzig zuverlässige Quelle der Erkenntnis darstellt. Unsere Philosophie beschäftigt sich nicht mit Rassen oder Klassenunterschieden, sondern mit dem Verhältnis, in dem die Menschheit zur großen Welt steht, also nur mit der Kernfrage der großartigen Schöpfungsgeheimnisse: Was ist Gott, die Natur und der Mensch?

Auf dieser Welt leben Tausende von hochmedialen Menschen, die sich dieser Gabe nicht bewusst sind und ihre Fähigkeiten nicht in positiver, sondern in negativer Weise einsetzen. Da diese medialen Menschen, die sich außerordentlich gut zum menschlichen Werkzeug eignen, sehr oft hohe Führerstellungen erreichen, werden sie zu einer bedeutenden Gefahr für die übrige Menschheit. Das alles wird leider nicht erkannt, weil man auf diesem Gebiet zu unerfahren ist. Die akademischen Wissenschaftler, die sich in der Abhängigkeit des Staates befinden, suchen nach einer Erklärung und wenn sie noch so unlogisch und haarsträubend ist, nur um die Tatsache nicht anzuerkennen, dass es ein Leben, und zwar ein bewusstes, sehr intelligentes Leben jenseits des Grabes gibt, also eine unmittelbare Fortsetzung unseres Daseins. Vor allem soll der Mensch lernen, mit seinen Mitmenschen in Liebe, Eintracht und Frieden zu leben, auch wenn sie von anderer Rasse, Herkunft und Mentalität sind.

Es liegt uns am Herzen. dass ihr nicht nach eurem Hinscheiden vom Regen in die Traufe kommt, denn so, wie die Dinge jetzt noch liegen, ist das unausweichlich der Fall. Das Gesetz der Wiedergutmachung wird ewigen Bestand haben, und darum ist es völlig zwecklos, in dieser Hinsicht auf Gnade des Schöpfers zu hoffen. Ein Gnadenakt kann die größtc Dummheit ausdrücken und missbraucht werden. Gott ist aber die Superlative der Intelligenz und in seinen Entschlüssen unfehlbar. Niemals wird er einem Menschen, der immer wieder versagt hat, sein Vertrauen schenken. Jeder muss seine Rechnung begleichen, und sie wird ihm präsentiert, sogar noch nach Jahrhunderten.

Menschen, die noch geneigt sind, an das zu glauben, was sie ihr Gottglaube lehrt, spekulieren auf die Gnade Gottes und entschuldigen ihre Handlungsweise mit den Worten: „Ich bin ja nur ein Mensch!“ Mit welcher Hartnäckigkeit der Mensch an seinen Lastern festhält und keine Einsicht zeigen will, erkennt man am Laster des Alkohols und des Nikotins. Diese Charakterschwäche verdeutlicht die geistige Rückständigkeit der Menschheit.

Da ihr zuwenig vom Leben des Menschen wisst, ist euch der Tod ein grauenhaftes Geheimnis. Die Angst vor dem Tode wird von den Machtausübenden in ärgster Form missbraucht. Diese Drohung wird unwirksam, wenn die Wahrheit den Schleier von dem Geheimnis zieht und die Wirklichkeit erkennbar wird. Der Tod ist keinesfalls grauenvoll. Aber das Leben, das dem Tode folgt, ist sehr unterschiedlich: Es kann sehr gut und auch unbeschreiblich qualvoll sein. Aber diese Aussichten werden in eurer beispiellosen Leichtfertigkeit für Ammenmärchen gehalten. Da man der Kirche mit Recht misstraut, so weigert man sich, derartige Prophezeiungen ernst zu nehmen. Die Wissenschaft schweigt dazu, oder sie lächelt mitleidig und spöttisch. Der Deismus *(Gottesauffassung der Aufklärung des 17. und 18. Jahrhunderts, nach der Gott die Welt zwar geschaffen hat, aber keinen weiteren Einfluss mehr auf sie ausübt; Anm. d. Hrsg.)* ist eine Naturwissenschaft, der zu den Lehren der Universitäten gehört, aber in seiner wirklichen Form.

Gott sah längst, dass ein Teil seiner Schöpfung langsam außer Kontrolle zu geraten drohte. Er hat deshalb auch schon längst Vorkehrungen getroffen. Nur Gottes Zeitplan stimmt nicht mit dem menschlichen Zeitplan überein. Aus diesem Grunde kommt es zu Zweifeln, warum nichts geschieht, das euch retten kann. Gott weiß, dass kein Mensch stirbt, sondern nur entkörpert werden kann. Aber ein Massensterben durch menschliche Maßnahmen ist nicht in seinem Sinne. In die große Auseinandersetzung zwischen Gut und Böse im kosmischen Geschehen ist die ganze Erdenmenschheit mit einbezogen. Die negativen Mächte haben eine zwingende Gewalt auf alle negativ eingestellten Menschen. Doch diese Menschen merken überhaupt nicht, dass ihr ganzes Denken und Empfinden gewaltsam gelenkt wird, etwa so, wie ein Selbsterhaltungs- oder Fortpflanzungstrieb. Der Widersacher Gottes hat allerdings schon, ohne es zu wollen, auf den Menschen eingewirkt, indem er vielen die Augen geöffnet hat, dass etwas auf Erden geschieht, das niemals in Ordnung sein kann und zur Zerstörung führt.

Metaphysik

Zunächst befasse ich mich mit dem Irrationalismus, weil auf dieser Terra Dinge passieren, die mit keinem menschlichen Verstand, noch mit keiner Vernunft zu begreifen sind. Alles, was jenseits der Materie liegt, ist uninteressant, weil ihr nicht willens seid, euch damit zu befassen. Die Bezeichnung ‚irrational' bedeutet zwar, dass es Mühe macht, etwas zu begreifen, aber nicht, dass es unmöglich ist oder nicht existiert. Diese Bezeichnung ist irreführend und darf in eurem Sprachschatz keinen Platz haben. Schon vor Jahrtausenden haben die Menschen das eigentliche Denken den Priestern überlassen, ob diese damit nun fertig wurden oder nicht. Ihr Unsinn wurde akzeptiert oder mit Strafen durchgesetzt. Noch heute zeigen sich die Folgen einer derartigen Vergewaltigung des Geistes.

Der technische Fortschritt auf dieser Terra ist unverkennbar. Auch auf den wissenschaftlichen Gebieten wurde viel erreicht. In den letzten 100 Jahren hat eine starke Veränderung stattgefunden. Ihr wisst es selbst und seid stolz darauf. Das alles erkennen wir mit Respekt an, aber dennoch ist die Gesamtsituation unbeschreiblich negativ. Bisher hat diese Menschheit nicht begriffen, warum sie eigentlich auf diesem Planeten lebt. Jeder Mensch lebt auf diesem Stern nicht nur vom Tage seiner Geburt bis zur Stunde seines Todes, sondern seit Bestehen dieser Menschheit in ständiger Rückkehr. Wenn der Mensch dabei seine Erinnerung einbüßt und nur intuitive Ahnungen hat, so hat auch das seinen guten Grund.

Ihr lebt auf einem Stern, der seit Beginn seiner Entwicklung als ein Läuterungsplanet auserwählt worden ist. Dieser Stern Erde hat alle Voraussetzungen für diese Läuterung gehabt. Ihr hättet sie gut nutzen können. Aber der Erdenmensch ist doch unvernünftiger, als man an seinen technischen Errungenschaften und an seinem Ehrgeiz ablesen kann. Diese entsetzliche Ignoranz gegenüber allen spirituellen Erkenntnissen ist nicht zu begreifen. Die regierenden Kreise sind der Meinung, dass es nicht darauf ankommt, ob der Bürger richtig entscheiden kann, was auf der Terra geschieht. Es genügt, wenn der Bürger seine Zustimmung zu den Maßnahmen seiner Partei oder Regierung gibt. Das ist ein unmöglicher Zustand, den es bei uns nicht gibt. Der Bürger muss so informiert sein, dass er klare Übersicht über die Existenz des Menschen und dessen Ziel hat. Es gibt keine Regierung auf diesem Stern, die darauf eine Antwort geben könnte, weil sie es nicht weiß. Alle Regierungen sind der Meinung, dass sie zwar für den Fortschritt dieser Welt verantwortlich sind, aber dass diese Verantwortung mit dem Tode eines jeden Menschen erlischt. Wer tot ist, scheidet aus jeder Verantwortung aus. Das ist der Irrtum, der euch zum Verhängnis wird.

Natürlich hat der allgemeine Fortschritt auf allen Gebieten des täglichen Lebens auch die Urteilskraft und das Denkvermögen der Menschen gestärkt. Falsche religiöse oder traditionelle Vorstellungen werden heute schon als falsch empfunden. Vor 5.000 Jahren hätten wir euch nicht mit dieser Wahrheit beeindrucken können, auch nicht vor 100 Jahren. Wer unsere Botschaften für Phantasie hält, der hat über die Wahrheit noch nicht nachgedacht. Sie ist ihm ziemlich gleichgültig.

Wozu braucht ihr göttliche Gesetze, wenn sie für menschliche Vorschriften gehalten werden? Aber Gottes Gesetze sind nicht nur für diese Erde maßgebend. Es ist unfassbar, mit welchem Unsinn die Theologie Schaden angerichtet hat, der von euch nicht zu übersehen ist. Gewisse Vorstellungen von dem Schöpfergeist sind Beispiele einer vollendeten Blasphemie. Die Auslegung unverständlicher Phänomene und Begebenheiten, die in der Bibel aufgezeichnet sind, können als eine Zumutung an die Vernunft des Menschen angesehen werden, sie sind metaphysisch. Jeder Mensch bedarf einer positiven Führung und Belehrung. Jeder Mensch braucht ein Vorbild. Aber atheistische Tendenzen bringen euch stufenweise in den Abgrund, in eine Situation, die kein Mensch zu Lebzeiten richtig übersehen kann.

Wiederholt habe ich darauf aufmerksam gemacht, wie wichtig eine höhere Erkenntnis ist. Selbst wenn Gott metaphysisch wäre, so hat das nicht zu bedeuten, dass er nicht existiert. Man kann nicht einfach etwas abstreiten, weil es mit menschlichem Verstand nicht zu begreifen ist. Aber dieser Unsinn wird von euch praktiziert. Eure Wissenschaftler haben bereits mit dem Unsichtbaren zu tun. Das Tabu der Kirchen ist eine sehr gefährliche Sache, deren Folgen sich seit Jahrtausenden gezeigt haben. Trotz aller Warnungen lebt diese Menschheit durch eigenes Verschulden auf einem blutigen Planeten. Kein einziger Erdenmensch kann behaupten, dass ihn das nichts anginge oder dass er daran unschuldig sei. Man weiß leider nicht, was man in früheren Leben auf dieser Terra bereits verschuldet hat.

Seit Jahrtausenden begegnen wir einer Widerspenstigkeit, die nicht zu begreifen ist. Das logische Denken darf sich nicht allein auf die Technik oder auf spezielle Wissensgebiete konzentrieren, indem man das wichtigste Interessengebiet auslässt. Eine Reise zum Mond oder zum Mars ist nicht so wichtig, als eine Erforschung des geistigen Reiches. Es ist nicht so wichtig, ob man erfährt, aus welcher Materie der Mond besteht. Aber es ist wichtig zu erfahren, in welchen Regionen der Mensch nach seinem irdischen Ableben weiterexistiert und ob er Rechenschaft für seine Verhaltensweise abgeben muss. Demgegenüber ist eine

Weltraumforschung irrational, während das persönliche Überleben des Menschen nach dem Tode überaus rational ist. Der allgemeine Entwicklungszustand der Erdenmenschheit ist nicht zu begreifen, weil diese Menschheit einerseits sehr intelligent ist, aber andererseits diese Intelligenz in abscheulicher Weise anwendet, um sich gegenseitig das Leben zu erschweren und sich umzubringen. Dieser Zustand wird von vielen intuitiv empfunden und missbilligt. Aus diesem Grunde wenden sich diese Menschen von jeder Religion ab, weil sie nicht begreifen können, dass es einen Gott geben soll, der in dieses Geschehen nicht eingreift. Es liegt aber daran, dass euch der Gottesbegriff falsch gelehrt und erklärt worden ist. Gott ist nicht dazu da, um jedem Menschen die Hosen strammzuziehen. Gott ist zuständig für die Ordnung in der Natur. Aber der Mensch ist zuständig für die Ordnung innerhalb seines Lebensbereiches, da gibt es keine Kompetenzschwierigkeiten.

Ich gebe zu, dass die Kirchen sich vielfach bemühen, in dieser Welt Gutes zu tun. Aber ich weiß, dass diese Kirchen ihren eigenen Fortschritt verhindern, weil sie am Irrtum mit einem geradezu feierlichen Kadavergehorsam festhalten. Glaube kommt von Gott, er kommt vom Logos, von der höchsten Vernunft. Aber euer Kirchenglaube, egal welcher Art und Konfession, kommt von der Unwissenheit und Dummheit. Heute haben wir Santiner bessere Medien zur Verfügung, so dass wir ausführlicher mit ihnen arbeiten können. Der Wert unserer Botschaften ist mit keiner Bibel zu vergleichen. Sie sind eine Konzentration der Wahrheit. Die Menschheit trägt in sich ein Gefühl nach Wahrheit, das nicht befriedigt werden kann, weil die objektive Wahrheit aus niederen Beweggründen verhindert wird. Das ist das Unglück dieser Erde. Die Völker brauchen Aufklärung und keinen religiösen Firlefanz. Die Regierungen dieser Völker erklären sich für diese Wahrheit als nicht zuständig. Außerdem sind die Vertreter dieser Regierungen mit falschen

Philosophien und Theorien ausgestattet, die es ihnen nicht ermöglichen, sich für religiöse Wahrheiten zu interessieren. Der atheistische Wahnsinn und Hochmut übertragen sich zwangsläufig auf die Völker. Alles in allem ein Zustand, der dem Widersacher Gottes die höchsten Trümpfe in die Hand gibt. Der Widersacher wird zwar erwähnt, aber man glaubt nicht an seine Existenz. Später, nach dem Ableben, steht der Mensch dieser Existenz genau gegenüber und verzweifelt. Diese Menschheit auf dieser Terra ist ein universelles Problem, das wir zu lösen versuchen. Wir können nicht tatenlos zusehen, wie sich eine universelle Tragödie vollzieht. Wir setzen daher die Waffen des Geistes und der Vernunft ein, um euch zu helfen.

Die Wissenschaft hat etwas gegen den Begriff ‚Gott', weil die Kirchen diesen Begriff vermenschlicht haben. Aber die Wissenschaft hat sich bisher nicht bemüht, diesen falschen Begriff zu berichtigen. Gott ist mit dem Menschen nicht zu vergleichen. Er ist irrational, aber doch existent. Immer stößt die Wissenschaft auf die Vernunft, wenn die Natur erforscht wird. Immer stößt die Wissenschaft auf Gott, weil die in der Natur wirkende Vernunft Gott ist. Diesen einfachen Lehrsatz will diese Menschheit nicht begreifen. Wie ist das möglich? Ich bin überzeugt, dass sich vieles zum Guten wenden würde, wenn dieser einfache Lehrsatz mit Nachdruck gelehrt werden würde. Die Universitäten würden bei ihren Studenten auf ein besseres Verständnis stoßen. Die Studenten sind nicht so dumm, dass sie die göttliche Vernunft in der Natur nicht begreifen würden. Aber jede Vernunft, ganz gleich welcher Art, setzt ein Bewusstsein voraus. Ohne ein solches Bewusstsein gibt es keine Vernunft. Man versuche, das Gegenteil zu beweisen. Bewusstsein ist ein Bestandteil Gottes, und hier treffen wir auf die Menschenähnlichkeit. Auch der Mensch hat sein Bewusstsein. Dies ist die höchste Schöpfung im ganzen Universum. Ohne Bewusstsein gibt es nichts mehr, das noch wahrgenommen werden kann. Natürlich ist das Bewusstsein des Menschen nur ein kleiner Funke im Vergleich zum Feuer der Sonne Gottes. Das ist die wahre Kirchenlehre. Wo gibt es eine Religion bei euch, die sich nur annähernd um diese Dinge Gedanken gemacht hat? Stattdessen wird herumgeschwafelt und vermutet, dass ein Desinteresse an der Sache entsteht, das von der Politik begrüßt wird. Ich freue mich aber darüber, dass meine Botschaften, die ich medial übermittle, doch Beachtung gefunden haben, obwohl man mich nicht sieht. Das hat seinen guten Grund.

Ich bin der autorisierte Sprecher einer anderen Menschheit, die Anteil an eurer Entwicklung nimmt. Die Überheblichkeit der Religionsführer steht der Überheblichkeit der Wissenschaftler nicht nach. Wir können nicht begreifen, dass die Lebensfakten der menschlichen Seele bei euch überhaupt keine Rolle spielen. Man ignoriert sie, investiert überhaupt kein Geld in diese Forschung und streitet die Erkenntnisse, die aus privater Initiative gewonnen wurden, einfach ab. Man belügt die Völker und führt sie geistig in den Abgrund, den sie leider nicht sehen. Die Terra ist ein überaus schöner Planet. Aber hinter dieser Schönheit verbirgt sich ein entsetzliches Elend. Was dieser Stern an Viren und Bakterien aufzuweisen hat, ist einmalig. Es ist uns bekannt, dass es zum Beispiel etwa 100 verschiedene Arten der Grippe gibt. Nun müsst ihr wissen, dass jene Bakterien, mit denen ihr zu kämpfen habt, für uns absolut tödlich wären. Wir könnten beispielsweise keine einzige Grippe überstehen, noch nicht einmal einen ganz normalen Schnupfen. Wir haben die schlechte Erfahrung gemacht, dass sämtliche Santiner, die sich auf dieser Erde aufgehalten haben, diese Ausflüge mit ihrem Leben bezahlen mussten. Wir können nicht einfach landen, um mit einem Regierungsvertreter in Kontakt zu kommen. Nun werdet ihr verstehen, warum wir unsere Botschaften auf spirituteller Basis durchführen. Es ist für uns die bessere Möglichkeit einer Verständigung, weil wir uns auf diese Weise nicht lebensgefährlich infizieren.

Wir haben beobachtet, dass ihr bei euren Astronauten, die von einer Mondreise zurückkamen, sehr intensive Schutzmaßnahmen getroffen habt. Aber der Mond ist nicht so verseucht, wie diese Erde. Ihr werdet es nicht verstehen, wenn ich euch verrate, dass der Ungeist seine Schöpfung auf diesem Stern konzentriert hat, um diese Terra mitsamt der menschlichen Bevölkerung zu zerstören. Für dieses Ziel ist ihm jedes Mittel recht. Diese Erde ist ein göttlicher Läuterungsplanet, der die Aufgabe hat, jeden Menschen, der auf ihm inkarniert wird, zu bessern und geistig zu schulen. An diesem Ziel ist der Ungeist nicht interessiert. Im Gegenteil, er will es verhindern. Das Elend mit seinen vielfachen Leiden ist schon schlimm genug, aber es genügt euch noch nicht. Ihr macht riesige Anstrengungen, dieses Leiden superlativ zu steigern. Ganze Industrien werden entwickelt und ihr Kostenaufwand geht in die Milliarden, um das Leiden von Generation zu Generation zu vergrößern. An erster Stelle nenne ich die Rüstungsindustrie, dann kommen die Laster, wie der Alkoholkonsum, das Rauchen und das Rauschgift. Auch der Verbrauch von Kochsalz für jede Art der Konservierung geschieht in völlig verantwortungsloser Weise. Gifte, Gifte, Gifte. Das macht euch scheinbar zwar nichts aus, auch wenn die Nachkommen davon betroffen werden, die ihr in eurer nächsten Inkarnation selber sein könnt! Es existiert kein Mensch auf diesem Stern, der nicht in diese Läuterungsschule gehört. Natürlich werden die meisten denken, dass sie im Grunde genommen nicht schlecht seien. Aber sie glauben nicht an eine Reinkarnation, noch an ein Karma, oder sie haben noch nie etwas davon gehört.

Ohne Reinkarnation gäbe es überhaupt keine Entwicklung, sondern nur einen Stillstand, der schließlich in einem Rückschritt münden würde. Weil die Wissenschaft nichts von einer Reinkarnation wissen will, kommt sie auch in der Menschheitsforschung nicht weiter. Die Biologie hat nichts mit dieser Sache zu tun. Die geistige Substanz des Menschen gehört nicht zur Biologie. Das Wichtigste ist die Läuterung und in vielen Fällen ist eine solche Besserung erreicht worden. Aber es gibt leider viele Fälle, wo diese gewünschte Läuterung ins Gegenteil verlaufen ist. Es gibt auf dieser Erde Menschen, die einmal zu den beneideten Höfischen und Herrschern gehört haben, ja die Verfechter eines Gottglaubens waren, aber heute so tief stehen, dass sie ihr Leben in Zuchthäusern beenden. Und unter diesen vielen Menschen gibt es nicht einen, der die entsetzlichen Umstände seiner ewigen Existenz ahnt. Meine Vorfahren, die bereits vor Jahrtausenden mit der Erdenmenschheit Kontakt aufgenommen hatten, haben versucht, euch auf diese Umstände aufmerksam zu machen. Man hat sie zwar für herabgestiegene Götter gehalten, weil sie vom Himmel herabkamen, aber man hat alles ignoriert, was zur Läuterung beigetragen hätte. Die selbst vererbten geistigen Elemente sind entscheidend, sie müssen sich bessern und dem göttlichen Plan entsprechend voranschreiten. Eure Erbforschung beschäftigt sich mit der Vererbung, die von den Eltern und Ahnen übernommen wird. Noch nie ist man auf den Gedanken gekommen, dass der Mensch ein eigenes Erbe antritt, das Jahrtausende zurückreicht und absolut individuell ist. Aber es gibt Eltern, die mit Entsetzen auf ihre Kinder schauen, weil sie fähig sind, ein ungeheures Kapitalverbrechen zu begehen, ohne die geringste Reue zu zeigen. Man stellt sich die Frage: Wo kommt dieses Erbe her? Die tatsächliche Antwort bleibt aus, denn man berücksichtigt nicht die eigene Vererbung aus den vielen Vorleben auf diesem Läuterungsplaneten. Die Religionen, die von einem ewigen Himmel oder von einer ewigen Verdammnis sprechen, gehören auf den Scheiterhaufen.

Natürlich gibt es jenseitige Regionen, die dem Menschen zur Verfügung stehen. In diesen Sphären hat der Wille des Menschen gewaltige Möglichkeiten. Aber wenn er diese Möglichkeiten missbraucht, so landet er unverzüglich wieder auf diesem verseuchten Planeten, damit er zur Einsicht kommt. Doch eine solche Einsicht kann sich um Jahrtausende verzögern. Was muss ich in den Augen der Kirchenvertreter für ein Ketzer sein, weil ich die Wahrheit rede, die so unangenehm und unerwünscht ist! Ein Sprichwort sagt: „Kampf schleift die Waffen." Es ist etwas Wahres daran. Denn nur die Leiden und Schwierigkeiten, wie sie auf dieser Terra anzutreffen sind, können zu einer Besserung führen.

Soll ich noch einmal vom Alkoholmissbrauch reden? Ihr wisst es selbst und alle Folgen sind euch bekannt. Aber ihr wisst nicht, wie ungeheuerlich sich diese Folgen auf die Vererbung auswirken. Eure Führung hat die Macht in den Händen. Aber anstatt diese Macht für positive Ziele zu gebrauchen, z.B. den Alkoholmissbrauch oder das Nikotin zu verbieten und zu verhindern, wird diese Macht zur superlativen Zerstörung und Vernichtung ganzer Völker benutzt. Dieser Planet verdient eigentlich unsere Verachtung, weil er von einer gefährlichen, feindlichen und gottlosen Menschheit bewohnt wird. Aber es ist Gottes Läuterungsstern. Daher müssen wir ihn respektieren und versuchen, ihn in ein richtiges Gleis zu bringen. Wir heucheln nicht, sondern sagen euch die Wahrheit. Mit dieser Tatsache beweisen wir euch echte Freundschaft. Wir kennen keine Menschheit im Universum, die auch nur annähernd eine so niedere Gesinnung aufweist. Trotzdem ist eine gewisse Intelligenz vorhanden, was die Sache in der Beurteilung noch schlimmer macht. Bei einem früheren Kontakt habe ich auf die Harmagedon-Schlacht aufmerksam gemacht. Wie ihr seht, habe ich mich noch vorsichtig ausgedrückt, denn jetzt könnt ihr diese Schlacht in der ganzen Welt erkennen. Die Unwissenheit über unsichtbare Vorgänge zeigt sich nicht nur bei der allgemeinen Bevölkerung, sondern macht bei den Führungsschichten keine Ausnahme. Der Feind ist der

Widersacher Gottes und wer diesen Feind nicht kennt oder nicht an ihn glaubt, der wird von ihm angegriffen, beeinflusst und missbraucht.

Die Leiden dieser Terra sind selbst verschuldet. Die Welt, in der ihr lebt, habt ihr selbst gestaltet. Es gibt keine Schule und keine Universität, welche euch über diese Tatsache belehrt. Der Mensch ist in seiner Funktion und Ewigkeit das komplizierteste Wesen im ganzen Universum. Was wisst ihr über eure Ewigkeit? Die Bevölkerung dieses Planeten zeigt ein Desinteresse für den Menschen, das wir nicht begreifen können. Der Mensch selbst ist das Wichtigste im ganzen Universum. Der Mensch ist stets das Zentrum der Schöpfung. Wie entsetzlich nichtachtend verfährt man mit dem Menschen, mit dem Nächsten, mit dem Bruder! Habt ihr schon einmal etwas vom Familienstolz gehört? Es sieht sehr traurig damit aus. Diese Tatsache zeigt sich selbstverständlich im Hass gegen andere Klassen, Gruppen, Völker, Rassen und schließlich in der Feindschaft gegen die eigene Menschheit zu der ihr absolut und ohne Unterschied gehört.

Ein Erdenmensch ist ein zur Läuterung reinkarniertes Gotteswesen. Ganz gleich in welchem Lande er geboren ist, oder welcher Rasse er angehört. Nur der Entwicklungsstand kann verschieden sein, aber das Recht, hier auf dieser Erde zu leben und sich zu bilden und zu vervollkommnen, steht jedem zu, weil der Schöpfer es so bestimmt hat. Selbstverständlich hat der Schöpfer eine andere Perspektive hinsichtlich von Zeit und Raum. Was bedeuten schon 10.000 Jahre in der Entwicklung des Menschen? Gott kann warten. Der Mensch glaubt, es nicht zu können. Er überschätzt sich und verlängert damit nur die Zeit, bzw. den Weg, den er gehen muss.

Im besten Glauben

Das Schlimme ist, dass die allgemeine Menschheit ein beispielloses Vertrauen zur Wissenschaft hat. Diese Menschheit beurteilt alles nach dem Stande der Wissenschaft. Es genügt, wenn ein Universitäts-Professor seine persönliche Meinung äußert. Die Bevölkerung urteilt darüber, in bestem Glauben.
Einer Regierung wird ein erhebliches Misstrauen entgegengebracht. Ein Wissenschaftler genießt restloses Vertrauen. Auf diese Weise ist es immer möglich, das Volk hinter das Licht zu führen. Wenn eine Regierung etwas beabsichtigt, das vom Volk nicht ohne Misstrauen hingenommen wird, so beruft man sich auf wissenschaftliche Erkenntnisse, auf Statistiken und berühmte Namen. Das ist ein erprobtes Verfahren. Wer aber beaufsichtigt die Wissenschaft?

Das Volk dieser Erde - ich sage nicht Völker, weil es für uns nur ein Volk auf dieser Terra gibt - ist nicht so geschult, um an den Ergebnissen und Behauptungen der Wissenschaft Kritik zu üben. Sie nehmen alles in einem guten Glauben hin. Es wird schon wahr sein. Auf diese Weise sind jeder Zeit Kriege möglich. Bei unserem Entwicklungsstand können wir nur positive Mittel anwenden. Zunächst bedienen wir uns der Aufklärung, einer Anleitung zur Reformation eurer geistigen Einstellung.

Wenn die verantwortlichen Leute im Pentagon eine Ahnung hätten, was ihnen einmal nach dem leiblichen Tode bevorsteht, würden sie vor ihren abgebrühten Lügen zurückschrecken. Sie wissen, dass wir sie überwachen. Aber weil wir sie nicht angreifen, so glauben sie, ihr Spiel ungehindert fortsetzen zu können. Wir haben sehr viel Geduld, aber könnte es nicht sein, dass auch diese Geduld einmal ein Ende hat?

Eure Mondexpeditionen sind bewundernswert, zumal sie mit Mitteln durchgeführt wurden, die derartige Expeditionen ins All sehr erschweren. Wir haben es leichter. Bisher haben wir alle eure Ausflüge zum Mond begleitet. Selbstverständlich müssen wir einen gewissen Abstand halten, um eure Astronauten nicht zu gefährden. Zu gerne wären wir ihnen auf dem Trabanten begegnet. Aber das war undurchführbar, weil unsere Raumschiffe von einer sehr abweichenden Konstruktion sind.

Der Darwinismus wird schon durch die Erkenntnisse über die Information widerlegt. Es ist unmöglich, dass die Information, die in die Entwicklung der Affen gelegt ist, eine Mutation zulässt, die zu einem Nobelpreisträger führt. Der Mensch hat eine eigene, sehr spezielle Information, die für ihn absolut bindend ist. Das Gehirn eines Affen bietet einer menschlichen Seele keine Möglichkeit, sich zu festigen. Wenn der Affe den Menschen in seinen Bewegungen nachahmt, so ist das kein Beweis für eine Verwandtschaft. Auch die Papageien lernen sprechen, ahmen also die menschliche Stimme nach. Selbstverständlich ist die Menschheit über viele animalische Stufen gegangen, aber sie bildeten Grundlagen für den Menschen, dessen Auftreten auf der Terra und auch auf den anderen Planeten lange voraus bestimmt worden ist. Die menschliche Entwicklung folgte haargenau einer in diese Entwicklung gelegten Information. Die Abstammungstheorie ist nur eine faule Ausrede für das Benehmen des Menschen. Die hohe Stellung des Menschen innerhalb der universellen Fauna wird durch den Darwinismus erheblich diskriminiert. Die Folgen zeigen sich in der Verhaltensweise des Menschen, in seiner Negativität und in seiner Kunstauffassung. Wir distanzieren uns von einer solchen Primitivität.

Die wesentlichen Stufen der menschlichen Entwicklung sind eigentlich sehr leicht zu begreifen. Der Mensch stammt nicht vom Affen ab, sondern von der gesamten Fauna und Flora im Universum. Jede Form von Leben hat dazu beigetragen, die Höchstschöpfung, nämlich den Menschen, zu ermöglichen. Diese Entwicklung hat Äonen beansprucht. Die Ähnlichkeit mit einem Affen ist genauso zufällig, wie die Ähnlichkeit mit einem Rindvieh, das die gleichen Geschlechtsorgane besitzt und dessen Zeugung genauso verläuft. Hier haben wir schon ein markantes Beispiel ‚im bestem Glauben'. Was ein Wissenschaftler in seiner Unwissenheit vermutete, wird zur wissenschaftlichen Erkenntnis erhoben. Der Mensch hat in seiner Entwicklung das Animale bereits hinter sich gelassen. Sein Gehirn überragt jede Tierform. Es interessiert die Wissenschaft gar nicht, von welcher Abstammung die Seele des Menschen ist. Aber gerade die Seele macht ja erst einen Menschen aus. In der Entwicklung sind dem Menschen überhaupt keine Grenzen gesetzt. Die geistige Entwicklung ist keineswegs auf die Gehirntätigkeit angewiesen, sie verläuft auf einer geistigen Ebene.

Wenn der Mensch stirbt, sich also von der Materie löst, bleibt immer noch der eigentliche Mensch übrig. An seiner Wahrnehmung ändert sich nichts höchstens, dass er die Materie nicht mehr als eine feste Substanz empfindet. Auf dieser Ebene sind ihm viele Möglichkeiten offen. Er gewinnt zunächst eine Übersicht über seine vielfältigen Leben. Er erkennt seine Entwicklung. Das ist jedoch eine Art von Gericht. Im Jenseits gibt es keine Verstellung. Der Mensch ist nackt wie nie zuvor, d. h. er wird von jedem Wesen erkannt, wie er wirklich ist. Doch die Freiheit muss verdient werden. Wer sich nicht so weit entwickelt hat, dass er die Freiheit hat, der muss das Gegenteil akzeptieren. Ihr könnt ahnen, dass dieser Zustand nicht angenehm ist, denn auf Erden hat jeder Mensch gewiss mehr Freiheit gehabt. Wenn dieser Zustand in Gesellschaft gleichgesinnter Seelen zu unangenehm wird, erinnert sich der Mensch, dass Gebete helfen sollen. Diese Darstellung, die der Wahrheit entspricht, wird von euch als ‚heißes Eisen' bezeichnet. Seit Jahrtausenden besteht dieses ‚heiße Eisen' und deshalb ist es an der Zeit, es zu entschärfen und so abzukühlen, dass es von jedermann angefasst werden kann. Wenn das viele Beten erhört wird, so kann der Mensch die Gnade Gottes erfahren. Er wird zur Reinkarnation bestimmt und kehrt mit seinem Karma, wie ihr es nennt, zur Terra zurück. Dieser Prozess kann sich endlos wiederholen.

Doch was geschieht mit einem fortgeschrittenen Menschen? Er kommt nach seiner Entkörperung in eine Stufe geistiger Erleuchtung, wo er mit gleichgesinnten Seelen zusammen ist. Er kann sich für einen Dienst an der Menschheit zur Verfügung stellen. Er kann viel lernen und sich an der unvergleichlichen Schönheit und Vielseitigkeit der göttlichen Schöpfung erfreuen, die alles Irdische weit übertrifft. So einfach ist die Belehrung, und so schwer fällt es euch, daran zu glauben. Zu oft hat man euch von Kindesbeinen an belogen und getäuscht.

Die geistigen Dimensionen sind euch keinesfalls verschlossen. Sie werden nur ignoriert oder diskriminiert. Alle Naturvölker der Terra haben sich mit dieser geistigen Ebene auseinandergesetzt. Sie wissen um die Existenz. Wie sie sich dazu verhalten, ist ein anderes Kapitel. Jedenfalls beruhen ihre Erkenntnisse auf Praxis und Erfahrung. Zur Intelligenz gehört die Fähigkeit logischer Folgerung phänomenaler Vorgänge, die aber gerade von der Wissenschaft als Rätsel hingestellt werden. Alles, was die Logik nicht erfassen kann, was das Denkvermögen des Menschen nicht begreifen kann, bleibt rätselhaft. Das Wort ‚Rätsel' darf es innerhalb der Wissenschaft überhaupt nicht geben, höchstens den Begriff ‚unerforscht'.

Irrungen und Wirrungen im Bereich des Glaubens

Schaut euch ein Begräbnis an. Wir sind zutiefst erschüttert über eine derartige Verzweiflung, wie sie bei euch üblich ist. Es fließen bittere Verzweiflungstränen, und es folgen Ohnmachten und entsetzliche Verwünschungen, ja mitunter Selbstmord. Das alles sind die Folgen einer völligen Unwissenheit und Ungewissheit der gesamten Theologie. In euren Vorstellungen dürfen Gott und seine Engel leben. Der Mensch aber liegt in der Erde und besteht nur noch aus Asche. Was mit seiner Seele, dem Kern des Lebens und seiner Existenz geschieht, interessiert euch nicht. Wenn Gott will, wenn Christus es beliebt, wird der Verstorbene vielleicht einmal aus seinem Grabe auferstehen. Welch ein Irrtum. Ein Begräbnis oder eine Grabstätte ist ein Anschauungsunterricht der völligen Hoffnungslosigkeit, ein Vertrauensbruch zu Gott und der Unsterblichkeit des menschlichen Ichs. Es ist keine Belehrung, weder für das Volk, noch für dessen Führer. Fast jeder große Politiker glaubt, dass nach seinem Tode nichts mehr von ihm übrig bleibt. Mit diesem Irrtum behaftet kann er weder vor dem Volk eine richtige Verantwortung haben noch vor Gott und dem geistigen Reich.

Christus hat keine Konfession gestiftet, noch je die Absicht dazu gehabt. Er lehrte die Gesetze Gottes und berichtigte die hebräischen Überlieferungen. Wir hören die Menschen beten: „Lieber Gott, ich möchte von meinen Sünden frei gesprochen werden, weil Christus bereits alle Sünden der Menschheit auf sich genommen hat. Sofern ich aber neue Sünden mache, so sind diese ebenfalls auf sein Konto zu buchen, weil er für uns bereits gebüßt hat." Wie konnte man nur ein solches Dogma erfinden? Damit macht die Theologie auch heute noch den größten Fehler, den es überhaupt geben kann. Wie kann man denn die Sündenlast von vielen Generationen der gesamten Erdenmenschheit auf einen göttlichen Lehrer und Sprecher Gottes schieben? Ich sage euch eindringlich: Christus ist kein Prügelknabe für die Erdenmenschheit! Das kann ich mit gutem Gewissen sagen, denn ich kenne ihn selbst! Erlösen kann euch nur die Wahrheit! Aber ihr müsstet sie annehmen. In dem Augenblick, da sich die Wissenschaft der Universitäten dazu bekennt, diese Wahrheit anzunehmen und zu lehren, geht die ganze Menschheit der Erlösung entgegen. Ich weiß jedoch, dass die Theologie die Universitätswissenschaft als ihren geschworenen Feind betrachtet.

Christus wusste um die Mission der Santiner. Ein außerirdisches Raumschiff nahm ihn auf und flog mit ihm nach Indien in die Nähe Tibets. Dort war er sicher. Ihr könntet heute zu jedem Fluggast sagen, dass er eine Himmelfahrt macht. Der Himmel ist ja kein Ort über den Wolken. Christus war ein ungewöhnliches Medium, denn er war die Inkarnation eines Engels. Ich weiß, dass die meisten Menschen heute etwas gegen die Bezeichnung Engel haben. Aber Christus starb am Kreuz. Er war klinisch tot. Doch weil Christus die Inkarnation eines Engels war, so wurde die große Kraft des Engels im Tode in ihm wirksam. Er siegte über die Materie, die er wie ein verletztes Kleid trug. Er selbst hatte große mediale Fähigkeiten. Er heilte nicht nur die Kranken und rief die Sterbenden ins Leben zurück. Er rief sich selbst ins Leben zurück und heilte sich selbst. Das ist tatsächlich ein Auferstehungswunder, auch wenn es spirituelle Gesetzmäßigkeiten hat, die durchaus noch wirksam werden können.

Ihr akzeptiert die Lehren Christi als gut, aber ihr handelt nicht danach. Warum? Ihr könnt nicht erwarten, dass das Licht euch entgegengeht. Ihr müsst das Licht suchen, und sofern ihr das Licht in der Ferne als ein kleines Fünkchen erblickt, so müsst ihr alle Anstrengungen machen, dieses Leuchtfeuer anzusteuern. Der Wille ist ein Teil von Geist und Seele. Du hast die Freiheit, deine Schritte nach deinem Willen zu lenken, doch es ist gefährlich, Wege zu beschreiten, die ohne Licht sind. Doch es ist so, dass die Entwicklung stehen bleibt, denn augenblicklich versagt die Intelligenz in Folge einer verblendeten Selbstüberschätzung. Die Intelligenz versagt schon beim ersten Gedanken an einen persönlichen Gott. Die Intelligenz versagt ebenfalls, wenn sich ein Raumschiff am Himmel zeigt, das seine Lichtstrahlen aussendet oder abschirmt. Die Intelligenz versagt, wenn man an die Besatzungen der Raumschiffe denkt.

Die ganze Intelligenz der Wissenschaft und Politik versagt, wenn es sich um das Problem des Friedens handelt. Wo die Drohung besteht, da gibt es keine Sicherheit und wo keine Sicherheit besteht, da gibt es keinen Frieden. Wer wirklich den Frieden will, der muss auf die Gewalt verzichten. Wenn der große Schöpfer noch mit seinem Befehl wartet, so nur deshalb, weil er auf ein geistiges Zeichen seiner Kinder wartet. Die Stimme des Gewissens ist durch ein eingepauktes Wissen getötet worden.

Fragt man einen Menschen, ob er weiß, warum er auf dieser Erde lebt, so kann er nicht auf diese Frage antworten, denn die Antwort steht nicht in der Zeitung und wird auf keiner Universität gelehrt. Dem Erdenbürger fehlt eine vernünftige Grundausbildung seines Elementarwissens. Diese Grundausbildung muss ihm klarmachen:
• Er ist ein Kind Gottes.
• Er kann nur körperlich sterben.
• Er lebt nicht allein auf dieser Welt.
• Es gibt noch andere gewöhnliche Planeten.
• Er hat eine irdische Aufgabe zu erfüllen.
• Er hat eine höhere Mission zu erfüllen.
• Er darf nicht gegen kosmische Gesetze verstoßen.
• Er hat das Leben hoch zu schätzen.
• Er richtet seine eigene Existenz und seine Seele zugrunde, wenn er gegen das Gesetz der allmächtigen Liebe verstößt.

Schon Jesus sagte: „Liebe deinen Nächsten, wie dich selbst!“

Was ist an eurem Glauben falsch? Ich meine nicht allein den christlichen Glauben, sondern ich spreche von der allgemeinen Zusammenfassung und Betrachtung Gottes. Ich danke allen Mithelfern, die sich um eine vernünftige und logische Religion bemühen. Leider ist die Bibel keine gute Grundlage für eine derartige Geisteswissenschaft. Ihr braucht in der ganzen Welt keine Bibel, sondern nur eine einfache göttliche Fibel. Fast alle Menschen auf dieser Erde wissen, dass sie machtlos sind, dass ihnen der Tod im Nacken sitzt. Sie wissen alle, dass es mit ihnen bergab geht, trotz aller Errungenschaften. Da niemand den Abstieg der Menschheit aufhalten kann, stürzt man sich gedankenlos in alle Sünden, um in diesem unsicheren Leben noch das zu retten, was ihr irrtümlich ‚Lebensglück‘ nennt. Ihr wollt das Leben in vollen Zügen genießen, ohne Rücksicht auf die anderen, in der Angst, dass es vielleicht morgen oder übermorgen schon zu spät dazu ist.

Viele Menschen, die versuchen an einen Gott zu glauben, fallen ab, weil sie sehen, dass den Kriegstreibern und Massenmördern nichts geschieht. Sie sagen: „Wenn es einen Gott geben würde, so ließe er solche Gräuel niemals zu.“ Hierzu kann ich nur sagen, dass der Schöpfer solche Gräuel nicht ungestraft zulässt. Das muss näher erklärt werden. Gott, der euch die Selbstständigkeit gelassen hat, mischt sich nicht in diese Selbständigkeit ein. Folglich kann ein solches Unrecht, wie es ein Krieg darstellt, stattfinden. Gott verhindert ihn nicht. Aber ungestraft geht das keinesfalls. Er ist ein Zentralbewusstsein. Dieses Bewusstsein kann zwingende Befehle erteilen. Die Ausführenden sind dann die Menschen oder alle Arten seiner Schöpfung.
Gottes Wahrheiten sind alle Naturwahrheiten, darum gebe ich den Theologen den gut gemeinten Rat: Einigt euch mit der Universitätswissenschaft und überlasst ihr in voller Verantwor-

tung die erhabene Naturwissenschaft der geistigen Existenz. Ihr Theologen kümmert euch dafür lieber um die Neuoffenbarungen Gottes, denn sie sind zeitgemäß den heutigen Erfordernissen angepasst, der irdischen Entwicklung entsprechend verständlich und lebendig. Die Bibel ist jedoch zu siebzig Prozent ein toter, verstaubter, längst überholter Fanatismus unter der Verkennung der wahrhaftigen göttlichen Realität.

Viele Theologen sind der Meinung, dass die gegenwärtige Weltsituation eine von Gott geduldete Entwicklung sei, da er sie durch seine Allmacht in jeder beliebigen Weise ändern könnte. Irrtum! Gott hat der Erdenmenschheit diesen Stern ‚Erde' zum Geschenk gemacht. Mit Geschenken kann man tun und lassen, was man will. Der Schenker hat nichts mehr mit diesem Geschenk zu tun, wohl aber mit dem Universum. Wenn die Erdenmenschheit jedoch das Geschenk missachtet und mutwillig zerstört, so werden auch andere Sterne und kosmische Zusammenhänge ärgstens gestört. Außerdem wird der Schenker durch diese Art und Weise schwer gekränkt. Gott greift also nicht auf dieser Erde ein, um alles auf cin anderes Gleis zu lenken, sondern er überlässt es ganz der Erdenmenschheit, selbst eine Änderung herbeizuführen. Doch die geistige Welt und wir Santiner weisen euch auf alle Fehler hin.

Sollte aber der Fall eintreten, dass Teile des Universums in Gefahr geraten, so würden wir mit allen Mitteln einschreiten, dass wir eurem Plan der Weltzerstörung zuvorkommen könnten, ohne dabei das Universum zu schädigen, wie es sonst geschehen könnte. Das ist eine große Drohung. Wir wissen jedoch, dass Drohungen auf euch keinen Eindruck mehr machen. Darum weisen wir auf die Bibel hin, die den Theologen ja gut bekannt ist. Sodom und Gomorrha waren in unseren Augen nur kleine Experimente. Inzwischen sind mehrere tausend Jahre vergangen und auch bei euch ist aus einem Böllerschuss eine Wasserstoffbombe geworden. Gott hat seine Hand erhoben! Zur Belehrung der Theologen: An höchster Stelle steht Gott. Er ist der Ursprung allen Seins. Seine Entstehung ist ein Mysterium, für dessen Erklärung der irdische Sprachschatz nicht ausreichend ist. Die einzige mögliche Erklärung in eurer Sprache kann nur in folgende Worte gefasst werden: Es gibt kein Nichts und es hat noch nie ein Nichts gegeben. Ohne ein Denken kann sich nichts ändern. Darum schuf Gott denkende Wesen, geistig und materiell und gab ihnen große Macht.

Neben Gott gibt es einen Geist, der seine Macht und Freiheit durch sein Geltungsbedürfnis missbraucht. Er wollte und kann sich nicht unterordnen und schaltete sich zunehmend negativ ein. Neben Gott stehen Engel mit hohen Aufgaben. Sie sind gewaltig an Macht und Zahl. Für den Bereich Erde gibt es sieben hohe Engel. Für andere Sternenbereiche gibt es andere hohe Engel. Ein Erzengel ist soviel wie ein Minister, er plant mit Gott zusammen. Ein Engel aber verteidigt die göttliche Planung und verhilft ihr zur Verwirklichung. Wir Santiner sind Gottes materielle Hand. Wir stehen im Dienst der göttlichen Planung und überwachen die Entwicklung. Wir sind aber auch seine Botschafter. Die Erdenmenschheit könnte ebenfalls in diese Mission gestellt werden, wenn ihre Entwicklung soweit fortgeschritten wäre. Die Erde ist der letzte negative Planet.

Unsere Religion begründet sich auf der höchsten Naturwissenschaft. Eure Religion befasst sich nicht mit der von Herzen kommenden Verehrung Gottes und seiner Schöpfung, welche das ganze Universum einschließt. Ihr stützt euren Glauben nur auf alte Schriften, die sich historisch beweisen lassen. Diese Schriften haben keine einzige naturwissenschaftliche Erklärung für die Existenz Gottes, der Engel oder der geistigen Helfer. Mit schwärmerischen Worten und Lobgesängen wird vom Wunder berichtet. Ein Wunder kann aber nicht verstanden werden und wird daher der Phantasie zugeschrieben.

Was ist ein Wunder? Ich sage euch, dieses Wort hat überhaupt keinen Sinn. Es gehört nicht in eine einzige Sprache des Universums. Mithin könnt ihr zur Kenntnis nehmen, dass alle Religionen auf eurem Stern vollkommen sinnlos sind, wenn sie ein Wunder zum Gegenstand haben. Weder Gott noch ein Engel, noch ein Astralwesen, ist ein Wunder, auch nicht ein Phänomen. Es gibt nur naturwissenschaftliche Ereignisse und göttliche Gesetzmäßigkeiten! Ihr Priester und Schriftgelehrten, ihr alle könnt eure Nasen und Augen in alle Bücher eurer Menschheitsgeschichte stecken. Ihr werdet aus eurem engstirnigen Kreis nicht herauskommen, wenn ihr an göttliche Wunder, an etwas Unnatürliches glaubt, für das ihr nicht ein einziges Wort der sinnvollen, objektiven Erklärung habt. Ihr habt nur die einfältige Definition: „Daran muss man eben glauben."

Gott ist eine naturwissenschaftliche Existenz von gewaltiger Schönheit, Klarheit und Vielseitigkeit. Man kann diese großartige Existenz nicht einfach durch ein paar Theorien ersetzen. Für uns, ja, für die Mehrheiten großer Teile des Universums ist es unbegreiflich, warum eure Universitäten so viel Angst vor dieser wunderbaren Naturwissenschaft haben. Diese Aufgabe gehört nicht allein in die Theologie, sondern in die Hörsäle, welche von den Studenten besucht werden, die ja einmal Führer und Vorbilder einer Sternenmenschheit sein wollen. Was glaubt ihr, mit welcher Verachtung man euch auf einem anderen Stern empfangen würde, wenn euch eine solche interstellare Reise einmal glückte? Das sollt ihr euch erst einmal überlegen. Kein Sternenvolk möchte mit Gottlosen etwas zu tun haben. Allein wir in unserem göttlichen Auftrag machen eine Ausnahme. Das neue Zeitalter, das Wassermannzeitalter, soll dazu führen, dass sich das Bild dieser Erde ändert. Alle irdischen Städte sollen ihr

Gesicht ändern. Der Erdenmensch soll nicht in Armutsvierteln leben, sondern in Luft und Sonne. Es muss unter allen Umständen mit vielen Traditionen aufgeräumt werden. Sie sind das Grundübel, das jeder Erneuerung und Höherentwicklung im Wege steht. Der Erdenmensch trennt sich lieber vom Leben, als von einem materiellen Besitz. Dabei lässt er aber außer Acht, dass auch der Körper ein kostbarer, materieller Besitz ist.

Entfernt aus euren Kirchen den Gekreuzigten, denn er nimmt durch diesen Anblick jedes Gefühl von Geborgenheit, Gemütlichkeit und Vertrauen. Eine Kirche muss für jeden Menschen ein Aufenthaltsraum höchster Harmonie und Zufriedenheit sein. Aber eure Gotteshäuser erinnern an kalte Todeshallen, wo das Grauen hinter den Mauern lauert. Ein Husten verursacht eine Störung, die an die letzte Anstrengung eines Sterbenden erinnert. Wo bleibt da noch das Wohlbehagen? Wir können es vielen Menschen nicht verdenken, wenn sie sich in diesen Gotteshäusern nicht behaglich fühlen und andere Stätten der Erbauung aufsuchen. Aber auch der überladene Pomp gehört nicht in die Kirche. Sie ist kein Museum, sondern ein Zuhause für die Seele. Und dann die Predigten von der Kanzel! Sie ermüden oder klingen im schaurigen Echo der Drohung. Ein Gottesdienst ist ein Fest, eine Stimmung, wie bei einer großen, feierlichen Veranstaltung. Es gibt keine Spur von Ernst oder Verkrampfung. Es gibt nur Freude, Vertrauen, Geborgenheit, Schönheit und Gehobenheit. Kein Mensch möchte diese Stunde missen. Wer bei uns einen Gottesdienst verlässt, der ist voller Freude und Zuversicht für viele, viele Tage. Er freut sich wie die Jünger am Tage der göttlichen Vollinspiration, an eurem Pfingsten.

Dieser Erdenmenschheit wird einmal die große Stunde der Erlösung schlagen. Sie steht im Plane Gottes und ist bereits festgelegt. Diese Stunde bedeutet einen Tag X in der ganzen Entwicklung der Erdenmenschheit. Es gab schon einmal einen

Tag X, an dem wir Santiner beteiligt waren. Es war der Tag der göttlichen Gesetzgebung auf dem Berge Sinai! Es sind die großen Wendepunkte. Es gab schon einmal eine große Stunde für diese Erdenmenschheit. Es war die Stunde, da Christus ins Erdenleben trat. Die nächste große Stunde wird das Gesicht der Erde und der Erdenmenschheit völlig verändern.

Nicht nur für die Erde hat Gott das Leben bestimmt, sondern für jeden anderen bewohnbaren Stern. Es ist im Universum ein Plan vorhanden, von dessen Umfang ihr euch keine Vorstellung machen könnt. In diesem Plan ist der Ablauf und die Entwicklung auf jedem Planeten genau vorgeschrieben. Die Organisation ist genau abgestimmt. Und es geschieht deshalb alles nach der Ordnung und nach dem Willen Gottes. Euer Stern hat schon gewaltige Veränderungen durchgemacht. Er soll nach dem Plan Gottes nicht verschwinden. Doch der Kampf zwischen Gut und Böse hat auf diesem Planeten derart zugenommen, wie wir es nicht vermutet hatten. Aber weil dieser Planet zu den auserwählten Sternen gehört, ist dieser Kampf besonders groß und unerbittlich. Durch diese Entwicklungsstufe müsst ihr hindurch. Und wir wollen euch dabei helfen. Ihr sollt begreifen, dass es eine geistige Welt gibt und dass ihr Seelen habt. Friede über alle Grenzen! Friede im ganzen Universum! Friede in jedem Herzen!

Alles was mit Gott oder mit einer Religion zusammenhängt, macht auf euch keinen nachhaltigen Eindruck. Eine falsch aufgezeichnete und falsch gedeutete Bibel, die Lehren atheistischer Philosophen sowie die Irrtümer und Zweifel eurer Naturwissenschaftler haben es zustande gebracht, dass eine ganze Menschheit mit vielen Generationen im Laufe der Jahrtausende in Unwissenheit und falscher Orientierung gehalten wurde. Vergeblich waren alle Bemühungen, weil diese Menschheit unter dem Einfluss eines gefährlichen Geistes steht, der mit Luzifer bezeichnet wird. Er ist ein gewaltiger Schöpfer im negativen

Sinne. Ihr habt ihn nicht akzeptiert, so wenig ihr Gott akzeptieren wollt. Eure Kirchen und Sekten haben es bisher nicht verstanden, euch einen wahren Gottglauben zu lehren. Eure Vorstellungen von Gott und seiner Hierarchie sind falsch. So falsch, dass sie von Verstandesmenschen nicht geglaubt werden können. Nicht einmal die Schuljugend von heute ist in der Lage, derartige Phantastereien zu glauben. Wir können ihr nur Recht geben.

Wenn man die Größe und die Macht der großen Kirchen und Religionsgemeinschaften betrachtet, so erkennt man den Umfang der Ausbreitung von Irrtümern, die ein völlig falsches Denken in einer Kettenreaktion zur Folge haben. Die Korrektur dieser Irrtümer und Unwahrheiten ist unvergleichlich wichtig. Aus dieser Korrektur ergeben sich dann ebenfalls in einer Kettenreaktion neue Perspektiven der Logik und des menschlichen Verhaltens. Was der Buddhismus wirklich ist, das könnt ihr in vielen asiatischen Ländern beobachten. Er löst nur Fanatismus aus. Buddha ist falsch verstanden worden. Hätte Buddha seine Lehren selbst niedergeschrieben, so ließe sich etwas anderes herauslesen. Aber seine Anhänger und Vertrauten haben seine Lehren für ihn erhalten wollen. Bei dieser Aufzeichnung haben sie seine Lehren so gebracht, wie sie es verstanden und beraten haben. Da ihnen aber die Selbsterfahrung fehlte, die Buddha jedoch hatte, kamen sie zu falschen Resultaten. Es ist nicht meine Mission, den Buddhismus oder den Islam zu widerlegen. Ich habe auch nicht den Auftrag, das Christentum anzugreifen oder zu erneuern. Meine Mission ist dieselbe, die meine Vorfahren hatten. Ich lehre die universelle Religion - Friede über alle Grenzen - wie sie auf anderen bewohnten Sternen anerkannt ist. Wo Friede ist, ist Verstehen und Liebe.

Die Bibel berichtet darüber falsch, denn die Wirklichkeit sah anders aus. Gott hat die Erde nie aufgesucht. Nach seinen eigenen Gesetzen und nach seiner eigenen Existenz ist er dazu nicht imstande. Gott hat demnach auch kein Land verteilt. Gott hat demnach auch kein Volk bevorzugt. Gott hat demnach kein Volk auserwählt. Gott hat keine Gesetze auf Tafeln geschrieben. Gott hat seine Position, die er im Universum innehat, noch nie verlassen.

Was glaubt ihr, was passiert, wenn z. B. ein Kriegsverbrecher stirbt und somit in den unmittelbaren Bereich Gottes kommt? Das ist kein Kirchendogma. Das ist objektive Wirklichkeit. Es handelt sich nicht um körperliche Züchtigungen, wie sie ein Dichter Dante beschrieben hat. Wer hat eine Vorstellung von einem Liebeskummer, der zum Tode führt? In ähnlicher Weise wird der Übeltäter im geistigen Reich konfrontiert. Die Qualen der Selbsterkenntnis sind ungeheuer und keinesfalls zu beschreiben.

Gott schaut zu, aber er handelt auch entsprechend seinen Gesetzen, die ein Chaos verhindern. Gott wirkt dem Chaos entgegen, während die Erdenmenschheit das Chaos begünstigt. Folglich gehört die Erdenmenschheit zum legitimen Feind des Schöpfers. Gott wird also in jeder Weise gezwungen, gegen die Menschheit Krieg zu führen, aber einen Krieg der Liebe in aller Konsequenz.

Massenerlösung?

Von Gott verlangt man, ohne ihn zu fragen, die Großzügigkeit und irrsinnige Liebe zum bösartigen Menschen. Er soll die Menschheit von allem Übel erlösen bzw. die gesamte Menschheit ungestraft in den Himmel lassen. Hierzu bedarf es, eurer Meinung nach, nur der Reue vor einem Priester, ganz gleich ob die Reue nun echt ist oder geheuchelt. Die Hauptsache ist, dass der Vergebung suchende Mensch dem Priester seine Untaten beichtet. Wie schwachsinnig ihr in diesem Punkte denkt. Macht einmal von eurer Logik Gebrauch! Ein solcher Gott, der auf diese leichtfertige Weise einen Sünder bevorzugen würde, wäre ein Idiot. Diese Tatsache möchte ich euch einwandfrei beweisen:

Nehmen wir an, es gibt einen Menschen, der tatsächlich das Gute will. Er nimmt alle Opfer der schweren Selbsterziehung auf sich. Er entbehrt da, wo andere sinnlos prassen. Er nimmt auf seine Gesundheit Rücksicht und achtet auch die Gesundheit und das Leben seiner Mitmenschen. Er achtet die Arbeit seiner Mitmenschen, tut Gutes und er setzt sich überall da ein, wo das Unrecht überhand nimmt. Er achtet die Schönheit der Natur und heuchelt in keiner Weise vor Gott, sondern versucht mit allen Mitteln der Wiedergutmachung, seine Sünden zu überwinden. Dieser Mensch steigt geistig und schafft sich alle Voraussetzungen für ein zukünftiges geistiges Dasein. Er hat viele Freunde in der jenseitigen Dimension und er gehört in die höheren Sphären, die ihr den Himmel nennt.

Ein anderer Mensch ist nicht Willens, diesen harten Weg der Selbsterziehung zu gehen. Er glaubt, dass er im Erdenleben alles mitnehmen muss, was sich ihm bietet. Darüber hinaus denkt er boshaft und verschlagen. Er denkt in Sünden und er handelt danach. Er kommt durch Rücksichtslosigkeit und Unaufrichtigkeit weiter und beherrscht nach seinem Willen seine Mitmenschen. Diesem ehrlosen Menschen fällt es eines Tages ein, dass dieses Leben vielleicht doch zu einer Strafe führen könnte. Er will sich daher auf alle Fälle rückversichern und wendet sich deshalb an die Kirche. Hier erzählt er seine Untaten, die er summarisch in einem Begriff fasst, nämlich: „Es tut mir leid, ich habe nicht richtig gehandelt.“ Der Priester spendet Vergebung. So, was nun?
Der ‚liebe Gott’ muss eben herhalten. Er soll diesen Taugenichts in seiner unvorstellbaren Barmherzigkeit in die höheren Sphären

mit aufnehmen? Er soll das alles einfach übersehen? Welch ein ungeheuerliches Verlangen und welche Rücksichtslosigkeit und Gemeinheit gegenüber allen anderen ehrlich bemühten Menschen, die den schweren Weg der Selbstüberwindung gegangen sind! Was für eine Blasphemie!

Nach diesen unglaublichen Methoden, wie sie sich die Theologie vorstellt, würde der Himmel zum Chaos werden. In der gleichen Weise hat man den Martertod des Messias zum Betrug am Menschen erklärt. Auf diesem Dogma existiert die Kirche. Ich erklärte euch, dass Gott selbst mit euch kaum etwas zu tun hat. Er hat seine Organisation für alle diese Belange. Und wenn diese geistige Organisation über einen Menschen zu urteilen hat, so wird er beurteilt, nicht von einem Geist, sondern von einem ganzen Gericht von Geistern. Beurteilt, aber nicht verurteilt. Ihm wird ein Weg gewiesen, das Versäumte in seiner Erziehung unter erschwerten Umständen nachzuholen. Das ist die ewige Wahrheit! Das ist die universelle Religion, nach der sich ganze Menschheiten im wunderbaren Universum richten!

Das Blutopfer der Erde

Kein vergossenes Blut ist in der Lage, Gott zu versöhnen, noch sein Mitleid zu erregen, noch einen Teil seiner Gerechtigkeit zu ändern. Ein Blutopfer ist sinnlos und ein Verbrechen schlimmster Art. Noch nicht einmal das Blut Christi hat je in dieser Weise Wunder gewirkt. Jede Auslegung dieser Art ist ein gottwidriges Dogma, eine Lüge, ein Selbstbetrug oder eine übernommene Dummheit. Das Blutopfer blickt auf eine jahrtausendealte Vergangenheit zurück. Es stammt aus dem ältesten Heidentum. Die Israeliten opferten Blut, um Gott mit den Menschen zu versöhnen. Niemals haben die Santiner bzw. unsere Ahnen ein solches Opfer gebilligt. Alle derartigen Berichte sind priesterliche Fälschungen, weil sie von ihrem alten Brauch nicht lassen wollten. Sofern aber ein solches Blut- oder Brandopfer in Gegenwart eines Raumschiffes geschah, wurde es augenblicklich durch die Strahlungskräfte des Raumschiffes vernichtet. So steht bei Mose 9,24: „Und ein Feuer ging aus von dem Herrn und verzehrte auf dem Altar das Brandopfer und das Fett. Da das Volk alles sah, frohlockten sie und fielen auf ihr Antlitz."

Es ist ein Irrtum, dass Christus mit seinem Blut von der gesamten Erdenmenschheit die Sünden ausgelöscht hat! Ein uraltes Dogma hat sich erhalten und wurde dann auf Christus angewandt. Man glaubte zu jenen Zeiten, dass der Leib und das Blut Christi eine größere Versöhnungsmacht habe als irgendein Opfertier. Dieses Opferdogma vom vergossenen Blute ist ein ganz gewaltiger Irrtum, der sich bis in die heutige Zeit erhalten hat. Christus hatte die Aufgabe, das Wort Gottes in der Wahrheit aus dem Geist Gottes zu lehren. Er nutzte die heiligen Gotteskräfte zum Guten und bewies damit, dass die irdischen Gesetze noch höheren Gesetzen untergeordnet werden können. Sein Blut erlöste noch nie eine Seele, nur seine Liebe. Was die Theologie machte, das haben sich die Herrscher und Gewaltigen zu eigen gemacht. Das Blutopfer wurde von jedem Menschen für die Verteidigung oder für eine Eroberung, für eine Idee oder zum Schutze des Irrtums und des Unrechts verlangt. Früher waren es Tiere, heute sind es Menschen. Das Blut von Millionen Soldaten und Bürgern soll nicht Gott, sondern die Herrscher und Gewaltigen dieser Erde miteinander versöhnen. Wer sein Blut geopfert hat, ist ein Held. Weder die Herrscher und Gewaltigen dieser Erde noch die Völker untereinander sind nicht zu versöhnen, weil jedes Blutvergießen ein ganz gefährliches Dogma ist. Nur die Liebe kann Versöhnen, nichts anderes.

Der Kampf zwischen Gut und Böse ist auf diesem Stern besonders groß und wir haben selbst nicht angenommen, dass er einmal derartige Ausmaße annehmen würde; denn dieser Stern gehört zu den auserwählten Planeten. Sein Plan ist genau vorgezeichnet, obgleich manche Krise, so manche dämonische Durchkreuzung möglich ist. Das Ziel dieser Erde steht genau im Blickfeld. Was Gott vorgeplant hat, muss sich vollenden. Das Blut eines Erdenmenschen ist bei euch billig. Es ist weniger Wert als der Körper. Wenn es nur noch Tote gibt, werden die Maschinen noch leben und elektronisch gesteuert die Vernichtung ausspeien, wo nichts mehr zu vernichten ist. Ihr habt es in der Massenvernichtung, im Massenblutvergießen sehr weit gebracht, doch nicht in der Massenerhaltung des Lebens, in der Verbesserung des heiligen Blutes. Nicht Christi Blut allein ist heilig. Jedes Blut eines lebendigen Menschen ohne Rassenunterschied ist ebenso heilig.

Darum führt die Reformation durch. Lehrt alle Völker der Erde die Existenz Gottes und seiner Organisation als überzeugende Wissenschaft. Kein Friede ist je möglich, ohne eine entsprechende Hochachtung vor dem Schöpfer. Darum lautet unsere heilige Mission: Bringt der Erdenmenschheit die Existenz Gottes bei, und bereinigt den Irrtum, der in den so genannten heiligen Schriften steht. Die Machthaber dieser Erde schwören auf ein Buch, aber nicht auf die Existenz des Schöpfers. Darum schlagen wir vor: Schafft unverzüglich eine internationale Einrichtung, die dem Weltsicherheitsrat unterstellt ist. Diese Institution soll ein Ehrengericht sein, das der öffentlichen Wahrheit dient und die Lüge verurteilt. Alle Redakteure, Reporter, Bildberichterstatter, Journalisten, Schriftsteller und sonstigen Publizisten, welche Zeitungsenten verbreiten oder die Rassen und Völker aufhetzen, die Machthaber karikieren, oder wissenschaftliche Erkenntnisse oder unerklärbare Phänomene, wie auch sonstige Geisteswissenschaften verunglimpfen oder verspotten, sind vor dieses internationale Weltehrengericht zu bringen und auch in Abwesenheit schärfstens abzuurteilen. Schafft der Wahrheit Raum und säubert eure verpestete Atmosphäre in der öffentlichen Orientierung, nach der sich der Einzelne und die Völker richten. Jeder Mensch auf diesem Stern hat das gute Recht auf Wahrheit.

Wenn dieser Schmutz, der durch eure Zeitungen, euren Rundfunk, eure Theater, Kinos und euer Fernsehen weht, vom Internet ganz zu schweigen, von dieser Erde weggefegt wird, dann erst werden sich die Menschen besinnen, anders denken, sich gegenseitig mehr achten, und von sich aus jeden Unfug und jede negative Absicht ablehnen. Befolgt diesen Vorschlag, verschafft ihm Geltung und treibt euer gefährliches Spiel nicht zu weit. Gott ist immer Sieger.

Wo ist Gott?

Gott will euch helfen, darum helfen wir euch. Ihr müsst einen gewaltigen geistigen Fels überwinden, nämlich die geduldige Hinnahme der höchsten Kritik. Es fällt uns sehr schwer, euch zu tadeln; denn wir kommen in Liebe und nicht im Zorn. Doch Tadel muss sein. Ihr sagt: „Wer seine Kinder liebt, der züchtigt sie“. Wir sagen: „Wer seine Mitmenschen wirklich liebt, der weist sie auf ihre Irrtümer und Fehler hin.“ Wir sind keine Feinde. Wir führen keine Kriege im Sinn einer Eroberung. Wir unterdrücken keine Menschen, keine Menschheit und es gibt kein Recht, einen Menschen dafür zu opfern oder zu töten. Der Brudermord ist keine Heldentat, keine nationale Forderung, sondern ein universelles Verbrechen. Ein Krieg ist eine Gewaltentscheidung unter Missbrauch der menschlichen Intelligenz, Arbeitskraft, Gesundheit, Freiheit und des physischen Lebens. Jeder Krieg ist in unseren Augen der vollendete Beweis einer Unfähigkeit, mit allen Menschen eines Planeten in Harmonie, Frieden und Fortschritt zu leben. Wer einen Krieg plant und ihn vorbereitet, plant einen Massenmord, eine Massenzerstörung und

Vernichtung und versündigt sich gegen die Harmonie des Universums. Er ist unwissend, grenzenlos gottlos und befindet sich in einer Art geistiger Umnachtung. Wenn er wissend wäre, würde ihm jeder Gedanke an ein solches Vorhaben ein Grauen auslösen. Die Regierungen wissen alle, dass wir euren Stern beobachten. Aber sie wissen nicht, warum. Wenn jemand bei euch spioniert, so wird er als ein Staatsfeind verfolgt und vernichtet. So urteilen und handeln die irdischen Regierungen seit allen Zeiten. Kein Mensch kommt auf den Gedanken, dass es auch eine andere Art Spionage geben kann. Wir spionieren im Auftrage Gottes. Er ist euch unbekannt und für euch kein akzeptierter Herrscher. Ihr kennt nicht seine Fahnen und nicht seinen Thron. Ihr sagt, dass ihr noch nichts von seiner Herrschaft gespürt noch gesehen habt. Irrtum!

Eure wissenschaftlichen und technischen Berater machen alle einen großen Fehler der Betrachtungsweise. Man hält uns nur für Menschen mit euren Absichten, Fehlern und Schwächen. Aber man beneidet unsere technische Entwicklung. Man möchte uns das Geheimnis entlocken, stehlen oder rauben, selbst unter Anwendung eurer hoch entwickelten Gewalt. Wir sind für euch ein fremdes Volk, eine fremde Rasse, eine reisende Gruppe von Weltraum-Astronauten, die sich nicht recht trauen, mit euch Kontakt aufzunehmen. Irrtum.

Wir haben schon seit Jahrtausenden Kontakt mit euch aufgenommen.

- Wir haben Kontakt mit den Israeliten gehabt.
- Wir haben Kontakt mit den biblischen Propheten gehabt.
- Wir haben Kontakt mit Christus gehabt.
- Wir haben Kontakt mit den Römern gehabt.
- Wir haben das ‚Wunder von Fatima' herbeigeführt und dort Kontakt mit kindlichen Medien gehabt.
- Wir haben Kontakt im ersten Weltkrieg mit euch gehabt.

• Wir haben den zweiten Weltkrieg miterlebt.
• Wir haben uns zu äußerster Zurückhaltung gezwungen, bis wir in Japan gesehen haben, zu welch ungeheuren Sünden ihr fähig seid.

Diese Sünden sind nicht allein in eure Geschichten eingegangen, sondern in das unauslöschliche ‚Archiv des Universums'. Diese Schuld kommt nicht auf das Konto Luzifers, sondern auf das Konto jener Menschen, die für diese Untat ihre völlig freie Willensentscheidung zwischen Gut und Böse hatten. Sie waren nicht nur gottlos, sie waren unvorstellbar unwissend, um zu ahnen, was ihnen noch bevorsteht. Wir schickten unsere Botschaften an eure Regierungen, um ihnen zu sagen, dass wir keine Menschen wie ihr seid. Wir haben zwar gewisse Ähnlichkeit mit euch, aber wir haben eine ganz andere Entwicklung hinter uns. Für euch gilt in erster Linie die Materie, ihr gilt eure Entwicklung. Für uns gilt erst der Geist, ihm gilt unsere Entwicklung. Die Materie steht an untergeordneter Stelle. Nur so konnten wir die uns hemmenden Eigenschaften der Schwermaterie überwinden. Wir haben in unserer Weltanschauung das Wort ‚Gott', vielmehr das Wort ‚Urintelligenz' nicht gestrichen, noch den dazu gehörenden Begriff der Urzeugung des menschlichen Individuums. Wir haben den Begriff der intelligenten Urkraft an die höchste Stelle unseres ganzen Denkens gestellt. Und wir haben uns weder geirrt, noch je bereut. Es gibt mit eurem falschen Denken, mit eurem verfälschten Wissen, mit eurer fanatischen Gottlosigkeit, mit eurem Misstrauen gegen alles Geistige keinen Ausweg. Es sei denn, ihr habt den Mut dazu, einmal wirklich menschlich zu handeln. Ihr müsst den abergläubischen Firlefanz der gesamten Kirchen beenden, und an seine Stelle einen wahrhaftigen, hochwissenschaftlichen Gottglauben setzen. So könnt ihr die höchste und ehrenhafteste Fakultät der Universitäten schaffen, die überhaupt möglich ist.

Weg mit der entstellten Bibel, die nur dazu geführt hat, alle Menschen dieses Planeten irrezuführen, sie zu dummen, folgsamen Anhängern von Theorien, Thesen und Dogmen zu machen, die jeder Logik entbehren oder in jedem Menschen einen blinden Fanatismus erwecken, der eher für eine gute Arbeit nötig wäre. Hat sich euer Kirchenglaube, ganz gleich welcher Art, überhaupt einmal bewährt, dass man sagen könnte, es herrscht Friede über alle Grenzen? Nein! Das ist in vielen tausend Erdenjahren noch nie der Fall gewesen. Dafür gibt es alle Sünden, die man sich nur ausdenken kann. Kriege und Zwietracht von unvorstellbaren Ausmaßen und Gefahren. Wenn ihr in eurem Denken nicht den wahrhaftigen Gott, nicht sein wahrhaftiges geistiges Reich, nicht die Unsterblichkeit der menschlichen Seele setzen wollt, so helfen euch kein Gott und kein Engel. Ein Götze hilft nicht, wohl aber ein wahrhaftiger Gott wie wir ihn kennen und verehren. Warum habt ihr denn kein Verteidigungspotential für die Gemeinheit, für den Irrtum und für die wissenschaftliche Korruption in euren eigenen Ländern? Warum führt ihr den Hass und die Mordlust gegen andere Staaten ins Feld? Führt doch lieber Krieg gegen das Unrecht in eurem eigenen Hause.

Eure Frage lautet in aller Öffentlichkeit: Wo ist Gott? Warum zeigt er sich nicht? Diese Frage können wir beantworten und wir tun es nicht allein mit Worten. Wir sind Gottes Boten, und wir kommen in seinem direkten Auftrag, so wie es schon vor Tausenden von Jahren war. Wir werden euch auch die Antwort geben, die Gott für euch bereithält. Darauf könnt ihr euch verlassen! Doch macht euch keine falschen Vorstellungen, denn der wahrhaftige Schöpfer ist ein anderer Gott, als ihn eure Theologen erfunden haben. Ich meine nicht den Bibelgott, den falschen, allmächtigen, barmherzigen, alles duldenden, verzeihenden, alles liebenden und in unendlicher Dummheit bettelnden Gott und Vater von Milliarden ungezogener Kinder. Der wirkliche Herrscher des Universums ist eine andere Intelligenz, die bisher von jedem lebenden Erdenmenschen, der je auf dieser Erde gelebt hat, mit einer einzigen Ausnahme, unterschätzt worden ist.

Wir haben nicht die Absicht, euch in irgendeiner Weise Vorschriften zu machen. Doch wir wollen eure Denkweise in eine positive Richtung lenken. Euer Denken ist trotz aller Erkenntnisse der Wissenschaft, rückständig. Der Lehrstoff ist mit längst überholten und nicht mehr verwendbaren Theorien und Vermutungen jeder Art überhäuft. Die merkwürdige Liebe zu alten verstaubten Sachen macht es euch unmöglich, euch in freier Großzügigkeit davon zu trennen. Ihr habt nicht den Mut zu einer wirklich entscheidenden Konsequenz. In akademischer Anmaßung werden alle Menschen in Klassen und Stufen eingeteilt, wobei es wohlweislich so eingerichtet ist, dass die Akademiker am besten dabei abschneiden. Doch wir haben Einblick in alle Räume und zugleich in alle Herzen. Wir haben aber auch Einblick in die privaten Manuskripte und wir sehen auch die pornographischen Privatdrucke und Handarbeiten jener Leute, die vor der Weltöffentlichkeit mehrere Masken tragen, hinter denen sie ihr wahres Gesicht verbergen. Das zu sehen, würde unter den Völkern ein wahres Entsetzen auslösen.

Der Glaube an das Übersinnliche

Auf diesem Stern besteht geradezu eine Angst vor dem Übersinnlichen. Das geht so weit, dass sogar die Wissenschaft davon keine Ausnahme macht. Die Wissenschaftler geben sich alle Mühe, an keine Magie zu glauben. Wenn sie wüssten, welche wichtige Rolle die Magie in der Natur spielt, müssten sie sich schämen. Die Gefahr für sie besteht darin, dass die Magie sehr leicht zur höheren Erkenntnis und damit in die göttlichen Bereiche führen könnte. Das aber will die Wissenschaft keinesfalls. Darum zieht man eine unsichtbare Barriere um die empirische Naturwissenschaft, die alles abschirmen soll, was unter Umständen mit Gott oder unsichtbaren Geistwesen zu tun hat. Aus diesem Grunde weist man uns und unsere Botschaften zurück. Unsere Raumschiffe erscheinen ihnen zu magisch, zu übersinnlich und daher zu unreal. Da das Denken jener Leute von ihrer Studienzeit auf den Akademien und Universitäten beeinflusst, wenn nicht sogar bestimmt ist, sind sie nicht fähig, sich von gewissen Lehrsätzen und Vorurteilen freizumachen.

Der Glaube an das Übersinnliche ist nicht abstrakt, sondern erfordert nur ein tieferes Nachdenken, eine Art von Meditation. Die Aufhebung der Schwerkraft ist überhaupt nur mit Hilfe der Magie möglich. Ebenso verhält es sich mit der schwierigen Umpolung auf Antimaterie. Wenn die Magie in Abrede gestellt wird, so wird es noch sehr lange dauern, bis ihr auf den wahren Grund eures Seins stoßt. Selbst der Mensch ist ein wahres Wunderwerk der Magie. Was seine Gedanken alles können, ist euch kaum bekannt. Die Verneinung dieser Naturwissenschaft ist ein Festhalten an alten Vorsätzen und Richtlinien. Dieser alte verstaubte Geist innerhalb der akademischen Kreise muss aufgesprengt werden. Sehr wichtige Erkenntnisse warten auf den Einzug in die Hörsäle der Universitäten.

Man kann den Schöpfer nicht einfach ignorieren. Man darf den Widersacher nicht ignorieren. Beide Geistesmächte stehen sich gegenüber. Beide kämpfen um die Herrschaft der Erde. Wer die Existenz des Widersachers ablehnt, dem nützt auch kein Gottglaube. Der Feind steht mitten unter euch und seine Macht ist gewaltig. So gewaltig, dass selbst Gott, der Schöpfer, alles daran setzen muss, mit ihm fertig zu werden. Wie ohnmächtig seid ihr dagegen. Doch wenn ihr den Negativen ignoriert, oder wenn ihr nur ein wenig mit ihm sympathisiert, so seid ihr verloren. Nur Gottes große Organisation kann es euch ermöglichen, ein Leben von vorn zu beginnen, und es wird niemals leichter, sondern immer schwerer sein. Ihr solltet weniger annehmen oder voraussetzen, denn wenn euch die Grunderkenntnisse der Schöpfung nicht bekannt sind, so kommt ihr immer wieder zu Fehlschlüssen, die euch immer weiter in die gefährliche Sackgasse treiben. Unsere Zurückhaltung ist nicht ganz nach eurem Geschmack. Ihr seid kriegerisch und rachsüchtig. Aber wir sind es nicht. Es wäre zu schön für eure Führer, wenn sie uns überlisten könnten. Das hat man allzu oft versucht, aber es wird nie gelingen. Gegen eine magische Überlegenheit kämpft die Hinterlist vergeblich an. Ihr kommt nur Selbst zu Schaden.

Die enorm weit verbreiteten und tief verwurzelten Glaubensvorstellungen von Gott oder Christus, sowie Mohammed und Buddha, stehen der Wahrheit und somit meinen Ausführungen im Wege. Die Unfähigkeit der Vorstellungskraft in dieser Beziehung ruft nur ein Kopfschütteln hervor. Wer stirbt, der macht geradezu eine Fahrt ins Blaue. Was ist das für ein Zustand, wenn man sein Ziel nicht kennt? Diese Reise ins Blaue verdankt ihr euren Religionen, die euch keine Auskunft über euren tatsächlichen Aufenthalt geben können. Aber die Fahrt geht nicht immer ins Blaue, sondern oft in die Dunkelheit. Das heißt nicht, dass in dieser Dunkelheit das Bewusstsein ausgelöscht ist. Im Gegenteil, es ist superlativ wach und tätig.

Vorleben

Viele Entwicklungen auf dieser Terra können nicht in geordneten Bahnen verlaufen, weil die Mehrzahl der Menschen zu wenig über sich selbst Bescheid weiß. Wen interessiert schon seine Präexistenz, d.h. das Bestehen der menschlichen Seele vor der jetzigen Inkarnation? Die Erinnerung daran ist ausgelöscht. Das hat seinen guten Grund, denn eine Erinnerung an ein Vorleben wäre nur belastend und hinderlich. Aber obwohl die Erinnerung daran fehlt, besitzt der Mensch unbewusste intuitive Fragmente gewisser Charaktereigenschaften, Talente, Erfahrungen und sonstige psychische Eigenschaften. Alle diese seelischen Eigenheiten seiner Präexistenz machen einen individuellen Menschen aus. Diese Eigenschaften sind stärker als das Erbe, das der Mensch von seinen Eltern mitbekommt. Manche Eltern stellen sich die Frage: Wie kommt es nur, dass unser Kind so aus der Art schlägt? Niemand ist so wie dieses Kind. Die Eltern wissen nichts von einem Vorleben, das den Menschen so entscheidend geformt hat. Jeder Mensch ist Archetyp. Es ist eine völlige Verkennung und Nichtachtung der intelligenten Natur, also auch Gott, anzunehmen, dass ein Mensch, der die Fähigkeit hat zum Nobelpreisträger aufzusteigen, sich innerhalb eines irdischen Menschenlebens dazu entwickelt hat. Das ist so unglaublich absurd, dass man an der Intelligenz der gesamten Wissenschaft zweifeln könnte. Beobachtet doch besser eure Kinder von der Geburt an! Alle Kinder zeigen bereits Fähigkeiten, die sie niemals in ein paar Monaten erreichen könnten, wenn die Erfahrung nicht intuitiv vorhanden wäre. Jeder Mensch kommt in eine ihm bekannte Welt, die seine seit Jahrtausenden zugewiesene Heimat ist.

Aus diesem Grunde ist es nicht zu begreifen, dass ihr euch so voneinander abgrenzt, bekämpft und euch Rechte anmaßt, die gar nicht existieren. Jene Völker, die ihr heute erbarmungslos bekämpft, zu denen könnt ihr in wenigen Jahren schon selbst gehören. Jene Länder, die ihr beneidet oder missachtet, können morgen schon als eure neue Heimat vorgesehen sein. Das ist unbegreiflich und nur die Folge einer bösartigen Missachtung der spirituellen Forschung. Versäumt bitte diese Forschung nicht und meidet den Versuch, die Ergebnisse anders auszulegen oder zu diskriminieren! Unbewusste archetypische Eigenschaften sind trotzdem sehr stark. Es handelt sich nicht um Eigenschaften, die im Erbgut von euren Vorfahren, das heißt von anderen Menschen, stammen. Das Erbgut dieser archetypischen Eigenschaften ist individuell und gehört in die Ahnenreihe, die ihr selbst dargestellt habt. Ihr habt keinen Begriff davon, wie wichtig die Präexistenz für die Entwicklung auf dieser Terra ist.

Die wichtigste Erscheinung auf diesem Stern ist der Krieg. Die Kriegsführung reicht viele tausend Jahre zurück. Die Kriegsführung in jeder Form ist eine archetypische Erscheinung. Da jeder Mensch eine Präexistenz besitzt, von der er zwar nichts weiß noch ahnt, ist er schon seit Jahrtausenden mit jeder Form der Kriegsführung in Berührung gekommen. Die Kriegsführung hat stets in allen gelebten Leben einen großen Einfluss auf den Erdenmenschen ausgeübt. Es hat sich somit die allerstärkste archetypische Veranlagung im Menschen ausgebildet. Diese Erscheinung zeigt bereits der Säugling und schon das Kleinkind offenbart seine Angriffslust und den Willen zur Zerstörung. Da der Mensch auf einem Läuterungsstern lebt, kommt er aufgrund dieser Veranlagung nicht von der Terra los. Nur sehr wenigen Menschen gelingt es, sich von dieser teuflischen Grundeinstellung freizumachen.

Mit jeder Generation steigert sich diese in vielen Reinkarnationen erworbene Kampflust. Mit der Entwicklung der Technik und den neuen Erkenntnissen der Wissenschaft bekommt der Mensch immer neue Mittel in die Hand, seine ererbte kriegerische Veranlagung voll zur Geltung zu bringen. Die ungeheure Nichtachtung der Mitmenschen entsteht nicht in einem Erdenleben, sondern reicht bis zum Urmenschen zurück. Hier ist die Persönlichkeitsentwicklung stehen geblieben. Hier versagt der Mensch, der aufgrund seiner sich immer wiederholenden Verhaltensweise diese Bezeichnung gar nicht verdient. Der unsichtbare Steckbrief, den jeder Erdenmensch besitzt, haftet ihm auf die Dauer von Jahrtausenden an.

Wenn man das alles in Betracht zieht, so lässt sich diese Zwietracht unter den Menschen dieser Terra erklären: Intuitiver Hass gegen den Mitmenschen, gegen den Nächsten. Aber auch Neid und Missgunst sind in der Präexistenz erworbene Eigenschaften, die nicht so leicht loszuwerden sind. Der Krieg ist ein Verbrechen gegen die Menschheit. Er kann weder entschuldigt noch beschönigt werden. Jedes Lied vom Heldentum ist eine infame Lüge. Ich nenne das Ganze eine ererbte Gemeinheit, die von der Menschheit überhaupt nicht durchdacht wird.

Wir sind entsetzt über die dauernden Vorbereitungen, die für das Völkermorden gemacht werden. Auf dieser Terra sind die Armeen das Wichtigste. Die Industrie beschäftigt sich mit Superwaffen. Die Wissenschaft sucht nach Vernichtungsmitteln ohne Rücksicht auf die Gesetze von Ursache und Wirkung. Das Kausalgesetz, oder das Gesetz von Ursache und Wirkung, ist der Wissenschaft wohl bekannt. Aber wenn es sich um den Menschenmord handelt, nimmt auch sie darauf keine Rücksicht. Seid ihr wirklich so entsetzlich dumm, dass ihr glaubt, dass dieses unumstößliche Naturgesetz Ausnahmen macht, wenn es sich um einen ‚angeblich unvermeidlichen' Krieg handelt? Die Rechnung ist unausbleiblich.

Die wissenschaftlichen Erkenntnisse reichen vollkommen dazu aus, um zu wissen, dass alles dem Kausalgesetz unterworfen ist. Aber hinsichtlich des menschlichen Daseins auf dieser Terra glaubt man, dass Ursachen keine Rückwirkung haben, weil der Körper vergeht, weil er sich auflöst. Das ist noch nicht die ganze Wirkung, denn die Wissenschaft will nichts von der unsterblichen Seele wissen. Doch jeder Mensch hat Funktionen, die eindeutig auf das Vorhandensein einer solchen Seele hinweisen. Was soll ohne Wirkung sein? Wie kann man sich nur so leichtsinnig über derartige wichtige Dinge hinwegsetzen?

Die irdische Wissenschaft nimmt immer noch an, dass die Seele nichts anderes als eine Gehirnfunktion sei. Die Wirklichkeit ist aber umgekehrt. Die Seele erzeugt das Bewusstsein des Gehirns. Ansonsten hat das Gehirn selbständige Funktionen, die der Steuerung des Körpers dienen. Sie sind vegetativ, oder unbewusst. Aber auch diese Funktionen können von der Seele beeinflusst werden. Das Bewusstsein des Menschen ist erstens von der Programmierung des Bewusstseins abhängig und zweitens von der intuitiven, archetypischen Erinnerung seiner Präexistenz. Die Psychologie befasst sich mit Vermutungen, die keinesfalls der Wahrheit entsprechen.

Auch der Glaube an einen Gott, wie überhaupt jeder Glaube an eine höhere Existenz und Daseinsstufe, ist durch die Präexistenz beeinflusst. Wenn also ein heute auf Erden lebender Mensch in seinen früheren Erdenleben ständig durch die Kirchendogmen beeinflusst worden ist, besonders, wenn man von ihm einen solchen Glaubensgehorsam verlangt hat, so sind die Folgen jetzt noch zu spüren. Intuitiv, also völlig unbewusst aber erahnend, weigert sich der Erdenmensch, eine neue Religion, ein völlig neues Glaubenswissen anzunehmen. Er kann es nicht erklären, aber er sträubt sich dagegen. Auch die unglaublichen Gewaltverbrechen, die von Menschen begangen werden, denen man derartige Handlungen nicht zutraut, haben ihre Ursache in der Präexistenz. Es ist also nicht das Niveau, in dem sie aufwachsen, sondern der eigene, selbstvererbte Drang, ihre Scheußlichkeiten zu begehen. Das sind Dinge, die eigentlich die Kirchen lehren sollten. Was tun sie aber wirklich? Wir haben leider beobachtet, dass gerade die Vertreter und Hüter der Kirchen alles andere als ein Vorbild sind. Ja, es ist eine Tatsache, dass in den sakralen Räumen raucht und getrunken wird, von vielen anderen Entgleisungen gar nicht zu reden.

Leider ist es so ausschlaggebend, dass die Präexistenz so schlecht und unwahr verlaufen ist. Intuitiv ist der menschliche Geisteskern damit belastet. Ohne es zu wissen, handelt und denkt der Mensch in einer Weise, die er sich in vielen Leben angewöhnt hat. Aus dieser ihm lieb gewordenen Vertrautheit kommt er nicht leicht heraus. Erster Schritt: Gedankenkontrolle. Nur eine riesige Reformation auf geistigem Gebiet kann ihm dabei helfen.

Die Veranlagung zum Menschenhass, zur Zerstörung und zum Mord ist so stark entwickelt, dass er diese Neigung sogar auch durch Spiel und Sport zu befriedigen sucht. Der Boxkampf ist ein markantes Beispiel. Auch in der Präexistenz gab es Spiele, die den absoluten Tod zur Folge hatten. In der Seele des Menschen hat sich dieser Sadismus erhalten und sucht auf Umwegen ein Ventil. Wozu der Mensch selbst keine Gelegenheit hat, will er wenigstens auf Umwegen genießen. Er will schaurige Mordaffären im Film sehen. Er will im sicheren Sessel an den Scheußlichkeiten der Kriege teilnehmen. Er befreidigt sein prähistorisches Lustgefühl durch Bild und Ton, durch Schrift und vor allem durch seine perfide Phantasie. Das sind die Ursachen eurer miserablen Weltsituation, die eine kausale Wirkung darstellt. Dennoch schreit die Menschheit nach einem gerechten und dauerhaften Frieden. Millionen Gebete steigen zum Himmel empor. Wir setzen alles daran, euch diesen Frieden zu ermöglichen. Aber wir können euch diesen Frieden nicht mit Gewalt aufzwingen. Einen Frieden könnt ihr nur selbst gestalten. Es ist eure Sache. Wir geben euch eine Hilfe durch die Wahrheit, denn dieser Planet Terra ist ein Stern der Lüge. Der Staat ist bereit zu lügen, wenn er sich Vorteile verspricht. Die Religion belügt euch, und die Industrie tut es erst recht, um zu verdienen.

Was heißt Freiheit?

Liebe Brüder und Freunde, liebe Schwestern auf diesem Sonnenstern, den Gott mit aller Schönheit und mit allem Reichtum ausgestattet hat. Wir wissen, was euch bewegt, welche Ziele ihr anstrebt und welche Hindernisse ihr euch selbst geschaffen habt. Der Wille des Menschen ist nicht immer der Wille Gottes und die Macht des Menschen ist noch längst nicht die Macht Gottes. Ihr habt wesentliche Teile eurer bisherigen Erkenntnisse vernichtet. Verzerrte Überbleibsel in Form von Dämonentänzen und Geisterbeschwörungen deuten noch auf das einstige Wissen hin. Der Mensch ist intelligent genug, um festzustellen, dass der gesamte Aufbau und Ablauf der Natur planmäßig und geordnet nach unverrückbaren Gesetzen erfolgt. Aber der Erdenmensch ist dumm genug, diese Ordnung und Planmäßigkeit für sich selbst zu leugnen. Auch der Mensch gehört erst recht in diese göttliche Planmäßigkeit und Ordnung und seine Existenz ist auf Erden kein selbständiges Auftreten, sondern ein materialisierter Wille Gottes. Wer würde je auf den Gedanken kommen, dass ein maschinelles Elektronengehirn von selbst entsteht? Auch dieses technische Wunder braucht seinen intelligenten Schöpfer, nämlich den Menschen, der wiederum ein Werk Gottes ist.

Ihr wusstet um eure Aufgabe und um den göttlichen Plan, aber eure Priester haben die Erkenntnis um die Reinkarnation aus dem göttlich offenbarten Wissen einfach und gewissenlos gestrichen. Jetzt stöhnt ihr unter den Folgen dieser böswilligen Verleugnung universellen Daseins. Jetzt wird euch die göttliche Freiheit gefährlich und verführt zum Missbrauch.

Eure Religionen haben es fertig gebracht, die Freiheit des Menschen zu beschränken und ihn in einem Lügengewebe falscher Versprechungen festzuhalten. Eure Lügenreligion lehrt euch die Sünde. So heißt eure Lügenreligion: Betet und bittet

Gott um Verzeihung, so werden euch die Sünden vergeben. Und nun macht der Erdenbürger von diesem Versprechen Gebrauch. Er sündigt in Serien und glaubt, dass ein paar Worte alles ungeschehen machen können, weil Gott die Liebe ist. Das ist die unverschämteste Forderung an den großen Schöpfer, die uns die Schamröte ins Gesicht treibt, weil wir auch zum Menschengeschlecht gehören und ihr unsere Brüder seid. Es gibt keine andere Vergebung, als den sündigen Menschen in einen besseren umzuwandeln. Die Gerechtigkeit des Universums ist unvorstellbar und unantastbar. Wer seine Wandlung zum Guten nicht auf einer Ebene vollbringt, der wird solange in das Elend getaucht, bis er dieses Elend über hat und sich aus der Dunkelheit dem Licht zuwendet. Ich warne euch eindringlich, die Freiheit ist gefährlich, weil ihr diese Freiheit durch falsche Beurteilung sofort missbraucht. Betrachtet eure Erdenexistenz nicht als weltliches Vabanque!

Ewige Wahrheit

Das Zeitgeschehen spielt sich in Perioden ab, die einen spiralartigen Verlauf nehmen. Statt um eine höhere Erkenntnis streitet man sich immer noch,nach vielen tausend Jahren von Entwicklungsmöglichkeiten, um die bedeutendste Frage der Existenz, nämlich um Gott. Die irdische Theologie reicht nicht aus, um der Erdenmenschheit in diesem wichtigen Punkt Aufklärung zu geben. Aus diesem Grunde ist die Entwicklung im Zusammenleben und im Verstehen der Völker und Menschen zurückgeblieben und entspricht nicht dem Fortschritt, der auf anderen materiellen Gebieten erreicht worden ist. Ganz speziell ist die maschinelle und wissenschaftliche Kriegsführung so weit entwickelt worden, dass es andere Intelligenzen des Universums mit Schaudern erfüllt, wie entsetzlich rückständig die Nächstenliebe und die allgemeine Gottesliebe dagegen ist. Der Erdenmensch liebt nicht Gott. Er liebt sich selbst.

Trotz der schweren Weltkrisen rufe ich dieser Erdenmenschheit zu: Vertraut mehr auf Gott, denn diese Terra steht unter seinem persönlichen Schutz. Wir Santiner sind aufgerufen, dieser Menschheit in vielen dringenden Fällen zu helfen. Wir haben abermals keine Weltraumfahrten von vielen Lichtjahren Entfernung gescheut und wir umkreisen seit Jahren diesen Globus, um zu erkunden, wie wir die göttliche Hilfe am besten in Gang bringen können. Die Erde ist ein Entwicklungsexperiment des Schöpfers. Sie ist ein Schulungs- und Läuterungsplanet. Sie ist ein Verbannungsort für widerspenstige Menschen, denn sie sollen durch schwere Selbsterfahrung zur Einsicht kommen. Es liegt aber an euch, diese Hilfe entsprechend anzunehmen und zu eurem eigenen Aufstieg zu sichern und zu benutzen.

Glaubt nicht, dass uns diese Art der Überbringung leicht fällt. Glaubt nicht, dass die Verbreitung weniger Mühe macht. Es liegt an euch, diese ewige Wahrheit zu beschleunigen, damit der geistigen Entwicklung auf dieser schönen Terra nichts im Wege steht.

Die Theologie belehrt die Menschheit nicht über das Leben nach dem Tode, obwohl es bekannt ist. Sie verschweigt die Reinkarnationslehre. In das theologische Wissen müssen unter allen Umständen folgende Wahrheiten aufgenommen und gelehrt werden:

• Die Konfessionen spielen in der Entwicklung des Menschen keine Rolle.

• Christus wollte die Überlieferungen der Israeliten berichtigen, gemäß den Wahrheiten, die von den Santinern zu dieser Erde gebracht worden sind.

• Der Blick der gesamten Menschheit darf nicht nur auf das Materielle und Irdische gerichtet sein. Die Menschheit muss ihren Blick schon im materiellen Leben auf die geistige Fortsetzung des Lebens in anderen Dimensionen richten.
• Jede menschliche Seele kann nur durch eigenes Lernen, durch eigene Charakterschulung im Laufe der Zeit ihren Charakter festigen und durch positives Denken und Handeln, vervollkommnen.
• Der Geist ist aus Gott geboren, daher ist er unsterblich.
• Die Seele hat sich aufgrund göttlicher Gesetze nach und nach entwickelt. Sie hat eine unfassbare Zahl von Entwicklungsstufen durchlaufen, bis sie inkarnationsreif wurde.
• Es gibt keinen ewigen Schlaf, sondern eine unmittelbare Auferstehung, wie sie euch Christus praktisch zeigte. Die Auferstehung Christi ist keine Ausnahme. Sie trifft für jeden Menschen zu. So wie Christus sich nach seinem Tode zeigte, so zeigen sich auch heute noch viele Verstorbene ihren Angehörigen, besonders bei den medialen Naturvölkern oder dort, wo eine überaus ehrliche und herzliche Verbindung bestand.
• Der materielle Leib Christi wurde von den Santinern dematerialisiert. Das geschah, um dem wundersüchtigen Volk zu zeigen, dass Gott seine Hand im Spiel hatte.
• Die Grabinschriften der zivilisierten Völker sind für alle auf Erden lebenden Menschen irreführend, da sie nicht der Wahrheit entsprechen. In Wirklichkeit müsste es heißen: „Hinübergegangen ins geistige Reich. Seine Aufgaben auf Erden sind nun beendet. Seine Mission im Reiche des Herrn beginnt wieder aufs Neue."
• Das biblische Dogma von der Auferstehung am Jüngsten Tage ist die Keimzelle des Atheismus. Sie nimmt jedem Hinterbliebenen jede Hoffnung auf ein Wiedersehen.
• Der Erdenmensch hat keine Übersicht über das Verhältnis, in dem er zu seinen Mitmenschen steht. Jeder Mitmensch kann geistig sein engstes Familienmitglied sein. Er kann im geistigen

Reich mit ihm in großer Freundschaft zusammen gelebt haben. Er kann in einer früheren Inkarnation Vater, Bruder, Mutter, Schwester oder ein anderes Familienmitglied gewesen sein.

• Der auf Erden lebende Mensch verfolgt seine eigene geistige Sippe, auch wenn diese Mitglieder anderer Rasse oder anderer Staatsangehörigkeit sind.

• Die Reinkarnation ist eine Tatsache, die sich nach natürlichen Gesetzen richtet. Geistwesen, die hierüber anderer Meinung sind, haben keine Erfahrung auf diesem Gebiet. Sie können sich nicht erinnern. Bedenkt immer die Entwicklungsstufe. Jeder kann nur das mitteilen, was er selbst erfahren hat.

• Die interplanetarische Bruderschaft, oder weiße Bruderschaft, bezieht sich nicht allein auf alle lebenden Menschen in einem einzigen Sonnensystem. Ihr müsst wissen, dass es Tausende von bewohnten Sternen gibt, die sich in einem Teil des Universums befinden. Es gibt aber Sonnensysteme, deren Planeten überhaupt nicht bevölkert sind und es gibt wiederum Sonnensysteme, die nur einen bewohnten Planeten haben. Zur interplanetarischen Bruderschaft zählen solche Sterne, die eine bestimmte Entwicklung im Plane Gottes erreicht haben. Diese Menschheiten haben hohe geistige Erkenntnisse erreicht und betreiben keinen Krieg und kennen keinen Atheismus. Die Erde ist ein kriegerischer Stern und deshalb gehört er auch nicht zur Bruderschaft. Aber wir sind bemüht, dass sie einmal dazu gehören wird.

Die Theologie kocht ohne Wasser

Wenn ihr einmal soweit seid, dass ihr die Achtung vor dem Leben habt, besonders aber die Achtung vor dem menschlichen Leben, dann könnt ihr langsam daran gehen, Gott selbst die Ehre zu erweisen. Dazu bedarf es keiner theatralischen Gesten und Gebete. Verehrt ihn bitte in der Weise, wie es ihm zukommt, nämlich in positiven Gedanken und Taten, vor allem in der Art,

die man unbedingt von einem Menschen verlangen kann, nämlich in der Menschlichkeit.
Als ersten Versuch müsste der Gläubige darüber nachdenken, ob diese Menschheit nur allein auf dieser Terra vorhanden ist. Er müsste ferner darüber nachdenken, warum der Mensch in verschiedenen Rassen vorhanden ist. Wo kommen die Rassen her? Sind es vielleicht Menschen von anderen Sternen, die sich hier auf der Terra angepasst und weiterentwickelt haben? Auf diese Weise wird sich der Mensch dem Kosmos und dem Universum nähern, denn die Theologie hat ihn davon abgehalten. Er muss von der Einseitigkeit des irdischen Denkens unbedingt loskommen. Der Mensch lebt nicht nur auf dieser Terra, für ihn steht ein ganzes Universum zur Verfügung. Das irdische Leben vollzieht sich nur als eine Bewährungsprobe mit einem Leihwerkzeug, dem menschlichen Materiekörper, der durchaus noch nicht seine letzte Reife hat. Dann kommen neue Bewährungsproben mit neuen Aufgaben und neuen Perspektiven, ja, mit neuen Leihwerkzeugen, besserer Entwicklung, die noch mehr Verantwortung und Sorgfalt erfordern.

Das alles sind Dinge, mit denen eure Theologie überhaupt nichts zu tun haben will, und doch sind sie so wichtig. Wenn ihr mit Adam und Eva anfangt, dann könnt ihr weder euch selbst noch die Menschheiten begreifen. Adam und Eva könnt ihr aus eurer Bibel ganz entfernen, es ist eine Torheit, die nur Schaden anrichtet. Die Wiege der Menschheit ist eine geistige. Die Wiege der materiellen Menschheit ist so enorm verschiedenartig und auf so ungeheure Räume erstreckt und von einer Zeit, die nach Äonen zählt, dass es unmöglich ist, im einzelnen darüber zu berichten. Eure Theologie redet den Menschen ein, dass Gott allwissend und allmächtig ist. Mit diesen Fähigkeiten könnte er den Menschen reich oder arm machen oder seine Feinde zerschmettern. In diesem Glauben flehen Millionen von Menschen

Gott an, ihnen auf diese oder jene Weise zu helfen. Welch ein Irrtum!

Der Mensch vertritt auf Erden die Allmacht über diese Dinge. Er zerschmettert die Feinde oder übt Rache an den Schwächeren. Er versetzt sich in Reichtum oder lässt den Nächsten kaltblütig sterben. Diese Feststellung gibt den Atheisten mächtig Wasser auf ihre Mühlen. Sie sehen darin die Bestätigung, dass Gott eine Phantasiegestalt sei, vor der man sich nicht zu fürchten braucht, und vor der man auch keine Achtung zu beweisen braucht. Ich muss leider zugeben, dass diese Atheisten in gewisser Hinsicht Recht haben.

Aber die Wirklichkeit sieht doch ganz anders aus. Da der Mensch nicht nur in diesem Erdenleben lebt, sondern geistig in einer anderen Welt und darüber hinaus noch in anderen Welten, ist er der Rechenschaft voll und ganz ausgesetzt, nur, dass der Zeitpunkt ein anderer ist, als er ihn bestimmen möchte. Die Strafe entzieht sich der menschlichen Beobachtung, solange der Mensch in der Materie seine Bewährung absolviert. Das ist Aufgabe der Theologie. Sie hat sich nicht allein mit Gott auseinander zusetzen, sondern mit dem gigantischen Leben im ganzen Universum. Der Himmel darf von der Theologie nicht verfälscht werden, auch nicht die ewige Existenz der menschlichen Seele. Was die Theologie nicht darüber weiß, muss sie mit allen Mitteln erforschen. Sie darf deshalb nicht vor den spirituellen Möglichkeiten zurückschrecken. Die Medialität ist der Grundstoff und die tatsächliche Grundlage der Erforschung jener Bereiche, die den Geist betreffen. Die Theologie will weiter ohne Wasser kochen. Das ist eine Unmöglichkeit in religiösen und geistigen Belangen.
Der Atheismus lehnt die Existenz Gottes und das Weiterleben im Jenseits konsequent ab. Die Theologie lehnt jede Verbindung mit den Bereichen des Jenseits ab. Sie macht sich von Gott und dem

Weiterleben jenseits der Materie ein eigenes Bild, je nach menschlicher Auffassung und Phantasie, ohne die Meinung der im Jenseits lebenden Menschen anzuhören. Wo bleibt da die Logik?

Autorität und Antiautorität

Gott selbst besitzt keine Autorität über das, was auf Erden geschieht und dem Menschen überlassen ist. Diese Autorität hat Gott den Menschen übertragen. Das sind harte Worte. Was das menschliche Gesamtschicksal auf diesem Stern betrifft, so gehört diese Aufsicht nicht zur Aufgabe des Urgeistes, sondern in den Aufgabenkreis einer untergeordneten Organisation.
Wenn diese Menschheit, die nur eine unter vielen Tausenden ist, nicht auf die positiven Lehren hört, so liegt das am schlechten Willen der Menschen. Ein Generaldirektor einer großen Firma ist auch nicht immer unterrichtet, wenn es in einer Abteilung Streit gibt. Das ist dann Sache des entsprechenden Abteilungsleiters. Auch die Menschheit dieser Terra hat verantwortliche Abteilungsleiter des Universums. Ich bin auch einer dieser Bevollmächtigten. Man hat mich aufgrund vieler Erfahrungen zur Unterstützung herangezogen, weil es hier besonders schlimm zugeht.
Da es sich im Falle Christi um einen Abgesandten der göttlichen Aufsicht handelte, so beriefen sich die Theologen auf die angenommene Allmacht Gottes. Doch das war ein großer Irrtum, denn Gott holte den sterbenden Gottessohn nicht vom Marterkreuz. Im Gegenteil. Er ließ ihn grausam sterben und das zum Spott aller Mitschuldigen. Hierfür aber musste eine Erklärung gefunden werden. Sie lautet nach menschlichem Unverstand: Der allmächtige Gott ließ Christus sterben, damit die Menschheit von den Sünden erlöst wird. Ein unschuldiger Prügelknabe für die ganze Menschheit; die nun jede Verantwortung und jede

Rechtssprechung los ist. Ich sage euch mit meiner ganzen Kraft der Eindringlichkeit: Das ist ein gefährlicher Irrtum, den ihr alle bereuen müsst, wenn ihr von eurer Logik keinen rechten Gebrauch macht! Es gibt keine Bluterlösung! Der Tod Christi ist ein Verbrechen und es ist eine Unverschämtheit der Theologie, es so hinzustellen, als ob Gott dieses Verbrechen geduldet, ja darüber hinaus gewünscht hat. Diese Frechheit ist unverzeihlich; denn Gott ist kein Verbrecher, auch nicht aus Liebe. Christus wies euch allerdings einen Weg der Erlösung, so wie ich es auch tue. Einen anderen Weg gibt es nicht! Nur durch besseres Denken und besseres Handeln. Nur durch eine Erziehung zum besseren Menschen kann der Mensch seinen Weg in bessere Daseinsstufen finden! Ein Lehrer, auch wenn er ein beauftragter Lehrer Gottes ist, kann mit seinem Tod keinen einzigen Menschen erlösen, auch wenn dieser Tod noch so grauenvoll ist. Das ist menschlicher Unsinn.

Es fehlt der Moralunterricht in den Schulen. Stattdessen wird eine falsche Philosophie gelehrt. Heute werden die Kinder bereits zum Widerstand gegen die Lehren und Erfahrungen erzogen. Wenn jedoch die Autorität untergraben wird, so muss nach dem Kausalgesetz die Wirkung kommen. Diese Wirkung heißt: Nichtachtung der menschlichen Gesellschaft.
Wer aber kennt die verbrecherischen Anlagen in einem Menschen? Durch eine Erziehung zur Antiautorität werden diese Anlagen frei. Ihr könnt nicht übersehen, wie sich diese Freiheit der niederen Instinkte in 20 oder 30 Jahren auswirkt. Wenn der Lehrer nichts taugt, sind auch seine Lehren nicht verlässlich. Wenn das Vorbild versagt, ist nichts Positives vom Nachbild zu erwarten. Jeder Mensch braucht eine Autorität, der er gehorchen muss. Wenn er das nicht tut, kommt er zu Schaden. Die Autorität ist ja dazu da, den Schützling auf ein höheres Niveau zu führen. Diese Menschheit braucht ganz besonders eine Autorität, denn sie ist in hohem Maße schutzbedürftig, weil sie geistig unterent-

wickelt ist. Eine Autorität muss aber ein Vorbild sein, sonst besteht kein Anrecht auf eine Autorität, das heißt sie muss verdient sein, um die Achtung zu genießen. Hier sind wir am Kernpunkt der Erziehung.

Wenn die Autorität nicht geachtet und anerkannt wird, werden auch ihre Lehren und Gesetze nicht beachtet. Jede Autorität ist in gewissem Sinne ein Gesetzgeber. Auch die Vorschriften gehören zum Gesetz. Das beginnt bei den Eltern und hört beim Schöpfer auf. Diese Tatsache kann nicht ausgeschlossen werden. Es ist unmöglich und führt somit nur zum Chaos. Der Widersacher Gottes hat die Autorität Gottes missachtet. Das war der Fall in sein Chaos!

Wer also die Autorität Gottes nicht anerkennt, dem geht es nicht anders. Er geht dem Chaos zu. Gott ist heilig. Wer ihn nicht als Autorität anerkennt, dem ist nichts heilig. Er nimmt auf nichts mehr Rücksicht und nur die Angst kann ihn vor etwas zurückhalten. Die Kinder und Jugendlichen brauchen die Autorität der Eltern und Erzieher. Sind diese positiven Vorbilder, so werden sie auch die Vorschriften beachten. Sind sie es aber nicht, werden ihre Vorschriften in den Schmutz getreten. Nun kann man Kinder nicht antiautoritär erziehen, denn in diesem Augenblick gibt man selbst zu, dass man die Autorität verspielt hat und als Vorbild schon gar nicht in Frage kommt.

Als der Prophet Mose etwa sechs Wochen lang als Gast in einem Weltraumstrahlschiff von uns Santinern belehrt wurde, konnte er unsere Ausführungen nicht richtig verstehen. Sein Verstand und seine Bildung waren dafür völlig unzureichend. Trotzdem haben wir ihm klargemacht, wie wichtig die Autorität im Leben des Menschen ist. Aus diesem Grunde haben wir nichts dagegen einzuwenden gehabt, dass der Raumschiffkommandant für Gott gehalten wurde. Auch späterhin sind viele Santiner für Götter gehalten worden. In einem anderen Falle wäre diese Ehrfurcht vor den Göttern sofort ins Gegenteil umgeschlagen und man hätte uns für gefährliche Feinde gehalten. Ich will mit diesem Beispiel klarmachen, wie schnell die Achtung vor der Autorität in eine furchtbare Feindschaft umschlagen kann. Das gleiche Beispiel haben die Erdenmenschen bei Christus vor Augen. Erst der große Lehrer und Heiler, der Erlöser, dann aber plötzlich, weil seine Göttlichkeit angezweifelt wurde, der todbringende Hass. Eine Autorität muss verdient sein, sonst ist sie nur eine unangenehme Diktatur.

Das gesamte Universum gibt darüber Auskunft. Wer das nicht beachtet, ist inkorrekt. Die unvorstellbare Intelligenz der Natur übersteigt das Denken ganzer Menschheiten mit allen ihren wissenschaftlichen und technischen Hilfsmitteln. Aber in der Natur liegt Liebe, Schönheit und Fortschritt. Das sind Garanten der Autorität, auch wenn sie nicht an einen Menschen gebunden ist, sondern als ein materieloses Bewusstsein existiert. Wenn diese Autorität außer Zweifel ist, so sind auch ihre Gesetze und Vorschriften zu beachten und zu befolgen. Nur das kann die Menschheit vor Schaden bewahren. Es ist dasselbe, als wenn ein Vater zu seinem Kinde sagt: „Geh nicht aufs Eis, denn sonst brichst du ein!“ Wird dieser gutgemeinte Ratschlag nicht befolgt, so tritt die Kausalität in Kraft und der Schaden ist unausbleiblich. Aber man kann nicht die Autorität dafür verantwortlich machen, wie es die Erdenmenschen in fast allen Fällen tun.

Gleichnisse

Ich will euch ein Gleichnis dazu erzählen: Nehmen wir an, dass eine Gruppe von mutigen Menschen eine Reise zum Mars unternimmt und dort gut ankommt, aber nicht mehr von dort zur Erde zurückkann. Eine andere Gruppe von geltungsbedürftigen

Menschen macht sich von den nun auf dem Mars lebenden Menschen allerlei phantastische Vorstellungen, zum Beispiel ob sie noch am Leben sind, oder ob sie dort herzlich aufgenommen worden sind, kurzum, sie halten es für überflüssig, durch Spezialfunk mit ihnen Verbindung aufzunehmen, um sie selbst darüber zu befragen. In Wirklichkeit versuchen die auf dem Mars lebenden Menschen mit allen Mitteln eine Funkverbindung mit der Erde herzustellen, aber auf der Erde reagiert man nicht darauf, man ignoriert sie einfach, weil man glaubt, dass eine solche Verbindung nicht möglich sei. Aber die geltungsbedürftigen Erdenmenschen wollen der Erdenmenschheit etwas über den Mars berichten, und nun lassen sie ihrer Phantasie vollen Lauf. Sie erfinden die tollsten Dinge, die sie als Wahrheit ausgeben. Und es gibt genug Leute, die ihnen bedingungslos alles glauben, während andere den Schwindel erkennen und sich von der ganzen Angelegenheit angewidert abwenden.

So sieht es mit den göttlichen Spekulationen bei euch aus. Eure Theologie verlangt vom Menschen einen bedingungslosen Glauben an das, was vorgesetzt wird. Jede Kritik ist Ketzerei, und jede Logik ist verboten. An der Gotteslehre darf nicht gezweifelt werden, sie genießt die größte Immunität, die es je gegeben hat. Wir sind der Meinung, dass es nicht darauf ankommt, an göttliche Wunder zu glauben, sondern, dass es weit wichtiger ist, jede Existenz im ganzen Universum, selbst die kleinste unsichtbare Strahlung oder Schwingung, als absolute natürliche Selbstverständlichkeit zu akzeptieren. Alles, was in die Existenz gerufen ist, bleibt eine Selbstverständlichkeit, wobei nur zu beachten ist, dass keine Entgleisungen vorkommen, die der Aufwärtsentwicklung des Weltenplanes schaden.

Wenn ein Mensch das innere Bedürfnis hat, zu Gott zu beten, so braucht er sich dessen nicht zu schämen, denn es ist durchaus natürlich. Aber er braucht sich deshalb nicht albern und irrsinnig

zu benehmen im Glauben, dass er damit einen besseren Eindruck auf die geistige Welt macht.
Wieder ein Gleichnis dazu: Ein Arbeiter befindet sich in finanziellen Schwierigkeiten. Er möchte zum Fabrikleiter, um ihn um eine Geldzulage zu bitten. Aber er wird gar nicht so weit vorgelassen, weil der Fabrikbesitzer seine Angestellten hat, die ihn vertreten. Endlich gelingt es dem Arbeiter, seinen Abteilungsleiter zu sprechen. Nun wirft er sich vor diesem auf den Boden, ringt die Hände und jammert in allen Tonarten, während der Text, den er stammelt, für solche Fälle schon hundertmal auswendig gelernt wurde. Der Abteilungsleiter glaubt, es mit einem Verrückten zu tun zu haben, und er entlässt ihn aus der Fabrik, damit nicht noch andere davon angesteckt werden. Wer Ohren hat, der höre.

Christus sprach in Gleichnissen. Ich sehe mich veranlasst, das gleiche zu tun, weil ich erfahren habe, dass ihr außerordentlich schwer von Begriff seid.

Die falschen Vorstellungen der Religionen

Jetzt komme ich zum Jenseits. Das Wort hat es in sich. Was darüber schon gelacht und gespottet worden ist, wird jeder von euch selbst bestätigen können. Warum eigentlich? Was hat euch das Jenseits getan? Was heißt das eigentlich, das Jenseits? Ich gebrauche das Wort ‚Jenseits', weil es in eurem Sprachgebrauch üblich ist. In Wirklichkeit akzeptiere ich diesen Ausdruck nicht, weil er für den tatsächlichen Begriff nicht passt! Das Wort ‚Jenseits' trennt eure Welt von der Welt des Geistes. Ihr vergesst dabei, dass die Welt des Geistes tief in eure Welt hineinragt, so dass von einer absoluten Trennung gar nicht die Rede sein kann. Es gibt keinen in der Materie lebenden Menschen, der nicht Tag und Nacht geistig mit der Welt des Geistes verbunden ist. Jeder menschliche Gedanke ist ein Prozess, der sich bereits im sogenannten Jenseits vollzieht. Jedes körperliche Gefühl und jeder Bewusstseinsvorgang ist mit der Welt des Geistes verbunden, so wie die Elektrizität im Weltall vorhanden ist und trotzdem durch Draht und Maschinen geleitet werden kann. Auch das Jenseits gehört zum Diesseits, mit dem es eine große universelle Einheit darstellt. Diese Einheit weist nur zwei verschiedene Merkmale auf:

- Den Geist im Astralkörper.
- Den Geist im Materiekörper.

Der Geist wechselt von einem Körper in den anderen. Es sind Wechselbeziehungen, die keinesfalls einen Begriff, wie das Wort ‚Jenseits' ihn darstellt, rechtfertigen. Kein Wunder, dass der Mensch unwillkürlich davor zurückschreckt, wenn er durch diesen Begriff ‚Jenseits' auf den Gedanken gebracht wird, dass sein Geist einer völlig von ihm getrennten Welt gegenüber steht. Ihr müsst wissen, dass das geistige Reich ein Teil eurer Welt ist und dass es mit zum menschlichen Leben gehört.

Das Leben könnt ihr nicht auslöschen. Es ist eine Kraft Gottes. Aber ihr könnt das Leben vom materiellen Körper trennen, sofern ihr den Körper für den Geist, der das Leben ist, unbenutzbar macht. Aber das ist eine Sünde. Darum heißt es in eurer Bibel: „Was Gott zusammengefügt hat, soll der Mensch nicht scheiden!" Das heißt, ihr sollt durch mutwilliges Töten, den Geist nicht vom Körper scheiden. Unsinnigerweise haben die Priester diese Bibelstelle wie viele andere nach ihrer Auffassung ausgelegt. Gott fügt keine Ehen zusammen. Die Menschen suchen sich ihre Lebensgefährten selbst.

Was geschieht, wenn der Mensch geboren wird? Darüber schweigt die Theologie. Eine im geistigen Reich lebende Seele wird auf Null geschaltet. Sie passt sich dem Kinde an und tritt eine Bewährungsprobe im irdischen Dasein an. Völlig unbelastet durch die Erfahrungen in früheren Leben hat sie Gelegenheit sich neu zu orientieren. Aus früheren Leben hat sie eine charakterliche Entwicklung erreicht, die ihr geblieben ist. An diese Entwicklung kann sie weiter anknüpfen.

Was geschieht, wenn ein Mensch stirbt? Darüber schweigt die Theologie. Eine in der Materie lebende Seele wird vom materiellen Körper abgeschaltet. Die geistige Verbindung reißt ab. Damit beginnt das selbständige Leben in einem Geistkörper, der aus immateriellen Baustoffen und Kleinstbausteinen des Universums aufgebaut ist. Er hat alle Organe, die der materielle Körper auch hat. In diesem Körper muss die Seele von ihren irdischen Erfahrungen einen rechten Gebrauch machen, damit sie sich in der großen Gemeinschaft und in der Schöpfungssphäre bewähren kann. Sie muss geistig am Plane Gottes fleißig mitwirken. Die geistige Verbindung zu einem materiellen Körper ist dann nur noch zeitweise und unter gewissen Bedingungen möglich. Es ist nicht mehr der eigene Materiekörper, sondern es kann jeder andere menschliche Körper sein, der noch benutzbar ist und den man in diesem Falle ein Medium nennt.

Die Gesetze Gottes fielen nicht vom Himmel. Sie wurden durch das Weltall transportiert. Es handelt sich um keine Prophetie, keine Inspiration, keine Stimme aus dem Jenseits, keine menschliche Überlegung, sondern diese Gesetze wurden von unseren Vorfahren am Berge Sinai überbracht. Dieser Dekalog ist nicht nur für die Menschen dieser Erde bestimmt, sondern für die Menschheit im ganzen Universum. Das Weltjudentum hat eine falsche Vorstellung von diesem Vorgang. Gott hat diesen Planeten noch nie betreten. Auch das Christentum ist im Irrtum, wenn es annimmt, dass Christus zur Person Gottes direkt gehört. Er war Gottes Werkzeug. Im gleichen Sinne bin auch ich nur ein Werkzeug. Trotzdem bin ich ein Sprecher Gottes. Mose war ein

Schüler unserer Vorfahren, die ihn in ihrem Raumschiff belehrten. Doch Mose hielt dieses Raumschiff für den Thron Gottes, was ihm nicht übel genommen werden darf. Er hatte keine Kenntnisse von einer Raumschifftechnik. Aus diesem Grunde erzählte er seinen Vertrauten, dass es ihm vergönnt war, mit Gott zu sprechen. Wer nicht an diese Überbringung glaubt, der kann auch nicht an die Existenz des Schöpfers glauben. Jedes Gesetz ist mit Strafe und Buße verbunden. Auch das göttliche Gesetz macht davon keine Ausnahme.
Das Gesetz Gottes ist nicht nur für das Erdenleben gültig. Im Gegenteil, es wirkt sich auch nach dem Erdenleben aus. Der Sendbote Christus hat eindringlich auf diesen Punkt hingewiesen. Gottes Gesetze sind Naturgesetze. Wer gegen die Naturgesetze handelt, den trifft die Macht der Folgen.

Ihr müsst wissen, dass wir Santiner auf unserem Heimatplaneten Metharia schon vor sehr langer Zeit hervorragende Kenntnisse und Erfahrungen in der Telepathie hatten. Wir verständigen uns über unendliche Weiten von Raumschiff zu Raumschiff, von Raumstation zu Raumstation und sogar von Stern zu Stern. Wir haben festgestellt, dass die Telepathie merkwürdigerweise bei größeren Entfernungen zunimmt. Sie schwingt sich auf und wird somit verstärkt. Für kürzere Strecken benutzen wir einen technischen Telepathieverstärker. Es gibt keinen Zeitverlust. Die Telepathie ist die schnellste Verbindung, die es zwischen zwei Polen gibt. Sie ist mindestens 100mal schneller als das Licht. Ihre wirkliche Geschwindigkeit ist nicht zu messen. Auf diese Weise standen unsere Vorfahren schon vor Tausenden von Jahren mit der göttlichen Hierarchie in Verbindung. Diese göttliche Hierarchie kann viele Lichtjahre von uns entfernt sein. Wir stehen trotzdem mit ihr in laufender Verbindung. Wir erhalten jede Weisung, und wenn Gott oder ein Beauftragter einen Befehl an uns gibt, so vergehen kaum Minuten, denn wir sind sofort informiert. Aus den Bereichen der göttlichen Hierarchie haben unsere Vorfahren die Gesetze empfangen. Die Richtigkeit wurde noch viele Male bestätigt.

Was den Schöpfer anbetrifft, so handelt es sich nicht um eine Person, sondern um ein regierendes Zentralbewusstsein, das im ganzen Kosmos vorhanden und unvorstellbar tätig ist. Von diesem Zentralbewusstsein gehen nicht nur eigene Gedanken aus, sondern eine Telepathie, die ganze Menschheiten in riesigen Entfernungen erfasst. Da jedoch die Telepathie bei den intelligenten Erdenmenschen fasst verkümmert ist, so wird die Gedankensendung des Zentralbewusstseins, also Gottes, von den meisten Erdenmenschen nicht erfasst. Diese Erklärung ist so einfach, dass sie von euren Wissenschaftlern und Theologen leicht begriffen werden kann. Für die Telepathie gibt es auch bei euch inzwischen viele Beweise. Aus diesem Grunde gehört sie nicht mehr zum Okkultismus, sondern, sie ist bereits wissenschaftlich anerkannt. Weil die intellektuelle Zivilisation eurer Terra nicht mehr selbst der Telepathie fähig ist, nimmt man an, dass es sich bei den noch natürlich reagierenden Menschen um einen unsinnigen Aberglauben handelt.

Das Reich Gottes auf der geistigen Ebene ist keine Utopie. Wenn die großen Religionsgemeinschaften dieser Menschheit diese Feststellung nicht genügend untermauern können, so liegt das an ihrer Unwissenheit.

- Das Dogma: Gott hat seinen Sohn Jesus Christus für die Menschheit geopfert.
- Die Wahrheit: Die Allwissenheit und Logik Gottes, die weit vorausschauend ist, hatte gewusst, was dem Messias Jesus Christus bevorstand. Gott hätte ihn daher retten müssen, wie jeder verpflichtet ist, jemanden vor dem Tode zu retten. Aber auch alle anderen Menschen sind Kinder Gottes. Die Allmacht Gottes rettet jedoch keine Menschen vor dem Tode, selbst wenn

sie durch Verbrechen umgebracht werden. Gott schaut durch seine geistigen Vertreter zu.

Seine Gesetze erreichen jeden Frevler, wenn er sich in die Dimension Gottes begibt, also in den Tod geht, so wie ihr es nennt. Das Dogma stempelt Gott zu einem grausamen Vater, der seinen Sohn verenden lässt, damit den Verbrechern verziehen wird. Aus diesem Dogma kann nur eine Respektlosigkeit vor Gott entstehen, ein dummer, unlogischer Gott, wie ihn nur die Dummheit eines fanatischen Priesters erfinden konnte. Es gibt keine Erlösung durch Blutvergießen irgendwelcher Art! Unsere Vorfahren haben das Blutvergießen der Juden schwer gerügt. Auch kein Tieropfer kann eine Versöhnung mit Gott bewirken. Nur der Charakter eines Menschen ist dazu imstande, auch wenn er nicht an Gott glaubt. Es ist keine Utopie, dass ein charaktervoller ‚Heide' bessere Aussichten für sein ewiges Leben hat, als ein frommer Heuchler oder religiöser Egoist. Der religiöse Egoismus besteht darin, dass man von Gott verlangt, dass er Sünden verzeiht, die aus voller Überlegung und aus krassem Egoismus begangen worden sind. Wo bleibt da die Logik?

Der verleugnete Geist des Menschen steht auf und befindet sich in geistiger, bewusster Tätigkeit. Was glaubt ihr, wie entsetzlich ein Zustand ist, wenn man aus dieser Perspektive erkennt, was man auf Erden angerichtet hat?
• Das Dogma: Gott ist überall, auch in allen Dingen.
• Die Wahrheit: Gott hat seinen Stellvertreter für diese Terra. Gott hat seine Vertreter auch für andere von Menschen bewohnten Sterne. Seine Gegenwart vertritt das Gesetz. Wenn Gott überall ist und in jeden Winkel schaut, so tut er das durch seine Helfer, durch jene Geistwesen, die sich qualifiziert haben, ihm zu dienen. Diese Wesen sind in großer Zahl um euch herum, hören und schauen euch zu und sind telepathisch mit euren Gedanken verbunden.

Wenn Gott in allen Dingen ist, so handelt es sich nicht um Gott, sondern um seine Kraft. Diese Kraft hat nichts mit seinem Bewusstsein zu tun. Unvorstellbare Wunder und zauberhafte Möglichkeiten hat das Universum zu bieten, sowohl materiell als auch geistig. Was wisst ihr über Gott? Ihr stellt ihn euch nur als einen alten Mann vor, der zaubern kann und sehr gütig ist. Ja, von einfältiger Dummheit, weil er den größten Schurken liebt und jede Lästerung einsteckt. Das ist eine harte Nuss für uns, die Christus den Tod brachte. Wo hat sich eine Religion wirklich die Mühe gemacht, Gott zu verstehen und ihn zu verteidigen?

Auf dem Stern Erde sind die meisten Menschen, welche die Wahrheit verkündet haben, verfolgt und umgebracht worden. Auch jene Menschen, die für ihre Mitmenschen das Gute tun, werden missachtet und böswillig verfolgt. Dies zeugt von einem sehr niederen Niveau, denn man muss in der Beurteilung nicht von den Wenigen ausgehen, sondern von der Masse. Die politischen Interessen der Gewalt regieren über die Interessen der Wahrheit. Gott wird als eine Konkurrenz der Staatsführung betrachtet. Diese Auffassung vertrat man schon, als Christus verurteilt wurde. Wir haben dazu mehr als 4.000 Jahre auf eine Besserung gewartet. Zwar ist ein Fortschritt der allgemeinen Entwicklung zu verzeichnen, aber die geistige Einstellung des Menschen hat sich nicht geändert. Im Gegenteil.

Bisher hat Gott immer noch gewartet. Ihr könnt euch auch nicht damit trösten, dass es keinen Gott gibt. Es gibt ihn doch, und ihr könnt nicht achtlos an dieser Tatsache vorübergehen. Wer daran zweifelt, dem ist nicht zu helfen, denn sonst müsste Christus ein Lügner gewesen sein. Er hat die Reinigung dieser Erde prophezeit und seine Prophezeiung wird in absehbarer Zeit eintreten. Darum können wir euch nicht genug warnen, unsere Botschaften wirklich ernst zu nehmen. Diese Vorbereitungen sind so real, dass Millionen Erdenmenschen bereits davon träumen, weil sie dieses Geschehen vorausahnen und telepathisch erfassen. Für dieses Traumphänomen werden eure Psychologen keine Erklärung finden. *(Viele Menschen hatten und haben Träume, in denen sie mit Kleinstraumschiffen von der Erde abgeholt und in große Mutterschiffe gebracht werden, die in vielen Kilometern Höhe die Erde umkreisen. Oft wurden die Kleinstraumschiffe als ferngesteuerte Kugeln beschrieben; Anm. d. Hrsg.)*

Jeder Mensch lebt geistig weiter

Ich weiß, dass es viele Besserwisser gibt. Diese Besserwisser spotten über jene Menschen, die an uns glauben und die uns mit verzweifelten Anstrengungen unterstützen. Warum kommt Ashtar Sheran zu den Spiritualisten und nicht zum Papst oder zum Präsidenten der Vereinten Nationen? Warum muss Ashtar Sheran ein spirituelles Medium benutzen, um das zu sagen, was die ganze Menschheit betrifft? Ich sage euch, dass wir einen gottgläubigen Arbeitskreis einem atheistischen Kongress vorziehen. Durch den Umstand, dass ihr nur die materielle Frequenz wahrnehmen könnt, seid ihr noch lange nicht berechtigt, euch als feindliche Wesen zu benehmen. Euer Hass untereinander ist menschenunwürdig! Die Erdenmenschheit begibt sich mehr und mehr aus der Gemeinschaft des universellen Menschentums hinaus.

Obgleich die meisten Menschen es für Humbug halten, wenn die Seelen der Verstorbenen zitiert werden; wissen wir darüber seit Jahrtausenden besser Bescheid. Auch wir Santiner sind aus Fleisch und Blut, doch körperlich nicht ganz auf der gleichen Frequenz wie ihr. Wir sind, in euren Worten gesagt, halbmateriell. Je vergeistigter ein Mensch ist, desto näher steht er dem Geiste Gottes. Nur das Geistige ist von wahrhaftiger Dauer. Der Geist ist das Wichtigste in der ganzen Existenz des Lebens.

Wichtiger als der körperliche Mensch ist seine Seele. Mit Entsetzen haben wir zusehen müssen, was die Kirchen dieser Terra aus dem Gottglauben gemacht haben. Sie haben die erhabene Wahrheit total verfälscht und jede kleinste Lücke durch ein unentwickeltes menschliches Denken ausgefüllt.

Keine Kirche dieser Terra ist imstande, eine wahrheitsgetreue Antwort auf die Frage des Todes zu geben. Euer Messias ist auferstanden. Aber dieser Messias hat damit kein einmaliges Wunder vollbracht. Jeder entwickelte Mensch ist dazu imstande. Jeder Mensch lebt geistig weiter. Diese Erkenntnis ist die wichtigste Formel eures ganzen Daseins. Ohne diese Formel werdet ihr keinen Frieden finden. Eure Führer geben sich alle Mühe, den Widersacher zu verleugnen. Ebenso verleugnet man auch Gott, weil auch dieser ein geistiges Wesen ist. Auch ihr seid inkarnierte geistige Wesen. Diese Tatsache wird euch leider erst nach eurem Ableben bekannt. Weil man so gerne leugnet, und weil wir auch zum göttlichen Bestand zählen, leugnet man auch unsere Existenz ab. Doch wir haben eine besser geschulte Geduld als ihr. Wir können auf den Zeitpunkt warten, wo ihr die Grenzen absolut überschreitet. Wir haben auf vielen Wegen versucht, euch auf unsere Existenz aufmerksam zu machen. Aber die Machthaber sind streng darauf bedacht, jeden Beweis zu vertuschen.

Die Erdenmenschheit lebt seit allen Zeiten in Zwietracht auf diesem Läuterungsplanet Erde. Aus diesem Grunde ist man der Meinung, dass der Völkerhass eine natürliche Eigenschaft des Menschen ist. Auf dieser angeblichen Natürlichkeit hat man eine politische Weltanschauung aufgebaut. Ich aber sage euch, dass dieses Verhalten nicht natürlich, sondern unmenschlich ist. Dieses Verhalten entspringt dem Eigensinn der Machthaber.

Das Wunder von Fatima

Eines Tages im Frühjahr 1917 in Fatima, suchten drei Hirtenkinder Schutz vor einem Gewitter. Sie bargen sich in einer Felsspalte. Ein starker Windstoß ließ sie aufschauen. *(Wenn ein Raumschiff der Santiner in Erdnähe kommt, wird es immer von einem Sturm begleitet, der vom Raumschiff erzeugt wird; Anm. d. Hrsg.)*
Die Kinder sahen einen Jüngling von etwa 15 Jahren, der von übermenschlicher Schönheit war. *(Auch in der Bibel werden diese Begegnungen als übermenschlich schön geschildert; Anm. d. Hrsg.)*
Der Jüngling sprach: „Habt keine Furcht, ich bin der Engel des Friedens." *(Auch heute noch begrüßen uns die Santiner mit den Worten: „Friede über alle Grenzen!"; Anm. d. Hrsg.)*
Am 13. Mai 1917, an einem Sonntag, sahen die Hirtenkinder eine Frau von unvergleichlicher Schönheit. Sie war etwa 18 Jahre alt und hatte keine Ähnlichkeit mit Bildern der Gottesmutter Maria oder ähnlichen Heiligen. *(Diese Feststellung besagt, dass es sich nicht um Maria handelte, sondern um eine Santinerin, die ebenfalls langes welliges Haar trägt; Anm. d. Hrsg.)*
Am 13. Juni begegneten die Hirtenkinder abermals der schönen Gestalt. Alle Anwesenden hatten eine kleine weiße Wolke wahrgenommen, die die Gruppe der Kinder und den Erscheinungsort umgab, ebenso eine beträchtliche Herabminderung des Sonnenlichtes und der Temperatur. Diese Zeichen wiederholten sich auch in den nachfolgenden Erscheinungen und verschwanden jedes Mal mit der Erscheinung. *(Nach den Berichten der Santiner handelt es sich um Dematerialisationserscheinungen; Anm. d. Hrsg.)*
In der Nacht vom 25. zum 26. Januar 1938, wurde der Himmel durch ein weit verbreitetes Nordlicht erleuchtet. Diese Erscheinung wurde vorausgesagt.

Die Haupterscheinung, das eigentliche Wunder von Fatima, wird folgendermaßen beschrieben:

„Am 13. Okt. 1917 pilgerten etwa 70.000 Menschen zur Cova da Iria. Unter ihren Tritten hatte sich der aufgeweichte Boden bald in einen Morast verwandelt. Die großen Tageszeitungen hatten ihre besten Reporter geschickt. Genau um 12 Uhr rief Luzia aus: „Ein Blitz!“ Die Sonne kam hinter den Wolken hervor. Luzia rief: „Schaut zur Sonne!“ Nun sah die große Menge ein einzigartiges, nie gesehenes Schauspiel, wie eines jener Himmelswunder, die vom Heiland für die letzten Zeiten angekündigt sind: „Die Kräfte des Himmels werden erschüttert werden.“

Mit einem Schlage hörte der Regen auf und die dichte Masse der Wolken stob auseinander. Die Sonne erschien im Zenith wie eine Silber glänzende Scheibe, die man ohne Anstrengung und Gefahr anschauen konnte. *(In Wirklichkeit handelte es sich nicht um die Sonne, sondern um ein außerirdisches Raumschiff, das durch die Wolken stieß; Anm. d. Hrsg.)*

Sie begann sich wie ein Feuerrad um sich selbst zu drehen mit rasender Geschwindigkeit. Dabei leuchtete sie nacheinander in allen Farben des Regenbogens und streute nach allen Seiten hin Lichtflämmchen und Feuergarben aus. *(Es gibt keinen Zweifel daran, dass es sich um ein Raumschiff der Santiner gehandelt hat. Die Beschreibung des Phänomens passt haargenau mit allen bisher gemachten Erfahrungen zusammen. Wichtig ist dabei, dass dieses Ufo-Phänomen durch Botschaften unterstützt wurde; Anm. d. Hrsg.)*

Weiter wird berichtet: Himmel und Erde, Felsen und Menschen waren nacheinander in gelbes, grünes, rotes, blaues und violettes Licht getaucht. Einige Augenblicke stand die Sonne *(ein Raumschiff; Anm. d. Hrsg.)* still. Dann begann sie wieder dieses Licht und Farben sprühende Kreisen um sich selbst, noch herrlicher als vorher. Wiederum hielt sie inne und zum dritten Male wiederholte sich dieses Feuerwerk, das sich keine Phantasie vorstellen kann. Mit einem Male schien es, als wenn die Sonne sich vom

Firmament loslöse und in Zickzacksprüngen auf die Erde stürze. Ein ungeheurer Schreckensschrei stieg aus der Menge auf. *(Jede Phase des Fatimawunders stimmt mit Tausenden von Ufo-Beobachtungen genau überein. Die Katholische Kirche hatte genau so geringe Kenntnisse und Vorstellungen von einer außerirdischen Raumschifffahrt, wie das Volk der Israeliten am Berge Sinai; Anm. d. Hrsg.)*

Ihr habt eure Erkenntnisse erweitert. Jetzt wisst ihr, wie sich die Wunder zugetragen haben. Es gibt keinen Zweifel mehr an der Wahrheit. Dennoch verhalten sich alle maßgebenden Institutionen völlig reserviert. Das ist ein Verhalten, das die ganze Unehrlichkeit der irdischen Menschenrasse klar zu erkennen gibt. Die Politik lügt, wenn sie ihre Ziele verfolgt. Die Militärs schweigen, wenn es um die Wahrheit geht. Die Kirchen tun so, als ob sie alles nichts anginge. Die Wissenschaft schüttelt weise den Kopf. Der Mensch zuckt die Achseln. Ist das ein Zustand! Ich frage euch allen Ernstes: Warum fürchtet ihr euch vor der Wahrheit? Fürchtet ihr euch vor eurem Gott? Warum seid ihr nicht fähig, nicht Willens, dcr Wahrheit endlich die Tür zu öffnen? Warum belügt ihr euch gegenseitig und bringt euch gegenseitig auf die grausamste Weise um?

Seit 4.000 Jahren

Seit mehr als 4.000 Jahren studieren wir das Leben auf diesem Planeten und bemühen uns in vieler Weise euch zu retten. Die Schwierigkeit der Durchführung hat sich kaum geändert, denn immer sind es die Priester, jene Hüter der steinernen Gebete, die das Volk verderben und durch Geltungssucht, durch Herrschsucht, Habgier und Besserwisserei allem Fortschritt entgegenstehen, den Irrtum fanatisch verteidigen und in ihrer Dummheit statt Gott dem Ungeist dienen, wie früher die Götzenanbeter. Diese

Kirchendummheit steht uns und unserer Mission auch heute noch sehr feindlich entgegen.

Man hat verschiedentlich die Frage aufgeworfen, ob wir Engel sind. Meine Antwort lautet: Wir sind Diener des Universalgeistes, wir sind keine Geister, sondern Menschen aus Fleisch und Blut. Was über die Durchführbarkeit der Engel geht, wird uns übertragen. Wir sind somit die Vollstrecker des göttlichen Willens und uns ist große Macht gegeben, eine für euch unvorstellbare Macht, die ich zum ersten Mal nach mehr als 3.000 Jahren dieser Menschheit feierlich erklären möchte. Würden wir von den Engeln Gottes den Befehl erhalten, diese Erde zu vernichten, wir müssten gehorchen und es tun. Wir sind über eure Mentalität, über euer Denken, über euren Hass und über die Auffassung von eurer Liebe, über eure Technik und über eure Kriegsgeheimnisse vollkommen unterrichtet. Es gibt kein Geheimnis, das ihr vor uns wahren könntet. Wir sind das technische und optische Auge Gottes, das über allem wacht. Unsere technischen Geräte machen dies möglich. Diese Erdenmenschheit findet unser größtes Bedauern, denn sie ist ein einziges Hospital geistig und körperlich Kranker, vom Ungeist gezeichnet und geschlagen.

Dem Kranken fehlen die Hilfe, die Barmherzigkeit, die Liebe und die Geduld. Wir sind Gottes ausgesandte Samariter. Euch fehlt ein ganz beträchtliches Wissen, denn eure Vorfahren, die ihr selbst einmal wart, haben fahrlässig gehandelt und die euch überlieferten Gesetze des Interplanetariums schlecht aufbewahrt, mit Lügen durchsetzt und sie durch falsche Wiedergabe zum größten Teil unglaubwürdig gemacht. Kein Durchschnittsmensch ist in der Lage, dem Inhalt der Bibel geistig zu folgen, selbst eure Priester können das nicht. Die Bibel ist ein Buch voller unglaubwürdiger Wunder, die alle Märchen des Orients weit übertreffen.

Da fragt sich jeder Mensch, der im schweren Daseinskampf steht, der früh bis spät sein saures Brot verdienen muss:

- Warum kam Gott persönlich zu den Menschen?
- Warum redete Gott selbst von Angesicht zu Angesicht?
- Warum bewegten sich Himmel und Meere?
- Warum starben die Feinde von unsichtbarer Hand?
- Warum fiel Feuer und Schwefel vom Himmel?

Warum? Warum? Warum? Und die Bibel, die alle diese Wunder birgt, schweigt zu dieser Frage und der Priester vermag darauf nur zu antworten: „Du darfst nicht fragen. Du musst bedingungslos glauben, denn so will es Gott." Ich sage euch aber in aller Eindringlichkeit: Gott der Universalgeist verlangt von keinem Menschen, dass er an etwas glaubt, das nicht in irgendeiner Form sinnlich wahrnehmbar ist.

Fast jeder Erdenmensch stellt sich die völlig berechtigte Frage: Wenn alle großen Wunder der Bibel in früheren Zeiten geschahen, warum geschehen sie dann heute nicht mehr? Kein Mensch der lebenden Generation ist in der Lage, jene Wunder zu beweisen. Hier verlangt der gedruckte Buchstabe ein übermenschliches Vertrauen zu Geschehnissen, die sich vor Tausenden von Jahren abgespielt haben und sich heute nicht mehr wiederholen. Da versagt der Verstand und der Zweifel triumphiert über die Wahrheit.

Wir vom anderen Stern wissen, wie schwer es ist, gegen Fanatiker waffenlos zu kämpfen. Unsere einzige Waffe ist die Wahrheit, denn unsere anderen Waffen dürfen wir ohne Gottes Befehl nicht gebrauchen. Darum brauchten wir eine unvorstellbare Vorbereitung der Waffe, die ich noch einmal Veritas Vincit nenne: Die Wahrheit siegt. Wir wollen ihr so viel Macht verleihen, dass sie mit dem sturen Irrtum streiten kann. Aus diesem Grunde mussten wir sehr fleißig sein und viele Raumschiffe der verschiedensten Modelle bauen. Wir fliegen wie die Bienen zu eurer Erde hin und zurück. Wir sind glühende Sterne am Firmament, die eure ganze Aufmerksamkeit auf sich ziehen. Das alles ist keine Neugier, wenn wir erforschen, was ihr treibt, sondern die Befolgung eines höchsten Befehls, den wir aus den Bereichen der großen Engel erhalten.

Propheten und ‚Engel'

Was hat es mit einem Propheten für eine Bewandtnis? Er ist ein Mensch wie jeder andere. Aber er kann trotzdem eine Fähigkeit besitzen, sich auf eine geistige Weise mit Intelligenzen auf einer anderen Daseinsstufe zu verständigen. Aber diese Intelligenzen weisen sich nicht immer durch großes Wissen aus. Es können erdgebundene Wesen sein; die selbst einer umfassenden Belehrung bedürfen. Aber diese unseligen Geister können sich als Gott ausgeben, denn ihr wisst um die Tatsache, dass sich der Teufel mit der Bibel im Arm kundtut.

Christus war einer der Propheten, denen man Glauben schenken kann. Wir haben ihn von der Geburt an bis zu seinem Tode ständig beobachtet, begleitet und mit ihm in telepathischer Verbindung gestanden. Doch die meisten der bewunderten Propheten waren geltungsbedürftige Menschen, wie viele eurer heutigen Schriftsteller und Politiker. Alles Ungewöhnliche wurde als ein göttliches Wunder ausgelegt, selbst wenn es sich um Blitz und Donner handelte.

Ein damaliger Prophet genoss das Ansehen, wie es heute bei den Krimischriftstellern ist. Ihre Phantasie war durch ein hochgezüchtetes Priestertum angeregt, und sie fühlten sich berufen, den Stoff zu liefern. Der Menschheit hilft es absolut nicht. Das beweisen die enormen, abgründigen Zustände auf diesem Entwicklungsstern.

Ein Engel ist ein geistiges Wesen. Es unterliegt den gleichen Gesetzen, die auch für einen im geistigen Reich lebenden Menschen gültig sind. Ein Engel kann sich nie anders zeigen, als es einer jenseitigen Seele möglich ist. Nun behaupten die Bibelexperten, dass es vollmaterialisierte ‚Engel' gibt, dass sie fleischliche Gestalt annehmen können. Hier irrt der Bibelexperte. Ein Engel bleibt ein Engel und kann nie und nimmer in eine fleischliche Form materialisiert werden. Das ist der wirkliche Unterschied zwischen einer menschlichen Seele und einem Engel. Ein Engel kann einem Medium wohl erscheinen, wenn das Medium hellsichtig ist. Ein Engel kann auch, wie ein menschlicher Geist, über das Ektoplasma eines lebenden Menschen materialisiert werden. Aber auch dann bleibt er an das Medium gebunden. Wichtiger als der Engel selbst, sind seine Aufgaben.

Wichtiger als wir selbst, sind auch unsere Aufgaben. Nun berichtet eure Bibel vom Erscheinen der Engel. Aber ich kann euch versichern, dass in der ganzen Bibel nicht ein Fall vom Erscheinen eines wirklichen Engels vorhanden ist. Selbst der Verkündigungsengel bei der Mutter von Jesus bediente sich keiner Gestalt, sondern diese Botschaft ging einzig über die Telepathie, also über das innere Ohr. Alle anderen Engelerscheinungen kommen auf unser Konto. Wir können uns materialisieren, auch wenn dieser Stoff nicht ganz so fest ist als der eure. Wir brauchen kein Medium. Wir können uns frei bewegen und sind nicht an einen Menschen gebunden.

Ihr seht, wie man in Unkenntnis der wahren Dinge alles verdreht und falsch verstanden hat. So heißt es doch im Buche Mose, wo von Sodom und Gomorrha die Rede ist: „Zwei Engel kamen daher und suchten Lot auf, um ihn zu warnen." Es waren Santiner mit langem Haar. Ebenso heißt es, dass am Grabe Christi zwei Engel standen. Es waren Santiner mit weißen Kleidern und langem Haar. Ebenso heißt es auch, dass zwei weißgekleidete Menschen neben jenen Zuschauern standen, die in großer Verwunderung die Himmelfahrt des Messias beobachteten. Es waren auch Santiner. Elia wurde in ein Raumschiff aufgenommen. Christus wurde in ein Raumschiff aufgenommen. Raumschiffe werden in der Bibel immer als ‚Wolke' bezeichnet. Aber auch die heutigen Kleinschiffe, die ihr Ufos nennt, werden beschrieben.

Die Propheten Hesekiel und Jona

Die interplanetarische Wahrheit hat uns ausgesandt, um euch in brüderlicher Liebe zu unterrichten. Macht euch einmal die Mühe und lest in eurer Bibel den Text des Propheten Hesekiel. Da findet ihr eine Beschreibung über die Landung eines Raumschiffes zu damaliger Zeit. Freilich hat man uns als Tiere bezeichnet. Aber unsere Vorfahren hatten glanzvolle Helme und Kleidungen. Doch das Material unserer Raumschiffe war damals schon eine Art elektronischer Kristall. So steht bei Hesekiel 1, 26-28: „Und über dem Himmel, so oben über ihnen, war es gestaltet wie ein Saphir, gleichwie ein Stuhl, und auf dem Stuhl saß einer, gleichwie ein Mensch gestaltet. Und ich sah, und es war lichthell, und inwendig war es gestaltet wie ein Feuer um und um. Von seinen Lenden überwärts und unterwärts sah ich's wie ein Feuer glänzen um und um. Gleichwie der Regenbogen steht in den Wolken, wenn es geregnet hat, also glänzte es um und um. Dies war das Ansehen der Göttlichkeit des Herrn. Und da ich's gesehen hatte, fiel ich auf mein Angesicht und hörte einen reden." *(Sollte ein Leser an dieser außerirdischen Berichtigung der Bibel zweifeln, so studiere er die einschlägige Ufo-Literatur. Diese Erklärungen können weder theologisch noch wissenschaftlich oder technisch widerlegt werden, sie sind selbst mit unserem rationellen Denken von beispielloser Beweiskraft und Wahrheit. Die besten Beweise dieser Art besitzt das amerikanische Pentagon und der Vatikan; Anm. d. Hrsg.)*

Ich möchte diese wichtige Bibelstelle richtig stellen. Hesekiel hätte bei besserem Wissen folgendermaßen darüber berichten müssen:
„Ich war unter den Gefangenen am Wasser Chebar. Plötzlich teilten sich die Wolken. Ein heftiger Sturm begleitete ein Raumschiff, das feuerglühend durch die Wolken fuhr. Das gewaltige, walzenförmige Weltraumstrahlschiff war durchsichtig wie grünlicher Kristall. Ich sah, dass sich Menschen darin bewegten, denn ich konnte ihre Silhouetten wahrnehmen. Es waren Gestalten wie ich. Plötzlich lösten sich vom Mutterschiff mehrere radförmige Raumschiffe, welche zur Erde hernieder schwebten, aber etwa drei Meter über dem Boden blieben. Wenn sich diese Menschen fortbewegten, so erschien es mir wie ein Gleiten. Als mich einer dieser Fremdlinge ansah, fiel ich vor Ehrfurcht und Angst lang auf die Erde, denn er war überirdisch schön. Als ich so da lag, sagte jener zu mir freundlich: „Menschenkind, stelle dich wieder auf deine Beine und habe keine Angst vor mir. Wir wollen dir nichts tun, aber wir haben mit dir zu reden. Wir wollen dich zu unserem Sprecher machen." Soweit eine Berichtigung eurer Bibel. Ihr könnt alles vergleichen. Mit eurem heutigen Verstand, der schon viel von der Technik begreift, werdet ihr diese Bibelstelle besser verstehen. Hiernach dürftet ihr jedoch keine Zweifel mehr daran hegen, dass Gott Intelligenzen zur Verfügung hat, die er zu euch schickt, damit ihr nicht in völliger Unwissenheit bleibt. Das vollzog sich vor ein paar tausend Jahren. Wenn auch diese Zeit vergangen ist, ohne dass ihr viel davon gelernt habt, so ist Gott unermüdlich in seiner Hilfe. Er hat seine Organisation aufgerufen, euch diese Hilfe zu bringen. Darum mache ich es wie meine Vorfahren. Ich sage zu meinem prophetischen Sprecher: „Du, Menschenkind, schreibe alles genau auf, was ich dir jetzt sage, denn ich habe dringend mit der ganzen Menschheit zu reden!"

Betrachtet einmal den biblischen Text des Propheten Jona. Dieser erhielt von uns Santinern einen Auftrag, dem er sich widersetzte. Als Jona über das Meer fuhr, weil er fliehen wollte, da kam das Schiff in die Antigravitationszone eines Raumschiffes. Es brach selbstverständlich ein wütender Sturm los. Letzten Endes wurde Jona von der Besatzung des Bootes über Bord geworfen. Doch vom Raumschiff aus wurde dieser Vorfall beobachtet. Wir Santiner machten einen Rettungsversuch, indem wir die Antigravitationskraft des Schiffes abschalteten, so dass sich der Sturm legte. Aber das Raumschiff musste infolge dessen wassern. Der Form und Größe entsprechend wurde es von den Seeleuten für einen riesigen Wal gehalten. Jona wurde aufgefischt und drei Tage und Nächte lang gesund gepflegt.
Eure Kenntnisse auf dem Gebiet der Zoologie sagen euch deutlich genug, dass ein Aufenthalt im Innern eines Wales unmöglich ist. Nachdem sich Jona erholt hatte, wurde er zum Festland gebracht. Hier seht ihr wieder, wie aus einer Santiner-Wahrheit ein Märchen entstanden ist. Ihr wisst bereits, dass unsere Raumschiffe sehr gut wie ein Unterseeboot tauchen können. Doch was sollten Verstandesmenschen aus solch einer Bibelgeschichte machen? Sie machen einen Atheismus daraus, der heute zur Bedrohung der ganzen Erdenmenschheit und zu einer Gefahr für das zuständige Sonnensystem geworden ist.

Unsere Raumschiffe sind sozusagen Gottes Augen, die euch ständig kontrollieren und beobachten. Wir haben technische Geräte, welche sogar euer Empfinden und einen Teil eurer Gedanken aufzeichnen. Wenn wir gewisse Strecken eurer Erde überfliegen, so registrieren unsere Apparate beispielsweise das religiöses Denken in Ortschaften und überhaupt überall da, wo Menschen leben. Es sind sozusagen Spektrallinien des Geistes. Überall gibt es wirkliche Gläubige, doch die Masse verdeckt sie zumeist. Aber in allen Ländern, in denen das Wort ‚Geborgenheit' fremd ist, da ist der Glaube an Gott noch tiefer.

Das Großstadtleben bringt durch die Vergnügungssucht fast alle Menschen von dem Begriff Gott ab. Für die Großstadtmenschen in der ganzen Welt gibt es keine rechte Vorstellung von Liebe, Harmonie und friedlichem Zusammenleben. Die übersteigerte Vergnügungssucht der Jugend ist das Tor zum Atheismus. Die Jugend wird gottentfremdet und kann sich unter dem Wort Gott nichts mehr vorstellen, weil sie alles Positive ablehnt und sich im Negativen ergötzt. Auf diese Weise verfügen die jungen Menschen über eine unermessliche Zerstörungswut und räumen alles fort, was sich ihnen in den Weg stellt. Es ist eine billige Ausrede zu sagen: Ich kann nichts dafür. Ich weiß nichts mehr. Die Kraft, die der Mensch für alles Negative verwendet, kann er auch für das Positive einsetzen, doch der Gewinn ist unvergleichlich höher, denn er ist von Dauer.

Der Prophet Mose

Ein Hellhörmedium ist euch durch die Bibel gut bekannt, sein Name ist Mose. Er war das Bindeglied zwischen euch und unseren Vorfahren, die wiederum mit der Engelwelt Verbindung hatten. Zu jener Zeit, da Mose auf dieser Erde lebte, herrschten Unmenschlichkeit, Gottlosigkeit und Sklaverei. Der Notschrei der Unterdrückten und Gefolterten drang zum geistigen Reich und wurde erhört. Die Engelwelt beauftragte unsere Vorfahren, sich um die Erdenmenschheit zu kümmern und sie mit den interplanetarischen Bruderschaftsgesetzen bekannt zu machen, welche die Santiner aus der Engelwelt erhalten haben.

Das Mutterschiff ‚Sha' nahm daraufhin Kurs auf diesen Planeten Erde und kreuzte unsichtbar über Ägypten. Wir Santiner nahmen mit dem sehr guten Medium Mose einen telepathischen Kontakt auf. Da die Erdenmenschheit nur auf Wunder und Sensationen reagierte, so sollten diese Wunder gezeigt werden, um das Volk und dessen Machthaber gefügig zu machen. Die Santiner absorbierten die Sonnenstrahlung und setzten ganz Ägypten in eine undurchdringliche Finsternis. Die damals schon sehr hohe Kenntnis der Sonnenkräfte ermöglichte ein solches Phänomen. Eine solche Finsternis können wir tagelang durchführen, bei Großeinsatz der Weltraum-Flotte können wir sogar die ganze Erde verdunkeln, also stets die Tagseite. *(Vergleiche 2. Mose, 10; 11und 12: „Der Herr sprach zu Mose: Recke deine Hand gen Himmel, dass es so finster werde in Ägyptenland, dass man es greifen mag. Und Mose reckte seine Hand gen Himmel; da ward eine dicke Finsternis in ganz Ägypten drei Tage, dass niemand den andern sah.“; Anm. d. Hrsg.)*

Das Weltraum-Strahlschiff ‚Sha' wurde von sechs weiteren Raumschiffen begleitet, die zu diesem Mutterschiff gehörten. Als die Israeliten unter der Führung von Mose zum Roten Meer kamen und von den Ägyptern verfolgt wurden, traten die Santiner mit ihren Raumschiffen in Aktion. Das Mutterschiff flog ihnen voraus und wurde als eine konzentrierte Wolkensäule gesehen. Rechts und links vom Mutterschiff ‚Sha' operierten je drei Begleitschiffe in noch größerer Höhe, die ihre Antigravitations-Strahlen mit aller Kraft schräg gegen das Meer richteten. Ein gewaltiger Luftdruck in Verbindung mit den intensiven Magnetstrahlen drängte das Wasser auseinander und legte den Meeresboden wie eine Ebbe trocken, so dass die Wasser zu beiden Seiten hochgezogen wurden. Wie euch bereits aus eigenen Beobachtungen bekannt ist, leuchtete das Mutterschiff des Nachts in roter Glut, so dass es wie eine Feuersäule den Israeliten vorausschwebte.

Unglücklicherweise ließen sich die Ägypter davon nicht abschrecken und setzten ihre Verfolgung fort und kamen somit in das magnetische Strahlungszentrum der operierenden Raumschiffe. Es erging ihnen nicht anders, als es leider heutzutage schon

einigen Piloten ergangen ist. Sie überschlugen sich mit ihren Fahrzeugen und wurden durch den großen Sog alle wild durcheinander gewirbelt. Außerdem schlugen die Wassermengen über ihnen zusammen, sobald die Raumschiffe eine andere Position eingenommen hatten. Es lag nicht in der Absicht der Santiner, die Ägypter auf diese Weise zu töten. Es war vielmehr ihre eigene Schuld. Doch nach den historischen Überlieferungen erging es unseren Vorfahren nicht viel anders, als es den Piloten erging, die über Hiroshima jene unheilvolle Atombombe abwerfen mussten. Sie machten sich große Selbstvorwürfe und litten Seelenpein.
(Vergleiche Bibel: 2. Mose, 14; 19-22: „Da erhob sich der Engel Gottes, der vor dem Heer Israels herzog, und machte sich hinter sie; und die Wolkensäule machte sich auch von ihrem Angesicht und trat hinter sie und kam zwischen das Heer der Ägypter und das Heer Israels. Es war aber eine finstere Wolke und erleuchtete die Nacht, dass sie die ganze Nacht, diese und jene, nicht zusammenkommen konnten. Da nun Mose seine Hand reckte über das Meer, ließ es Gott hinweg fahren durch einen starken Ostwind die ganze Nacht und machte das Meer trocken; und das Wasser war ihnen für Mauern zur Rechten und zur Linken.“; Anm. d. Hrsg.)

Unsere Weltraumschiffe hatten zu jener Zeit noch viele Strahlungen aufzuweisen, die sehr gefährlich, ja, tödlich waren. Wenn jene Menschen damals Geschwüre bekamen, so litten sie an einer Strahlenverseuchung. Unsere Vorfahren hatten für dieses Übel Schutzmasken konstruiert, die eine strahlenabsorbierende Wirkung hatten. Auch Moses bekam so eine Schutzmaske. Wir können auch Organismen, wie Frösche, Fische usw. aus dem Wasser anziehen und auch wieder fallen lassen. Die Magnetkraft wirkt verschieden.

Wir würden gerne eine gute Freundschaft mit den Erdenbewohnern pflegen. Doch was euch von der interplanetarischen Bruderschaft trennt, ist der ausgeprägte und weit verbreitete Atheismus. Ich sage euch, ein solches Verhalten ist Wahnsinn. Darum überprüft alle unsere Angaben genau mit eurer Bibel und ihr werdet erkennen müssen, dass es eine höhere Macht gibt, die zwar äußerst tolerant, aber keinesfalls unterlegen ist.

Ich wende mich an alle Machthaber und Führer dieser Erdenmenschheit in brüderlicher Liebe und mit großer Eindringlichkeit:

- Eure Kriegsministerien haben das Material über unsere Existenz gesammelt.
- Unsere Raumschiffe wurden fotografiert, gefilmt und auf Radar gemessen. Sie wurden von Piloten gesichtet und verfolgt.
- Hunderttausende von Berichten liegen in euren Archiven und sind die Beweisstücke dafür, dass wir Tag und Nacht eure Erde umfliegen.
- Unsere Raumschiffe werden am Tage zum Teil als Rauchflecken oder als Glanzflächen beobachtet, des Nachts als feurige Kugeln oder als leuchtende Walzen.

Eure Religion in der gegenwärtigen Verdrehung ist eine beispiellose Zumutung für jeden normal denkenden Menschen. Weder ein Kind noch ein Erwachsener kann eure Bibel anhand seiner eigenen Erfahrung als eine bewiesene Wahrheit betrachten. Das meiste verwirrt und führt höchstens zu einem Unglauben. Anhand der ersten Bibelseiten seht ihr bereits, wie falsch eure Überlieferungen sind, wenn sie von Rauch und Feuersäulen berichtet, aus denen Gott spricht.

Wir haben den Universalgeist nie gesehen, noch mit ihm gesprochen. Aber wir haben dennoch seine Worte und Wünsche empfangen und seine Wünsche respektiert. Wir haben eine sehr eindrucksvolle und gefestigte Verbindung mit der immateriellen

Welt, die jene einzige Schwingungsgrundlage ist, auf der unsere eigene geistige Existenz, das heißt unser ganzes Fühlen und Denken arbeitet. Ich sprach von einer Mission. Ja, wir haben diesen Auftrag aus der feinstofflichen Welt erhalten. Unsere Auftraggeber sind Erzengel Michael und Christus. Eure Bibel enthält auch manche Prophezeiung, beispielsweise: „Der Erlöser kommt aus den Wolken." Auch wir kommen aus den Wolken und in den Wolken zu euch. Gibt euch das nicht zu denken? Wir kommen nicht, um euch zu beunruhigen oder um eure Erde sinnlos zu besetzen, weil wir keinen anderen Stern haben, auf dem wir in Frieden leben könnten, wie einige von euch behaupten. Wir kommen, weil wir ein Opfer bringen müssen für unseren Auftraggeber und für jenen großen Geist, der wiederum über unseren Auftraggebern thront. Nehmt alles aus der Bibel heraus, was irgendwie mit Krieg zu tun hat. Fast alle diese Stellen sind übertrieben oder dämonisch entstellt. Eure Bibel soll ein heiliges Buch sein und kein Kriegserfahrungsbericht. Schreibt sie endlich um!

Ein Beispiel: Es heißt in allen euren Bibeln: „Da nun Mose sah, dass das Volk zuchtlos geworden war, trat er ins Lager und er sprach: Her zu mir, wer dem Herrn angehört! Da sammelten sich um ihn alle Kinder Levi. Und er sprach: So spricht Gott, der Gott Israels: Gürte ein jeglicher sein Schwert um seine Lenden und durchgehet hin und zurück von einem Tor zum andern das Lager und erwürget ein jeglicher seinen Bruder, Freund und Nächsten. Die Kinder Levi taten, wie ihnen Mose gesagt hatte und fielen des Tages vom Volk dreitausend Mann."

Überlegt einmal, ob das überhaupt logisch ist? Wenn Mose aus blinder Wut den Befehl zur Tötung von dreitausend Mann gegeben hätte, und das im Namen Gottes, nachdem er gerade kurz vorher das große Gesetz von unseren Vorfahren erhalten hatte, in dem es heißt: Gott wünscht, dass der Mensch seinen

Bruder nicht tötet, so hätte Mose mit dieser beispiellosen Nichtachtung alle Sympathie bei unseren Vorfahren eingebüßt, und sie hätten nie wieder mit ihm ein Wort gewechselt. Ihr seht also, dass es Gräueltaten in einem angeblich heiligen Buch gibt, die unlogisch und für jeden Leser verderblich sind. Sie gehören da nicht hinein und es ist zu verstehen, dass sich Menschen wie Spinoza oder Marx und Engels darüber empört haben, doch mangels besseren Wissens alles über den Haufen warfen. Oder wollt ihr jetzt noch behaupten, dass die Überbringung der Gesetze durch einen Sohn Gottes in einem Weltraumstrahlschiff im Sinaigebirge ein Opium für das arme Volk ist?

Ihr macht den großen Fehler, dass ihr Gott vom Frieden trennt. Es gibt keinen Frieden ohne Gott. Beides gehört untrennbar zusammen. Wenn wir euch den Frieden über alle Grenzen bringen, so bringen wir euch zugleich den einzigen und wahrhaftigen Gott im ganzen All. Gott über alle Grenzen! Gottlose Menschen können keinen Frieden machen, weil es einen gottlosen Frieden im ganzen Universum nicht gibt. Raumschiffe sind jedoch göttliche Friedensboten. Die Unehrlichkeit unter euch nimmt euch jeden Mut, an ein Phänomen zu glauben. Dieser Zustand hat schließlich dazu geführt, dass ihr keinen Respekt vor dem Übernatürlichen habt. Übernatürlich ist auch das menschliche Leben, ja, jedes Leben überhaupt, und ihr achtet darum auch nicht das Leben.

Ihr habt keinen Respekt vor dem in euch wohnenden Geist Gottes. Ihr sagt euch in eurer Unwissenheit: Wenn es einen so mächtigen Gott geben soll, so müsste er sich einmal zeigen oder zwischen alle Sünden strafend hineinschlagen oder die Unschuldigen sichtbar erretten. Doch nichts geschieht in diesem Sinne. Und nun nehmt ihr einfach an, der Thron Gottes steht leer. Hierzu will ich euch sagen: Genau so dachten die Israeliten damals, als sie in der größten Not waren. Gott verlässt seinen

Thron nicht, denn wenn er zu euch auf diese Erde herabkäme, stände sein Thron wirklich leer, und das ganze Universum käme in Unordnung, nur weil er euch zur Ordnung rufen muss. Er hat ganz andere Möglichkeiten, euch zu besuchen und zur Ordnung zu rufen. Er benutzt diese Schiffe nicht selbst, sondern hat dafür seine Ingenieure, Kommandeure und Mannschaften sowie einen Stellvertreter, einen Sohn als Führer und telepathischer Mittler zwischen ihm und der Besatzung. Diese Schiffe sind durch die Intelligenz Gottes entstanden. Ein solches Phänomen ist keine Zauberei, sondern es zeigt, dass man mit der Kraft Gottes das Weltall bereisen kann.

Ein Beispiel: Nachdem Mose von unseren Vorfahren die Anweisungen für ein großes Tempelzelt erhalten hatte und dieses zur Verfügung stand, wurde es als Stätte vieler Zusammenkünfte benutzt. Ich will damit beweisen, dass wir keine Phantasiegestalten sind, und ihr hiermit eine ganz vorzügliche Möglichkeit exakter Beweisführung habt. Unser Raumschiff ‚Sha' flog tiefer zur Erde herab, schwebte über dem Zelt der Zusammenkunft und konnte von allen Menschen wahrgenommen werden. Der Berg brauchte somit nicht mehr bestiegen werden. Mose trat in das Zelt und wurde vom Raumschiff aus verständigt. Die Stimme ertönte über eine Verstärkeranlage aus dem Raumschiff und konnte weithin vernommen werden. Bedenkt, dass unsere Vorfahren damals schon Raumschiffe besaßen und somit eurer Technik schon weit voraus waren.
Weiter heißt es bei euch in der Bibel: „Da bedeckte die Wolke die Hütte des Stifts, und die Herrlichkeit des Herrn füllte die Wohnung. Und Mose konnte nicht in die Hütte des Stifts gehen, weil die Wolke darauf blieb und die Herrlichkeit des Herrn die Wohnung füllte." Mose sah das Raumschiff mit vielen Priestern von unten. Da das Raumschiff durchsichtig war, glaubten sie, dass es eine Wohnung Gottes war. Mose konnte in das Zelt nicht hineingehen, weil die Magnetstrahlung zu stark war. Die Wirbel

um den Rumpf des Schiffes lassen die Atmosphäre stets als einen dunklen Rauch erscheinen, da jede Unreinheit, wie Sand und Staub in der Erdnähe angesaugt werden und um das Schiff wirbeln. Nachts glüht die Aura wie ein rotes Elmsfeuer, so dass es einer Feuersäule ähnlich ist.

Eigentlich müssten alle Ausführungen, die mit Mose zusammenhängen, als Gottesbeweis genügen. Allein euch plagt immer wieder der Zweifel. Die Israeliten hatten den Beweis, dass Gott es gut mit ihnen meinte. Doch sie machten sich neben den Geboten noch eine ganze Serie von Vorschriften, die sie nun alle im Namen Gottes verfassten, indem sie sich auf die wunderbare Verbindung des Kontaktmenschen Mose beriefen. Sie schoben ihm und Gott somit alles Unrecht in die Schuhe. Da verloren auch wir die Geduld und wendeten uns von ihnen ab. Doch Gott war mit der Rückfahrt des Raumschiffes ‚Sha' nicht einverstanden, denn er wollte seinem Gesetz unbedingt die richtige Achtung und Geltung verschaffen.

Gott inkarnierte im gleichen Volk jenen Raumschiff-Kommandanten, jenen Santiner mit Namen Jesus Christus, welcher das Friedensgesetz auf diesen Planeten bringen sollte. Santiner deshalb, weil seine erste Inkarnation auf einem Planeten überhaupt auf unserem Heimatstern Metharia stattfand. Diese Inkarnation ging dieser voraus, damit sich Christus an materielle Körper gewöhnen konnte. Er inkarnierte ihn auf dessen eigenen Wunsch, weil er wusste, dass das große Gesetz der Bruderschaft missachtet und entstellt worden war. Er wollte dieses göttliche Gesetz schützen und berichtigen. Diese große Inkarnation setzte dann Himmel und Hölle in Bewegung.
Auch unsere Vorfahren mussten wieder dabei mitwirken. Das Raumschiff ‚Sha' wurde zur Erde zurückbeordert und stand als ein Feuerball in großer Höhe über der Geburtsstätte Christi. Dieses Schiff konnte leider nicht tiefer herab gehen, da die

Strahlungen sonst dem inkarnierten Friedensengel Christus geschadet hätten.

Die ganze Erdenmenschheit ist ein halsstarriges und eigensinniges Volk. Auch diese Offenbarungen wurden in den Schmutz getreten. Ihr würdet heute sogar sagen: Dieser Christus war ein politischer Revolutionär, der als Volksaufrührer eine Partei gründen wollte und für seinen Fanatismus den Tod fand. Doch Gott hat euch dennoch nicht aufgegeben. Wir Santiner sind abermals aufgerufen, diesen Planeten Erde zu umkreisen und zu beschützen. Es genügt zu wissen, dass es ein gut organisiertes geistiges Reich gibt und dass Gott seine Himmelsflotte hat. Ihr sucht nach einem absoluten Gottesbeweis und dabei habt ihr ihn schon seit Jahrtausenden in den Händen. Doch ihr wisst nichts Rechtes damit anzufangen. Das ist doch wirklich unerhört und sehr beschränkt! Warum fangt ihr nicht endlich an, in Richtung Geisteswissenschaft zu forschen?

Wir wollen nicht den Untergang, sondern euch in die universelle Gemeinschaft und Ordnung des interplanetarischen Friedens eingliedern. Schluss mit eurem Hass und mit eurer Rechthaberei. Schluss mit eurer Großsucht! Wir fordern euch auf, zu dieser Botschaft in jeder Weise Stellung zu nehmen! Wir fordern den Vergleich mit euren angesammelten Ufo-Dokumenten. Doch wagt nicht, diese Wahrheiten euren Völkern noch länger vorzuenthalten. Wir werden sonst zwischen dem Geschehen vor 3.300 Jahren und heute eine gewaltige Parallele ziehen. Eure Atombomben werden kein Sodom und Gomorrha auf dieser Erde auslösen.

Die Presse schämt sich der Unwissenheit über unsere tatsächliche Mission, über unsere Macht und über unsere weit vorausgeeilte Technik. Diese hat nichts mit stinkendem Qualm und ohrenbetäubendem Lärm zu tun. Dennoch sind wir Gottes

‚Posaune'. Ein Weltraumschiff hat eine Sirene an Bord, die allein imstande ist, eine Panik in einer Großstadt auszulösen. Der Ton wird nicht über eine gewöhnliche Schallwellenakustik erzeugt, sondern trifft sozusagen das Zentralnervensystem. Die Presse sucht nach Sensationen. Hier hat sie eine Gelegenheit zum Guten, denn von der Wahrheit über die Bücher Mose sollte wirklich von der ganzen Welt Notiz genommen werden.

Der gewaltige Osten hat die Religion vollkommen an die Wand gedrückt und das Volk trägt heimlich die Sehnsucht im Herzen, einmal eine außerpolitische Wahrheit zu erfahren. Der gewaltige Westen lässt die Religion im dunkelsten Schatten leben und die Gotteslästerung geht nicht durch die Presse, dafür aber heimlich durch alle Häuser und Familien. Nein, es geht euch nicht um den Frieden. Noch nie hat es auf diesem Planeten einen solchen gegeben, denn die Vergangenheit ist Zeuge, dass der gewaltsame Tod diese Erde von jeher beherrschte. Es ging immer um ganz andere Probleme als um den Frieden. Euch interessierten der Besitz, das Vorkommen von Schätzen auf dieser Erde, die Grenzen, die erlangte Macht und hinzu kommen noch die Überheblichkeit und die Nichtachtung höherer, geistiger Interessen und Wahrheiten.

In unseren Augen vollzieht sich auf diesem lieblosen Planeten die größte Gesetzlosigkeit, die es im ganzen Universum gibt, nämlich die größte Anmaßung, die wir kennen: Einer verfügt über die Person und über das Leben des andern. Das größte und heiligste Geschenk, das der Urgeist zu vergeben hat, nämlich das Leben in der Inkarnation, also das Leben zu einer Wiedergutmachung, wird einfach missachtet und so abgewertet, dass man es millionenfach für die persönlichen Interessen streitsüchtiger Egoisten in die Sphären der Dunkelheit verbannt, bevor jene Menschen von der Gnade Gottes überhaupt Gebrauch machen konnten.

Das Unrecht liegt weder in einem Lande noch bei einer Rasse oder einem Volke. Das Unrecht liegt und lastet auf dieser ganzen Welt. Und wenn wir diese Welt erlösen und retten wollen, so gilt das nicht einem Volke oder Lande, sondern der ganzen Menschheit. Doch wenn wieder einmal die ganze Menschheit gegeneinander kämpfen sollte, so werden wir nicht tatenlos zusehen. Es geht nicht, dass die Menschen nun einfach ihre eigenen Gesetze machen und diese als ein Vermächtnis Gottes ausgeben, nur deshalb, weil Mose mit einem Himmelsschiff in Verbindung gekommen war. Somit verfälscht ihr in gewissenloser Weise echte Botschaften, indem ihr allerlei hinzufügt, was mit der echten Botschaft nichts zu tun hat. Das war früher so und hat sich bis heute nicht geändert. Doch wer einmal lügt, dem glaubt man nicht und wer sich einmal irrt, dem ist wenig zu trauen.

Unsere Vorfahren hatten die Aufgabe, neben der Überbringung der theistischen Religion zugleich das übersinnliche zu beweisen, darum gestalteten sie die Gesetzesüberbringung recht eindrucksvoll und feierlich. Außerdem arbeiteten sie wie wir Hand in Hand, Geist in Geist mit der übersinnlichen Welt und benutzten Mose als Medium. In derselben Weise haben sich alle großen Offenbarungen aus den göttlichen Regionen wiederholt. Es geschah bei der Geburt Christi, bei seinem Tod, bei dem Wunder von Fatima, in Südamerika und in vielen anderen Ländern. Und so geschieht es heute wieder gleichzeitig in verschiedenen Ländern, dass wir die besten Medien benutzen, um zugleich mit unserer Gegenwart in materieller Form auch das Übersinnliche zu beweisen, da ohne diese Zusammenarbeit zwischen Geist und Materie ein Glauben an Gott nicht möglich ist und immer wieder angezweifelt wird.

Wir sind fest entschlossen, diesmal den letzten Zweifel für immer auszuräumen. Bedenke, dass die Bibel von Glaubensfanatikern geschrieben worden ist. Doch der Fanatismus trübt jede

Objektivität. Welche Belastung für den Geist, wenn man sich über Dinge den Kopf zerbrechen muss, die nicht das Geringste mit der Wahrheit zu tun haben. Man kann Gott nur ein Opfer bringen, nämlich den Verzicht auf verderbliche Laster und Leidenschaften. Gott hat nie gewollt, dass man ihm Fleisch oder die Früchte des Feldes zum Opfer bringt. Das haben unsere Vorfahren und wir auch nie von euch gefordert. Es sind priesterliche, fanatische Auswüchse, die man nicht unterlassen wollte, weil ohne diese Zeremonien ein Priester fast überflüssig ist. Ein wahrer Glaube muss in seinem tatsächlich übersinnlich gegebenen Text sofort von jedem erfasst und verstanden werden. Der Gottesglaube ist denkbar einfach:

- Gott ist der Schöpfer aller Existenz.
- Er ist die Liebe. Er ist ewig.
- Die Materie wandelt sich um.
- Der Geist besteht ewig und vervollkommnet sich.
- Hinzu kommt das interplanetarische Gesetz Gottes.

Die Erdenmenschheit ist der Ansicht, dass es für viele Dinge ein ‚Unmöglich' gibt. Wir sind anderer Ansicht. Denn das, was wir für Utopien ansehen, kann morgen möglich sein. Also gibt es praktisch überhaupt keine Utopien. Hätte man Mose oder anderen Menschen vor 4.000 Jahren erzählt, was es bei euch heute alles gibt, sie hätten auch das alles ohne Ausnahme für unmöglich gehalten. Utopien sind Wirklichkeit geworden. Die Phantasie der heutigen Generationen ist durchaus realisierbar. Darum verstehen wir nicht, warum man an unserer Existenz zweifelt. Warum kann man nicht begreifen, dass wir mit Überlichtgeschwindigkeit reisen? Warum zweifelt man an der Möglichkeit, dematerialisiert zu existieren? Es gibt keine Utopie. Alles ist möglich, wenn man die Wege der Realisierung kennt.

Wenn die Überlieferung der wichtigen Geschehnisse in der Bibel nicht deutlich genug erfolgte, so liegt das größtenteils an dem technischen Unverstand der damaligen Menschen. Was wussten sie schon von Raumschiffen, die das All durchreisen. Für Mose war das Raumschiff die Wohnung Gottes und die übrige Besatzung waren seine Engel. Die Sirene war die göttliche Posaune und die Antigravitation war der von Gott ausgehende Tod für den Übertreter der Grenze. Das alles ist so einfach und so klar zu verstehen, wenn man nur den Verstand gebraucht. Ihr habt technische Erfahrung genug, um die Gesetzgebung auf dem Berge Sinai richtig zu begreifen. Aber es gibt noch einen bösen Willen, der das Begreifen verhindert. Diese Menschen sind durchaus nicht dumm. Man findet sie sogar unter berühmten Autoritäten in der Wissenschaft, Politik wie auch der Theologie. Dieser böse Wille ist eine Scheuklappe vor dem geistigen Auge. Der Mensch will die Wahrheit nicht wissen, weil sie ihn persönlich stört, weil ihm bewusst wird, dass er auch die Verantwortung trägt.

Eure wie auch unsere Raumflugunternehmen beweisen, dass die biblische Überlieferung auf dem Berge Sinai vollends auf Wahrheit beruht. Ganz gleich, ob Gott oder seine Stellvertreter anwesend waren, die Gesetze Gottes sind auch für die Erdenmenschheit bestimmt! Ich werde noch einmal die wichtigsten Merkmale aufzählen:

- Das Volk der Juden sah eine feurige Wolke, die vor ihnen herzog. Diese Feuersäule schwebte waagerecht. Diese Feuersäule schwebte nicht senkrecht, wie die Theologie der Juden annimmt. Nirgends ist von einer senkrechten Säule die Rede.
- Diese Säule war eines unserer Weltraum-Strahlschiffe, d. h. ein Mutterschiff. Die Lichtaura kann auch heute noch von euch bei allen unseren Flugobjekten beobachtet werden.
- Das Material der Raumschiffe, die wir steuern, besteht aus einer glasartigen Masse, die härter als gewöhnliches Glas ist. Die Farbe ähnelt dem Nilgrün. Die Bibel beschreibt dieses Aussehen ähnlich dem Chrysolith.

• Die Antigravitation ist so groß, dass die Landung auf Fels erfolgen muss. Unsere Raumschiffe dieser Größe landen heute auf dem Ätna oder ähnlichen Bergen oder auf dem Meer. Damit die Juden nicht zu Schaden kommen sollten, wurden sie angewiesen, eine Grenze einzuhalten, deren Überschreitung lebensgefährlich war. Eine Sirene von großer Lautstärke warnte das Volk, die angedeutete Grenze nicht zu überschreiten.

• Mose konnte diese Grenze nur überschreiten, wenn die Gravitationskraft ausgeschaltet war. Ihm wurden entsprechende Zeichen gegeben.

• Es gab weder Blitz noch Donner, sondern nur das Getöse des Raumschiffes und seine wechselnde Lichtaura. Wurde die Antigravitation eingeschaltet, so flohen die Juden voller Angst und Schrecken. Nur Gott konnte so schrecklich posaunen, war ihre Meinung. Selbst Mose glaubte an Gott persönlich.

• Bei der Antigravitation wird das Gestein geologisch umgepolt.

• Unsere Vorfahren haben sich an keinem Krieg der Juden beteiligt. Sie haben jedoch mit Hilfe der Strahlungskräfte das Meer geteilt, den Jordan aufgehalten und das jüdische Volk in die richtige Richtung geführt.

• Gott hat kein Land vergeben. Die Erde ist für alle Menschen eine gleichwertige Heimat.

• Die Strahlungskräfte unserer Mutterschiffe sind viel stärker als bei einem kleineren Flugobjekt. Aus diesem Grunde entstehen unter dem Raumschiff sehr starke Wirbelstürme. Aber wir können der Luft auch eine andere Richtung geben. Das Wasser des Jordans wurde durch den starken Luftdruck zurückgepresst. Dasselbe geschah auch beim Durchzug der Juden durch das Meer.

• Eure Bibel berichtet von den großen Plagen. Die Heuschreckenplage wurde erzielt, weil das Raumschiff mittels der Antigravitation einen derartigen Sturm erzeugte, dass die Heuschrecken in die gewünschte Richtung geblasen wurden.

• Eine Finsternis entsteht durch Veränderung der Lichtmoleküle. Wir können auch dieses Phänomen auslösen, obgleich das schwieriger ist. Auch bei der Hinrichtung Christi haben wir dieses Phänomen verursacht. Ebenso haben wir den Sturm ausgelöst, der von großer Heftigkeit war. Wie ihr seht, handelt es sich nicht um übersinnliche Wunder, sondern um das Eingreifen göttlicher Sendboten, denen eine bedeutende Technik zur Seite steht.

Das interplanetarische Gesetz Gottes

Menschliche und diabolische Schwächen haben die Wahrheit zu allen uns bekannten Zeiten verfälscht. Ihr habt auf eurem ganzen Stern mit fanatischem Eigensinn eine Serie von Religionen groß gezüchtet, von denen nicht eine einzige der absoluten, unverfälschten Wahrheit entspricht. Ich werde mir erlauben, vor unserer Landung euren Glauben zu berichtigen, damit ihr eine Wegweisung habt, was der Schöpfer mit euch und diesem falschgesteuerten Stern beabsichtigt. Die größten und fanatischsten Glaubensgemeinschaften werden einen Schock erleiden. Doch sie werden ihn eines Tages überwinden, wenn sie zu der Wahrheit auch noch das persönliche Zeugnis erfahren werden. Zur Sache selbst: Eure Bibel ist für euch entweder eine Lüge oder eine heilige Schrift. Beide Auffassungen sind nicht richtig. Eure Bibel ist, wie ich schon einmal sagte, ein Gemisch von unverschämten Verfälschungen und reiner Wahrheit. Da jeder Mensch auf diesem Stern eine rückständige Seele besitzt, neigt er leider vorwiegend zum Laster und zu Fehlern. Der Erdenmensch rechtfertigt seine negative, diabolische Grundeinstellung mit einer angeblichen Gesetzgebung Gottes, die durch und durch verlogen und verfälscht ist.

Der Messias sollte nach euren Vorstellungen ein Reich Gottes auf diesem Stern aufbauen. Schon das allein ist ein großer Unsinn. Im Universum besteht seit Jahrmillionen ein einheitliches Reich Gottes. Es braucht nicht erst durch einen Messias verwirklicht zu werden. Doch diese Menschheit der Terra gehört nicht zur universalen interplanetarischen Bruderschaft und erst recht nicht in das Reich Gottes. Doch Gott wollte zu allen Zeiten eine Möglichkeit offen lassen. Er sandte der Erdenmenschheit Seine sichtbaren und unsichtbaren Helfer und Boten, euch in der Wahrheit zu unterweisen. Mit selbstverständlicher Logik - Logos bedeutet die göttliche Intelligenz - erging dieser Auftrag an eine Menschheit, die in ihrer Erkenntnis und Entwicklung am weitesten vorangeschritten war und ihren Sitz im benachbarten Sternsystem Alpha Centauri hat. Um jedoch diese Wahrheiten und Weisungen an die Erdenmenschheit heranzutragen, musste eine Weltraumflotte eingesetzt werden. Die Übergabe jener lebenswichtigen Schöpfungsgesetze und Lebensweisungen erfolgte an das jüdische Volk am Berge Sinai. Heute spricht man nur noch von den ‚10 Geboten', die aus einem menschlichen Denken stammen sollen. Wir bedienen uns euch gegenüber, um verstanden zu werden, des Begriffes von den ‚10 Geboten'. Doch in Wirklichkeit sind es sieben Hauptgebote und dazu sieben Forderungen. Es sind Warnungen vor einer Entwicklung, die zur absoluten Vernichtung und Auflösung führen muss, wenn diese Warnungen nicht beachtet werden. Gebote und Forderungen wurden vermischt und später verfälscht. Vier Gebote wurden als unangenehm und angeblich unannehmbar durch andere Gebote aus menschlichem Denken ersetzt. Eine neue Gesetzgebung mittels eines Raumschiffes würde euren vorangeschrittenen Atheismus nur noch verschärfen. Eure Krise ist zu groß. Ihr würdet ein solches Geschehen mit den einfachen Worten abtun: Menschen von einem anderen Stern haben uns keine Vorschriften zu machen, und somit betrachten wir diese Eindringlinge als unsere Feinde und die Kirchen würden diese Auffassung begrüßen und unterstützen.

Der Menschheit dieser Erde hat alle unsere Mühe und alle Bemühungen einer geistigen Welt mit Füßen getreten und das überbrachte Gesetz Gottes verspottet und als eine Ausgeburt menschlicher Phantasie bezeichnet. Auch Christus erging es nicht besser. Die Bemühung um die Richtigstellung der Religion kostete ihn das Leben auf diesem Planeten. Bitte lebt und handelt nach den Gesetzen Gottes, wie wir sie euch wieder in der Urfassung bekannt machen. Sie gelten im gesamten Universum.

Eine verlogene Bibel macht den Logos des Universums lächerlich. Mose ist im Weltraum-Strahlschiff des Herrn über den Plan Gottes informiert worden. Er brauchte diese Weisungen nicht einmal selbst aufzuzeichnen, denn sie wurden ihm in der damaligen Sprache fertig übergeben. In der Bibel heißt es, dass Gott die Gesetzestafeln mit dem eigenen Finger beschrieb. Die außerordentliche Bedeutung dieser Hartfolien wurde ihm ans Herz gelegt, und zur Aufbewahrung wurde jene Bundeslade angefertigt. Als die Priester jedoch vom Inhalt genaue Kenntnis bekamen, waren sie empört und vernichteten sämtliche Folien in dem Augenblick, da das Mutterschiff außer Sicht war. Viel später wurden einige Texte aus der Erinnerung aufgezeichnet. Ihr könnt die ganze Kriegs- und Hassgeschichte des so genannten Alten Testaments dem Feuer überantworten, wie jene Priester und Schriftgelehrten es mit den Folien der universalen Wahrheit machten.

Aus diesem Grunde ist der mediale Weg immer noch besser, denn jetzt spricht nicht die menschliche Zunge, sondern der Geist Gottes zu euch Menschen, auch wenn ich nur sein bescheidener Diener bin, der wiederum noch ein Werkzeug aus eurer Mitte benutzen muss. Die alten Propheten sagten auch: „Also spricht Gott!“ Also spreche ich zu euch in seinem Namen. Das wahre Gesetzbuch Gottes existiert leider nicht mehr auf dieser Erde. Es wurde vor Jahrtausenden verbrannt, und seine Asche wurde zum

Fluch dieser Erde. Die von den Santinern überbrachten Hartfolien, die eine ewige, unzerstörbare Existenz gehabt hätten, sind der Bosheit zum Opfer gefallen. Die Worte des Propheten Mose wurden von den damaligen Priestern, die zugleich Politiker waren, völlig verfälscht. Gott wünscht, dass die Erdenmenschheit belehrt werden sollte, sowohl über die universelle Schöpfung selbst als auch über das Leben innerhalb der Schöpfungsgesetze. Da wir, wie auch viele andere Sternenmenschheiten, im Besitz dieser göttlichen Worte sind, geben wir euch diese noch einmal zu wissen. Hohe Geistwesen haben versucht, Klarheit zu schaffen. Die heutigen ‚10 Gebote' waren in ihrer Urform das interplanetarische Gesetz Gottes, und zwar die ‚7 Gebote und 7 Forderungen'.
(Das interplanetarische Gesetz Gottes mitsamt den sieben Geboten und sieben Forderungen finden Sie auf Seite 418.)

Es ist für euch nicht schwer zu erkennen, aus welchen Gründen die Gebote und Forderungen verfälscht worden sind. Bis zum heutigen Tage handelt ihr gegen das Gesetz der Bewegung, denn ihr lasst sogar eure Vorurteile und Meinungen erstarren. Jede Starre verhindert den Fortschritt und hält somit die planvolle Entwicklung des Universums auf. Betrachtet einmal eure politische Situation. Da sind übernommene Ansichten derartig erstarrt, dass jede Verhandlung unmöglich ist, weil das selbst geschaffene Eis nicht aufgetaut werden kann. Ihr seid nicht fähig zu einer positiven Bewegung, die dem Fortschritt die Tür öffnet.
Man spricht bei euch von unverrückbaren Naturgesetzen. Wir haben die Erfahrung gemacht, dass jedes Naturgesetz auch durch den Menschen abgeändert werden kann, wenn er sich völlig seiner Gotteskindschaft bewusst ist und danach handelt. Aus diesem Grunde gibt es Menschen im Universum, die den Tod überwinden oder sich außerhalb von Raum und Zeit bewegen. Auch unsere Weltraumschiffe sind durch Überwindung solcher unverrückbaren Naturgesetze entstanden.

Kein Naturgesetz befindet sich in der absoluten Starre und dementsprechend ist mit dem Willen auf das Gute alles möglich, wobei es keine Grenze für eine Höherentwicklung gibt. Eure Naturforscher glauben manchmal, eine Formel oder ein Gesetz gefunden zu haben, nach dem sich die Schöpfungseinheiten verhalten. Einige Zeit später erkennen die Forscher mit Schrecken, dass jene Naturgesetze durch neue Erkenntnisse außer Kraft gesetzt werden. Ihre Wirksamkeit ist also bedingt, abhängig von anderen Faktoren. Das trifft selbstverständlich für das Licht, für die Schwerkraft und auch für die Geschwindigkeit und Reichweite zu. Jeder Stoff ist fähig den Platz zu wechseln, einen anderen Stoff zu durchdringen und einen Raum einzunehmen, der gleichzeitig durch einen anderen Stoff besetzt ist, doch nur entsprechend den dazu gehörigen oder geschaffenen Voraussetzungen. Somit gibt es auch keine Grenzen, denn sowohl geistiger Art, als auch materieller Prägung ist alles im Universum unbegrenzt, selbst die Steine ändern ihr Aussehen, ihre Dichte und ihre Eigenschaften.

Ihr selbst schafft euch durch mangelhaftes Denken und durch ein Loslösen vom Logos allerlei Grenzen und Begrenzungen, die in Wirklichkeit nicht existieren. Eure eingebildeten Grenzen verhindern den Frieden, die universale Harmonie, die interplanetarische Bruderschaft, den Kontakt zwischen Diesseits und Jenseits und das gemeinschaftliche Zusammenarbeiten zwischen Menschen, Völkern und Rassen. Sehr schlimm steht es mit eurem Blutvergießen, mit eurem Verteidigungswahn. Durch Tradition und euren Hochmut, indem ihr euch über den Logos stellt, habt ihr das Gesetz der gegenseitigen Achtung und Freiheit dahin abgeändert, dass es nunmehr ein erstarrtes Naturgesetz der Feindschaft gibt. Auch hier liegt der Fehler nur in eurem Denken. Bringt in dieses erstarrte Denken ein wenig Bewegung hinein, und auch dieses Massendenken der gegenseitigen Feindschaft nimmt ein Ende. Sämtliche Religionen der Erdenmenschheit leiden unter einem qualvollen Unsinn, denn es gibt keinen solchen Gott, wie ihn eure Religionen hinstellen, aber es gibt einen Geist, einen Logos, der gerecht ist. Dieser Logos verlangt von euch keinen äußeren Kult, kein Füße küssen, keinen Kniefall, weil solcher Unsinn keine Religion darstellt, sondern eine verlogene Schauspielerei.

Wahre interplanetarische Religion ist einzig und allein die innere Bereitschaft zum Mitarbeiten innerhalb der planvollen Weiterentwicklung des göttlichen Universums unter Ausschaltung aller negativen Einflüsse. Der Gesamtplan der Schöpfung geht über jeden persönlichen Eigennutz eines einzelnen Menschen. Es ist ganz gleich, an welcher Stelle und Position sich ein Kind des Universums befindet. Es muss sich zum Dienen am Werke des universalen Fortschritts positiv und mit aller Energie beteiligen und wissen, dass das Denken im Menschenkörper unsterblich ist, auch außerhalb der Materie. Der Mensch lebt nicht nur weiter in seinen Werken, sondern in erster Linie in seiner wahrhaftigen, unsterblichen Persönlichkeit, die keiner Materie bedarf, wenn es sich nicht um eine Schulung handelt. Doch kein Mensch hat das Recht, Menschen zu beneiden, denn er hat das gleiche Recht und dieselbe Verantwortung und Gelegenheit zur Mitarbeit an der göttlichen Schöpfung, nur in anderer Weise. Doch setzt eure heiligen Kräfte nicht für die Zerstörung oder für den Stillstand ein.

Von Mose über Noah bis Lot

Die Ehrfurcht vor einem Gott bestand bei den Priestern und beim Volke nur solange, wie sie das rotglühende Raumschiff vor Augen hatten. Nachdem sie jedoch allein waren, wich jeder Respekt, und sie fielen in ihre alten Gewohnheiten zurück. Die Priester, denen die politische Macht zufiel, hatten eine großartige

Gelegenheit, sich das Volk zu unterwerfen und in jeder Weise gefügig zu machen, da sie auf den Besuch Gottes hinwiesen. Jede Fälschung der Gebote und Weisungen wurde mit Leichtigkeit als von Gott gegeben erklärt. Ebenfalls waren jeder Mord, jeder Betrug, jede Sklaverei erlaubt, ja, sogar der Länderraub, die Ausrottung von Einheimischen und der Krieg im Namen Gottes möglich, indem es in allen diesen Fällen hieß: Es ist der heilige Wille Gottes, dass jene Menschen gestraft werden. Ganz besonders wurde jede andere Rasse verfolgt und zum geschworenen Feind Gottes erklärt, der in Gottes Namen bestraft, versklavt oder umgebracht werden muss. Hier begann der Rassenwahn, der bis heute noch nicht sein Ende gefunden hat und gegenwärtig viele Opfer fordert. Aus diesen Gründen dürfen wir eine solche Mission, wie sie unsere Vorfahren durchführten, nicht wiederholen. Unsere Vorbereitungen gehen daher andere Wege. Doch wir betonen mit allem Ernst, dass wir von unserem gemeinsamen Gott zu euch gesandt sind, der euch helfen will.
Mose wurde schon damals im Raumschiff etwa 40 Tage lang darüber unterrichtet, dass die Erdenmenschheit einer göttlichen Belehrung bedarf, weil das lasterhafte Verhalten der Erdenmenschen einen ganzen Erdteil vernichtete. Unterirdische Hohlräume wurden durch einen sündhaften Erfindergeist und durch entsprechende Handlungen zum Einsturz gebracht. Das Land versank im Meer. Dies war Atlantis. Durch das Weiterleben nach dem Tode erhielten unsere Vorfahren von dieser Katastrophe Kunde.

Die ‚Arche Noah' ist eine Legende, die aufgrund der Berichte vom Untergang eines Kontinents entstand. Es ist sinnlos, sich mit dieser Legende zu befassen, denn sie entspricht nicht der Wahrheit, bis auf den Umstand, dass ein Kontinent mit seinem gesamten Leben zu Grunde ging. Auch in diesem Falle änderten sich die sogenannten Naturgesetze, weil sie zu dieser Änderung in negativer Weise gezwungen wurden.

Darüber hinaus ist es vorgekommen, dass ein riesiger Stern einfach verschwunden ist, ohne auch nur eine Spur zu hinterlassen. Auch auf diesem Stern lebte eine Menschheit, die sich allen Belehrungen widersetzte und nun zum Teil auf dieser Erde reinkarniert wird. Dieser Stern hieß Mallona. Ihr werdet sagen: Das ist ein ohnmächtiger, vielleicht grausamer Schöpfer, der so etwas zulässt. Der Stern ist zwar in Energie aufgelöst worden, doch das Leben geht trotzdem weiter, wenn auch auf geistiger Ebene in weit größeren Welten. Außerdem sind wir auf des Schöpfers Bitte hin ständig mit euch in Berührung, um euch zu warnen. Die Warnungen und Hilfen, die euch der Schöpfer gewährt, sind heilig und wahr, doch ihr selbst seid taub und betrachtet alles als Lügen. Es ist deshalb nicht die Schuld des Schöpfers. Er will euren Aufstieg. Ihr selbst habt nicht den Willen, Gottes Gnade und Fürsorge anzunehmen. Trotzdem wollt ihr die Schuld für das Leid dieses Planeten eurem Schöpfer zuschieben. Die Allmacht des Schöpfers hat nichts mit eurer persönlichen Freiheit und Verantwortung zu tun. Jedes Blutvergießen ist möglich, aber es setzt eure Verantwortung nicht außer Kraft und die unsichtbaren und unabsehbaren Folgen solcher Taten sind für jene Seelen mit Worten nicht zu beschreiben.

Auch die Unwissenheit mildert nicht die selbstverschuldete Strafe. Wäre eine solche Strafe unmöglich, so gäbe es auch keine Gerechtigkeit und dementsprechend keinen Schöpfer. Wo es aber keinen Schöpfer gibt, kann es auch keine Schöpfung geben. Die Schöpfung, die Ursache, sorgt für die Wirkung, auch wenn sie nicht augenblicklich eintritt, sondern erst viel später.

Die Lüge steht neben der Wahrheit

Das Verhalten der Theologen ist ein vortrefflicher Beweis dafür, wie man kritiklos an einem Unsinn Gefallen findet. Es fehlt an

Mut und Verstand, hier Klarheit zu schaffen. Die Hilfe steht euch zur Verfügung, denn die Hilfe Gottes ist nicht zeit- oder raumgebunden und was vor Jahrtausenden möglich war, kann heute oder morgen in noch besserer Weise erfolgen. Ich will damit sagen, dass die Belehrungen aus den kosmischen Bereichen nicht abgeschlossen sind. Gott hat uns unendlich viel zu sagen. Er tut das durch seine Boten, zu denen wir auch gehören. Doch wir können nicht dulden, dass der Irrtum noch weiter diese Welt regiert. Wir setzen alle Kraft und allen Willen dafür ein, diesem negativen Einfluss endlich ein Ende zu machen. Es gibt wohl verschiedene Rassen, aber jeder Mensch hat die gleiche Seele, seine gleiche Herkunft und sein gleiches Zuhause. Kein Mensch wird auf diesem Stern geboren, damit er von seinen Mitmenschen verachtet oder verfolgt werden soll. Die Rassen erstrecken sich über ein unendliches Universum und über ein noch weit größeres geistiges Reich.

Auch wir möchten in euren Augen nicht als eine zu verachtende oder euch überlegene Rasse angesehen werden. Wir alle sind Brüder und Schwestern untereinander. Schon vor Jahrtausenden machte man den großen Fehler, Rassen zu unterdrücken oder zu versklaven, sogar im Namen des Schöpfers. Das Volk Israel versklavte im Namen Gottes, das heißt indem man Mose vorschob, die Leviten und andere Stämme. Weil Gott es angeblich so verlangte, bürdete man ihnen alle Lasten auf oder metzelte sie grausam nieder.
In allen diesen unvernünftigen und egoistischen Forderungen heißt es wörtlich: Der Herr redete mit Mose und sprach:
• Der Herr verlangte den Tod.
• Der Herr forderte das Volk zur Steinigung oder zur Verbrennung auf.
• Der Herr verlangte Sühne- und Brandopfer.

• Der Herr versprach, die Feinde zu zerschmettern. Der Herr wurde zum Generalfeldmarschall, zum gefürchteten Kriegsherrn gemacht.
• Der Herr bestimmte das Heer der Sklaven.
• Der Herr erlaubte den Priestern die Sünden des Fleisches.
• Der Herr setzte die Priester zum Richter oder zum Arzt ein.
• Der Herr bestimmte die Speisen und erlaubte den Wucher an allen Fremden.
• Der Herr gab dem Herrn auf dieser Erde das Recht über Tod und Leben seiner Knechte.

Der Herr im Weltraumschiff hatte lediglich darum gebeten, dass das Volk Israel ein Feuer anmachen sollte, wenn es den Herrn im Raumschiff zu sprechen wünschte. Dieses Feuer sollte kein Opfer sein, sondern ein Signal. Wir Santiner kennen keine Rache und keinen Krieg. Auch der Schöpfer kennt eine solche Rache nicht, wie es in eurer Bibel steht.

Ein Beispiel: Die Städte Sodom und Gomorrha wurden durch Raumschiffe zerstört und nicht, wie von amerikanischen Forschern behauptet wird, durch Explosionen von Erdölquellen. Auch die sowjetische Vermutung ist falsch. Die Städte wurden nicht durch Atomenergie zerstört, sondern durch die Antigravitationskraft ‚Teletekton', das heißt Erschütterung der Materie. Genauso wurde das Erdbeben in Jerusalem am Tage der Kreuzigung hervorgerufen. Auch in diesem Fall handelte es sich um selbstverschuldete Folgen, die nicht zu sein brauchten. Die Städte wurden monatelang gewarnt. Die Einwohner spotteten jeder Warnung, denn kein Mensch hielt damals eine solche planmäßige Zerstörung für möglich. Die Einwohner waren homosexuell und verkehrten außerdem mit Tieren. Das war eine große Blasphemie.

Lot, einer unserer Kontaktler, den ihr aus der Bibel kennt, bemühte sich um die Einsicht seiner Mitmenschen, doch vergeblich. Man hätte die Warnungen unserer Vorfahren für absoluten Unsinn gehalten, wenn sie nicht verwirklicht worden wären. Diese Tatsache hätte nicht nur den Santinern, sondern auch dem Ansehen Gottes geschadet. Darum musste die Warnung verwirklicht werden. Es war also keinesfalls eine Rache. Einige Santiner suchten diese Städte auf. Sie werden in der Bibel als Engel beschrieben. Ihr Aussehen konnte leicht zu dieser Annahme führen. Sie hatten langes, goldfarbenes Haar, schönen Wuchs und feine Gesichtszüge ohne Bart. Ihre Kleider waren sehr schön und reich verziert. Lot wusste, dass sie aus großer Ferne vom Himmel kamen. Wie die Bibel berichtet, wurden sie vom Volk arg bedrängt und verspottet. Man hielt sie für schön gewachsene Jünglinge, die zur Unzucht geeignet wären. Darum verteidigte Lot die Santiner mit den Worten: „Nehmt meine Tochter anstatt ihrer und treibt mit ihr, was ihr gerne wollt."
Ich glaube, dass dieser Beweis einer Überlieferung, die sich viele Jahrtausende erhalten hat, vollauf genügt, den Untergang dieser Städte zu beweisen. Die Schäden, die ihr euch selbst zufügt, werden lokaler Art sein. Niemals wird aber der Planet Gottes aus seiner Bahn geworfen. Das allein bestimmt Gott. Ich versehe mein Amt und erledige meinen Auftrag, obgleich es nicht einfach ist, so hinter den irdischen Kulissen zu wirken. Aber mein Auftraggeber ist eine sehr angesehene und machtvolle hohe Persönlichkeit. Seltsamerweise genießt diese Persönlichkeit einen besseren Ruf als dessen höchster Chef. Sein Name ist Jesus Christus.

Unter der Leitung von Erzengel Michael

Seit Jahrtausenden sind wir miteinander bekannt. Seit Jahrtausenden bemühen wir uns unter der Leitung des Erzengels

Michael um die Erlösung dieser Menschheit aus den Fesseln der Negativität. Das mögen die meisten von euch nicht begreifen. Ich bin deshalb kein Geistwesen, keine jenseitige Seele. Ich bin zwar von einem anderen feinstofflichen Fleisch, aber ich bin eine lebende Realität auch für euch. Mein Zustand ist, wie ihr vielleicht sagen würdet, flexibel. Der Entwicklungsstand der Erdenmenschheit ist die Ursache dafür, dass ihr euch an eure eigene Vorentwicklung nicht erinnern könnt. Sie ist abgerissen, weil sie zum größten Teil negativ war.

Ganz anders war das bei der Inkarnation Christi. Obwohl er freiwillig diesen Planeten betrat, so war er allen Gefahren dieser Stufe ausgesetzt. Doch mit zunehmender Reife erinnerte er sich jener Zeiten, die vor dem Betreten dieser Erde seine einmalige Laufbahn bestimmt hatten. Er war ein vollendeter Wissender, dessen Erinnerung viele Jahrtausende zurückreicht. Ein Fall von größter Seltenheit im ganzen Universum. Nicht allein das Alte Testament ist verfälscht worden, sondern auch das Neue Testament hat viele Fehler, die hauptsächlich auch von Priestern und Mönchen verursacht worden sind. Die einmalige Mission des Gottessohnes ist völlig ins falsche Licht gerückt worden. Seine Mission ist eine ganz andere, als jener Wunschtraum schuldbeladener Kirchenväter, die solange daran herumgerätselt haben, bis sie eine Version zustande brachten, die ihnen die angestrebte Macht und angemaßte Vertretung Gottes zusicherte. Es gibt keinen Vertreter Gottes auf dieser Erde, nicht einmal ein Priester ist dazu von Gott berufen, sondern von den Menschen gewählt worden. Die Erdenmenschheit hatte einen Vertreter in Vollmacht Gottes gehabt, der jedoch kaltblütig ermordet wurde, weil er das Gottesgesetz kannte und die Fälschung verurteilte. Sein vergossenes Blut ist keine Erlösung, sondern ein Fluch, der über diese ganze Welt gekommen ist. Es gibt kaum echte Überlieferungen seiner Worte, die nicht eine andere Auslegung bekommen haben. Entweder sind sie ganz unverständlich verstümmelt worden, oder sie wurden von den damals Schreibkundigen falsch aufgefasst und haben sich der Kontrolle entzogen, weil die Zeugen jener Worte selbst nicht schreiben oder lesen konnten. Auch fehlte es oft genug an Intelligenz, um die Wahrheit aus den gesprochenen Worten herauszuhören.

Gott ist nicht barmherzig, sondern vollkommen gerecht. Die Barmherzigkeit ist eine Forderung, die an diese Menschheit gestellt wird, weil der Mensch weder das Recht, noch das Wissen, noch die Erkenntnis hat, wirklich gerecht zu urteilen. Kein Erdenmensch hat diese Gabe, hat es je dazu gebracht. Die Barmherzigkeit soll also die Gerechtigkeit ersetzen, damit kein Unrecht im Urteil geschieht. Gott braucht keinen Ersatz für seine Gerechtigkeit, denn sie ist sein Gesetz. Sein Urteil ist ausnahmslos unfehlbar. Wollte Gott barmherzig sein, so müsste er seiner Gerechtigkeit einen Makel zufügen. Alle diese Gebete und das Jammern nach Gottes Barmherzigkeit sind ohne jeden Sinn und bringen keinen Erdenmenschen auf den richtigen Weg, sondern nur noch tiefer in das Dunkel, das ihn und die Kirchenvertreter überall umgibt. Was sollte Gott für eine Barmherzigkeit für eine Seele üben, die durch Schaffung und Auslösung einer Atombombe Millionen Menschen ins Unglück bringt? Diese Seele steht jedoch in voller Gleichberechtigung zu jeder anderen, die vielleicht nur einen Mundraub begangen hat. Euch fehlt tatsächlich die richtige Belehrung. Der Größenwahn der Theologie, die sich im Besitz der Wahrheit wähnt, verhindert seit Jahrtausenden jede Korrektur. Doch die Zeiten ändern sich, neue Kräfte sind am Werk, die das Böse unbedingt besiegen werden. Diese Kräfte ermöglichen auch uns, energisch aber tolerant durchzugreifen.

Die Regierungen der verschiedenen Staaten lehnen das Ufo-Phänomen ab. Wir bringen euch die Wahrheit und diese hat einen schweren Kampf mit der sesshaften Lüge zu bestehen. Wir können diese Wahrheit nicht verbreiten, wenn wir nicht zugleich auf den Irrtum aufmerksam machen und eine gerechte aber unangenehme Kritik an euren verantwortlichen Erziehern und Führern üben. Nun, eure Regierungen wissen, dass wir ihr Verhalten und ihre Ziele verurteilen. Durch diese Tatsache sind wir nicht ihre Helfer, sondern in ihren Augen gefährliche Feinde. Sie wissen, dass wir das Alte stürzen müssen, wenn etwas Neues entstehen soll:

- Das Alte ist der Krieg und die Feindschaft.
- Das Neue ist der Frieden und die Freundschaft.
- Das Alte ist der Irrtum und die Lüge.
- Das Neue ist die Wahrheit und die Offenheit.
- Das Alte ist die Gottlosigkeit und die falsche Theologie.
- Das Neue ist der Gottglaube und das kosmische Wissen.

In den USA wird alle 20 Minuten eine ‚fliegende Scheibe' gesichtet, jedoch die Presse schweigt. Die Amerikaner haben große Angst vor ihrer eigenen Macht und fürchten, sich ins eigene Fleisch zu schneiden. Mancher Regierungsangehörige dieser großen Staaten, der mehr um diese geheimen Dinge weiß, steht im Kampf mit sich selbst. Deswegen wagen sie nichts gegenüber der Öffentlichkeit zu äußern, weil:

- sie vereidigt wurden.
- sie um ihre Stellung fürchten.
- sie Angst davor haben, dass man ihnen nicht glaubt und sie somit lächerlich machen könnte.

Wir haben einen noch mächtigeren Feind und Gegner als alle Regierungen dieser Welt, nämlich die Großindustrie, ganz gleich, ob staatlich oder privat. Je machtvoller eine Großproduktion anläuft, umso gefährlicher wird sie für jede Art eines religiösen Denkens und Glaubens. Die Großindustrien dieser Welt sind die eigentlichen Wegbereiter des Atheismus. Wenn eine Bibel mit sesshaften Lügen durchsetzt ist, so ist es nicht zu verwundern, dass sich jeder Mensch das Recht anmaßt, sich ein eigenes Urteil über Gott und seine Schöpfung zu machen. Doch mangels einer vernünftigen und logischen Belehrung ist ein solches Urteil leider nur negativ.

Die Angst vor dem Geistigen

Menschen durchforschen die Erde. Menschen befassen sich mit den Naturgesetzen. Der Mensch lebt in der Materie und arbeitet mit ihr. Die Gesetze der Materie werden durch Menschen erarbeitet und herauskristallisiert. Der Mensch lebt zeitlich begrenzt in der Dimension der Materie.
Geister durchforschen das Universum. Geister befassen sich mit den Naturgesetzen der Materie und des Geistes. Geister leben im Geiststofflichen und arbeiten mit ihm. Die Gesetze der geistigen Dimension werden durch Geistintelligenzen erforscht und herauskristallisiert. Der Mensch lebt zeitlich unbegrenzt in der Dimension des Geistes.

Woher, glaubt ihr, könnt ihr die Wahrheiten der geistigen Dimension erfahren? Ihr habt Kunde davon durch jene Wesenheiten, die in ihr leben. Der Erdenmensch vermag darüber keine Auskunft zu geben, da er hierüber kein eigenes Wissen besitzt. Das ist eine entscheidende Feststellung. Kein Erdenmensch kann aus sich heraus berichten, was in jenen Sphären des Geistes oder in den Regionen anderer Sterne existiert. Doch die Terra ist von diesen beiden Bereichen nicht abgesondert. Was der Mensch nicht aus eigener Anschauung erfahren kann, wird ihm durch die Bewohner jener Bereiche übermittelt. Leider ist die Erdenmenschheit bisher für derartige Offenbarungen nicht voll aufnahmefähig gewesen. Die Wahrheit wurde daher zum Unglaublichen, zum Ungeheuerlichen erklärt. Ich bin ermächtigt, euch diese Fehler und Irrtümer nach und nach aufzuzählen und zu erklären. Ich wage daher zu behaupten, dass diese Erklärungen eine durchaus göttliche Offenbarung darstellen, die aus den höchsten Bereichen des Geistes stammen und die den Offenbarungen am Berge Sinai nicht nachstehen. Ich spreche heute zu euch in seinem Namen: „Ich habe euch die Erde anvertraut, aber ihr lebt nicht in der Gemeinschaft von Menschen, die sich entwickeln sollen, sondern in vielen Gemeinschaften, die sich gegenseitig befeinden und nach dem Leben trachten."

Als Urmenschen hatten die Erdenbrüder die Gabe, sich mit den Brüdern der geistigen Welt zu verständigen. Da sie sich jedoch gegenseitig töteten, setzte sich diese Bruderfeindschaft nach dem Tode fort. Die Erdenbrüder wurden nicht nur durch ihre irdischen Feinde verfolgt, sondern darüber hinaus auch noch von jenen hinübergegangen Brüdern der negativen geistigen Welt angegriffen und sogar verletzt. Auch in der weiteren Entwicklung der Erdenmenschheit bestand immerwährend ein gegenseitiger Kontakt zwischen der geistigen und materiellen Welt. Die Erdenbrüder fürchteten sich vor dem Sichtbarwerden der geistigen Bereiche. Sie versuchten sie anzugreifen, aber sie waren gegen die Geister machtlos. Da gingen sie dazu über, sie zu verehren, auch wenn sie noch so negativ waren. Schließlich forderten die Geister der niederen Sphären eine derartige Verehrung, indem sie ihre Brüder der Erde bedrohten. Auf diese Weise entstand ein verabscheuungswürdiger Geisterkult, der durch die Unwissenheit in bezug auf die Schöpfungsgeheimnisse zu entsetzlichen Verwirrungen und Entstellungen führte. Der Widersacher setzte seinen Fuß in diese Verbindung und beeinflusste den unnatürlichen Kult durch die geheimnisvolle Macht der schwarzen Magie.

Der Universalgeist ließ unsere Vorfahren durch die Boten des geistigen Reiches wissen, dass die Erdenmenschheit mit dem Himmelsgesetz bekannt gemacht werden sollte. Diese Überbringung sollte jedoch sehr eindrucksvoll und für alle Zeiten gültig erfolgen. Somit erhielten wir Santiner diese Mission! Unsere Raumschiffe steuerten die Terra an, unterstützten die Israeliten und teilten bei ihrer Flucht das Meer. Das Himmelsgesetz wurde am Dschebel Musa durch die Besatzung eines Santiner-Weltraumstrahlschiffes verkündet und in allen Einzelheiten erklärt. Gott sprach nicht selbst zu Mose. Ein Santiner sprach im Namen Gottes zu ihm. Die Priester vernichteten einen Teil der Gesetze und weitere Teile wurden verfälscht. Aber alle weiteren Kriege wurden seither im Namen Gottes geführt.

Gott billigt kein menschliches Blutvergießen. Jede Berufung auf den Beistand Gottes in allen Fällen menschlicher Feindschaft ist eine Blasphemie! Jede Bestrafung und jede Schmach, die einem Menschen auferlegt wird, darf niemals im Namen Gottes erfolgen. Er hat seine eigene Gerichtsbarkeit. Ebenso schwöre kein Mensch beim Namen Gottes, sondern höchstens bei der Verantwortung seines eigenen, unsterblichen Geistes. Da die vielen Aufzeichnungen der Priester so verfälscht worden sind, dass sie die Wahrheit verschleiern, so wurden die Santiner nicht aus ihrer Mission entlassen. Sie führten die Beobachtungen fort. Schon lange hatte die Erdenmenschheit zwei Möglichkeiten sich belehren zu lassen: Einerseits durch die Santiner, andererseits durch den Kontakt mit den Wesenheiten der geistigen Dimension.

Ein Skeptiker ist noch kein aufgeklärter Mensch. Ein wirklich aufgeklärter Mensch weiß den Unsinn vom wirklichen Glauben zu unterscheiden. Je mehr es der Erdenmenschheit gelingt, die Funktionen der Natur zu kopieren, umso mehr entfernt sie sich von der Vorstellung, dass ein persönlicher Gott die Natur ins Leben gerufen hat. Viel richtiger wäre es jedoch, wenn solche ‚aufgeklärten' Menschen von sich sagen würden: „Ich bin ein Skeptiker, der eher zur Gottlosigkeit neigt, als eine höhere Ordnung und Aufsicht anzuerkennen.“ Doch welcher Mensch könnte je beweisen, dass es eine Ordnung gibt, wenn die Aufsicht darüber fehlt? Dieser gewissenlose Denkfehler kommt daher, weil man den Fehler macht, den persönlichen Gott mit dem persönlichen Menschen zu vergleichen. Diesen Irrtum vertreten hauptsächlich die Journalisten. Ihnen gehen hin und wieder außerordentliche Wahrheiten zu. Sobald es sich aber um geistige Phänomene handelt, werden diese nicht sachlich oder neutral publiziert, sondern in einem spöttischen, zynischen Stil weitergegeben.

Leider ist die Mehrheit bereit, einer Tageszeitung mehr Vertrauen zu schenken, als einem langjährigen Experten auf geisteswissenschaftlichem Gebiet. Selbst wenn die Zeitung einen solchen Experten zitiert, so geschieht das in einem skeptischen Stil, damit die Weltöffentlichkeit davon überzeugt werden soll, dass dieser Experte nicht ganz normal sei, weil er an Erscheinungen glaubt, die nichts mit der Wirklichkeit zu tun haben. Für das Wort ‚angeblich' müsste das Wort ‚festgestellt' gesetzt werden. Es müsste heißen: Es wurde festgestellt, dass die Raumschiffe häufiger fliegen. Es wurde auch festgestellt, dass Menschen mit den Seelen Verstorbener in Kontakt gekommen sind. Die allgemeine Irreführung geschieht aber hauptsächlich durch Menschen, die keine persönliche Erfahrung haben. In Zweifelsfällen zieht man das Lexikon zu Rate, aber auch hier findet man nur das Wort ‚angeblich'.

Für uns Santiner gilt die Unverrückbarkeit der Naturgesetze überhaupt nicht. Wir ändern sie fast alle und gruppieren die Atome ganz nach unserem Willen, sogar in unserem eigenen Körper. Ich will nicht andeuten, dass uns diese Veränderungen der Regeln leicht fallen. Aber wir können auf diese Weise in Dimensionen existieren, die normalerweise den Tod bedeuten.

Wie denkt beispielsweise ein zivilisierter Mensch über den Kannibalismus der primitiven Rassen? Wie denkt beispielsweise ein Santiner über die Kriegsführung unter den zivilisierten Erdenmenschen? Wie denkt ein Geistesforscher über die Gottlosigkeit der politischen Machthaber? Wie denkt ein normaler Verstandesmensch über den Kirchenkult und seine Dogmen? Ihr seht, zwischen dem Wissenden und dem Unwissenden klaffen Abgründe, die beide voneinander trennen. So ist es auch zwischen den Erdenmenschen und den anderen Sternenmenschheiten der Fall.

Ich möchte noch etwas erklären. Darum gebe ich zwei Interviews wieder, die für eure Situation sehr bedeutend sind. Sie haben wahrhaft stattgefunden.

Interview mit einem westlichen Präsidenten

Ich stehe dem Präsidenten gegenüber. Dieser Herr ist Führer einer großen Nation. Er ist Hauptverantwortlicher im großen Kräftespiel der starken Völker.

Ashtar: Bitte lassen sie ihr Erstaunen. Sie sehen, dass ich Ihnen gegenüberstehe und diese Tatsache können Sie nicht bezweifeln. Ich habe Sie aufgesucht, weil Sie mit die Verantwortung für diese Welt und diese Menschheit tragen. Stören Sie sich nicht daran, dass ich von einem anderen Stern bin. Ich habe einige wichtige Fragen an Sie zu stellen. Sie wissen doch, dass diese Erde von Menschen anderer Sterne besucht wird.
Präsident: Ich bin völlig überrascht. Aber ich weiß, dass andere Menschen zu uns kommen.
Ashtar: Woher ist Ihnen diese Tatsache bekannt und warum wird sie nicht öffentlich zugegeben?

Präsident: Weil internationale Regierungsmeinungen eine solche Bekanntgabe nicht für angebracht halten.
Ashtar: Nennen Sie mir bitte die Gründe, die zu diesem Beschluss geführt haben!
Präsident: Zwischen den einzelnen Staaten auf dieser Erde besteht keine Einigkeit. Wenn wir zugeben, dass es eine außerirdische Menschheit gibt, die uns erreichen kann und über uns befehlen kann, so schädigt das unser Prestige. Wir müssen unser Ansehen wahren.
Ashtar: Aber viele Menschen werden doch schon durch private Initiative unterrichtet. Die Wahrheit wird sich nicht länger unterdrücken lassen.
Präsident: Die amtlichen Stellen stehen über der privaten Initiative. Die Öffentlichkeit richtet sich nach amtlichen Bestätigungen oder Dementis. Außerdem bringt die private Initiative auch Hochstapeleien und Phantastereien hervor.
Ashtar: Sind Sie der Meinung, dass uns die Regierungen fürchten?
Präsident: Soweit wir etwas über die außerirdischen Raumschiffe und deren Besatzung wissen, sind uns diese weit überlegen. Wir müssen sie deshalb als mögliche Feinde ansehen, die äußerste Gewalt anwenden, wenn wir uns nicht nach ihren Forderungen richten.
Ashtar: Was glauben Sie, welcher Art diese Forderungen sein könnten?
Präsident: Es wurde darüber diskutiert. Es kann gar keine andere Forderung geben, als unsere Regierungsmacht aufzugeben. Darum kann es auch keine andere Lösung geben als nur die Feindschaft.
Ashtar: Sind Sie der Meinung, dass die bestehenden Regierungen alleine aus dieser Krise herausfinden?
Präsident: Wir hoffen, dass unsere Nation mit Hilfe der Wissenschaft und Technik die größere Macht auf dem Gebiet der Zerstörung in den Händen haben wird.

Ashtar: Haben Sie schon einmal darüber nachgedacht, dass eine solche Übermacht gar nicht zur Anwendung kommen kann, weil sie den totalen Untergang der ganzen Welt bedeutet?
Präsident: Wir existieren nur noch, weil wir uns auch verteidigen können. Darum können wir den Wettlauf mit der Übermacht nicht aufgeben.
Ashtar: Dieser Wettlauf ist eine Vorbereitung zur globalen Vernichtung. Halten Sie diesen Weg für verantwortlich?
Präsident: Wenn die Welt in Trümmern liegt, gibt es nichts mehr zu verantworten.
Ashtar: Aus Ihren Worten spricht ein Atheismus. Glauben Sie nicht an Gott?
Präsident: Ich glaube, dass das, was man als Gott bezeichnet, eine universelle Entwicklung der Natur ist. Wenn der Planet untergeht, so gibt es noch Milliarden anderer, und das Universum hat keinen großen Verlust erlitten.
Ashtar: Sie haben zugegeben, dass Sie nichts zu verantworten haben. Besitzen Sie nicht so etwas wie ein höheres Gewissen?
Präsident: Ich kann mich nicht von Sentimentalitäten leiten lassen. Ich verantworte alles vor den lebenden Menschen, die mich und meine Handlungsweise kritisieren. Wenn diese Menschen sterben, dann gibt es auch nichts mehr vor ihnen zu verantworten.
Ashtar: Mein lieber Präsident, ich will Ihnen einmal etwas sagen: Sie besitzen zu wenig Wissen, um überhaupt etwas verantworten zu können, nicht einmal vor den Menschen, mit denen Sie zusammenleben.
Präsident: Das möchte ich mir sehr verbitten. Schließlich habe ich lange genug studiert und mich mühevoll emporgearbeitet. Glauben Sie, dass mir dieses Amt geschenkt worden ist?
Ashtar: Meiner Meinung nach haben Sie vieles auswendig gelernt, ohne dabei Gewissheit gehabt zu haben, dass es sich dabei um objektive Tatsachen handelt.

Präsident: Ich habe alles studiert, was ich für mein Amt wissen muss. Es handelt sich um die besten Erkenntnisse, die auf dem Gebiet der Politik gesammelt worden sind. Nennen wir es einfach Staatswissenschaft.
Ashtar: Sind Sie religiös? Haben Sie auch die Bibel studiert?
Präsident: Ich bin auch darin unterrichtet, obgleich ich die Bibel nicht studiert habe.
Ashtar: Glauben Sie, dass das, was in der Bibel steht, die objektive Wahrheit ist?
Präsident: Nein, ich bin der Meinung, dass sie ein Gemisch von Philosophie und historischen Begebenheiten ist. Was die Historie anbetrifft, mag sie wahr sein.
Ashtar: Sie zweifeln also daran, dass es einen persönlichen Gott gibt, weil er sich nicht sehen lässt. Sie glauben auch nicht an die Wunder, welche sich zugetragen haben sollen.
Präsident: Nein. Ich glaube an die Überlegenheit des menschlichen Verstandes, mit dessen Hilfe die Zivilisation entstanden ist.
Ashtar: Was würden Sie sagen, wenn Sie plötzlich die absolute Gewissheit hätten, dass es tatsächlich einen Gott gibt, der das ganze Universum lenkt?
Präsident: Ich bin nicht der Mensch, der mit abstrakten Begriffen jongliert. Es lohnt sich nicht, sich derartiges vorzustellen.
Ashtar: Sie weichen meiner Frage aus, weil Sie die Frage beunruhigt. Würden Sie Ihr hohes Amt weiter so ausführen können, wie bisher, wenn ich mit der Behauptung, dass Gott existiert, recht habe?
Präsident: Darauf kann ich Ihnen keine Antwort geben.
Ashtar: Warum nicht?
Präsident: Weil dieser Gedanke alles über den Haufen wirft. Es ist unmöglich, Derartiges in Betracht zu ziehen, oder einen Vergleich mit unserem Leben anzustellen.
Ashtar: Also, Sie sind der Meinung, dass Gott nicht existieren darf, selbst wenn er existiert, weil sich das ganze Leben der Menschheit mit dieser Gewissheit nicht vereinbaren lässt.

Präsident: Angesichts der Tatsachen, mit denen wir es zu tun haben, ist es besser, wir befassen uns nicht mit Gott, sondern mit uns selbst.
Ashtar: Sind Sie der Meinung, dass andere Regierungen ebenso denken?
Präsident: Die Welt wird nicht aus religiösen Erkenntnissen oder Vermutungen regiert, sondern nur aus der nüchternen Feststellung, dass der Stärkere das Recht hat.
Ashtar: Der Stärkere hat nicht das Recht, sondern er nimmt es sich mit Hilfe der Gewalt. Sie wollen doch nicht behaupten, dass dieses Unrecht Recht oder Wahrheit ist und über einen Gottglauben gesetzt werden kann?
Präsident: Der Gottglaube ist in Regierungskreisen eine reine Privatsache. Der Glaube an die Zuverlässigkeit der Staatsführung ist eine bürgerliche Pflicht.
Ashtar: Sie haben vorhin zugegeben, dass es sich nicht lohne, über die Existenz Gottes nachzudenken. Als Begründung führten Sie an, dass sich eine solche Erkenntnis nicht mit dem Tun der Staatsführungen vereinbaren ließe. Ich sage Ihnen, dass die Staatsmänner eine enorme Wissenschaft ablehnen, die ein Hindernis ihres Denkens und Handelns darstellt.
Präsident: Gott lässt sich nicht beweisen - und was sich nicht exakt beweisen lässt, gehört nicht zur Wissenschaft.
Ashtar: Lässt sich die Existenz der Erde und des Universums auch nicht beweisen? Sie geben der Wissenschaft alle Aufgaben und liefern alle Beweise. Das Leben beweist Gott. Nach wissenschaftlichen Erkenntnissen kann Leben nur von Leben kommen. Ebenso kann Intelligenz nur von Intelligenz kommen, Geist kann nur von Geist kommen.
Präsident: Die Intelligenz entwickelt sich aufgrund von Erfahrungen.
Ashtar: Nein, die Intelligenz entwickelt sich mit Hilfe der Intelligenz, sowohl diesseits als auch jenseits. Die Intelligenz wird sogar aus der geistigen Dimension unterstützt, sonst gäbe es

keine Inspiration. Was glauben Sie, was geschieht mit Ihnen, wenn Sie gestorben sind?
Präsident: Man wird mich einäschern.
Ashtar: Ich fragte, was mit ihnen geschieht und nicht, was man mit Ihrem Körper anstellt.
Präsident: Wenn ich tot bin, ist das Leben für mich aus, dann bin ich mausetot.
Ashtar: Mausetot ist keine Erklärung dafür. Die fleischliche Hülle fällt vom Ich wie eine Schale, in der sich der eigentliche Kern befindet.
Präsident: Das ist ein Glaube, aber er ist keinesfalls bewiesen, sonst müsste ich das unbedingt wissen.
Ashtar: Sie können nur das wissen, was die Wissenschaft zugibt. Auch Sie besitzen Erkenntnisse auf dem Gebiet der Staatswissenschaft, die Sie für sich behalten und nicht zugeben, weil Sie sich nicht bloßstellen wollen. Auch die Wissenschaft will sich mit dem Zugeben derartiger Erkenntnisse und Erfahrungen nicht bloßstellen. Man sieht darüber hinweg.
Präsident: Es gibt keine Beweise für das Leben nach dem Tode. Es ist wissenschaftlich unmöglich.
Ashtar: Die Wissenschaft hat keine Regel für den Begriff ‚unmöglich'. Es gibt Millionen solcher Beweise. Doch diese werden nicht in Betracht gezogen, weil die Verantwortlichen der Wissenschaft genauso atheistisch eingestellt sind wie Sie. Diese Erkenntnis lässt sich auch nicht mit der Lebensweise der irdischen Menschheit vereinbaren. Die damit verbundene Verantwortung ist so ungeheuerlich, dass man jeden derartigen Beweis schaudernd zurückweist. Alle Staatsführungen und akademischen Wissenschaften wenden sich voller Grauen gegen eine feststehende Tatsache, die ihnen zu haarsträubend vorkommt. Nicht die Tatsache der unsterblichen Seele ist haarsträubend, sondern die Tatsache der irdischen Politik und Lebensweise, welche verantwortet werden muss. Das göttliche Gericht ist

eine Drohung, die keinem negativen Menschen in den Kram passt. Er sagt darum: Lasst mich mit diesem Unsinn zufrieden.
Präsident: Mein Gewissen gegenüber der Ausübung meines Amtes als Staatsbeamter verbietet mir, mich mit metaphysischen Betrachtungen zu befassen.
Ashtar: Würden die Regierungen die großen Kirchen dulden, wenn sie mit voller Überzeugung die Wahrheit von der unsterblichen, voll bewussten Existenz der menschlichen Seele lehren würden?
Präsident: Ich gebe zu, dass solche Lehren der Staatsführung feindlich im Wege stehen würden. Der Staat vernichtet aber mit roher Gewalt alles, was ihm feindlich ist.
Ashtar: Aha! Die großen Kirchen fürchten also mit Recht die Wahrheit, weil sie die ganze Intoleranz des Staates fürchten. Man übt Toleranz gegenüber den Kirchen, solange sie nicht die reine Wahrheit lehren. Zwei elementare Wahrheiten sind gestrichen. Erstens das Weiterleben unmittelbar nach dem Hinscheiden und zweitens die Wiedergeburt ins irdische Leben. Aber es gibt Glaubensrichtungen, die sich mit der Wahrheit befassen. Wie stellen sich die Regierungen zu diesen Gemeinschaften?
Präsident: Alle spirituellen Gemeinschaften sind den Staatsführungen ein Dorn im Auge. Aus diesem Grunde sträubt man sich auch gegen ihre staatliche Anerkennung. Um sie aus dem Wege zu räumen, werden ihre Lehren am besten als Aberglauben bezeichnet. Weil aber die großen Kirchen existieren wollen, wenden diese sich ebenfalls gegen alle spirituellen Gemeinschaften.
Ashtar: Nun wissen Sie selbst, warum die Wahrheit nicht gelehrt werden soll. Aus diesem Grunde kommt die objektive Wahrheit auch nicht an das Ohr der Staatsmänner heran. Ich sagte Ihnen bereits: Sie sind nicht richtig orientiert. Sie wissen zu wenig von der geistigen Existenz. Einige große spiritualistische Gemeinschaften, deren Anhänger nach Millionen zählen, haben aus diesem Grunde auch schon ein großes Unrecht begangen und die

Reinkarnationswahrheit aus ihren Erkenntnissen gestrichen, damit sie dem Staat nicht zu unangenehm werden und auch von den Kirchen in Ruhe gelassen werden. Ich frage Sie jetzt: Ist das ein normaler Zustand ?

Präsident: Was würden Sie mir raten? Soll ich abtreten oder soll ich mich erschießen?

Ashtar: Der erste Gedanke eines Regierungsgewaltigen ist immer der Tod. Entweder ist dieser für sich selbst oder für andere bestimmt. Selten gibt es Lösungen auf friedlichem Wege. Die Gewalt der Waffen steht diesen Menschen viel zu leicht zur Verfügung. Ich gehöre mit meinen Mitmenschen zu einer universellen Bruderschaft. Sie ist ein Beweis dafür, dass es möglich ist, in Frieden zu leben. Doch die Möglichkeit gibt es nur unter der Freiheit der Wahrheit. Auf dieser Erde ist die Verbreitung der Wahrheit durch egozentrische und geltungswahnsinnige Unterdrücker zum größten Teil unmöglich. Würden Sie nach diesem Gespräch bereit sein, für die Wahrheit einzutreten?

Präsident: Nein. Ich bin nicht dazu bereit, weil ich es für unmöglich halte. Man würde mich für geistesgestört halten. Darum bitte ich Sie, nehmen Sie Rücksicht auf meinen guten Willen und sagen Sie niemandem etwas von unserer Begegnung. Ich bin überzeugt, dass man dieses Interview sowieso nicht glauben würde.

Interview mit einem östlichen Präsidenten

Als ich ihm plötzlich gegenüberstand, fiel er auf sein Angesicht und hörte die Stimme, die zu ihm sprach: „Menschensohn, stelle dich auf deine Füße, ich will mit dir reden." Aber er war sehr abergläubisch und hielt sich beide Augen zu. Ich musste lange warten, bis er sich von seinem Schock so weit erholt hatte, dass ich ihm meine Fragen stellen konnte.

Ashtar: Präsident, nimm deinen ganzen Verstand zusammen und finde dich mit der Tatsache ab, dass du einem Cherub gegenüberstehst. Du bist zwar der Meinung, dass ein Cherub nur eine Phantasiegestalt der Bibel sei, doch du kannst mir nicht entfliehen, weil ich mit meiner Geisteskraft alle deine Fluchtversuche vereitelt habe. Gib deinen Widerstand auf und antworte mir ehrlich auf alle meine Fragen, dann wird dir nichts geschehen. Ich gebe dir mein Ehrenwort, dass ich niemandem auf dieser Welt deinen Namen verraten werde.
Präsident: Wer bist du wirklich? Du sagtest ein Cherub. Soll das ein Ulk sein?
Ashtar: Nein. Ich bin ein Cherub, ein Santiner, ein kleiner Heiliger im Dienste Gottes. Ich entlasse Dich nicht eher, bis ich Deine wahre Meinung erforscht habe. Ich weiß, du hast die Regierungsgewalt über viele Millionen Menschen. Bist du Dir bewusst, dass du für jedes einzelne Menschenleben mit Deiner unsterblichen Seele voll verantwortlich bist?
Präsident: Mich narrt ein böser Traum! Jeder Mensch trägt die Verantwortung für sich selbst. Ich habe nur die Aufgabe, das Leben in der sozialistischen Gemeinschaft zu fördern. Alles andere geht mich nichts an.
Ashtar: Nach welchen Geboten hat sich der Mensch zu richten, wenn die Gemeinschaft gefördert werden soll?
Präsident: Nach den Geboten der Partei. Und der Staat vertritt die Interessen der Partei.
Ashtar: Der Staat lehnt mit der Partei Gott ab. Konnte die Partei bisher beweisen, dass Gott nicht existiert?
Präsident: Die Partei ist keine Kirche. Sie vertritt andere Aufgaben als diese. Die Partei ist aber zu der Überzeugung gelangt, dass die Religion den Menschen hemmt, so dass er auf Grund dieser Hemmungen nicht vorwärtskommt.
Ashtar: Welcher Art sind diese Hemmungen?
Präsident: Es fehlt dann am Mut, die Interessen der Partei und des Staates durchzusetzen.

Ashtar: Hemmungen sind Skrupel. Die Partei wünscht also, dass die Bürger und Genossen des Staates skrupellos sind und einen blinden Gehorsam zeigen. Nicht einen Gehorsam vor Gott, sondern vor dem Staat, der die Partei vertritt.
Präsident: Der Staat prüft innerhalb der Regierung, was für die Verantwortlichen gut oder böse ist, d.h. was sie dürfen oder nicht dürfen.
Ashtar: Du meinst, die Parteiführer prüfen, was für die Partei von Nutzen ist. Sie fordert vom Menschen den blinden Gehorsam, auch wenn es Hass oder Mord ist.
Präsident: Der Staat hat auch Feinde. Wie sollen diese sonst aus der Welt geschafft werden?
Ashtar: Die Gegensätze rufen die Feindschaft hervor. Es müssen also nicht die Feinde, sondern die Gegensätze aus der Welt geschafft werden. Ohne Gegensätze gibt es keine Feindschaft. Gegensätze sind keine Menschen.
Präsident: Du willst mich verwirren. Unsere Philosophie hat erkannt, dass die Gegensätze auf einem Naturgesetz beruhen. Die Revolution ist daher der einzig mögliche Fortschritt.
Ashtar: Wenn diese Philosophie meint, dass die Gegensätze und die Feindschaft ein Naturgesetz darstellen, so kann sie keine Revolution aus der Welt schaffen, denn die Feindschaft müsste als Naturgesetz auch dann bestehen, wenn diese Weltanschauung die ganze Erde erobert hätte.
Präsident: Unsere Weltanschauung kennt keine Gegensätze.
Ashtar: Ich weiß, du meinst, sie dulden keinen Widerspruch. Da aber auch jede scharfe Kritik zum Widerspruch gezählt wird, ist auch diese verboten. Die Staatsführung schreibt das Bildungsniveau genau vor. Kein Mensch hat die Möglichkeit, sich darüber zu orientieren, was die Staatsführung ablehnt, weil es ihr gefährlich werden könnte. Diese Methode diktiert den Verantwortlichen des Landes, an was sie zu glauben haben. Auf diese Weise wird das selbständige Denken und die eigene Urteilsbildung völlig ausgeschaltet.

Präsident: Ich gebe mir auch Mühe, nur das zu denken, was erlaubt ist.
Ashtar: Wenn du Dir Mühe gibst zu denken, auf welche Weise die Landesgenossen gegen den angeblichen Feind aufgestachelt werden können, so ist das euer politisches Gebot.
Präsident: Sie drehen den Spieß um. Ich habe keine Lust, mich mit Ihnen zu unterhalten. Gehen Sie!
Ashtar: Ich gehe, wenn du, verehrter Präsident, mir alles beantwortet hast. Glaubst du an die Existenz Gottes?
Präsident: Darauf kann ich nicht antworten. Ich bin nicht ganz sicher. Ich glaube nicht mehr und nicht weniger daran als andere auch.
Ashtar: Glaubst du an die Gesetzgebung auf dem Berge Sinai? Glaubst du, dass es göttliche Gesetze sind?
Präsident: Nein, sie sind eine menschliche Erfindung. Diese Gesetzgebung ist eine notwendige Lehre, welche das Zusammenleben der Menschen regeln soll. Doch das ist längst überholt.
Ashtar: Du hast recht, Präsident. Sie sollen das Zusammenleben der Menschen untereinander regeln. Aber diese Gesetze sind doch von Gott.
Präsident: Nein, Gott wurde nur vorgeschoben, um diesen Gesetzen nach den damaligen Verhältnissen mehr Nachdruck zu verschaffen.
Ashtar: Du irrst, Präsident. Diese Gesetze wurden nämlich durch unsere Weltraum-Strahlschiffe aus dem göttlichen Universum zu den Erdenmenschen gebracht. Hältst du es für möglich, dass ein außerirdisches Raumschiff zur Erde reisen kann?
Präsident: Ja, das wäre eine Erklärung. Aber sie stimmt nicht, weil die Bibel voller Widersprüche ist. Sie ist nicht authentisch.
Ashtar: Diese Widersprüche stammen von den Menschen. Der Urtext ist absolut wahr.
Präsident: Wo ist dieser authentische Urtext? Wer aber beweist ihn?

Ashtar: Der göttliche Urtext wurde vernichtet, aber aus dem Gedächtnis teilweise aufgeschrieben. Es ist unsere Mission, diesen Urtext zu beweisen.
Präsident: Mag sein. Mir ist ein solcher Beweis nicht bekannt.
Ashtar: Unsere außerirdischen Weltraumschiffe beweisen unsere Mission. Lies einmal die Bibel genau nach und vergleiche sie mit allen Beobachtungen und Erfahrungen, die man mit den so genannten Ufos gemacht hat.
Präsident: Das beweist immer noch nicht, dass Gott wirklich existiert.
Ashtar: Dann studiere das Wunder von Fatima. Auch in diesem Falle wurde neben dem Phänomen des Weltraum-Strahlschiffes auch eine göttliche Botschaft übermittelt.
Präsident: Ich bin fest davon überzeugt, dass der Kommunismus für alle Menschen die beste Religion ist, denn sie zeigt den Bauern und Arbeitern einen Weg der anerkannten Arbeit.
Ashtar: Der fromme Proletarier neigt zum Fanatismus. Er gibt sich selbst auf, um dem Glauben zu dienen. Das ist falsch. Er verliert damit seine Natürlichkeit und spekuliert mit metaphysischen Hoffnungen. - Der Kommunismus hat diese fromme Bereitschaft zur vollen Unterstützung eines Glaubens in niedriger Weise ausgenutzt. Der Kommunismus wurde zu einem neuen Glaubensbekenntnis erhoben. Ich weiß, dass der Schwur auf die Fahne einen Eid darstellt, der mit allen Weihen und Riten einer theistischen Religion unterstützt wird. Sogar die Kerzen fehlen nicht dabei. Doch diese Pseudo-Religion lehrt keine göttliche Wahrheit von der unsterblichen Weiterexistenz des Menschen nach seiner Entkörperung. Das ist Götzendienst im wahrsten Sinne.
Präsident: Das Bewusstsein des Menschen ist an die Materie gebunden. Ohne Materie findet kein Denken statt und ohne Materie gibt es kein menschliches Bewusstsein.
Ashtar: Das glaubst du, weil du es so gelernt hast. Aber von wem stammen diese merkwürdigen Erkenntnisse? Sicher doch nur von

Menschen dieser Erde, die ein ganz bestimmtes Ziel vor Augen hatten. Sie stammen von Parteikollegen, die sich beim Staat liebkind machen wollten, die nur denken dürfen, was dem Staat nützt und was der Staat erlaubt.
Präsident: Auf alle Fälle stammen diese Erkenntnisse von geachteten Menschen, die dem Sozialismus gedient haben. Sie waren Pioniere der arbeitenden Menschen.
Ashtar: Der Sozialismus ist ein dem Menschen vorschwebendes Ideal. Eine angestrebte Verbesserung ist ja positiv, doch ein Ideal kann trotzdem falsch sein, weil es eine Vorstellung ist. Dazu bedarf es aber keiner Gottlosigkeit. Im Gegenteil, sie hindert nur. Es gibt aber einen Sozialismus des Universums, dessen Ideal keine Vorstellung, sondern eine sehr reale Tatsache ist. Dieser Sozialismus oder Edel-Kommunismus ist allein die göttlich befohlene Ordnung. Alles andere ist Anarchie.
Präsident: Wenn ich nicht unter Zwang stünde, würde ich nicht mehr darauf antworten. Immer wieder diese Anspielungen auf Gott und seine Ordnung. Der Mensch muss sich selber helfen, sonst ist er verloren.
Ashtar: Der Schöpfer hat diese Welt nicht in Grenzen und Staaten aufgeteilt. Die Welt und alle ihre Schätze sind anvertrautes Allgemeingut der Erdenmenschheit. Der Mensch hat die Pflicht, jede Rasse zu respektieren. Jeder Mensch ist sein Bruder oder seine Schwester. Richtet sich die Menschheit nach den höheren Gesetzen der göttlichen Ordnung, so ist das ganze Sozialproblem mit einem Schlage gelöst. Doch in dem Augenblick, da man die Menschen dieser Erde von einander trennt, in dem man geistige oder geographische Grenzen zieht, schafft man die Gegensätze, die auch mit Feindschaft bezeichnet werden können. Es handelt sich nicht darum, diese Menschheit unter einer Macht zu vereinen, sondern sie nach den Gesetzen des Universums zu führen. Wenn man einen Staat militärisch aufrüstet, so will man die bestehende Feindschaft nicht beseitigen, sondern mit Gewalt besiegen.

Präsident: Das kommunistische Manifest von Marx und Engels hat in der Welt bisher den größten Erfolg gehabt. Wir vereinen die Menschen, bis eines Tages die Grenzen verschwinden. Das ist das Ziel und Ideal, das wir alle verfolgen und dafür ist uns jedes Mittel recht, denn der Zweck heiligt die Mittel.
Ashtar: Könnte man dieses Ziel erreichen, so würde die Menschheit in zwei noch viel gefährlichere Teile gespalten werden: Der eine Teil wäre ein Gewalt ausübendes Bonzentum, dem alle Mittel zur Verfügung stehen würden, wie sie der Kapitalismus besitzt. Der andere Teil wäre ein zum blinden Gehorsam gezwungenes Volk, dessen selbständiges Denken und Handeln vergewaltigt wird. Wir kennen einen großen Planeten eines anderen Sternensystems. Auf diesem hat man eine fast ähnliche Entwicklung durchgemacht. Das Endziel war katastrophal. Die Initiative der Gesamtheit hörte auf. Es gab nur noch Herdenmenschen, die nicht fähig waren, selbständig zu entscheiden.
Präsident: Unsere Weltanschauung kennt nur Ausbeuter und Ausgebeutete. Dieser Zustand ist unnatürlich und muss abgeschafft werden.
Ashtar: Diese Menschheit, von der ich eben sprach, hatte dieselben Begriffe. Doch am Ende der Fehlentwicklung zeigte es sich, dass der Arbeiter nicht imstande war, ein bestimmtes Kapital zu verwalten. Ihm fehlten hierzu die Erziehung und der dazu geschulte und entwickelte Verstand. Jede Verbesserung der Produktion lähmte seine Kräfte und lenkte sie auf falsche Ideale. Die Automatisierung des Menschen ist ein Irrtum. Der Kollektivismus lässt die Individualität des Menschen zunehmend verkümmern. Er wird nur ein Rädchen, das von der Maschine abhängig ist, damit es sich überhaupt bewegen kann. Der Mensch sieht im Schaufenster des Lebens einen Gegenstand, an dem er mitgearbeitet hat. Aber er weiß, dass er in diesen nur eine Schraube hineingezogen hat. Alles andere ist ihm fremd und beraubt ihn seiner Schaffensfreude. Außerdem zerstört diese

Erkenntnis seinen menschlichen Stolz und den Glauben an die Genialität.
Präsident: Die Arbeiter bilden die Mehrheit. Sie sind die größte Klasse. Wenn die ganze Welt unter einem einzigen proletarischen Regime steht, gibt es keine Kriegsgefahr mehr. Dann hören die Gegensätze auf. Haben wir diesen Punkt erreicht, kann die ganze Welt abrüsten.
Ashtar: Das ist ein großer Irrtum! Das Regime wird immer das Fett abschöpfen. Es wäre nur eine Klassenverschiebung. Das Regime würde die höhere Klasse darstellen. Mit gutem Willen kann die Welt zu jeder Stunde abrüsten. Dieser gute Wille hängt vom Grad der höheren Erkenntnis ab. Ein guter Wille braucht ein positives Ziel.
Präsident: Wir sind für die Abrüstung und für den Frieden. Doch wir dulden keine Spitzel in unserem Lande.
Ashtar: Präsident, ich kenne alle eure Pläne und alle eure Ziele. Mich kannst du nicht täuschen. Alle bisherigen Abrüstungskonferenzen sind gescheitert, weil kein einheitliches Ziel und keine Ehrlichkeit vorhanden sind. Gewiss, ihr habt eine Scheu vor einem allgemeinen Weltuntergang. Dieser nimmt auch euch jede Existenz. Ihr wollt nur so weit abrüsten, dass ein atomarer Weltuntergang verhütet werden kann. Doch jeder andere superlative Vernichtungskrieg soll im Bereich der Möglichkeit bleiben. Die herkömmlichen Waffen sollen alle bestehen bleiben, damit ein Land das andere überfallen und besiegen kann. Ihr wisst, dass für diese Kriegsführung ein übergroßes Menschenpotential ausschlaggebend ist. Demnach hat die Masse die größten Aussichten für einen Sieg. Das ist kein wahres Friedensziel. Das Proletariat stellt die Masse dar.
Präsident: Nehmen sie an, ich befinde mich in einem Zug. Sie müssen zugeben, dass ich nicht aus diesem Zug springen kann. Doch wer soll diesen rasenden Zug anhalten?
Ashtar: Allein das rechte Wissen über Gott und sein Universum kann diesen Zug anhalten. Dann kann jeder in Ruhe aussteigen.

Die Diktatur des Todes

Ein Teil der Erdbevölkerung verachtet die Diktatur. Gott ist auch ein Diktator, wenn er seine Gesetze so geschaffen hat, dass sie dem Menschen viel verbieten und ihn nicht ungestraft lassen, wenn dieser diese Gesetze missachtet! Die Regierung wird zum Diktator, das Volk muss gehorchen. Die ganze Gesetzesmaschine ist diktatorisch. Warum dann so ein Geschrei wegen einer Verletzung demokratischer Grundsätze? Es kommt doch darauf an, ob die Diktatur positiv oder negativ ist, ob sie die Menschheit fördert oder zugrunde richtet. Glaubt ihr beispielsweise, dass ihr auf demokratische Weise das Rauchen, den Alkoholkonsum oder die Rauschgiftsucht bekämpfen könnt? Die Machtmittel sind überall gleich, ob es sich um eine Demokratie handelt oder um eine Diktatur. Die Machtmittel sind das Militär, die Regierungsorgane, die Wissenschaft, die Technik, die Presse sowie alle Propagandamittel wie Rundfunk und Fernsehen. Ihr seht, dass es nicht auf die Art einer politischen Richtung ankommt, sondern auf die hauptsächliche Tatsache, ob diese Richtung positiv oder negativ ist!
Nun besitzt die Erde ein gewaltiges und umfangreiches Lager an Atombomben. Diese Todbringer stellen jede Freiheit sowieso in Frage. Mehr noch, sie zwingen den Menschen dazu, sich dem Tod zu beugen. Der Tod ist der wahre Herrscher auf diesem Stern. Seine Drohung ist ebenfalls eine Diktatur, ganz gleich, in welchem Staat die Menschen leben.

Nicht Gott, der das Leben bedeutet, erlaubt eure Existenz, sondern der Tod ist der alleinige Beherrscher eures ganzen Erdendaseins und ihr habt ihm diese Macht gegeben. In seinem drohenden Schatten müsst ihr vegetieren. So weit habt ihr es gebracht, weil ihr den primitiven Geisterglauben für reinen Irrsinn haltet, weil ihr alles Wunderbare und alles Übersinnliche mit Aberglauben bezeichnet und weil ihr den Gottesglauben für ein blindes, gutmütiges Vertrauen zu etwas angeblich Unbeweisbarem haltet. Letzten Endes darum, weil ihr nicht an die sofortige Weiterexistenz nach dem Tode glaubt. Ihr seid Geist, ihr seid Seele, ihr seid ein Gefäß, das ihr Körper nennt! Dieses Gefäß Körper legt ihr als gebrauchtes Werkzeug beim sogenannten Tod ab und lebt als Geist in der Seele weiter.

Der Tod ist ein Diktator von unüberbietbarem Ausmaß. Der Mensch fürchtet sich nicht vor Gott noch vor einem göttlichen Gericht. Er fürchtet noch nicht einmal so sehr die irdischen Gesetze, wie er den Tod fürchtet. Die Angst vor dem Sterben ist ein Faktum, mit dem die Machthaber schon zu allen Zeiten gerechnet und gearbeitet haben. Dagegen ist Gottes Methode, um Völker zu beugen, anders. Seine Macht wirkt sich hauptsächlich in einer anderen, gewaltigeren Dimension aus, von der die Erdenmenschheit kaum etwas weiß. Hätte Gott nur allein die Gläubigen auf dieser Erde zur Verfügung, hätte er verloren. Das sagen auch die Verstandesmenschen. Und aus diesem Grunde halten sie es für wahrscheinlicher, dass Gott gar nicht existiert. Aber sie haben keine Ahnung, dass sein eigentliches Reich nicht von dieser Erde ist, wie Christus, euer göttlicher Lehrer, es euch deutlich genug sagte. Würde der Mensch die Angst vor dem Tode überwinden, so würde jede derartige Drohung an Wirkung verlieren. Aber der Mensch auf dieser Terra versteht unter dem Tode etwas ganz anderes, das in keiner Weise den Tatsachen entspricht. Die Belehrung in dieser Hinsicht ist mehr als mangelhaft. Kaum ein Mensch auf Erden weiß um das Mysterium des Sterbens Bescheid, nicht einmal eure Priester. Eine Drohung mit dem Tode würde bei richtiger Aufklärung eine ganz andere Wirkung haben als bisher.

Die Verstorbenen, die sich ihres Körpers entledigt haben, leben jahrelang noch unter euch. Sie verlassen die Sphären der Terra nicht, noch weniger die Stätte ihres bisherigen Wirkens. Durch ihre andere Frequenz ist es ihnen möglich, mitten in der Materie zu existieren, so wie ihr mitten in der Materie lebt, nämlich in der Luft, nur dass diese leichter ist als die festen Stoffe. Gegen diese Feststellung sträubt sich euer ganzes Denken. Der ewige Zweifel kann furchtbare Folgen tragen. Ihr seht, wie dringend notwendig hier eine richtige Erkenntnis ist. Mit den menschlichen Sinnesorganen kann die jenseitige Welt nicht erfasst werden. Es sei denn, dass diese geistige Welt materielle Strukturen annimmt. Doch die Materialisationen und Dematerialisationen sind für euch Seltenheiten, die nicht ausreichen, die Wissenschaft restlos zu überzeugen. Dafür gibt es aber einen Ersatz, der keineswegs weniger Überzeugungskraft besitzt. Die spirituellen Vorgänge und Kontakte haben nie abgenommen. Sie sind zu jeder Zeit möglich. Doch sie haben alle ihre Gesetzmäßigkeiten, die beachtet werden müssen.

Über die Menschenrechte

Jeder Mensch kommt aus einem geistigen Dasein auf einen Planeten. Er ist nicht ein Bürger seines Landes, sondern ein Schüler auf dem Planeten. Der Zweck seines materiellen Daseins ist die Erlangung einer geistigen Reife. Der Planet seiner Geburt ist seine tatsächliche Heimat. Nach den Gesetzen der Natur ist der Mensch das höchste Wesen, deshalb ist er auch frei. Diese Freiheit darf ihm nicht genommen werden, solange er nicht gegen die Gesetze des menschlichen Zusammenlebens verstößt. Jeder Mensch hat das Recht auf freie Selbstentscheidung. Er ist unter allen Völkern und Rassen gleich, auch wenn seine Entwicklung unterschiedlich ist. Er hat die Aufgabe, nach höchster Erkenntnis zu streben. Hierbei sollen sich alle Menschen ehrlich und tatkräftig unterstützen. Die Entfaltung seines Charakters steht an erster Stelle. Er hat sich so zu entwickeln, dass er frei von Hass, Neid und frei von jedem Geltungswahn ist.

Jeder Mensch befindet sich in der Gemeinschaft, welche nicht nur ein Volk oder Land betrifft, sondern das ganze Universum einschließt. Die Erde ist ein Teil des Universums. Und selbst nach dem Tode lebt der Mensch in der universellen Gemeinschaft weiter. Er hat die hohe Pflicht, sich als Mensch zu bewähren. Kein Mensch darf die freie Entwicklung nach oben hindern. Er hat aber auch die Pflicht, jede Entwicklung nach unten zu verhindern. Die Führer der Menschheit haben den Menschen auf der Erde Beistand und Schutz zu gewähren. Wenn der Mensch durch Unfrieden oder durch Krieg bedroht ist, so ist das kein Beistand und kein Schutz. Die Freiheit ist das oberste Gesetz der Lebensentfaltung. Freiheit darf nicht Zügellosigkeit der Leidenschaften und Triebe sein, sondern eine Freiheit für die guten Sitten und Tugenden. Die Nächstenliebe und Brüderlichkeit ist ein Naturgesetz. Es ist entsprechend zu beachten. Die universelle Brüderlichkeit betrifft die Menschen aller bewohnten Planeten. Aus diesem Grunde ist der Mensch auch zu gegenseitiger Hilfe von Land zu Land und von Stern zu Stern verpflichtet. Wer sich gegen dieses Naturgesetz stellt, verliert den Anspruch ein Bruder der Menschheit zu sein. Die Menschenwürde ist das Merkmal der Menschlichkeit. Die Gesetze des Universums stehen über den Gesetzen der Völker. Die universellen Gesetze werden den Erdenmenschen durch uns Santiner bekannt gemacht. Wer sich diesen Gesetzen der Menschlichkeit fügt, hat das Recht des freien Zutritts zu jedem Punkt auf dieser Erde, seinem Heimatstern. Es gibt eine Staatenlosigkeit, da die Erde in ihrer Gesamtheit eine Heimat des irdischen Menschengeschlechts ist und eine Stufe in der Gesamtentwicklung des Menschengeschlechts im Universum darstellt. Die Regierung eines Volkes ist Beschützer und Erzieher. Sie darf keinen Hass gegen andere Völker und Rassen betreiben. Sie hat streng darauf zu achten, dass die Erdenmenschheit zu einer allgemeinen, friedlichen Weltfamilie zusammengeschlossen wird. Die Regierung eines Volkes stellt niemals die oberste Macht dar, denn sie untersteht einer noch höheren Macht, auch wenn diese vorerst nur in den Naturgesetzen erkennbar ist. Die Erdenmenschheit befindet sich außerdem unter der laufenden Kontrolle von uns Santinern, da wir der Erdenmenschheit weit voraus sind.

Der Mensch darf nicht spotten. Er hat das Recht der freien Kritik, und er darf an das glauben, was er für richtig hält. Niemals darf eine Kritik die Form einer Verächtlichmachung noch des Spottes annehmen. Der Spott und die Verächtlichmachung sind unfaire geistige Waffen, die der freien Entwicklung der Wahrheit im Wege stehen. Meinungsverschiedenheiten unter den Menschen und ganzen Völkern dürfen nicht durch Kriege ausgetragen werden. Der Mensch hat einen Funken der göttlichen Weisheit und muss diesen als Mensch richtig anwenden, um zur Brüderlichkeit zu gelangen. Ihr müsst endlich begreifen, dass es auf diesem Planeten keine unterschiedlichen Menschheiten gibt, sondern nur eine einzige Menschheit, die sich nicht nur auf diese Erde erstreckt, sondern im ganzen Universum, das heißt auf vielen anderen ähnlichen Planeten zu Hause ist.

Natürlich möchten die großen Mächte auf dieser Terra eine Weltregierung anstreben. Aber jede Regierung will selbst ans Ruder. Das ist ein Unding. Aber dennoch gibt es eine Möglichkeit, dieses Ziel zu erreichen. Jeder Staat entsendet einen Vertreter in die Weltregierung. Etwas Ähnliches habt ihr bereits, doch es ist noch viel zu unvollkommen. Was die Weltregierung beschließt, muss akzeptiert werden. Wer dauernd dagegen stimmt, muss aus der Weltregierung ausgeschlossen werden. Aber es muss einen positiven Plan geben, nach dem sich die Weltregierung richten kann.

Unendliches Bewusstsein

Das unendliche Bewusstsein des Menschen ist das Wichtigste, Komplizierteste und Erhabenste, was im ganzen Universum existiert. Das unendliche Bewusstsein ist ein unmittelbarer Bestandteil Gottes. Das Bewusstsein ist ein universeller Prozess von enormen Ausmaßen. Schon die unbegrenzte Geschwindigkeit der Gedanken stellt alles andere in den Schatten. Solange aber die Wissenschaft auf dieser Terra völlig falsche Vorstellungen vom Bewusstsein hat, wird das Bewusstsein falsch informiert und irregeleitet. Die daraus resultierenden Fehlschlüsse führen zu falschen Handlungen. Dazu kommt noch die Verschiedenartigkeit der Rassen, die das Zusammenleben der Erdenmenschen grundsätzlich beeinflusst.

Das friedliche Zusammenleben der Völker kann nicht durch irdische Gesetze juristischer Art garantiert werden. Das Bewusstsein setzt sich über diese Richtlinien ohne Bedenken hinweg. Noch weniger finden göttliche Regeln und Gesetze Beachtung, die aus einer unwahrnehmbaren Hierarchie stammen. Auch wir Santiner haben eine Krise erlebt und sie überwunden. Das liegt allerdings schon viele tausend Erdenjahre zurück. Der Grund der negativen Verhaltensweise war die allgemeine Unkenntnis der Bewusstseinsvorgänge und vor allem die Gottlosigkeit bzw. Unkenntnis in den entscheidenden Fragen der Religion. Dieser unheilvolle Zustand herrscht leider noch auf dieser Terra. Wir sehen ein, dass ihr ohne fremde Hilfe nicht mehr aus dieser Sackgasse herauskommt.

Auch wir Santiner haben schwere Kriege gegen jeden Menschen geführt. Da wir weit über die Entwicklung hinaus sind, fühlen wir uns verpflichtet, euch zu helfen, denn wenn wir euch helfen, so unterstützen wir den Schöpfer. Ein Bewusstsein kann selbstverständlich versagen. Es kann krank werden oder völlig in

Unordnung kommen. Ein Bewusstsein kann in einen Wahnsinn verfallen. Ein Wahnsinniger kann die reale Feststellung treffen, dass alles, was er tut, logisch, richtig und zu verantworten ist. Der Nichtwahnsinnige wird jedoch das Gegenteil behaupten.

Wie aber verhält es sich, wenn die Mehrzahl der Erdbevölkerung einem allgemeinen Wahnsinn verfallen ist, den sie nicht erkennt und daher für richtig und intelligent hält? Wie aber verhält es sich, wenn nur eine ohnmächtige kleine Minderheit diesen Wahnsinn erkennt, aber nichts daran ändern kann? So betrachten wir Santiner den allgemeinen Notzustand dieser Terra. Bevor diese geistige Seuche bekämpft werden kann, muss wenigstens bei den Verantwortlichen eine Bereitschaft vorhanden sein, sich überhaupt helfen zu lassen. Ich weiß sehr gut, dass meine diesbezüglichen Ausführungen nicht auf eine Begeisterung stoßen werden. Diese Darlegungen werden vielen verantwortlichen Menschen nicht schmecken, denn der Hochmut ist zu groß.

Woran erkennt man beispielsweise die Tat eines Wahnsinnigen? Solange er harmlose Scherze macht, lässt man ihn lächelnd in Ruhe. Aber wenn er gemeingefährlich wird, um sich schlägt und sogar mordet, wird man ihn begutachten, für verrückt erklären und isolieren. Nun frage ich euch, worin besteht der Unterschied einer Wahnsinnstat von einem einzelnen oder von einer Gruppe oder einer Regierung? Worin besteht der Unterschied zwischen einer Person und einem ganzen Volke? Jeder Mensch hat sein Bewusstsein, aus dem die Tat entspringt. Verheerender wird die Sache nur, wenn es sich um viele dieser kranken Bewusstseine handelt. Das nennt man dann Krieg. Es gibt keine Grenzen für den aus dieser geistigen Seuche stammenden Sadismus, der eine Superperversität darstellt, die einen riesigen Planeten in Verruf bringt.

Für diese ungeheure Entgleisung menschlichen Denkens muss es sehr wichtige Gründe geben. Wir haben uns sehr eingehend mit diesem Problem befasst und eine Art von Gipfeltreffen veranstaltet. Bei dieser Konferenz haben wir mittels medialer Geisttelepathie auch bedeutende Führer aus geistigen Regionen hinzugezogen. Auch die christliche Seite war entsprechend zugegen. Wir haben folgende Punkte festgestellt:

- Der Erdenmensch, der zur Läuterung auf diesem Planeten reinkarniert wird, hat sich grundsätzlich im Laufe der Jahrtausende kaum geläutert, sondern seine elementaren negativen Eigenschaften beibehalten. Dafür hat er aber auf allen materiellen Gebieten sehr viel erreicht. Die Wissenschaft ist in ihrem Forschen den geistigen Gebieten regelrecht ausgewichen.
- Die Religionen dieser Terra beweisen, dass sie so weit von der Wahrheit entfernt sind, dass fast sämtliche Völker der Terra in Angst und Unfrieden leben.
- Geistige Bemühungen um die Wahrheit wurden nicht nur verspottet, sondern böswillig verfolgt. Die Religionen streben nach Macht und Alleinherrschaft über diese Menschheit.
- Die meisten Menschen glauben nicht an ein Überleben der Seele nach dem Tode, obgleich es auf dieser Welt Millionen von Hinweisen und Phänomenen gibt, die sie eigentlich überzeugen müssten.
- Der Mensch glaubt, dass mit dem Tode, wenn alle seine Sinne zerstört sind, er nichts mehr wahrnehmen kann. Er hat also keine Ahnung vom wirklichen Wirken seiner geistigen Sinne, wenn diese vom Körper endgültig gelöst sind.
- Der Mensch glaubt, dass sein Bewusstsein völlig ausgelöscht und zerstört ist, so dass er weder denken noch wahrnehmen kann.

Aufgrund folgender falscher Vorstellungen nimmt der Mensch keine Notiz vom jenseitigen Leben, das er für reine Phantasie hält. Mit den folgenden Irrtümern behaftet, glaubt der Erdenmensch, dass nach seinem Tode alles erlernte, erlebte und erdachte Wissen des Bewusstseins endgültig ausgelöscht ist.

- Der Mensch glaubt, dass er deshalb niemals für eine auf Erden begangene Tat zur Rechenschaft gezogen werden kann.
- Die meisten Menschen glauben nicht an eine Wiedergeburt auf Erden, weil die Kirchen sich dagegen aussprechen.
- Die meisten Menschen bekommen keine Antwort auf diese Fragen, deshalb zeigen sie ein völliges Desinteresse für eine Antwort, die sie belehren könnte. Sie fügen sich der allgemeinen Auffassung, die sie akzeptieren.
- Der Mensch glaubt, dass die Wissenschaft in allen Dingen die absolute Wahrheit erforscht hat. Das Vertrauen zur Wissenschaft fördert den Hochmut.
- Der Mensch glaubt, dass die großen Publikationsmedien, wie Presse, Fernsehen und Rundfunk, sich der Wahrheit verpflichtet haben und ihre Darbietungen objektiv sind.
- Der Mensch glaubt, dass die Regierungen der Völker stets nur das Wohl der Menschen im Auge haben. Was sie unternehmen, wird wahrscheinlich richtig sein.
- Der Mensch glaubt, dass die Schulweisheiten ein Maßstab für alle Dinge sind, auch wenn sie jenseits der Materie liegen.
- Der Mensch glaubt, dass er tun und lassen kann, was er will, ohne eine Strafe zu erhalten, solange er von der irdischen Justiz nicht erfasst wird.

Der Mensch glaubt und glaubt. Aber das alles stimmt nicht und es sind Irrtümer über Irrtümer, die man endlos weiter aufzählen kann. Aber der Mensch glaubt nicht an das, was ihn nicht interessiert oder was sein Vorurteil, das er von der Allgemeinheit übernimmt, ablehnt. Das Bewusstsein des Menschen kann nur das erfassen, was mit den Maßstäben der irdischen Erfahrung zu messen ist. Die irdische Erfahrung reicht aber nicht dazu aus, die absolute Existenz des Menschen zu begreifen, denn diese ist für jedes Individuum von unvorstellbarer Dauer. Der Mensch auf dieser Terra ist in allen seinen Leben stets mit der Vergänglichkeit konfrontiert worden. Aus diesem Grunde ist sein zuverlässiger Maßstab stets die Vergänglichkeit. Doch das Geistige ist unvergänglich, mithin ist auch die menschliche Seele unvergänglich, unauflösbar, unverwesbar und von göttlicher Natur und Abstammung. Gott schuf den Menschen ihm zum Bilde.

Die Unvergänglichkeit des Geistes zeigt sich bereits im Bewusstsein, das Fragmente intuitiver Art aus den vielen Vorleben enthält. Ein Mensch würde sich niemals auf dieser technischen und wissenschaftlichen, sowie wirtschaftlich entwickelten Erde zurechtfinden, wenn er nicht die intuitiven Erfahrungen aus den vielen Reinkarnationen besitzen würde, die sich am Kleinkind beobachten lassen.

Dieser Menschheit fehlt nur ein ganz einfacher Glaube: Der Mensch lebt zu seiner Läuterung auf diesem Planeten. Wenn er nicht geläutert wurde, so kehrt er immer wieder in diese Schule zurück. Im geistigen Reich wird er geprüft, ob er etwas hinzugelernt hat.

Ausblick

Liebe Brüder und Schwestern auf diesem unaussprechlich schönen Stern, den ihr durch eure Verhaltensweise so entstellt habt! Ein winziger Fehler im Kosmos kann zu einer ungeheuren Katastrophe führen. Dass es nicht dazu kommt, darüber wacht Gott und seine Hierarchie. Ein winziger Fehler auf dieser Terra, auch in der Verhaltensweise der Menschen, kann eine unvorstellbare Katastrophe für die Terra und auch für die Menschheit auslösen. Ein solcher Fehler ist bereits vorhanden und damit es nicht zur Katastrophe kommt, wacht Gott und seine Hierarchie. Der Fehler besteht in einem Irrtum, der das ganze Denken jener

Menschen irreleitet, welche die Verantwortung für das Wohl und Weh dieser Menschheit übernommen haben. Wer eine solche Verantwortung für einen Stern mit seiner Menschheit übernimmt, der muss sich darüber klar sein, dass er damit eine heilige Mission übernimmt. Wer diese Mission nicht ernst nimmt oder sie gefährdet, muss die Folgen tragen, ob er daran glaubt oder nicht.

Der Fehler besteht in der Hartnäckigkeit, ein persönliches Überleben nach dem Tode abzustreiten, obgleich das geistige Reich millionenfach versucht, euch zu überzeugen. Dass alle diese schwierigen Versuche durchkreuzt werden, ist dem Kampf zwischen den großen Mächten Gut und Böse zuzuschreiben. Es ist tatsächlich nur dieser kleine Fehler, der aber ungeheure Folgen hat. Alle Kriege, sämtliche Waffen und überhaupt die entsetzliche Grausamkeit des Massenmordes, des Verhungerns und der negativen Erscheinungen auf dieser Terra, hängen einzig und allein nur mit diesem ‚Denkfehler' zusammen, wofür die Wissenschaft und die Kirchen verantwortlich sind.

Dieser Fehler hat das Vorleben des Menschen unheilvoll beeinflusst und hat das intuitive Denken aus dem Vorleben des Menschen mit der zunehmenden materiellen Entwicklung auf diesem Stern zu einer beispiellosen Negativität ausgebildet, die dem Widersacher Gottes eine wahre Freude bereitet. Nur wirkliche Freunde sagen unverblümt die Wahrheit. Als ein wahrer Freund konnte ich es nicht vermeiden, euch zu tadeln. Bedenkt, dass diese Mission nicht einfach ist. Noch müssen wir eine große Schwierigkeit beseitigen, nämlich das Unverständnis für unsere Existenz, für unsere Raumschiffe und für unsere Mission. Erst wenn dieses Eis auftaut, werden wir uns gegenseitig besser kennen lernen und verstehen. Solange unsere Raumschiffe von so genannten Fachleuten diskriminiert und lächerlich gemacht werden, wird es immer noch einen Abstand zwischen uns geben.

Der Zeitpunkt einer großen Landung ist noch nicht da. Es ist noch zu früh. Der ausgelöste Schock, den die ganze Menschheit erleiden würde, wäre zu groß. Diese Folgen könnten nicht verkraftet werden. Aus diesem Grunde müssen wir viel Zeit und Geduld aufbringen. Wir benötigen für unsere Mission eine langsame Vorbereitung. Das Verständnis für diese Mission muss nach und nach geweckt werden. Unsere Belehrungen müssen nach und nach Fuß fassen. Erst wenn die Mehrzahl der Bevölkerung besser informiert ist, werden wir sichtbarer in Erscheinung treten.

Es ist von euch ein Unverstand zu leugnen, dass es eine göttliche Aufsicht über das irdische Menschengeschlecht gibt. Eure Frage lautet: „Was können die Santiner wirklich für uns tun?“ Ein Eingreifen wie zu biblischen Zeiten ist leider nicht möglich, da die irdische Kriegstechnik zu weit fortgeschritten ist. Nur ein kleiner Irrtum genügt, um einen superlativen Weltuntergang heraufzubeschwören. Ja, ein Missverständnis könnte den Weltuntergang bedeuten, weil man uns mehr als Feinde als eure Freunde betrachtet. Unser Eingreifen jeder Art mit unseren Machtmitteln wäre die allerletzte aller Möglichkeiten. Wir versuchen daher einen anderen, friedlicheren Weg. Es liegt in unserer Absicht, das Übel an der Wurzel zu packen, um es zu beseitigen. Diese Wurzel ist die bei euch übliche und tief eingewurzelte Ablehnung gegenüber einem bewiesenen geistigen Wissen. Die Menschheit hat keine Ahnung von der wahrhaftigen Existenz und Verantwortung. Sie hat keine Ahnung, dass die Seele ein unsterbliches Gebilde ist, weil sie von einem unsterblichen Gott stammt, und die in anderen Dimensionen ebenfalls existieren kann und auch existiert. Die Menschheit lacht und spottet zynisch über eine großartige Wahrheit. Die Folgen sind eure irdischen Zustände, die zum Himmel nach Erlösung schreien. Nun sollte man meinen, dass der Wissende die Unwissenden einfach zu belehren habe, und dann wird alles gut. Leider ist das nicht der Fall. Der Wissende wird nämlich genau so verspottet, wie man es mit seinen Behauptungen und Erfahrungen macht. Man hält ihn keineswegs für wissend, sondern für sehr beschränkt und rückständig. Würde die Erdenmenschheit den Mut haben, das göttliche Wissen zu akzeptieren, so müsste sich im Laufe der Zeit das Negative zum Positiven wenden. Das würde bedeuten, dass wir unsere Mission beenden könnten. Die Menschheit dieser Terra könnte sich allein weiterhelfen.

Ich bedanke mich für die Übersetzungen und Verbreitungen dieser Kommunikation. Ich hoffe, dass wenigstens ein kleiner Teil dieser Botschaften bis zu den Führungsschichten vordringt, die die eigentliche Verantwortung für diese Menschheit haben. Diesen Führungsschichten fehlt die Belehrung, die sie auf keiner Universität und in keiner Kirche erhalten können. Wenn ich euch in diesen Botschaften getadelt habe, so geschah das nicht aus Verachtung oder Feindschaft, sondern aus brüderlicher Verbundenheit und Liebe. Wer euch nur lobt, kann nicht euer wahrer Freund sein. Wir sagen euch die Wahrheit, auch wenn sie euch kränkt, weil wir es wirklich gut mit euch meinen.

Gott zum Gruß und Friede über alle Grenzen!

Beispiele aus dem Leben der Santiner

Wir sind Menschen aus Fleisch und Blut wie ihr. Wir haben einen Planeten mit Häusern und mit Gärten. Wir haben Mütter, Kinder und alles, was dazu gehört. Ihr aber vergreift euch an unserem Paradies, das wir auch in harter, langer Arbeit durch viele Generationen lang geschaffen haben.
Wir essen kein Fleisch, wir sind an und für sich Vegetarier. Wir brauchen die tierischen Präparate nur für die Medizin, also indirekt doch für unseren Organismus. Die Hauptabweichung zu eurer Medizin liegt in der Vorbeugung. Wir haben Apparate, welche die Luft von den schlimmsten Krankheitserregern reinigen. Hinzu kommt die Krankheitsbehandlung durch Bestrahlung.
Die Kinder von Metharia bekommen Milch von einer Pflanze. Außerdem bekommen sie mehr Gemüse als Früchte.

Bei uns herrscht eine Edeldemokratie: Finanzwesen ohne Zinswirtschaft, jedoch wird hier keiner den anderen in Not lassen. Wir wissen, dass einer des anderen Bruder ist. Geht es einem finanziell nicht so gut, so wird ihm der Reichere gern helfen. Nie wird jedoch ein Santiner auf die Idee kommen, einen Armen zu spielen, um aus Faulheit, ohne einen Finger krumm zu machen, von dem Reicheren zu profitieren. Die Grundlage hierfür ist ein bewiesener und gefestigter Glaube an Gott.

Steuererhebungen kennen wir nicht. Es gibt nur einen Fonds bei uns. Dorthin fließt freiwillig aller Überschuss. Aus diesem Fonds wird gebaut und den wenigen Armen geholfen. Ein vom Volk gewähltes Komitee beschließt, was mit dem Geld geschieht.

Wir haben größere kreisförmige Plätze, ähnlich gebaut wie eine irdische Arena oder ein Stadion. Dort verrichten wir unsere Andacht unter freiem Himmel. Wir stören uns nicht an dem

Regen, sofern welcher fällt. Wir beten alle in einem Kleid, welches wir extra für diesen Zweck besitzen. Es ist ein dunkelblaues Gewand mit einem silbernen Stern auf der Herzseite. Wir haben dabei erst recht das Gefühl, eine Familie zu sein. Jeder ein Sternchen des Universums. Jeder ein Teil Gottes.

Wenn sich zwei Menschen finden und glauben, füreinander bestimmt zu sein, heiraten sie. Ein gewisses Alter ist auch bei uns vorgeschrieben. Die Heirat findet inmitten der Arena statt. Das Brautpaar trägt ein goldenes Gewand mit einem blauen Stern auf der Brust. Der Bräutigam trägt dazu einen schneeweißen Gürtel. Die Ehescheidung geschieht an derselben Stelle, an der die Ehe geschlossen wurde. Meist schämen sich diejenigen, vor den vielen Leuten geschieden zu werden, die der Trauung beiwohnten.
Die Frau ist von Gott zarter geschaffen, und daher gebührt ihr der Schutz des Mannes. Sie kann natürlich auch einen Beruf ausüben, jedoch nur einen Beruf, welcher dem Weiblichen angepasst erscheint. Gleichberechtigung hat bei uns nicht den Sinn wie bei euch, denn wir alle sind vor Gott gleich, das wissen wir und beherzigen es. Nur wird ein Mann es niemals zulassen, dass eine Frau eine Arbeit verrichtet, die ihr nicht angepasst ist.

Die Erde wird durch ein Santiner-Observatorium auf der Weltraumstation ‚Share' genauestens beobachtet. Es ist uns möglich, im feinstofflichen Zustand die feste Materie zu durchdringen. Trotzdem sind das auch bei uns Ausnahmen. Wir haben dabei ein ähnliches Gefühl, als ob wir durch das Wasser gehen. Die Materie eurer Erde ist im Vergleich zu anderen Planeten sehr fest. Dieser Zustand bereitet uns die größten Schwierigkeiten. Sobald wir beabsichtigen, eine feste Form anzunehmen, setzen wir uns großen Leiden aus, ähnlich den Leiden eines Testpiloten, der einem Überdruck ausgesetzt wird.

Wir haben zwei Jahreszeiten: Sommer und Winter. Übergänge gleichen wir selber aus. Wir haben technische Apparate zum Ausgleich. Wir heizen die Straßen oder kühlen sie. Bei uns dreht sich der Planet alle drei Tage einmal um die Sonne. Diese Sonne ist kleiner und der Planet liegt dichter an der Sonne.

Wir benutzen ausschließlich natürlichen Dünger, keine künstlichen Stoffe. Es hat sich gezeigt, dass künstliche Stoffe den Wuchs wohl fördern, aber dafür Schaden an den Pflanzen anrichten. Gemüse verlieren ihre Qualität.

Wir Santiner waren einmal soweit, dass wir die Objektivität so weit verloren hatten, dass wir nicht mehr zu schätzen wussten, wie reichlich unser aller Gott uns in Wahrheit beschenkte. Da gab es Mahner unter uns, die unserem Volk klarmachten, dass wir Gott ewig dankbar sein müssten, da es viele, viele Planeten gibt, die sich einen solchen Lebensstandard ersehnen.

Wir führen Lebensmittel von höchster Qualität von anderen Planeten ein. Wir essen mäßig. Vor allem werden bei uns keine Lebensmittel mutwillig vernichtet, um die Preise zu halten. Jeder Mensch hat das Recht auf eine ausreichende Ernährung. Wir alle kennen unsere Stellung innerhalb der Gesamtschöpfung. Wir würden uns schämen, dem Planeten Gottes zu schaden.

Eure Technik ist wie ein Wesen ohne Haut. Die empfindlichsten Apparate stehen bei euch ungeschützt herum. Kämet ihr zu uns, so würdet ihr kaum etwas von unserer großartigen Technik sehen. Radio und Fernsehen sind in die Wände eingebaut. Vimanas und andere Verkehrsmittel haben keine Ecken und Kanten. Unsere Brücken haben keine verschachtelten Verstrebungen. Technik darf man nur erahnen, vor allem darf sie nicht der Krönung der Schöpfung gefährlich werden.

Für die magneto-technisch entwickelten Bahnen sind gewaltige Strecken angelegt worden. Sie schweben über ein viele Kilometer langes, breites Band, das aus einem Kunststoff besteht, aber auf der Oberfläche mit einer Metalllegierung versehen ist. Das Band ist fast so breit wie die Bahn, Die Bahn gleitet etwa 5 cm hoch über das Band und wird magnetisch durch Sonnenenergie vorwärtsgetrieben. Stellt euch zum Beispiel viele Schiffe vor. Einige fahren langsam, einige sind schnell. So ist es auch mit der Sonnenenergie. Nur die schnellen Strahlen werden herausgefiltert.

Das Leben von uns Santinern weicht kaum von eurem Leben ab. Wir essen und trinken und bilden uns geistig weiter. Bis auf den einen großen Punkt, nämlich jenen, welcher euch von uns trennt, weil euch der Glaube fehlt. Ebenso fehlen uns Laster wie Rauchen und Alkohol.

Es dauerte viele tausend Jahre, bis auch wir das Ziel der Vergeistigung und damit die Dematerialisation erreichten. Die Santiner mussten viele Prüfungen bestehen. Nicht jeder von uns hatte gleich bestanden. Wir sind auch rückwärts gegangen, aber wir ließen nicht locker, gaben nicht auf und nun sind wir soweit, dass wir große Diener Gottes sind.

Die Telepathie ist sehr bedeutend und gibt uns die Sicherheit in der Weltraumreise. Das zeitweilige Verlassen unseres Körpers ist eine Übung, die mehr als die Hälfte unserer Menschheit beherrscht. Die Dematerialisation ist eine Bedingung, die an jeden unserer Astronauten gestellt wird.

Die Technik ist auf diesem Planeten außerordentlich vorangeschritten. Doch dieser Fortschritt steht in keinem Verhältnis zum geistigen Fortschritt, denn dieser ist total stehen geblieben. Man hat zwar versucht, den Aberglauben zu bekämpfen, aber bei diesem missglückten Versuch sind auch die elementaren Tatsachen des wirklichen Glaubens rücksichtslos mit ausgerottet worden. Es werden viele höchst wissenschaftliche Erkenntnisse und Vorkommnisse zum Aberglauben abgestempelt.

Wir haben auf unserem Stern schon öfters Zeiten des Tiefstandes durchgemacht. Aber wir haben rechtzeitig erkannt, dass eine Aufwärtsentwicklung nur möglich ist, wenn ein genialer Schöpfer und seine Hierarchie anerkannt werden. Diese Erkenntnis nimmt dem Negativen viel Wind aus den Segeln.

Wir haben unseren Gesundheitszustand verbessert und unser Leben damit verlängert. Wir werden viel, viel älter als ihr und können schon allein dadurch mehr für unsere geistige Reife tun. Hygiene allein genügt nicht. Auch der Sport kann den allgemeinen Gesundheitsverfall nicht aufhalten.

Zwischen der Materie unseres Planeten und der Materie der Erde besteht ein merkwürdiger Unterschied. Sobald wir nämlich Materie der Terra an Bord haben, werden unsere Aggregate beeinflusst. Wir haben Steuerungsschwierigkeiten, Schaltungsstörungen und andere Probleme. Das ändert sich sofort, wenn wir die Erdenmaterie aus unseren Raumschiffen entfernen. Beim Erdenmensch ist das Verhalten hauptsächlich durch mitgeführte Gegenstände oder durch die Kleidung beeinflusst. Der Mensch selbst verursacht nur kleine Störungen. Um einen Erdenmenschen auf eine interstellare Reise mitzunehmen, muss derselbe erst akklimatisiert werden.

Glaubt nicht, dass der Sündenfall nur auf dieser Erde vorgekommen ist. Zwar sind wir Santiner seit Jahrtausenden geläutert, doch ohne einen Erlöser wären wir heute noch nicht so weit. Der biblische Sündenfall ist symbolisch dargestellt. Der Apfel bedeutet die Gesetze Gottes, und die Schlange verkörpert die Sünde.

Wir Santiner, je mehr wir technisch vorwärtskommen, erkennen die Größe Gottes an. Wir bewundern nicht unseren Geist, der technische Wunder vollbringt, sondern wir bewundern die Größe und den Geist Gottes, welcher uns zu diesem gewaltigen Erfolg inspiriert. Da wir jedoch wissen, dass Gott uns inspiriert und er die Liebe ist, so können wir gar nicht schlecht handeln.

Wir Santiner erreichten unsere höheren Erkenntnisse durch eine sehr gute Verbindung mit den Intelligenzen des geistigen Reiches. Für uns ist der Okkultismus kein Okkultismus mehr, sondern ein sehr wichtiges Fachgebiet der Naturwissenschaft.

Über Raumstationen, Raumschiffe und ihre Technik

Um meine weiteren Ausführungen zu verstehen, muss ich einmal etwas über unsere technische Macht berichten. Unsere Raumschiffe können von Materie auf Antimaterie geschaltet werden. Von Geschwindigkeit kann man da nicht mehr reden. Der fünfdimensionale Rückstoß verdrängt jede Materie, auch wenn sie noch so fest ist. Die Antigravitation ist derart stark, dass selbst das Urgestein durch die magnetischen Kräfte umgepolt wird. Auf eure Radargeräte wirken diese Kräfte ebenfalls ein. Wir können unsere Großschiffe auf unsichtbar schalten, auch wenn wir die Geschwindigkeit herabdrosseln. Ein solches Weltraumschiff enthält alles, was wir zum Leben gebrauchen und wir können auch jeden Bedarf für unsere Existenz selbst herstellen. Wir können uns eine Speise aus den freien Atomen bereiten und auch Wasser aus fester Materie in großen Mengen gewinnen. Um nicht einer Einseitigkeit zu verfallen und um die Vitaminlosigkeit zu überbrücken, haben wir außerdem Treibhäuser und Klimaanlagen zur Verfügung. Ihr werdet verstehen, dass ein solches Raumschiff, das schon vor Tausenden von Jahren existierte, zur heutigen Zeit noch viel besser konstruiert ist und eine weit größere Macht besitzt. Wir können uns praktisch, wenn wir wollten, ein ganzes Leben lang in einem solchen Raumschiff aufhalten und damit unbegrenzt das Weltall durchstreifen.

Die erdnahe Weltraumstation ‚Share Quadra-Sektor' ist der Stützpunkt von uns Santinern. Die Raumstation besteht aus drei Kugeln, welche von einer Mittelachse gehalten werden. Jede Kugel an sich ist eine kleine Stadt, in deren Mitte sich der größte denkbare Komfort befindet und Raum für ungefähr 2.000 Santiner bietet. Die Raumstation kann den Ort ohne große Schwierigkeiten, ändern. Sie stellt sich mit ihren drei Kugeln zusammen, wie ein zusammenklappbares Stativ und jagt mit großer Geschwindigkeit davon, wenn es so gewollt ist. Die Öffnungen an den Ringen sind erleuchtet und für die Mutterschiffe gedacht. Mutterschiffe können, je nach Typ, sechs bis zwanzig ‚fliegende Scheiben' beherbergen. Ich hoffe, ihr könnt es euch einigermaßen vorstellen, wie gigantisch die Raumstation ist.
Innerhalb der Kugel lässt sich die Erdschwere nach Wunsch erzeugen, und in der Mitte einer Kugel befindet sich ein kleiner Raum, welcher aus einer Anlage besteht, welche mittels eines besonderen Erzes Erdschwere erzeugt. Die Bewohner laufen also immer um die Kugel, d.h. innerhalb derselben herum, ganz gleich, in welchem Stockwerk sie sich befinden. Die Antriebskraft kommt durch Auswirkung der Sonnenenergien. Man verwendet hierfür ein neues, der Erde völlig unbekanntes Element. Die Kugeln sind gleich groß und der Abstand ebenso. Oben, auf jeder Kugel, befindet sich eine große Kuppel für die Astronomen, doch auch durch die Wandungen kann an verschiedenen Stellen gesehen werden. Denkt an die Sonnenbrillen,

durch welche man nur von innen durchsehen kann, nicht von außen.

Ihr werdet auf dem Wege, den eure Technik eingeschlagen hat, eine Weltraumfahrt nicht durchführen können, denn ihr unterschätzt die Gefahren, die sich eurer Technik entgegenstellen. Eine Landung eines Weltraumschiffes ist für euch sehr gefährlich, im näheren Umkreis sofort tödlich. Wir können nur da landen, wo keine Menschen sind, denn eure Neugier brächte euch dann den Tod. Anders ist es bei den kleinen Raumschiffen, die bei Verfolgung sofort auf ‚Flucht' schalten und immer das richtige Mutterschiff erreichen.

Die Ausstrahlungen der Raumschiffe sind kaltes Licht. Es tritt je nach den Veränderungen des magnetischen Kraftfeldes hervor. Ihr selbst erzeugt ebenfalls ein unsichtbares kaltes Licht. Denkt ihr, eure für uns sichtbare Aura sei etwas anderes? Das Jenseits besteht zum größten Teil aus kaltem Licht. Es ist jedoch ein heiliges Licht, das die fortgeschrittenen Astralleiber umgibt.

Wir Santiner haben unsere Raumschiffe aus Glas gebaut, jedoch mit anderen Substanzen und Stoffen vermischt. Das Resultat ist ein unbeschreiblich hartes Glas, das den Diamanten fast ebenbürtig ist. Der Kohlenstoffgehalt der Raumschiffwandungen ist sehr reichhaltig. Doch die Raumschiffwandungen sind, obgleich sie fast so hart wie Diamanten sind, anders als solche. Die Widerstandsfähigkeit, die Festigkeit der Wandungen kann reguliert werden. Der Außenmantel eines Raumschiffes verändert während seines Fluges durch den Weltenraum und beim Flug durch die verschiedenen Atmosphären der jeweiligen Planeten seine Dichte. Diese Regulierung kann gesteigert werden bis zur vollständigen Molekülveränderung, der Dematerialisation.

• Dematerialisation ist die molekulare Veränderung einer materiellen Struktur mit der Möglichkeit einer Rematerialisation.

• Atomatisierung ist die Auflösung der Materie in ihre einzelnen Atome. Die Materie kann in diesem Fall nicht rematerialisiert werden.
• Astralisation ist die Auflösung aller Materie zu einer übrig bleibenden, fluidartigen Masse, die reinkarniert werden kann. Seele mit Körper, dessen Struktur sich aus der Menschheit noch völlig unbekannten Teilchen zusammensetzt, ähnlich wie Atome, ähnlich wie Moleküle und doch nichts von beiden. Die Seele lässt sich nicht vernichten, weil man Gott auch nicht vernichten kann. Damit wird die Auferstehung Christi verständlicher. Er erschien den Jüngern dematerialisiert mit der Möglichkeit der Rematerialisation. Christus astralisierte sich am Tage seiner Himmelfahrt.

Ein ‚Nordlicht' - etwa 200 Scheiben parkten am himmlischen Zelt - war die Einleitung des Beginns für das Wassermann-Zeitalter. Die Zukunft bringt die Wahrheit und den Glauben an die Existenz Gottes. Das Wassermann-Zeitalter bringt Vernunft, richtig zu handeln und nicht zu irren. Glaube, Recht und Freiheit, Harmonie und Liebe unter den Menschen. Es bringt die Erkenntnis zur Gerechtigkeit: Das neue Leben. Es ist euer großer Fehler, sich nicht mit diesen unbekannten Flugobjekten auf okkulter Basis zu befassen. Es genügt nicht, ihre Einflüge zu fotografieren und zu registrieren. Ihr solltet alle Anstrengungen machen, diese Objekte auch in vierdimensionaler Weise zu verstehen. Ihr solltet euch von vornherein klarmachen, dass diese Flugobjekte nicht von dieser Erde sind. Darum sind dieselben zum Teil auch anderen Naturgesetzen unterworfen und beherrschen außerdem noch Gesetze, welche euch noch unbekannt sind.

Manches Raumschiff war nicht sichtbar für menschliche Augen, wohl aber für die unbestechliche Kamera und den hochempfindlichen Film. Die Substanz der fotographischen Emulsion reagiert mitunter auf Strahlen wie auf Licht. Dieses Licht, worauf die fotographische Schicht reagiert, ist für das menschliche Auge jedoch kein Licht.

Der Stern von Bethlehem war ein außerirdisches Raumschiff. Ihr bekommt solche Sterne von Bethlehem jede Nacht und öfters auch am Tage in allen Ländern der Erde zu Gesicht.
Die Geburt Christi wurde durch die Cherubim eines Raumschiffes angekündigt. Ich zitiere jetzt eine Stelle eurer Bibel: „Da trat ein Engel des Herrn zu ihnen und Lichtglanz des Herrn umleuchtete sie, und sie fürchteten sich sehr." Der Lichtglanz, der die Hirten umleuchtete, war die Ausstrahlung des Raumschiffs. Der Engel war ein Santiner, ein Außerirdischer. Nicht der Engel fuhr zum Himmel empor, sondern das Raumschiff nahm ihn wieder auf und fuhr mit ihm ins All. Eine universelle Raumstation ist keine Plattform für Engel. Auch Christi Himmelfahrt ist als eine Reise im Raumschiff anzusehen. Ebenso die Fahrt des Elia im so genannten feurigen Wagen. Der biblische Engelbesuch und die göttliche Klarheit mit allem Glanz beruhen nicht auf einer Wundertätigkeit Gottes. In allen diesen Fällen handelt es sich um den Besuch von Santinern. Wir sind ehrlich bemüht, euch euer Dasein klarzumachen.

Wenn ein Raumschiff unserer Bauweise materialisiert wird, so besitzt es noch längst nicht die Dichte, wie sie eure Materie aufweist. Es gibt im Universum viele nichtmaterielle Himmelskörper und auch halbmaterielle.

Wenn ein Raumschiff dematerialisiert wird, so dass es von euch nicht mehr wahrgenommen werden kann, so merken wir diesen Vorgang nicht. Ebenso spüren wir keine Veränderung, wenn das Raumschiff mit uns rematerialisiert wird. Diese Vorgänge können nur von euch beobachtet werden.

Ein vollmaterialisiertes Raumschiff befindet sich nicht im

direkten Kontakt mit eurer Atmosphäre. Es ruht in einer unsichtbaren Blase. Diese Blase besteht aus einem elektromagnetischen Kraftfeld. Um diesen Zustand eurem Wissen entsprechend zu erklären, kann ich nur sagen, dass es als ein Objekt zwischen den beiden Polen eines Magneten hängt. Bei der enormen Fortbewegung und Wendigkeit stößt das Flugobjekt auf keinen Widerstand. Nicht das Raumschiff bewegt sich im All oder in der Luft, sondern die elektromagnetische Blase wechselt wie der Blitz den Standort, wobei das Raumschiff in der Mitte dieser elektromagnetischen Blase mitgeführt wird. Wir steuern also nicht das Raumschiff, sondern das an das Schiff gebundene Kraftfeld. Aus diesem Grund tritt auch das Leuchten auf, das besonders in der Dunkelheit gut zu sehen ist. Ein Raumschiff, das in ein eigenes elektromagnetisches Kraftfeld eingebettet ist, und das sich wie in einem Vakuum bewegt, kann Feuer, Wasser und Luft, alle diese Elemente, verdrängen. Das Raumschiff verhält sich so, als gäbe es diese Elemente gar nicht.

Im Allgemeinen können wir sehr geräuschlos fliegen. Wenn ein Geräusch auftritt, dann nur in einer dichten Atmosphäre. Ein Blitz hinterlässt auch einen Donner. An der Peripherie des Kraftfeldes kommt es zu elektrischen Entladungen, die ihr als Motorengeräusch deutet. Diese Entladungen kommen nur in der Luft vor. Im All merken wir nichts davon. Die Geschwindigkeit der Raumschiffe der Santiner beträgt im dematerialisierten Zustand das Mehrfache des Lichtes. Das kommt daher, dass es sich dann nicht mehr um reine Materie handelt.

Die Israeliten kamen zu dem Ergebnis, dass dieses Himmelsschiff ein Wohnhaus Gottes sei. Gott selbst mit seiner Hierarchie hatte die Israeliten aufgesucht, weil es sein Volk war, dem er helfen musste. Jeder vernünftig denkende Mensch muss diese Tatsache akzeptieren, auch wenn er sein Leben lang anderer Meinung war. Es ist sehr wichtig, dass diese Wahrheit zur

Kenntnis genommen wird. Die Wahrheit ist das einzige Mittel, euch auf den rechten Weg zu führen. Die Israeliten haben das Santiner-Phänomen wohl zur Kenntnis genommen, aber sie haben falsche Schlüsse daraus gezogen.

Die Bibel berichtet von einem Mutterschiff auf dem Berge Sinai wie folgt:
2. Mose 19: „Am dritten Tage erhob sich ein Donnern und Blitzen und eine schwere Wolke lag auf dem Berge und ein mächtiger Posaunenschall ertönte. Der Berg Sinai aber war ganz in Rauch gehüllt, weil Gott im Feuer auf ihn herabgefahren war. Und der Posaunenschall wurde, je länger er dauerte, immer stärker."
Die Wolke auf dem Berge Sinai war eines unserer Raumschiffe. Der in diesem wohnende Gott war ein Bote in göttlichem Auftrag, ein Missionar und Prophet. Die Insassen des Raumschiffes wurden von den Israeliten für Gott und sein Gefolge gehalten. Tatsächlich überbrachten diese Boten die göttlichen Gesetze. Es gibt keinen geringsten Zweifel daran, dass die Auslegung eurer Bibel hier völlig irrt. Gott sprach nicht aus einer Wolke, sondern ein Gottesbote sprach aus einem Raumschiff. Auch Hesekiel berichtet von einem außerirdischen Mutterschiff. So gibt es viele Stellen in eurer Bibel, die hierüber berichten. Jeder kann darüber nachlesen.

In biblischen Zeiten wurden Erdenmenschen durch Raumschiffe mitgenommen. Sie waren stets Gäste. Selbstverständlich hat man sehr auf sie Rücksicht genommen, so auch Elia. Ebenso wurde Mose in ein großes Mutterschiff aufgenommen. Er war 40 Tage Gast und Schüler zugleich. Er reiste in diesen Tagen rund um die Erde und hat dabei viele Länder besucht.

Bevor ein Raumschiff startet, sendet es Wellen aus, die den Flugkörper als eine Aura umgeben, die so stark ist, dass die

Außenluft vollständig davon verdrängt wird. Auf diese Weise entsteht keine Luftreibung am Körper, denn die Luft ist auch eine atomare Materie. Sie wird glühend wie Eisen. Das Aufglühen der Luft geschieht aber nur an den Rändern, an der Peripherie der magnetischen Aura.

Die Ägypter wussten von den Himmelsschiffen und auch vom geistigen Reich. Wenn sie einem Santiner begegneten, so war es für sie ein Gott. Auf diese Weise kamen sie zu ihrem Götterglauben. Die Feuerschiffe am Himmel flößten ihnen große Ehrfurcht ein. Diesen Göttern, den Santinern, hatten sie bedeutende Fähigkeiten und Erkenntnisse zu verdanken, z.B. die echten Farben und die Schwerelosigkeit von Baustoffen, Steinen usw.

Der Mond war ein vorübergehender Stützpunkt für uns Santiner. Ein bedeutender Stützpunkt befindet sich im Stillen Ozean. Es spielt für die außerirdischen Raumschiffe keine Rolle, ob sie sich im oder über dem Wasser befinden. Sie können bis zur größten Tiefe durchtauchen. Das sie umgebende Kraftfeld schützt sie. Das Eintauchen von leuchtenden Raumschiffen in das Meer hat man für Meteore gehalten. Der Prophet Jona wurde durch ein Mutterschiff der Santiner gerettet. Man hielt es für einen Wal, weil es auf dem Wasser schwimmen und auch untertauchen konnte. Wenn heute ein Raumschiff in das Meer taucht, so hält man es für ein Raketenteil, das in der Atmosphäre verglüht.

An dem Geheimnis unserer Reisetechnik seid ihr sehr interessiert. Einzelheiten jedoch kann ich nicht erklären, sie sind viel zu schwierig und zu umfangreich. Außerdem fehlt es mir an der sprachlichen Verständigung.
Für das Leben gibt es verschiedene Daseinsformen. Es gibt also Welten, die sich eurer Wahrnehmung entziehen. Eine solche Daseinsform mit Fauna und Flora ist beispielsweise das geistige Reich, das der Mensch nach seinem Abtritt von der Erde erreicht.

Fast die ganze Erdenmenschheit bezweifelt diese objektive Wahrheit. Ich frage mich deshalb, was für einen Sinn haben überhaupt eure Religionen und Kirchen? Neben diesem geistigen Reich gibt es eine weitere Daseinsform mit Fauna und Flora, nämlich die Antiwelt. Diese Daseinsform ermöglicht uns die große Geschwindigkeit, die interstellar zehnmal schneller als das Licht ist. Die beiden Universen regeln zum Teil den Abstand der Sterne.

Noch etwas zur künstlichen Materie-Schöpfung: Ein Santiner-Raumschiff saugt kosmische Energie und freie Atome auf und strahlt sie neugruppiert unten aus. Es bildet sich Materie. Auf diese Weise ist es nicht erforderlich, schwere Baustoffe oder Fertigkonstruktionen mittels Raketen in das All zu transportieren. Die Santiner sind Selbstversorger auf allen Gebieten. Dabei gibt es keine Abfallprodukte, denn was nicht brauchbar ist, wird sofort dematerialisiert. Es ist für euch leider noch unvorstellbar, daher sind wir sehr zurückhaltend mit solchen Auskünften.

Wir sind nicht okkult. Diese Bezeichnung ist nicht richtig. Unsere Technik ist weder für uns, noch für euch okkult. Es ist eine vorhandene Kraft, die auch ihr zu spüren bekommt. Wir selbst besitzen nur eine andere, halbmaterielle, Konstitution. Das Wort okkult führt zu Missverständnissen. Ihr sagt, dass die Geister eurer Verstorbenen okkult seien, obgleich es Hunderttausende von Fachzeitschriften gibt, die eine Erfahrung auf diesem Sektor enthalten. Ein derartiger Wissensschatz kann also niemals okkult sein. Aber ihr kommt nicht auf den Gedanken zu sagen, dass die Elektrizität und der Magnetismus okkult seien, obgleich ihr sie wissenschaftlich nicht erklären könnt. Ebenso sprecht ihr von einer Gravitation, aber ihr sagt nicht, dass sie okkult sei, auch wenn sie euch völlig unerklärbar ist. Auch das Erfassen oder Verschwinden von Raumschiffen auf Radargeräten ist ein sehr schwieriges, naturwissenschaftliches Gebiet, von dem ihr bislang überhaupt noch keine Ahnung habt.

Wenn wir euch in einem spirituellen Kreis besuchen, um uns über ein Medium zu melden, erfolgt die Dematerialisierung unseres halbmateriellen Körpers im Raumschiff mittels technischer Hilfe. Der Körper bleibt im Raumschiff zurück und ist über ein energetisches Versorgungsband *(die Silberschnur; Anm. d. Hrsg.)* mit dem Astralkörper, den jeder Mensch besitzt, verbunden. Dieser Vorgang ist für euch tatsächlich okkult. Eine Dematerialisation unseres Körpers außerhalb eines Flugschiffes ist nur mit Hilfe geistiger Kräfte möglich, also nur auf spiritueller Basis. Es reicht weder der notwendige Schutz noch die geistige Kraft aus. Wir brauchen dazu eine sehr ruhige, harmonische Atmosphäre, die in politischen oder wissenschaftlichen Räumen nicht möglich ist.

Eure Wissenschaft ist viel zu sehr an die materiellen Fakten gebunden. Für sie existiert nur ein sichtbares und messbares Universum. Das ist ein naturwissenschaftlicher Fehler, denn neben dem sichtbaren Universum existiert noch ein gegenüberstehendes unsichtbares Universum, also ein Gegenpol. Dieses Antiuniversum ähnelt in Aufbau und Struktur dem materiellen Universum, denn es hat fast die gleichen Lebensformen. Die Lebewesen der Antiwelt, zu der auch Menschheiten gehören, können euch nicht wahrnehmen, jedenfalls nicht ohne sehr komplizierte Messapparate. Das Antiuniversum darf aber nicht mit dem geistigen Reich verwechselt werden, denn das geistige Reich ist ein Sphärenbereich Gottes, eine Zwischenstation, die zwischen den materiellen Inkarnationen lieg. Außerdem ist es als eine Gerichtsbarkeit zuständig. Hier erfolgt Belohnung, Ausgleich und Buße. Auch das Böse hat dort sein Domizil. Das Antiuniversum, die Antiwelten, bilden mit den materiellen Welten ein Ganzes. Zwischen beiden Großschöpfungen bestehen

gewisse Wechselbeziehungen. Es bestehen also zwei gewaltige magnetische Pole von unfassbarer Energie, die sich gegenseitig durchdringen. Ihr würdet diese Kräfte mit positiv und negativ bezeichnen. Aus diesen polarisierten Energien ergibt sich für Euch die Gravitation. Der Abstand der Gestirne wird nicht durch die Eigenschwerkraft bestimmt, sondern durch die beiden Gravitationskonstanten der materiellen und antimateriellen Welten. Das Antiuniversum unterscheidet sich nicht wesentlich von eurem Universum. Es weist eine sehr große Ähnlichkeit auf. Aber dieses Universum hier ist natürlich auch unser eigenes Domizil. Uns interessieren lediglich die Kräfte, die in unsere Welt mit hineinspielen. Die Antiwelt ist eine andere Dimension. In sich gesehen ist diese auch dreidimensional. Die Antimaterie wurde bereits wissenschaftlich nachgewiesen, somit kommen euch große Erkenntnisse zu Hilfe. Es wurden Vorträge darüber gehalten. Jedenfalls hoffe ich, dass meine Ausführungen zu größerem Nachdenken führen werden. Man sagt beispielsweise, dass es Sterne gibt, die praktisch gar nicht existieren dürften.
Die Antimaterie ist etwas ganz Natürliches. Hier gilt das Gesetz der Relativität. Es kommt nur auf die Perspektive an. Das eine Universum existiert scheinbar nicht für das andere und umgekehrt. Dennoch existieren beide. Es ist nur eine Täuschung. Beide Universen bilden zwei starke Magnetpole.

Es wurde vermutet, dass wir durch geschickte Ausnutzung elektromagnetischer Felder im All reisen. Das ist falsch. Wir benutzen die Spannungsfelder der beiden Gravitationsunterschiede. Ihr müsst euch vorstellen, dass sich die beiden Universen gegenseitig abstoßen, da sie unterschiedlich gepolt sind. Nun kommt das Phantastische unserer Antriebsmöglichkeiten. Wir benutzen keine Atomkraft, kein elektrisches System. Wir machen uns nur die Polarisation der Universen zunutze. Wir haben eine Apparatur, mit deren Hilfe wir ein Raumschiff auf die Antiwelt umschalten, also umpolen. In dem Augenblick, wo dieses

Umpolen stattfindet, verschwindet unser Flugkörper mit allem Leben und was darin ist aus der materiellen Sicht. Kein Radargerät kann uns erfassen.

Aber der Flugkörper wird von der Materie abgestoßen. Das Flugschiff wird mit unvorstellbarer, zunehmender Geschwindigkeit von der Materie weggeschleudert. Von einer Geschwindigkeit kann man nicht mehr reden. Sie nimmt wie eine Fallgeschwindigkeit zu und ist mit der Lichtgeschwindigkeit überhaupt nicht mehr zu vergleichen. Es kommt also speziell darauf an, diese Fahrt zu regulieren und zu steuern. Für diesen Vorgang benutzen wir bestimmte Strahlen des Lichtes. Für euch ist eine solche Konstruktion noch undenkbar, denn wir sind euch um Jahrtausende voraus. Überdies verhindert ihr durch bösartige Kriege euren Fortschritt. Bei den Raumschiffen handelt es sich um ein kugelförmiges Gehäuse. Um diese Kugel ist eine Scheibe befestigt, deren Fläche nach oben und unten polarisierbar ist. Unterhalb dieser Scheibe entsteht die Antigravitation, die nichts anderes ist, als die Umpolung zur Antiwelt. Die Stärke dieser Umpolung ist regulierbar. Wenn eines unserer Raumschiffe aus dem Bereich der Materie austritt, so geht das Raumschiff in eine Lichterscheinung über und verschwindet schließlich ganz aus der materiellen Sicht. Ebenso ist es auch umgekehrt. Die Umschaltung auf die Antimaterie wird bei interstellaren Reisen unternommen. Wir haben aber auch eine zusätzliche Reisekraft, die wir bei stellaren Reisen anwenden. Mit euren Worten: Einen Hyperdrive mittels Tachyonen. Aber beide Antriebsarten können kompensiert werden. Einen Kurswechsel führen wir trotz unvorstellbarer Geschwindigkeit durch. Es genügt, nur den Teller kippen zu lassen, um sofort die Richtung zu ändern. Unsere Raumschiffe besitzen ein eigenes Kraftfeld. Wir brauchen einen Schutzschild gegen die Reibung der Atmosphäre, aber auch gegen den Druck von Wasser. Durch dieses Kraftfeld sind wir auch sicher vor Meteoreinschlägen.

Unsere Raumschiffe, gleich welcher Art, haben verschiedene Antriebsarten, die zusammenwirken, je nach Bedarf. Interstellare Reisen werden nur durch große Mutterschiffe ausgeführt. Die Länge beträgt fünf, sechs und acht Kilometer und die Breite beträgt zwischen drei und vier Kilometer, je nach Typ. Die Mutterschiffe nehmen eine Anzahl von Flugscheiben, die im stellaren Verkehr schweben, auf. Sie kehren immer wieder zum Mutterschiff zurück. Eine eigene Kraftquelle ist kaum nötig, jedenfalls nicht für die Fortbewegung; denn diese erfolgt nur aufgrund der magnetischen Kräfte der Materien, die positiv und negativ gepolt sind. Ein Raumschiff benötigt aber für die Steuerung, besonders in Planetennähe, zusätzliche Energien für die Steueraggregate.

Wenn ein Raumschiff umgepolt wird, dann besteht das Schiff und seine Besatzung als Materie weiter. Es wird nach und nach halbmateriell und geht in eine andere Materie über. Das ist auch der Grund, warum unsere Diskusse zuweilen als Kugeln gesehen werden. Zuerst ändert sich immer der Rand eines Raumschiffes, erst später wird die innere Kugel erfasst. Selbstverständlich entsteht eine Antigravitation, wenn eine Umpolung stattfindet.
Ein Riesenmutterschiff bleibt meistens weit von Planeten entfernt. Der Bau erfolgt im All. Auch ein Start findet nicht auf einem Planeten statt, sondern ebenfalls im All. Das sind Dinge, von denen kein Dichter von euch die geringste Ahnung hat. Die Wirklichkeit übertrifft jede Phantasie eines Utopisten. Eure Geologen haben festgestellt, dass es an einigen Orten der Erde Gesteinsmassen gibt, die früher einmal anders gepolt waren. Es ist nicht ausgeschlossen, dass diese Gesteinsmassen beeinflusst worden sind. Denn bei Start und Landung können radioaktive Strahlen erzeugt werden. Moses Antlitz wurde dadurch verbrannt. Wie eure Bibel berichtet, musste die Landestelle in sehr weitem Umkreis abgesperrt werden: *(Bibel 2. Mose 19,12: „Und mache dem Volk ein Gehege umher und sprich zu ihnen: Hütet*

euch, dass ihr nicht auf den Berg steigt, noch sein Ende anrührt, denn wer den Berg anrührt, muss des Todes sterben."; Anm. d. Hrsg.)

In Amerika wurde ein totes Pferd gefunden, das an Kopf und Hals völlig vom Fleisch entblößt war. Der Kadaver blutete nicht und die inneren Organe hatten sich in Pulver aufgelöst. Wenn ein Mensch oder ein Tier in die Gefahrenzone eines unserer Raumschiffe gerät, kann derartiges leicht passieren. Wenn das Raumschiff sich umpolt, so kann ein organischer Körper teilweise oder ganz davon erfasst werden. Wenn ein Start eines Mutterschiffes erfolgt, so muss das ganze Schiff, das eine Zigarrenform hat, auf Antimaterie geschaltet werden. In diesem Augenblick schießt das Schiff mit unvorstellbarer Kraft und Geschwindigkeit ins All hinaus. Aber wenn eine Höchstgeschwindigkeit erreicht ist, so schalten wir mitunter auf eigene Kraft um. Dabei benutzen wir als Rückstoß Teilchen, die kleiner sind als die Photonen. Somit erlangt das Schiff einen Hyperdrive, der größer ist als die Lichtgeschwindigkeit.

Bei einer Umpolung des Raumschiffes auf Antimaterie geschieht etwas sehr merkwürdiges: Zunächst darf die Umpolung nicht plötzlich geschehen, weil die Besatzung darunter leiden würde. Die Umpolung erfolgt deshalb stufenweise. Aus diesem Grund wechseln die Lichterscheinungen. *(Dies wurde auch im Bericht des so genannten ‚Sonnenwunder' von Fatima besonders erwähnt; Anm. d. Hrsg.)*
Für die Raumfahrer verschieben sich dabei die Farben der Sterne und allmählich erscheint für sie ein ganz anderes All. Die Sonnen und Planeten des bekannten Universums verschwinden und es erscheinen jene Himmelskörper, die zum Antiuniversum gehören. Ein interstellares Raumschiff erscheint für euch als Feuersäule, aber die Außenhaut ist transparent. Die ungeheuren Kräfte der Umpolung verursachen Kräfte und Gravitationsströ-

me, welche ein Meer geteilt haben, den Jordan aufgehalten haben und Erdbeben auslösen können. Ein interstellares Raumschiff könnte selbstverständlich innerhalb eines Augenblicks eine Großstadt wie New York zerstören. Das soll jedoch keine Drohung sein, sondern nur die Kraft beschreiben. Wir können auch nicht beschossen werden. Beide Arten von Materie dürfen nicht mit Gewalt vereinigt werden. Das gibt eine Katastrophe. Aber ein Nichts entsteht dadurch nicht, sondern ein Teilchaos.

Wenn ein ganzes Schiff umgepolt wird, so wird auch die Besatzung umgepolt, denn sie besteht ja auch aus Materie, abgesehen vom Geist. Dieser Zustand ist schon bei der Überbrückung großer Entfernungen notwendig. Um aber die Erde zu beobachten, genügt schon die Umpolung des Kraftfeldes. Ihr würdet eine stufenweise Umpolung nicht wahrnehmen, für euch würde sich dann nur die Umgebung verändern. Wenn mitunter ovale oder dreieckige Ufos gesichtet werden, so handelt es sich um Diskusse, deren Rand polarisiert wurde. Es kommt auf eure Perspektive an. In Erdnähe darf die Umpolung der größeren Schiffe nur einen Bruchteil betragen, soll die Erde nicht gefährdet werden.

Eure Erde hat sich in früherer Zeit anders gedreht. Dieser Rotationswechsel könnte durch ein großes Mutterschiff, das kilometerlang ist, ausgelöst worden sein, das der Erde einen solchen Drall versetzte. Aber in eurem Falle war das nicht durch ein Raumschiff verursacht, sondern die Terra hatte ein falsch gelagertes Kraftfeld.
Die Startbahn im All ist nicht materieller Natur. Ein derartig riesiges Raumschiff hat selbstverständlich für seinen Start auch einen großen Rückstoß. Deshalb wurde für den Rückstoß eine elektromagnetische Startbahn im All errichtet.

Ich habe mich bemüht, euch das Geheimnis unserer stellaren und interstellaren Reisen zu erklären. Das Geheimnis heißt Umpolung. Die Existenz des anders gepolten Universums wird von eurer Wissenschaft vermutet. Beweise für die Existenz der Antimaterie liegen schon vor. Doch man darf nicht den Fehler machen, dieses Antiuniversum ganz anders zu vermuten als euer bzw. unser Universum. Die Lebensformen und die Gestaltung der Materie unterscheiden sich nicht, denn alles ist nach dem Willen des unbegreiflichen großen Planers geschaffen. Das heißt aber auch, dass es keine Monster im All gibt, wie viele von euch vermuten. Gott ist das genialste Bewusstsein und zugleich die größte Energie im ewigen All.

Wir Santiner haben viel experimentiert. Experimente führen oft zu den erstaunlichsten Resultaten. Aber wir haben auch geistige Unterstützung aus den Sphären des geistigen Reiches gehabt. Auch viele eurer Erfindungen stammen aus der gleichen Quelle. Aber die ganz großen Erfindungen und Möglichkeiten bleiben euch noch vorbehalten, weil ihr dafür keine Reife habt, wie eure Kriege sowie die politischen und religiösen Irrtümer beweisen. Allerdings könntet ihr mit gutem Willen viel weiter sein. Das Böse ist überall vertreten, das heißt, es kann überall Fuß fassen, wo die Bereitschaft dazu da ist. Wir Santiner haben das Böse weitgehend besiegt. Das Böse existiert auch außerhalb des Menschen. Das Böse zwingt besonders die Erdenmenschheit in Situationen, denen sie nicht gewachsen ist. Die geistige Entwicklung ist noch zu rückständig, um damit fertig zu werden. Darum wollen wir euch helfen.

Euch fehlt die Standhaftigkeit, um diesen Rückstand zu beseitigen. Ihr seht es schon beim Alkohol und beim Tabak. Euch fehlt vor allen Dingen ein absolutes Gottvertrauen. Durch eigene Standhaftigkeit findet ihr Hilfe bei der göttlichen Hierarchie. Die meisten Menschen sind der Meinung, dass sie durch eine

Standhaftigkeit Verluste erleiden. Das wissen wir. Aber solch ein Verlust kann nur vorübergehend sein. Dafür ist aber später der Gewinn viel größer.

Eure Ablehnung unserer Flugkörper ist für uns verständlich. Derartige Geschwindigkeiten, die wir ausführen können, sind für euch undenkbar. Darum nehmt ihr an, dass es sich um eine andere Art von Erscheinung handeln muss, z.B. Trugbilder der Phantasie. Das trifft besonders zu, weil unsere Raumschiffe ganz plötzlich in Erscheinung treten, allmählich durchsichtig werden, um schließlich ganz zu verschwinden. Wir geben euch aber ein ganz großes Geheimnis preis. Mit Hilfe unserer Erklärungen könnt ihr der Welt beweisen, dass unsere Bemühungen um die Terra sehr ernst zu nehmen sind. Zunächst wird man annehmen, dass diese Mitteilungen erfunden sind, weil man sich leider auch nicht vorstellen kann, dass derartige Übermittlungen stattfinden können. Der geisteswissenschaftliche Tiefstand auf diesem Stern verhindert die größten Erkenntnisse, die wir euch vermitteln könnten, wenn eine wahre Zusammenarbeit zwischen euch und uns stattfinden könnte. Wir sind seit Jahr und Tag darum bemüht. Und wir stehen mit vielen anderen Sternenvölkern in laufender Verbindung. Doch alle diese Verbindungen sind harmonisch. Die Terra macht leider eine Ausnahme. Das ist besonders bedauerlich, da diese Menschheit eine eigene Raumfahrt hat. Alle Menschheiten, mit denen wir in Verbindung sind, betreiben bereits eine erfolgreiche Raumfahrt. Diese Menschheiten bilden einen großen kosmischen Rat, der für alle Fragen der Entwicklung, der Harmonie und des Friedens zuständig ist. Das Urteil dieser Vereinigung ist für alle Mitglieder bindend. Aber das Urteil über die Entwicklung der Terra ist: Mehr als fürchterlich, nicht zu beschreiben. Unser Weg führt zur Erde, denn wir können nicht verantworten, dass sich alles so weiter entwickelt, ohne dass wir uns darum kümmern. Wie wir Entfernungen bewältigen, könnt ihr jetzt verstehen. Die Grenzen einer Geschwindigkeit, wie ihr sie annehmt, sind absolut falsch. Allein der Gedanke ist überhaupt das Schnellste, was es in den Universen gibt.

Ihr habt zum Beispiel der menschlichen Existenz Grenzen gesetzt, die es überhaupt nicht gibt. Für euch existiert der Mensch nur vom Tage seiner irdischen Geburt bis zum Tage seines Todes. Für eine derartig kurze Zeitspanne riesige Universen zu schaffen, wäre das Unsinnigste, was man sich vorstellen kann. Ein Mensch lebt seit Äonen und wird noch nach Äonen leben. Dabei durchläuft er unzählige Stufen der Entwicklung. Wichtig ist es aber für euch zu wissen, dass jeder von euch mit völligem Bewusstsein in eine andere Daseins-Sphäre, bzw. in eine andere Dimension gelangt. Aber Himmel und Hölle sind durch eure verdrehten Kirchenreligionen lächerlich gemacht worden, obendrein noch völlig unglaubhaft für jeden Logiker. Aber Himmel und Hölle sind Tatsachen, wenn auch in anderer Form.

Wir Santiner können uns so dematerialisieren, dass wir mit unseren Raumschiffen von euren Radarschirmen verschwinden. Wir können aber da auftreten und sichtbar werden, wo man uns überhaupt nicht vermutet. Dank einer eigenen Magnethülle können wir tief in das Meer tauchen, aber auch durch glühendes Feuer hindurchreisen. Wir können mitten unter euch sein und alles beobachten, niemand sieht uns, wenn wir es nicht wollen.
Die Terra zu besetzen, wäre für uns eine Kleinigkeit. Mit unseren Raumschiffen wären wir in der Lage, die gesamte Energieversorgung auszuschalten. Eure Waffen wären machtlos. Aber das entspräche nicht den Gesetzen der freien Selbstentwicklung. Diese Begriffe sind euch allerdings fremd, weil ihr geistig rückständig seid.
Wir Santiner haben dazu ferngesteuerte Aufklärungs- und Informationsflugschiffe zur Verfügung. Diese haben Apparate,

die sogar die vorherrschenden Gedankenvorgänge der Menschheitsführer registrieren. Das erscheint euch märchenhaft, aber ihr müsst bedenken, dass wir euch weit voraus sind.
Die ferngesteuerten Objekte sind nicht bemannt. Werden sie verfolgt, so schalten sie automatisch auf Flucht. Ihr wisst aus Erfahrung, dass sie von euch niemals eingeholt werden können. Die Beschleunigung ist so groß, dass sie von keinem Menschen, auch von uns nicht, ausgehalten werden kann. Ihre Automatik findet unbedingt das Mutterschiff.
Die bemannten Schiffe haben eine geringere Beschleunigung. Auf großer Fahrt im All erreichen sie ebenfalls Geschwindigkeiten, die ein fleischlicher Körper nicht überleben kann. Aus diesem Grunde setzt eine Dematerialisation ein. Die ganze Fahrt wird dann in einem Tempo fortgesetzt, das weit über der Lichtgeschwindigkeit liegt. Auch dieser Vorgang erscheint euch märchenhaft, weil ihr noch weit entfernt von solchen Möglichkeiten seid.
Wie soll man einem Unwissenden etwas erklären, dem alles wie eine Zauberei vorkommt? Eure Wissenschaftler glauben z. B. nicht an eine Geschwindigkeit, die über der Lichtgrenze liegt. Unsere Erfahrungen kennen ganz andere Geschwindigkeiten, z.B. auf dem Gebiet der Gedankenübertragung. Ein Gedanke überbrückt in einer Sekunde eine Strecke, die euer ganzes Sonnensystem umfasst, d.h. er kann an jedem Punkt dieser Peripherie sofort empfangen werden. Dabei gibt es keinen Stärkeverlust.

Hier habt ihr Kunde von uns. Es bedarf keiner Riesenapparate eurer Wissenschaftler. Wir haben schon immer einen gewissen Kontakt mit euch gehabt. Aber viele Medien, die uns verstanden haben, sind in eine Nervenheilanstalt gekommen. Andere haben sich in Schweigen gehüllt, um nicht das gleiche Schicksal zu erfahren. Wir wollten euch nicht in diese Gefahr bringen, darum haben wir unsere Kontakte sehr streng bemessen. Praktisch ist uns das über den Spiritualismus am besten möglich, weil dieser in den freien Staaten noch nicht so verfolgt wird.

Die Parapsychologie genießt allmählich ein gewisses Anrecht. Es wird aber auch Zeit, dass ihr in dieser Richtung forscht. Die Parapsychologie ist eines der wichtigsten Gebiete in der Raumschifffahrt. Das hat eure Raumforschung noch nicht begriffen. Man denkt noch nicht daran, dass es im außerirdischen Bereich auch außerirdische Möglichkeiten und Gesetze gibt. Je mehr sich die erdnahe Raumforschung um die Forschung der Parapsychologie bzw. um den Spiritualismus kümmert, umso schneller wird man in der Lage sein, das Weltall zu erforschen und zu begreifen. Eure Messungen, die sich mit superlativen Entfernungen befassen, sind nicht einwandfrei, da es viele atomare und elektronische, sowie noch andere Störungen gibt, welche die geraden und sonstigen Werte beugen oder ableiten. Daher habt ihr auch eine völlig falsche Vorstellung von der wirklichen Form der Weltspirale.

Unsere fliegenden Scheiben sind aus einfachem Glas. Es ist Glas, welches mit einem Stoff, den es auf eurem Stern nicht gibt, vermengt wird. Die Flugscheiben benutzen Strahlen aus dem Kosmos, speziell aber Sonnen- oder Lichtenergien. Sie sind schneller als das Licht. Wenn eine Flugscheibe in die Erdatmosphäre vorstößt und mit dem Luftwiderstand in Berührung kommt, dann wird die enorme Geschwindigkeit allerdings erheblich abgebremst. Das Licht besteht aus gebündelten Strahlen aller Art, sichtbare und unsichtbare. Die Santiner lotsen sozusagen einige dieser Strahlen heraus und benutzen sie mit komplizierten Apparaturen. Diese speziellen Strahlen geben ihnen eine Geschwindigkeit, die im All schneller als das Licht ist.

Unsere Raumschiffe können bei unvorstellbarer Hitze durch

Feuer fliegen. Es macht ihnen nichts aus, weil sie auf einem eigenen magnetischen Kraftfeld fliegen. In ein derartiges Kraftfeld ist das Flugobjekt direkt eingebettet. Die Raumschiffe verdrängen Luft, Kälte und Hitze, ganz gleich welcher Temperatur. Auch können sie in die Ozeane eintauchen. Wenn sie ins Wasser eintauchen, spielt sich der gleiche Vorgang der Verdrängung ab. Die Raumschiffe schaffen dicht um sich herum ein neutrales Feld. Das Prinzip des Magnetismus allein würde ihnen bei einem Flug durch Feuer oder Wasser nichts nützen. Sie können es nur mit Hilfe ihres elektronischen Feldes, das sie zum Schutze umgibt und vor allen Dingen natürlich durch die Beherrschung der Dematerialisation.

Gesammelte Worte von Ashtar Sheran

Die Reichen dieser Erde bringen skrupellos die Macht an sich, auch wenn sie über die Wahrheit belehrt wurden. Sie freuen sich, dass es Arme und Minderbemittelte gibt, die vor ihnen kriechen müssen. Aber die Mächtigen dieser Terra sparen nicht mit Versprechungen.

∞

Der Mensch auf Erden darf alles lernen, nur nicht die Wahrheit, denn diese wird den Mächtigen zu gefährlich. Aus diesem Grunde haben die Führer dieser Menschheit die ganze Wissenschaft auf ihrer Seite, die alles sagen darf, nur nicht die Wahrheit über den Menschen.

∞

Die Wahrheit ist das göttliche Gesetz. Wahrheit ist Logik. Wahrheit ist unantastbar. Wahrheit ist das Absolute. Die Wahrheit ist unveränderlich; sie ist ewig gültig. Im technischen Sinne seid ihr jetzt ziemlich reif, aber in geistiger Hinsicht seid ihr noch weit zurück.

∞

Wer die Wahrheit kennt, verliert die Angst vor den Mächtigen. Soviel Uneinigkeit wie auf diesem Stern gibt es nirgends.

∞

Wenn sich etwas völlig auflöst, so spaltet es sich zunächst in viele Teile und zerfällt allmählich ganz. Nach diesem Naturgesetz habt ihr eure Politik und Staatsführung eingerichtet. Der ständige Wechsel in den Reihen der Menschheitsführung liefert die Bestätigung.

∞

Ein irdisches Sprichwort sagt: „Viele Köche verderben den Brei.“ Warum brauchen die Regierungen überhaupt Parteien? Damit sie eine Opposition haben, die ihnen die Macht schmälert, oder damit sie den Brei verderben? Wenn heute ein hohes Regierungsmitglied vereidigt wird, so braucht es nicht vor Gott zu schwören, weil man auch gottlose Menschen ins hohe Amt lässt.
Wir Santiner schwören bei solchen Gelegenheiten, dass wir die Erkenntnis besitzen, dass wir einen gewaltigen Schöpfer haben, dem wir als höchste Instanz mit Leib und Leben verpflichtet sind. Doch wer sich nicht vor Gott schämt, der schämt sich auch nicht vor seinen Mitmenschen und wird mitunter gefährlich. Akademiker sind bei euch immer bevorzugt. Man stellt sie heraus, als ob sie einer anderen Menschheit angehören, ohne Rücksicht auf Können und Leistung bilden sich diese Menschen tatsächlich ein, dass sie etwas Besonderes sind. Doch leider hat ihr Studium eine riesige Lücke, und zwar die Menschheitslehre, vom Ursprung bis zur Wiederverkörperung. Mit dieser großen Wissenslücke werden sie bedenkenlos auf ihre Mitmenschen losgelassen. Das ist für uns unbegreiflich!

∞

Die Raumschiffe werden nicht allein in der westlichen Hemisphäre gesichtet, sondern ebenso zahlreich auch über den östlichen Ländern. Aber in Russland schweigt man lieber darüber, als dass man unsinnige Erklärungen dafür erfindet. Russland hat eine umfangreiche Ufo-Forschung, die staatliche Unterstützung genießt. Doch die Ergebnisse dieser Forschung bleiben geheim. Es ist trotzdem kein Geheimnis, dass dic russischen Kosmonauten ‚fliegende Scheiben' von ihrer Raumkapsel aus gesichtet haben. Die Russen lehnen dieses Problem nicht ab, weil sie nicht der Ansicht sind, dass es ein unmöglich gibt.

∞

Lukas 9, Kapitel 28: „Und es begab sich nach diesem Reden bei acht Tagen, dass er zu sich nahm Petrus, Johannes und Jakobus und ging auf einen Berg zu beten.
30: Und siehe, zwei Männer redeten mit ihm, welche waren Mose und Elia.
31: Die erschienen in Klarheit und redeten von dem ‚Ausgang' welchen er sollte erfüllen zu Jerusalem.
34: Da er aber solches redete, kam eine Wolke und überschattete sie; und sie erschraken, da sie die Wolke überzog.
35: Und es fiel eine Stimme aus der Wolke, die sprach: Dieser ist mein Lieber Sohn; den sollt ihr hören." Das war ein Raumschiff-Kontakt; denn es handelte sich nicht um Mose und Elia, sondern um zwei Santiner, die mit Christus redeten. Die Wolke war ein Raumschiff. Jedes Raumschiff wurde damals als Wolke bezeichnet, da es schwebte und eine Walzenform hatte.
Es gibt viele Hinweise in der Bibel. Sie ist ein historisches Dokument damaliger Besuche von Außerirdischen. Auch unsere heutigen Kontakte zeigen, dass wir miteinander reden können.

∞

Wir benutzen ebenfalls die medialen Kontakte. Auf diese Weise können große Schwierigkeiten der Verständigung ausgeglichen werden. Hört auf meine Medien, sie sind meine Mittler zur Verständigung. Sie reden meine Worte. Wir verkünden diese

Worte in Ausübung einer heiligen Mission. Eure Erde ist in Gefahr! Eure Erde sendet ein SOS in das Universum!
Christus pflegte auch den automatischen Schreibkontakt. Er bückte sich öfters und schrieb mit dem Finger in den Sand, bevor er antwortete.

∞

Selbstverständlich sind wir an der Kommunikation mit der Bevölkerung der Terra interessiert. Aber leider sind nur sehr wenige Stellen auf der Erde dazu geeignet. Es besteht ein gegenseitiges Misstrauen, das eine größere und bessere Verständigung verhindert. Außerdem ist die moralisch-geistige Entwicklung der Erdenmenschheit sehr rückständig. Sehr wichtige Tatsachen, die das menschliche Leben erst interessant und schön machen, werden als Unsinn mit einer Handbewegung abgelehnt.

∞

Die Magie. Sie ist die Krone aller Wissenschaften! Warum wird sie völlig abgelehnt und als grober Unfug oder krankhafter Unsinn hingestellt? Ohne die Erkenntnisse der Magie könnten wir die großen Entfernungen von Stern zu Stern nicht überwinden! Selbst das geistige Leben des Menschen ist ein bedeutender Teil der Magie. Aber gerade die Mediziner und Biologen lehnen schon das Wort Magie ab.

∞

Wir zeigen uns in der ganzen Welt täglich am Himmel. In der ganzen Welt diskutiert man über unsere Raumschiffe. Aber man will, dass wir landen sollen, um mit euren Führern zu verhandeln. Unmöglich! Wer wollte schon mit der Hölle verhandeln? Ein solches Verhandeln würde bei eurer Mentalität in kürzester

Zeit zu einem entsetzlichen Weltkrieg führen. Wir beabsichtigen auch nicht, euch Kunststücke der Vernichtung in Art eines Manövers vorzuführen.

∞

Die Erde braucht keinen Krieg zu befürchten. Sie hat ihn schon in höchster Potenz. Ein schleichender Krieg, der mit allen Gemeinheiten aus dem Hinterhalt geführt wird, so wie ihn der Widersacher gern hat. Dieser Krieg ist noch schlimmer als ein Krieg mit tödlichen Waffen. Die Harmagedon-Schlacht ist in vollem Gange. Aber wie viele Menschen interessieren sich schon für einen so gewaltigen und geheimnisvollen Krieg, der nicht allein global, sondern universal ist?

∞

An der Spitze der Weltgesellschaft sitzen gottlose Führer ohne Achtung vor Gott und ohne Wissen über sich selbst. An der Spitze der Religionszentren sitzen uneinsichtige und durch Religionswahn verdummte Menschen, die den größten Unsinn für göttliche Wunder halten. Doch die Gefolgsleute dieser Menschheitsführer und Seelenhüter dürfen sich nicht äußern, sonst verlieren sie ihre Posten oder sie werden in jeder Weise verfolgt oder geschädigt. Unter diesen Umständen ist es sehr schwer, einen richtigen Rat zu geben. Mein persönlicher Rat wäre, was euch vielleicht sehr schockiert, mit diesem unglaublichen Unsinn aufzuhören.

∞

Ändert euren Religionsunsinn und wendet euch den Tatsachen zu. Bitte streicht alles aus den Büchern, was nicht in eure Zeit gehört. Aber streicht nicht den Glauben an einen Schöpfer, der wirklich existiert, auch wenn ihr noch viel zu dumm und unerfahren seid, ihn zu begreifen. Ihr könnt noch nicht einmal die Magie begreifen. Ihr stolpert über eure Gehirnvorgänge, indem ihr sagt: „Das Denken besorgt die Materie.“ Das Denken aber ist das göttliche Erbe des Menschen. Das Denken, wie das ganze Bewusstsein, ist die Gottähnlichkeit des Menschen im ganzen Universum.

∞

Kein Staat wäre daran interessiert, wenn er nicht die Möglichkeit ins Auge fassen würde, dass man die großartigen Geisteskräfte des Menschen zur Kriegsführung oder zur Weltbeherrschung ausnützen kann. Nur dieser Grund ermöglicht es, dass für diese Forschungen Millionen zur Verfügung gestellt werden. Die Forschungsergebnisse sind jedoch geheim und die Öffentlichkeit, der eigentliche Geldgeber, erfährt so gut wie nichts darüber. Es gibt einige Zentren, die sich aus privater Initiative mit der positiven feinstofflichen Welt befassen. Aber an diesen Forschungsergebnissen, auch wenn sie noch so gut sind, ist kein Staat interessiert, weil der Staat keine göttliche Belehrung wünscht. Der Beweis für das Überleben nach dem Tode und die damit verbundene Verantwortung für alles Tun auf dieser Erde ist absolut unerwünscht und steht den Interessen der Menschheitsgewaltigen im Wege.

∞

Wir liefern kein Trostpflaster für die Regierungen und sonstige Besserwisser auf dieser Erde. Aber wenn wir Material zur Verfügung stellen würden, womit man die Macht dieser Menschen verstärken kann, dann würde man uns unterstützen, aber auch entsprechend bewachen! Würden wir Santiner einen direkten Kontakt mit euch aufnehmen wollen, er wäre nicht durchführbar. Die allgemeine Beurteilung unserer Existenz ist durchweg negativ. Wir werden als Fcindc angcschcn, auch wenn wir Engel wären. Was auf dieser Terra zusammen gelogen wird, könnt ihr euch kaum vorstellen. Hinzu kommen die geheimen Vorbereitungen, von denen die Öffentlichkeit nichts erfährt. Auch gibt es Mord und Todschlag unter euch, sowie alle denkbaren Gewalttaten. Mit einem Wort: Die Erde ist äußerst gefährlich, besonders für jene, die ihr helfen wollen. Alles Positive wird sofort angegriffen und alles Negative findet Beifall und Unterstützung. Es ist sehr bedauerlich, dass ich das aussprechen muss. Wir wissen sehr genau, woran dieser Zustand krankt. Wir kennen die Ursachen. Daher sind wir bemüht, diese Ursachen zu beseitigen. Wenn uns das glückt, so wird der Weg zum Aufstieg frei. Ursachen sind die Vorurteile, sowie die völlig falsche Information auf dem Gebiet des höheren Wissens. Noch gibt es zu viele Menschen auf der Terra, die da sagen: „Das ist mir zu hoch!“

∞

Die Wahrheit über die üblen Komplexe will ich euch sagen. Fast alle Komplexe sind negativ, weil etwas nicht stimmt. Komplexe sind Folgen eines unnormalen Verhaltens, eine Störung der inneren Ausgeglichenheit und Harmonie. Daher kommen die meisten Komplexe aus der Unzufriedenheit. Sie ist für den Menschen geradezu gefährlich. Die Psychologie versucht, die Gründe mit Hilfe einer Tiefenpsychologie und Traumdeutung aufzuspüren. Auch das ist ein falscher Weg. Die Psychologie findet die wahren Gründe genau dort, wo wir sie auch gefunden haben, nämlich im negativen Verhalten des Menschen. Man sollte vor allem den negativen Eigenschaften nachspüren, um die Gründe herauszufinden. Auf diese Weise wird man sehr schnell zu einem Erfolg kommen. Ist der Patient fähig, seinen Willen zu stärken und unter Kontrolle zu bekommen, dass er seine Fehler

erkennt und bekämpft, so lassen auch die Komplexe nach. Komplexe sind Charakterfehler, die sich sofort rächen.
Der Spiritualismus ist eine Gesundheitsquelle von außerordentlicher Bedeutung, wenn sie positiv gehandhabt wird. Die wachsende Bereitschaft sich zu bessern, sowie das Wissen um die tatsächliche Dauerexistenz der menschlichen Seele mit allen Talenten, mit allem Wissen und mit vollem Bewusstsein über den Tod hinaus, verringern jede Unzufriedenheit und beseitigen auch die Komplexe jeder Art.

∞

Das Gewissen regelt und scheidet Recht von Unrecht. Jeder Mensch hat ein solches Gewissen. Aber die freie Selbstentscheidung kann das Gewissen ignorieren. Trotzdem weiß der Mensch, ob er Unrecht tut oder nicht. Es ist eine reine Angelegenheit des Individuums, das nicht durch eine Geisteskrankheit gestört oder zerrüttet ist, also eines jeden normalen Wesens. Jeder besitzt eine innere untrügliche Mahnung mit der Macht einer gedanklichen Stimme.

∞

Der Mensch sträubt sich gegen Gott, weil er den Grad seiner charakterlichen Entwicklung intuitiv kennt. Er fürchtet sich vor Gott und will deshalb nichts von ihm wissen und redet sich ein, dass er nicht existiert. Folglich sympathisiert er mit jeder Philosophie, die atheistisch ist.

∞

Ein besserer Gebrauch seiner Logik würde dem Menschen sagen, dass er in einem gefährlichen Unrecht ist. Der Tod befreit ihn nicht von der höchsten Verantwortung. Im Gegenteil, er führt ihn an diese Verantwortung mit Sicherheit heran. Wer seine Mitmenschen tötet, der muss diese Tat sühnen, auch wenn er die Tat nicht selbst begangen, sondern sie befohlen hat. Für diese Sühne darf sich der Mensch nicht nach einem Kirchengeschwafel richten. Er kommt nicht in einen Schwefelpfuhl, wie man es ihm glaubhaft machen will. Aber diese Menschen werden in ihrer Entwicklung so weit zurückgeworfen, dass es mehr als tausend Erdenjahre bedarf, diesen Rückstand wieder aufzuholen. Das ist eine Strafe, die ihr nicht ermessen könnt. Wir haben uns durch ernste Forschungen um die Wahrheit bemüht und wir haben dafür auch die Beweise bekommen. Ich kann mir vorstellen, dass nun manche fragen: „Gott ist also doch ein grausamer Rächer. Wo ist der liebende Gott?“ Gott ist gerecht! Die Gerechtigkeit und Logik sind von Gott untrennbar. Niemals könnte Gott verantworten, dass Mörder und negativ eingestellte Menschen ohne Strafe mit der Menschheit weiter Katz und Maus spielen können. Solche Menschen werden auf einer unteren Entwicklungsstufe wiedergeboren. Gott rechnet nicht mit der Zeit. Nur die Menschen richten sich nach einer Zeiteinteilung. Zwischen den Wiedergeburten gibt es eine lebendige Daseinsphäre, die in einem geistigen Reich liegt, das große Entwicklungs- und Erkennungsmöglichkeiten hat. Die Zeiten dieser Entwicklung sind unendlich. Dafür kann der Mensch in der Materie vorsorgen. Er kann den Zeitablauf der Entwicklung verkürzen, indem er sich bemüht, ein Mensch zu sein.

∞

Der Mensch zerstört durch die von Luzifer ihm aufgezwungenen Zweifel und besonders durch seine geistesarme Gottlosigkeit alle Bande, die zwischen der Materie und dem Geist bestehen. Aus diesem Grunde können diese Menschen auch keine Erfahrungen auf diesem Gebiet sammeln. Der Atheist oder gottlose Zweifler macht jede übersinnliche Inspiration unmöglich. Er hat keine echte Chance, die außersinnliche Wahrnehmung auszunutzen.

∞

Wer über das tägliche Leben hinaus im Plane Gottes zur Förderung der Menschheit gewirkt hat, und das Leid wie ein Joch oder Kreuz auf sich genommen hat, der wird von einem Engel ins geistige Reich geleitet und niemand im ganzen Universum kann ihn daran hindern. Auch das ist ein universelles Gesetz.

∞

Nun, ich weiß aus Erfahrung, dass man unsere Botschaften und Belehrungen von vielen Seiten aus für phantasievolle Märchen erklären wird. Doch darum ändern sich diese Botschaften und Informationen nicht. Das Karma-Gesetz der Wiedergutmachung bietet die einzige Lösung, aus dem selbstverschuldeten Dilemma herauszukommen. Mit einer Kirchenbeichte kann man diese Gesetze nicht aus dem Universum schaffen. Kein Priester hat Macht, daran etwas zu ändern. Die Gesetze des Schöpfers sind auch für den Priester zwingend wirksam. Darum lasst euch nichts versprechen, das niemand halten kann. Diese Lügen sind darauf ausgerichtet, euch finanziell auszunutzen.

∞

Der Jugend stehen die Enttäuschungen noch bevor, sie muss noch den schweren Weg der Selbsterfahrung zurücklegen. Hinzu kommt die Macht der Erotik, die den Menschen in schwere Situationen und Konflikte bringt und ihn daher oft in der Entwicklung weit zurückwirft. Das Alter ist eine Stufe der Entwicklung. Daher ist das Alter schön, nicht an Äußerlichkeiten, sondern wegen der inneren Reife. Wer den Sinn des Lebens richtig erkannt hat und über das Leben nach dem Tode etwas weiß, der steht bereits auf Erden himmelhoch über der unerfahrenen Jugend, die den schwierigen Reifeprozess erst noch vor sich hat. Ohne die entsprechende Lebenserfahrung ist es der Jugend unmöglich, ein objektives Urteil zu fällen und die Konsequenzen vorauszusehen. Hierzu fehlt ein ganzes Leben und auch das reicht nicht ganz aus. Doch der dumme und unerfahrene Mensch hat keine Übersicht über seine Dummheit und dünkt sich sehr klug und weise. Daher sollte man die Jugend aus schweren Entscheidungen herauslassen, denn sie wird viel Unheil anrichten. Wer sein Alter mit der Jugend vertauschen möchte, ist ein Dummkopf, der etwas Kostbares für etwas Unreifes und Unterentwickeltes hergeben möchte. Je mehr der Mensch altert, umso mehr nähert er sich dem eigentlichen, superlativen Leben. Er steht vor der Tür des geistigen Reiches, während die Jugend noch den Weg der Läuterung vor sich hat und daher Tausenden von Versuchungen und Gefahren ausgesetzt ist.

∞

Der Tod ist für uns kein Geheimnis mehr. Wenn jedoch die Erdenmenschheit dieselben Erkenntnisse als Allgemeinwissen hätte, dann sähe auf der Terra alles ganz anders aus und es gäbe auch keine Kriege mehr. Die Angst mit dem Tode ist das niederträchtigste Spekulationsgeschäft, das sich nur der Widersacher des Schöpfers allein ausdenken und in die Tat umsetzen konnte. Diese Aufklärung über den so genannten Tod steht bei uns an erster Stelle. Mit dieser entsetzlichen Teufelei muss endlich aufgeräumt werden. Das Grauen vor dem Tode, vor dem Ungewissen, vor der Finsternis und vor dem ‚ewigen Schlaf' verdirbt die geistige Haltung der gesamten Erdenmenschheit. Der philosophische und psychologische Irrtum besteht darin, dass man leider annimmt, dass der leibliche Körper die Seele mit der nötigen Energie für ihre Funktionen versorge. Die Seele jedoch ist Selbstversorger. Sie gibt dem Körper soviel ab, wie dieser jeweils für das Meldesystem braucht. Es ist für die gesamte menschliche Betrachtung sehr wichtig, zu erkennen, dass die Seele auch ohne die Materie völlig selbständig funktionieren kann. Die körperliche Energie hat nichts mit der Seelenenergie zu tun. Durch diese Tatsache ist der Mensch ein bedeutender Teil des Kosmos. Der Tod betrifft also nur den Körper, niemals die Seele. Außerdem besitzt die Seele einen Geistkörper, der ebenfalls von der Seele mit Energie, und zwar mit geistiger Energie versorgt wird.

∞

Infolge der Wechselbeziehung zum Körper wird die irdische Wissenschaft sehr leicht getäuscht. Leider gibt es auf dieser Terra einen Gelehrtenstreit, der wirkliche Erkenntnisse sofort im Keim erstickt.

∞

Die Erforschung des Menschen mit seiner geistigen Funktion und seinen sämtlichen Daseinsmöglichkeiten ist die wichtigste Aufgabe der Erdenmenschheit.

∞

Eine Revolution ist das Gegenteil von Harmonie und Frieden. Daher lässt sich ein Weltfrieden niemals durch eine Revolution erreichen, denn die Revolution hat brutale Mittel, die weder durch Logik noch durch den Verstand gerechtfertigt werden können.

∞

Aufsässigkeit, Bruderkrieg, Meuterei, Krawall, Aufruhr und totale Wirren können nicht einem heiligen Zweck, einem Frieden dienen. In Ostdeutschland gab es ein friedliches Aufbegehren, man benutzt fälschlicherweise das Wort ‚Revolution'.

∞

Doch der Feind Gottes flüstert euch andere Erklärungen für die Revolution ins Ohr, denen ihr in eurem Wahnsinn glaubt. Er sagt nämlich in eurer Sprache: Neugestaltung, Fortschritt, Besserung, Reform, Neubelebung und vieles, vieles mehr. Eure Wissenschaftler sagen: „Man kann die Dinge auch anders interpretieren!" Wir sind der Ansicht, dass unsere Interpretation den „Nagel auf den Kopf trifft", so wie ihr sagt.

∞

Ein Land mit seiner Bevölkerung ist gegenüber einem anderen Land wie ein Bruder. Und solche Länder, die glauben, dass sie in der Entwicklung einem anderen Land voraus sind, haben sich als Vorbild zu benehmen und nicht mit Gewalt die Meinung des Nachbarn ändern zu wollen. Es fehlt auf der Terra die Völkererziehung.

∞

Die Erdenmenschheit ist nichts ohne Gottes Gesetze, aber sie lebt nicht danach, sondern ignoriert sie, als gingen sie den Menschen nichts an. Man glaubt nicht an diese Gesetze, weil man nicht an die Existenz des Gesetzgebers glaubt. Wenn man jedoch einen Palast betrachtet und sich einfach sagt: „Dieser großartige Palast ist nicht von einem Architekten entworfen und gebaut worden, sondern dieser herrliche Palast ist aus dem Zufall heraus von selbst entstanden", dann würde man sagen, dass derjenige, der das behauptet, total verrückt sein muss. Aber ich wage zu sagen, dass jeder Erdenmensch total verrückt sein muss, der nicht an die Existenz eines Schöpfers glaubt, oder überhaupt daran zweifelt. Hier fehlt also die Logik, weil der Erdenmensch nicht unter einer hohen Kontrolle stehen will und seinem höchsten Vorgesetzten den Gehorsam verweigert. Antiautorität gegen Gott!

∞

Eine unbeschreibliche Gedankenfaulheit hat die Masse der Erdenmenschen ergriffen. Niemand will Verantwortung auf sich nehmen. Aber die vielen Laster, die den Menschen körperlich und geistig ruinieren, werden nicht verabscheut, sondern sind sehr gefragt.

∞

Lasst die Hände weg von der Philosophie. Sie ist ein gefährliches Gedankenspiel, das nicht den Tatsachen entspricht.

∞

Der Inhalt der Bibel ist zu 75% falsch. Sie enthält entscheidende Irrtümer, die euch weit vom Ziel abdrängen.

∞

Die Menschheit ist unsterblich. Jeder Mensch ist unsterblich. Nur die Materie ist in ihren Formen vergänglich. Es gehört zur Entwicklung jedes Menschen, dass er zeitweise einen Entwicklungszustand in der Materie durchzumachen hat.

∞

Gott selbst ist kein Richter. Seine Gesetze sind so vollendet und weise, dass sich der ganze Ablauf im Geistigen Reich und im Reich der Materie sinnvoll vollzieht; sofern der Mensch nicht böswillig dagegen anrennt. Jedes Vergehen straft sich selbst. Jede gute Tat belohnt sich selbst. Nur der Zeitpunkt lässt sich nicht bestimmen. Die Vielzahl der Menschen ist dazu bestimmt, sich zu einem Ganzen zusammenzufügen und sich gegenseitige Unterstützung zu leisten. Das Ganze hat das Ziel, dem Göttlichen Plan entsprechend zu dienen und den Plan der Schöpfung zu vollenden. Jeder einzelne Mensch ist wichtig. Wie wichtig er im Plan Gottes ist, kann kein Mensch bestimmen. Die Auferstehung verwesten Fleisches gibt es nicht und wird es auch nie geben; weil sie nach den Gesetzen Gottes nicht möglich ist. Eine Re-Inkarnation in einem neuen Fleische ist möglich und geschieht nach festgelegten Gesetzen.

∞

Die Bibel ist eine Schrift, durch die das Menschenblut in Strömen fließt. Sie ist absolut kein Warnschild für den gefährlichen Unverstand politischer Macht, die bereits in Wahnsinn ausartet. Die testamentarischen Funde sind echt. Diese Aufzeichnungen wurden tatsächlich zu biblischen Zeiten und zu Zeiten der ersten Christen gemacht. Aber diese Aufzeichnungen enthalten dennoch nicht die Wahrheit, weil kein Mensch damals fähig war, die objektive Wahrheit zu erkennen. Die völlig unnormale Scheu und Ehrfurcht vor diesen Schriften ist nicht angebracht und führt euch am erhabenen Ziel Gottes vorbei. Nur aus der Logik heraus darf der Mensch ein Urteil wagen. Aus der Logik heraus muss der Mensch seine Intelligenz in Anspruch nehmen. Intelligenz lässt sich nicht erlernen. Intelligenz ist Genie. Verfügst du über das Genie, so werden dir viele Türen geöffnet. Genialität ist die Gabe Gottes. Sie ist ein Teil der Intelligenz Gottes. Aber die bibeltreuen Menschen sind anderer

Meinung. Sie sind nicht gewillt, ihre Logik in Anwendung zu bringen. Wo soll die Logik herkommen, wenn die Intelligenz dazu fehlt?
Der Erdenmenschheit fehlt die richtige Gedankenschulung! Ihr müsst euch mehr Fragen stellen, die ihr euch selbst beantwortet. Oder ihr solltet euch Gedanken machen, die ihr später genau zurückruft. Es ist für uns unvorstellbar, wie oberflächlich bei euch gedacht wird. Darum verliert ihr auch jede Kontrolle über euch selbst. Ihr habt keine eigene Meinung über euer Dasein und über das göttliche Universum. In geistiger Beziehung seid ihr glatte Versager. Aus diesen Gründen ist es euch nicht möglich, den Unsinn in der Bibel zu erkennen. Ebenso seid ihr unfähig, die darin verborgene Wahrheit zu erkennen. Die Bibel droht von Anfang bis Ende mit dem Tod. Kein menschliches Blutvergießen hat mit Gott und seiner Organisation etwas zu tun. Es gibt Priester, welche der Meinung sind, dass ein Krieg von Gott geduldet oder gewollt sei, um die Menschheit zu erziehen. Wir schütteln nur den Kopf. Kein Wunder, dass man dann die Frechheit hat, die Kanonen zu segnen.

∞

Der Mensch handelt in völlig freier Verantwortung und die Organisation Gottes lässt alles geschehen, womit nicht gesagt ist, dass das negative Verhalten der Menschen gebilligt wird. Die Strafe für jedes Vergehen gegen die Gesetze Gottes ist für jede Seele unvermeidbar. Sie besteht in der Eingruppierung in die entsprechenden Sphären. Der Mensch kommt dahin, wo er auf Grund seiner Entwicklung und Denkart hingehört. Mit dem Tode wird der Mensch geistig nicht anders als er ist. Der Tod ändert weder den Charakter noch seinen bösen Willen.

∞

Es ist kaum möglich, einen Menschen zu einer positiven Tat zu inspirieren, wenn derselbe negativ eingestellt ist. Diese Tatsache könnt ihr durch das hypnotische Experiment beweisen. Dasselbe ist auch umgekehrt der Fall. Das sind Experimente mit der Seele. Sie haben Beweiskraft für die kosmische Existenz der Seele, die zeitlich nur an der Materie haftet. Auch die geistige Daseinswelt kann sich nicht an den Menschen wenden, sondern nur an die Seele. Da der Zustand der irdischen Seelen nicht gerade der allerbeste ist, so mag man sich vorstellen, wie groß der Erfolg der guten Inspiration ist, um euch zu helfen. Aus diesem Grunde ist es erforderlich, dass die Erdenmenschheit von sich aus alle Anstrengungen macht, geistig zu wachsen und geistig zu besseren Erkenntnissen zu kommen.

∞

Auch wir Santiner gehören mit zur göttlichen Aufsicht. Wir haben allerdings keine Aufgaben, die das jenseitige Dasein betreffen. Aber wir sind beobachtende Augen der göttlichen Organisation. Wer an diese Aufsicht nicht glaubt, der befasse sich mit dem Phänomen der Ufos, wie ihr unsere Raumschiffe nennt.

∞

Das geistige Wissen und die Entwicklung in der Technik müssen Hand in Hand gehen, damit die Ausgewogenheit erreicht ist, damit die Waage stimmt und damit der freie Wille sich in der Vernunft bewähren kann. Leider hat die Menschheit diese Quelle allen Übels noch nicht erkannt. Darum sind auch noch keine Anstrengungen gemacht worden, diesen Zustand zu ändern. Man denkt zwar an die Erziehung und Bildung der Jugend, aber man vergisst dabei, dass die ältere Generation ebenfalls noch einer gewaltigen Änderung bedarf. Die ältere Generation vererbt ihre falschen Begriffe der Jugend und impft dieser den Irrtum ein.

∞

Es gibt in allen Dingen, ganz gleich um welche Werte und Vorstellungen es sich handelt, immer zwei Seiten, nämlich eine positive und eine negative. Diese Tatsache ist kein Gesetz; sondern resultiert aus dem Missverhältnis zwischen den großen Schöpfermächten. Das Gute will den Fortschritt und das Böse will die Zerstörung. Gott und seine Widersacher haben diesen Zustand noch nicht beendet. Der Kommunismus hat die Aufgabe, das Negative vom Positiven zu trennen. Die Demokratie muss das Gleiche tun. Sogar die Wissenschaft hat diese heilige Aufgabe. Auch die Theologie muss dazu bereit sein, sonst erstarrt sie im Irrtum. Das Verhältnis zwischen positivem Wissen und negativem Wissen ist überhaupt nicht beachtet worden; sonst könntet ihr nicht die Tausende von Irrtümern aufbewahren, lehren und verehren. Es ist die Technik, die euch so verblendet, denn die geistigen und wissenschaftlichen Erkenntnisse liegen weit hinter der Technik zurück. Die Materie ist euer Götzengott. Der Geist ist euch überaus unwichtig. Die Ursachen für diese Fehlentwicklung liegen hauptsächlich in den falschen Schlussfolgerungen, wie sie auch heute noch bei euch auf allen Gebieten vorkommen. Ihr trefft eure Schlussfolgerungen viel zu leichtfertig und übereilt. Außerdem habt ihr eine besondere Vorliebe für alte Vorurteile, mit denen ihr geradezu meisterhaft jongliert. Aber euch hypnotisiert die Welt der Materie so sehr, dass ihr über den Horizont der Materie nicht hinausschauen könnt.

∞

Der Schmutz muss mit aller Energie aus allen euren Errungenschaften ausgefegt werden, denn der Widersacher hat überall seine Nase hineingesteckt. Aber ihr unterstützt den Widersacher damit, dass ihr ihn für eine sehr lächerliche Märchenfigur haltet. Das ist einer der größten aller Irrtümer. Er ist ein negativer Geist, dessen Macht und Gefährlichkeit unvorstellbar ist.

∞

Wir Santiner haben nicht die Absicht, mit Sensationen aufzuwarten. Aber wir wollen euch zu einem logischen Denken vorbereiten; damit ihr eure Situation erkennt. Ihr spielt nicht eine abgegrenzte Rolle auf dieser Erde, sondern eine Dauerrolle im ganzen Universum, nur mit dem Unterschied, dass jeder Mensch seinen materiellen Körper von Zeit zu Zeit auswechseln muss. In der Zwischenzeit hat er zu beweisen, was er gelernt hat. Wir bilden uns nichts darauf ein, dass wir euch in vielerlei Hinsicht voraus sind. Im Gegenteil, wir fühlen uns verpflichtet, euch mit dem zu helfen, was wir genau wissen und bestätigt gefunden haben. Wir haben nicht vergessen, dass wir auch einmal eine andere Stufe innegehabt haben.

∞

Die Mehrheit der Erdbevölkerung nimmt an, dass der Glaube das verlangte Vertrauen zu etwas Unbeweisbarem sei. Wer also kein blindes Vertrauen entgegenbringe, der sei nicht glaubensfähig. Die Folge ist, dass die Mehrheit aller Gottgläubigen nicht aus einem Wissen, nicht aus einer absoluten Überzeugung und Selbsterfahrung glaubt, sondern weil man es von ihr fordert. Diese Menschen wollen nicht abseits des Glaubens stehen. Sie wollen zu den Gottsuchern gezählt werden, aber sie wissen nicht, ob ihr blinder Glaube gerechtfertigt ist oder nur eine Sehnsucht nach einer Fata Morgana darstellt. Diese Unsicherheit im religiösen Wissen führt dazu, dass sie sich selbst in keiner Weise ändern. Sie leben dahin ohne jeden Versuch, sich höher zu

entwickeln. Aber sie verlassen sich im Unterbewusstsein auf die Möglichkeit, dass die Liebe Gottes ihnen so weit entgegenkommt, dass Gott, wenn er wirklich existiert, ihnen alles Unrecht und ihre Unvollkommenheit verzeihen wird. Das ist die tatsächliche Situation des irdischen Gottglaubens aller Richtungen, die Priester keinesfalls davon ausgenommen.
Die Staatsregierungen können sich deshalb nach keiner Religion richten. Sie wissen, dass die Religion keine absolute Sicherheit für die Wahrheit bietet. Die Wissenschaft hat die Existenz Gottes und seines Reiches auf dieser Erde noch nicht bestätigt. Sie lässt jeden Menschen darüber denken, wie und was er will. Welch ein Zustand! Wie oberflächlich und gewissenlos wird die größte und bedeutungsvollste aller Wahrheiten behandelt! Sie ist doch das Fundament jeder Existenz im ganzen Universum.

∞

Das Verhalten der Kirche stimmt nicht mit den Worte von Christus überein. Christus wollte keine Konfession stiften. Er war ein Gegner von jeder Anmaßung und von jedem Pomp.

∞

Die ewige Wahrheit passt nicht in die gesammelten Werke der akademischen Wissenschaft. Die ewige Wahrheit entwertet nämlich einen großen Teil wissenschaftlicher Vorstellungen, an die man sich seit Jahrtausenden klammert.

∞

Mit Gott kann man keinen direkten Kontakt herstellen, so dass man ihn sehen oder mit ihm direkt sprechen könnte. Aus diesem Grunde hat auch der Prophet Mose nicht mit dem Weltengeist gesprochen, sondern mit einem Cherub, einem Oberhaupt der

Santiner. Gott nachzuweisen, könnt ihr euch für immer ersparen. Seine Schöpfung ist Beweis genug. Gleich hinter Gott folgen die Engel. Sie brauchen euch nur wenig interessieren, weil sie Aufgaben erfüllen, mit denen ihr kaum etwas zu tun habt, bis auf die persönlichen Schutzengel. Ihnen dürftet ihr mehr Liebe und Achtung schenken, denn sie haben wirklich keine leichte Aufgabe bei euch. Ihr könnt sie fühlen, ihr könnt ihre Stimme hören, aber ihr müsst dafür in die Stille gehen und es wieder lernen. Wie oft sind wir Santiner schon mit diesen Engeln verwechselt worden. Hinter den Engeln folgen die bevollmächtigten Seelen, die im geistigen Reich ihre Aufgaben und Missionen zu erfüllen haben. Es sind die Lichtboten, Geistführer und Geistlehrer. Diese sollen euch besonders interessieren, weil ihre Missionen auf dieser Terra erfüllt werden müssen.

∞

Lerne dich zu beobachten. Woher kommen die Gedanken? Von außen, von innen oder sind es eigene? Es ist ein außerordentlicher Irrtum, denn mindestens 50% der menschlichen Gedanken sind Einmischungen jenseitiger Geisteskräfte. Sie drängen sich telepathisch auf, ohne dass der Mensch etwas davon merkt. Aber ebenso sind seine Gedanken niemals ein Geheimnis für jene Wesenheiten, die ihn direkt umgeben. Sie können den angefangenen, gedachten Satz des Menschen zu Ende lesen. Da diese realen Tatsachen leider auf keiner Universität noch von den Kirchen gelehrt werden, so herrscht in dieser Hinsicht die größte Unwissenheit auf einem Gebiet, das so unendlich wichtig ist. Es gibt nur wenige Menschen, die eine derartige Selbsterfahrung besitzen, dass sie die Existenz dieser Mächte und Wesenheiten direkt beobachten können. Sofern diese Menschen von ihren außerordentlichen Phänomenen berichten, werden sie von der unwissenden, gesamten und ungläubigen Öffentlichkeit angegriffen und für geistesgestört erklärt und verfolgt. Mit diesen

Aktionen gegen naturwissenschaftliche Erkenntnisse im Menschen selbst wird der gesamten Menschheit und ihrem Fortschritt ein unübersehbarer Schaden zugefügt.

∞

Es gibt genug gute Literatur der ‚geistigen Wahrheit'. Ihre Auflagen sind sehr bescheiden. Ihre Leser sind nur eine Gruppe von Wahrheitssuchern. Unverständlicherweise ist es bisher unmöglich geblieben, die breite Öffentlichkeit für diese Werke zu interessieren. Die wirtschaftliche Entwicklung überrennt den Geist. Der Mensch wählt den Wohlstand, das Auto, die Bequemlichkeit und alle scheinbar angenehmen Laster. Diese materiellen und gefährlichen Dinge nehmen dem Menschen jedes Gefühl für etwas Höheres. Nur wenn der Tod ans Herz greift, besinnt man sich, ob es nicht doch ein anderes Ziel gibt. Aber dann ist es schon zu spät. Nicht die ewige Nacht löscht das Bewusstsein aus, sondern das Bewusstsein macht sich selbständig und verlässt den Körper. Dann erfährt der Mensch durch unumgängliche Selbsterfahrung die ewige Wahrheit.

∞

Es ist unsere heilige Mission, euch über das geistige Leben des Menschen zu belehren. So will es Christus. Die Frage lautet daher: Hat der Mensch eine unsterbliche, bewusste Seele oder nicht? Diese Frage ist von Millionen Menschen eindeutig beantwortet worden. Der Mensch lebt diesseits und jenseits in der Unsterblichkeit einer göttlichen Seele. Sobald einem Menschen ein Glied seines physischen Körpers amputiert wird, so spürt der Amputierte den seelischen Teil dieses Gliedes. Er erkennt daran, dass dieses Glied geistig, d.h. immateriell noch vorhanden und an seinen Körper gebunden ist, weil seine Seele noch im Körper wohnt. Mediziner reden von einem Gefühlsecho, einen Phantomschmerz. Sie werden immer das letzte negative Wort dazu haben.

∞

Ein Teil dieser Menschheit plant und bereitet die Vernichtung dieser Welt vor. In ihrer absoluten Erkenntnislosigkeit in den Belangen der menschlichen Existenz wissen sie überhaupt nicht, dass sie ihren eigenen furchtbaren Untergang vorbereiten. Sie wissen nichts vom Weiterleben nach dem Tode und sie glauben, dass sie kein Bewusstsein mehr haben werden, wenn die Welt vernichtet ist. Das ist ein großer Irrtum. Auch die Kriegstreiber und die Verantwortlichen werden nicht sterben, sondern nur ihren Körper verlassen. Sie müssen ebenfalls als niedere Geister auf der zerstörten Erde dieser Welt weiterleben!

∞

Die großen Religionen stehen auf dem Standpunkt, dass der Widersacher Gottes der Antigeist Gottes ist. Da auch für den Antigeist die Metamorphose zutrifft, indem er von positiv auf negativ gepolt ist, so kann man sich gut vorstellen, dass eine derartige Umpolung auch bei jedem Menschen erst recht möglich ist.

∞

Wir möchten zu gerne eingreifen, um diese Gräuel auf diesem Stern endlich zu beenden. Aber wir dürfen nichts eigenwillig unternehmen, da wir einer höheren Macht dienen und ihr gehorsam sein müssen.

∞

Menschen, die auf dieser Erde inkarniert werden, haben keine Reife in der Liebe. Das ist der Grund, warum sie geläutert werden sollen. Die Liebe fordert kein Blut. Die Liebe fordert Achtung und Verständnis. Eure Bibel ist entstellt, darum lehrt sie nicht in der gebührenden Weise die Macht der Liebe. Ich kann nur sagen, dass uns die reine Liebe zur Menschlichkeit aus einer Entfernung von Lichtjahren zu euch führt. Die Liebe ist eine unermessliche Kraft, die zur vollendeten Zufriedenheit führt.

∞

Jede Tradition ist nichts anderes als ein Festhalten an veralteten Dingen, die vom Fortschritt bereits überholt sind. Aus Tradition wird Sylvester gefeiert. Was in dieser Nacht geschieht ist ein einziger Abgrund. Aber wer hat den Mut und die Macht, diese Traditionen abzuschaffen? Ihr seht, wo euch der Schuh drückt und wie er zu reparieren ist. Denkt bitte einmal über die sogenannten Traditionen nach.

∞

Es ist erstaunlich, dass selbst erfahrene Ärzte und Politiker, welche die Folgen und Gefahren genau kennen, auch nicht von den Sünden des Alkohols und Nikotins lassen wollen. Ich sage ausdrücklich ‚Sünden' und ‚wollen'. Alkohol schädigt unbedingt das Gehirn. Auf dieser Terra leben Millionen Menschen, die rein äußerlich gesehen, zur Menschheit gehören. Aber innerlich gehören sie nicht mehr zu ihr, weil sie nicht mehr die Voraussetzungen erfüllen, die Gott an sie gestellt hat. Ihr werdet verstehen, was uns von euch so stark trennt, dass wir es nicht mehr wagen, mit euch einen direkten Kontakt aufzunehmen, denn wir haben ein sehr feines Empfinden für den inneren Menschen. Ihr habt schon etwas gegen eure andersfarbigen Brüder. Was sollen wir erst dazu sagen, wenn wir sehen, wozu ihr fähig seid? Trotzdem erfüllen wir eine Mission, die uns der größte Geist aufgetragen hat. Die Aufgabe ist sehr schwer, fasst unmöglich. Aber wir wissen, dass es ein paar Menschen auf dieser Terra gibt, die noch zur Menschheit gehören. Auf diesen Menschen bauen wir unsere Pläne auf.

∞

Die Erdenmenschheit hat heute in unvorstellbarer Weise an der falschen Ernährung zu leiden. Jeder Mensch, der Schweinefleisch isst, wird allmählich immer mehr mögliche Krankheiten bekommen. Der Stoffwechsel, der Blutkreislauf, die inneren Organe, Steinbildungen und Verhärtung der Blutgefäße und viele andere Veränderungen des menschlichen Körpers kommen auf das Schuldkonto Schweinefleisch. Das Schwein lässt sich leider züchten. Es bringt einen großen Gewinn ein und das ist für euch die Hauptsache. Unsere Vorfahren haben genug und eindringlich davor gewarnt, leider ohne einen Erfolg. Nur ein Teil der Juden hat sich an die Verbote gehalten, dafür leben sie auch länger und haben weniger Leiden aufzuweisen.

∞

Ein Mensch kann nur so weit folgern, wie es der Vorrat seiner Erfahrungen zulässt. Was darüber hinausgeht, gehört zur Inspiration. Dies erfolgt unter Mithilfe jenseitiger Intelligenzen, die sich der Telepathie bedienen und Menschen auf Erden inspirieren, die dies geistig erfasst können. Wir versuchen alles, um euch zu unterweisen. Doch unsere Stimme verhallt in einer Wüste. Das sind die Gründe, warum auf Erden im wahrsten Sinne des Wortes der Teufel los ist.

∞

Es brauchte auf der ganzen Terra nicht einen einzigen Friedhof zu geben. Das ist schon ein irrsinniger Kult, der nicht die geringste Bedeutung hat, es sei denn für die Kassen der Kirchen, Beerdigungsunternehmen und Blumengeschäfte. Es gibt keinen Tod, der auf diese Weise zur Tradition gemacht wird. Die Materie ist ein Stoff, der nach dem Exodus der Seele nicht mehr Bedeutung hat als ein Fäulnisprozess oder eine Asche. Das Mäntelchen oder Werkzeug ist verbraucht und wird abgelegt. Wo Liebe unter den Menschen herrscht, bedarf es keiner Gräber.

∞

Die geistige Hinterlassenschaft eurer Vorfahren ist katastrophal. Die größte und bedeutungsvollste Erbschaft besteht in der geschichtlichen Erfahrung, die man in blutigen Kriegen und entsetzlichen Schlachten gemacht hat. Ein Krieg ist das Höchstmaß eines irdischen Verbrechens. Ihr selber seid die Urheber dieser Gräuel, die an Menschen begangen werden. Ihr habt schon zu Urzeiten diese Erde bevölkert - und ihr tut es auch heute noch im Laufe vieler Inkarnationen. Ihr klebt an diesem Planeten fest und könnt keine höhere Stufe erreichen, als jene, die ihr euch selbst geschaffen habt. Sie ist keiner Verherrlichung wert. Eure Kriege sind eine Hinterlassenschaft, aber diese bitteren, furchtbaren Erfahrungen werden verherrlicht, statt dass man sie wie einen Bazillus bekämpft und völlig ausrottet. Ihr lehnt diese Erbschaft leider nicht ab! Erfahrungsgemäß soll der Mensch aus seinen Misserfolgen etwas lernen. Vor allem soll er soviel lernen, dass er diesen Fehler nicht wiederholt. Hinsichtlich eurer Völkerfehden ist das leider anders. Ihr habt nichts gelernt. Sie waren kein Abschreckungsmittel, kein Irrtum, der zu bereuen ist. Wenn Gott die Menschheit reduzieren wollte, würde er verhindern, dass Menschen auf der Erde inkarnieren. Das wäre die einfachste Lösung. Ihr kennt euren Gott nicht, daher könnt ihr so kriegerisch sein.

Für uns gibt es so etwas nicht, dass ein normaler Mensch einen Krieg duldet.

- Wer es tut, ist nicht im Besitze seiner vollen Logik.
- Wer einer solchen Planung zustimmt, handelt nicht anders.
- Wer die Rüstung billigt, ist auf der gleichen Stufe der Unkenntnis und Rücksichtslosigkeit gegenüber jedem menschlichen Wesen.

∞

Was ist Intelligenz? Ich stelle diese Frage, weil ich überall nur falsche Definitionen gehört habe. Intelligenz ist an ein Bewusstsein gebunden. Das ist die Formel. Intelligenz ist ohne einen Denkvorgang nicht möglich. Die Natur, d.h. die gesamte Schöpfung ist das Resultat einer Intelligenz, also eines unvorstellbaren Bewusstseins. Gott ist das Universalbewusstsein. Nun, da ihr unsere Raumschiffe richtig erkannt habt und zugeben müsst, dass sie außerirdischer Herkunft sind, kann ich besser mit euch reden. Meine Worte werden dadurch etwas an Glaubwürdigkeit gewinnen. Wenn Gott euch helfen will, so tut er es durch uns. Ein guter Vater schlägt nicht gleich seine Kinder. Er ermahnt sie zuerst. Doch wenn alle Ermahnungen nicht mehr helfen, was wird ein guter Vater dann tun? Er wird doch nicht mit ansehen wollen, wie alle Erdenkinder zugrunde gehen. Doch Gott kommt nicht zu euch, um mit euch persönlich zu sprechen. Er tat es nicht am Berge Sinai. Er spricht auch heute noch auf dieselbe Art und Weise. Er spricht durch uns. Wir sagen, was Gott euch zu sagen hat. Der feurige Glanz unserer Raumschiffe - unser Stern von Bethlehem - sind die Garanten, dass ich die Wahrheit spreche.

∞

Ein falscher Glaube, nein, ein ganzes dutzend falscher Glaubensrichtungen, begünstigt das negative Verhalten eurer Regierungsverantwortlichen. Was hat ein Erdenmensch noch zu fürchten, wenn dieser Gott aus seiner Liebe alles verzeiht? Wenn dieser Gott seinen Sohn hinschlachten ließ, damit alle Menschen unbestraft bleiben? Welch ein Unsinn! Das ist Degeneration der Denkfähigkeit. Jesus, ein Mensch, noch dazu ein göttlicher, ein unschuldiger Humanist, der musste nach den Buchstaben sterben, damit Milliarden von Menschen ein sündiges Leben führen können, bei dem sie nichts riskieren?

∞

Der Mensch hat die hohe Verpflichtung, Mensch zu sein. Dazu bedarf es keines Prügelknaben, der den Rücken hinhält. Die höheren Erkenntnisse sind durch die Akzeptanz unserer außerirdischen Existenz genügend bewiesen. Die Verantwortung des Wissenden ist immer größer, von ihm wird die Logik verlangt.

∞

Ich lehne jeden Führer ab, der raucht oder trinkt. Auch nicht in kleinsten Mengen ist das für einen Menschheitsführer zulässig, es sei denn, dass es sich um Medizin handelt. Ein Raucher oder Trinker dämmt seine Bewusstseinsvorgänge ein. Von ihm kann man keine Objektivität verlangen.

∞

Es gibt etwas, was die Erdenmenschheit nicht begreifen will, nämlich die Reinkarnationslehre, die Lehre der Wiedergeburt. Sie wird nicht ernstgenommen, obgleich sie im ganzen Universum gültig ist. Doch der Erdenmenschheit fehlt der geistige Fortschritt. Fast alle Menschen auf diesem Stern sind immer und immer wieder zurückgekehrt. Sie haben keine anderen Stufen im Universum erreicht. Das ist sehr bedauerlich. Ich verstehe nicht, wie die Kirchen es fertiggebracht haben, die Wiedergeburt zu entfernen und weiterhin zu ignorieren. Auch das ist sehr bedauerlich, denn andernfalls hätte die Menschheit wenigstens einen Sinn im menschlichen Dasein erkannt. Aber auf diesem Stern regiert der Eigensinn.

∞

Es ist sehr merkwürdig, dass ihr den alten Propheten soviel Glauben schenkt, während die Kirchenvertreter heute nicht mehr willens sind, neuen Propheten zu trauen. Auch in diesem Verhalten liegt eine Unlogik.

∞

Ob die Bibel glaubhaft ist oder nicht, sie hat in Folge ihrer weiten Verbreitung und durch die beeinflussende Macht der Religionen die Menschheit der Terra von der Wahrheit abgebracht. Das Tabu der Kirchen verbietet jede logische Betrachtung, jede Kritik, jeden Zweifel. Es ist eine unangenehme Pflicht, euch immer wieder auf eure Fehler hinzuweisen. Doch Pflicht ist eine menschliche Aufgabe, die so oder so erfüllt werden muss.

∞

Was ihr heute mit technischen Überlegungen am Himmel wahrnehmt, das ist ein neuer Abschnitt in eurer Religion.

∞

Was bedeuten schon Lippenbekenntnisse, die aus einem Fanatismus kommen. Ehrlichkeit ist keine Tugend, sondern eine

Selbstverständlichkeit. Menschsein ist nicht etwas Erstrebenswertes, sondern ein göttlicher Aspekt im Menschen, den jeder hat, aber nicht haben will.

∞

Wer an euren Dogmen rührt, ist ein Ketzer. Wir Santiner rühren an euren Dogmen und man bezichtigt uns der Ketzerei. Das ist das traditionelle Handeln und Denken der Kirchenväter und der fanatischen Evangelisten. Eure Parole lautet: „Hoch lebe die Tradition, auch wenn sie die Menschheit vernichtet!“ Es ist jammerschade, dass wir uns nicht besser verständigen können. Uns fehlt die offene Begegnung. Aber dieses Treffen ist leider noch unmöglich, weil euch jede Reife dazu fehlt. Auch seht ihr uns immer noch als eure Feinde an. Könnt ihr euch vorstellen, wie schwierig es ist, als Freund zu einem Feind zu gehen?

∞

Engel der Liebe machen sich Sorgen um eure Zukunft. Wir sind unendlich dankbar für euer kleinstes Entgegenkommen.

∞

Wir haben eine kulturelle Aufgabe. Es handelt sich um die Beseitigung entscheidender Irrtümer, für die wir die Wahrheit zur Hand haben. Diese Mission bedeutet für euch einen enormen Forschritt, der in wenigen Jahren das gesamte Weltbild verändern könnte.

∞

Unsere Vorfahren, die sich in gleicher Weise um die Erdenmenschen bemüht haben, konnten kaum etwas erreichen. Christus wurde von ihnen gefördert. Aber auch er kam nicht zum Zuge. Inzwischen hat sich die Technik so weit verändert und entwickelt, dass wir hoffen, ein besseres Verständnis anzutreffen. Aus diesem Grunde bemühen wir uns mit großem Einsatz, um euch geistig aufzuklären. Wir haben aber einen enorm starken Feind, nämlich den Machtwahn.

∞

Wir sind Boten der Zukunft, einer Zukunft für die ganze Erde. Ein vernünftiger Gottglaube, der ein rationelles Wissen darstellt, ist das Ziel der neuen Zeit.

∞

Der Erdenmensch hat sich hauptsächlich der Materie verschrieben. Diese Einstellung hat ihm keine Vorteile gebracht, denn die Materie ist anfällig und vergänglich. Es zeigt sich an den vielen Krankheiten, welche auf diesem Stern vorherrschen. Ein Santiner hat sich mehr auf den Geist ausgerichtet. Die Materie steht dahinter weit zurück. Wir verfügen über bedeutende spirituelle Fähigkeiten, die wir zu unserem Vorteil anwenden können. Alles, was das spirituelle Leben anbetrifft, wird von euch abgelehnt, verdreht und für Einbildung oder Unsinn gehalten. Das ist ein Fehler, dessen schwerwiegende Folgen euer ganzes Dasein betreffen. Es kommt nicht darauf an, dass man Computer bauen kann und sonstige Erfahrungen dieser Art hat. Der menschliche Geist hat ganz andere Möglichkeiten, die sein Dasein verbessern und wertvoll machen können. Die Erde steht seit mehr als 4.000 Jahren unter einer laufenden göttlichen Kontrolle. Diese Kontrolle wird von den Santinern ausgeführt.

∞

Das Ziel der Menschheit ist, überall im Universum die größte geistige und moralische Vervollkommnung zu erreichen, aber eine Vollkommenheit ist ein ewiges Ziel. Nur der Universalgeist ist vollkommen. Das Streben nach Vollkommenheit erzielt Verbesserung und Verfeinerung. Das ist ein Ziel, das der Mühe wert ist, danach zu streben.

∞

Kein Mensch kann Gott wirklich lieben, ohne vorher seine Mitmenschen zu lieben und zu achten. Das Verhalten der Erdenmenschen widerspricht jeder Religion, und eine politische Weltanschauung, die sich davon distanziert, ist ein Irrtum und verderblich.

∞

Der Erde fehlt vor allem der Frieden. Aber er ist solange unmöglich, solange ihr nicht den Mut aufbringt oder energisch fordert, dass die Irrtümer beseitigt werden. Ich frage euch allen Ernstes: Gibt es noch eine logischere Erklärung für all die Wunder, die ihr für heilig und übersinnlich gehalten habt? Diese Feststellung soll den Gottglauben nicht schmälern. Selbst wenn sich alles so vernünftig aufgeklärt hat, so bleibt doch die göttliche Mission bestehen. Wir wollen euch den wahren Gottglauben lehren. Wir wollen euch unterweisen, dass der Mensch auch nach dem Tode weiterlebt, dass er seine Erinnerungen und sein ganzes Bewusstsein behält, dass er einen neuen Körper bekommt, so wie es Christus erlebte. Die Auferstehung erfolgt nicht am jüngsten Tag, sondern unmittelbar nach der Entkörperung.

∞

Es lohnt sich, bis zur letzten Stunde zu leben, zu lernen und zu lieben. Nichts Geistiges wird je ausgelöscht. Der Wahnsinn vom jähen Ende, vom Bewusstsein, das an den materiellen Körper gebunden ist, muss endlich aufhören. Es lohnt sich gut und moralisch zu leben. Es lohnt sich an Gott und sein Reich zu glauben, aber dieser Glaube muss ein fundiertes Wissen sein.

∞

Es gibt keine politische Möglichkeit, einen Frieden durch Gewalt zu erreichen! Das ist gegen alle Logik!

∞

Die Erdenmenschheit ist so gedankenlos, dass sie sich für die erhabenen Wahrheiten überhaupt nicht interessiert. Sie lebt in einem geistigen Dämmerzustand. Ein Durchschnittsbürger hat keine Ahnung, welchen Umfang die Kriegsrüstung auf dieser Erde hat. Diese Rüstung ist die größte Industrie, die es in diesem Abschnitt des Universums überhaupt gibt. Unsere Macht kann man nicht als eine Kriegsrüstung bezeichnen. Wir töten nicht! Im Gegenteil, wir versuchen, das Leben zu schützen. Unsere Machtmittel legen den Feind lahm. Wir könnten zwar Erdbeben und Wasserphänomene erzeugen, aber wozu? Wir könnten große Gruppen von Menschen paralysieren, das heißt wir könnten ihnen einen wichtigen Teil ihres Bewusstseins nehmen.
Man kann uns nicht mit Raketen abschießen. Unsere Raumschiffe besitzen ein eigenes Strahlungsfeld. Es gibt keine Materie, die dieses Feld durchdringen kann. Wir sind vor jedem Meteorschlag sicher.

∞

Das Wunder von Fatima ist durch die Santiner inszeniert worden. Es geschah allerdings im Auftrag einer höheren Welt. Das Raumschiff von Fatima hat unverkennbare Zeichen gehabt. Inzwischen hat sich das Phänomen von Fatima unzählige Male wiederholt. Aber es fehlt der Aufmarsch der Massen. Das Wunder von Fatima macht darin eine Ausnahme, denn es wurde von etwa 70.000 Menschen zu gleicher Zeit gesehen. Aber die Katholische Kirche machte ein Marienwunder daraus, weil die Kinder, die den Santiner gesehen hatten, berichteten, dass sie die Mutter Gottes gesehen hätten. Es war aber trotzdem ein göttliches Wunder. Es ist belanglos, ob Mutter Maria oder ein anderer Geist an diesen Phänomenen beteiligt war. Die Sichtung des Raumschiffes und dessen Verhaltensweise stärkte allerdings die Glaubensbereitschaft zur christlichen Religion. Doch alles ging sehr natürlich zu, so wie es auch heute noch in allen Ländern der Fall ist, wo unsere Raumschiffe von euch gesichtet werden. Das Phänomen hat nichts mit der Sonne zu tun. Aber die Botschaften waren von Bedeutung. Auch heute noch sind unsere Botschaften genau so wichtig und daher sehr ernst zu nehmen.

∞

Der Geist des Menschen ist ein Teil Gottes, also gottähnlich, nur mit dem Unterschied, dass das Böse auf ihn einwirkt.

∞

Wir wissen, dass auf eurer Terra Religionen die Macht haben, um Menschen ins Verderben zu führen. Die Unwissenheit in allen überirdischen und außerirdischen Belangen ist eine gefährliche Dummheit.

∞

Schon öfters habe ich euch auf die ewige Existenz des menschlichen Lebens hingewiesen. Damit meine ich nicht die Existenz in Fleisch und Blut, sondern den geistigen Menschen. Er ist ein Teil des Universums, ein perpetuelles Teilchen Gottes.

∞

Gebt einem Durchschnittsbürger ein gutes, geisteswissenschaftliches Buch. Er wird es nicht lesen, sich auch nicht die Mühe machen, es zu verstehen. Gebt diesem Bürger einen billigen Krimi, wie ihr ihn nennt, sofort wird sein Interesse wach, auch wenn es sich um faustdicke Lügen und Verbrechen dabei handelt. Die wichtigste Eigenschaft des Menschen, sein Interesse, wird auf unwahre, negative Dinge gelenkt. Sex und Nacktheit werden profanisiert. Die Jugend wird von den Zügeln gelassen. Die Massenlaster werden geduldet und aus Gewinnsucht unterstützt. Über dieser Terra liegt ein Hauch der Verwesung und Fäulnis! Man interessiert sich nicht für jene Dinge, die zur Selbsterkenntnis führen. Es fehlt der Auftrieb zum Positiven, zur Güte, zur Moral, zur Menschlichkeit.

∞

Jede politische Richtung will der Menschheit weismachen, dass sie das Rezept zur Welterlösung besitzt. Jeder anders denkende Mensch wird zum Feind erklärt. Die Unentschlossenheit und Gleichgültigkeit gefährdet zunehmend das Zusammenleben der Völker.

∞

Der Mensch ist das intelligenteste Wesen im Universum. Er ist es auch in allen geistigen Sphären und auch im Antiuniversum. Doch die Intelligenz, die mit dem Willen gekoppelt ist, muss auf

das richtige Ziel, auf die Höchstentwicklung gerichtet sein. Es kommt nicht darauf an, dass sich ein einzelner Mensch aus der Masse erhebt und sich als Autodidakt höher entwickelt und an Menschlichkeit zunimmt. Nein, es kommt auf die Masse, auf die ganze Menschheit eines Planeten an. Denn jeder Mensch geht letzten Endes den gleichen Weg in Regionen und Sphären, die euch noch erwarten, je nach eurer Entwicklung. Der Mensch muss sich der Gemeinschaft anschließen, ganz gleich, welche Farbe er hat. Jede Feindschaft gegen einen anderen Menschen ist ein Irrtum. Denkt einmal nach, was wir Santiner aus Brüderlichkeit für diesen Planeten Erde bereits gewagt haben.
Eine hoch entwickelte Menschheit entsendet Astronauten über Entfernungen von Lichtjahren hinweg, um euch Kunde von Gott und eurer wahrhaftigen Existenz zu geben. Aber anstatt uns in Freundschaft entgegenzukommen, werden schon seit den Zeiten von Mose unsere Bemühungen mit Füßen getreten. Letzten Endes kommen eure Philosophen und behaupten dreist, dass ihre Lehrer alle überbrachten Gesetze selbst erdacht und erfunden haben. Das ist der Dank für große Reisen, die nur eurer Belehrung gedient haben, denn wir haben nichts von euch dafür erhalten, noch genommen. Die Gesetze stammen aus der Religion brüderlich vereinter Planeten, die alle zu einer gemeinschaftlichen höheren Erkenntnis gekommen sind.

∞

Eure Bibel besteht aus gesammelten Aufzeichnungen, die zum Teil als göttliche Inspiration erklärt wurden. Ihr müsst bedenken, dass jene Menschen, welche diese Aufzeichnungen gemacht haben, wissenschaftlich und technisch noch sehr ungebildet waren. Alles Unerklärliche wurde zum göttlichen Wunder gestempelt. Was glaubt ihr, was man berichtet hätte, wenn eines eurer heutigen Düsenflugzeuge vor Jerusalem gelandet wäre? Nun, die Israeliten mussten mit ansehen, wie ein außerirdisches

Raumschiff herabkam. Das war für sie ein unfassbares Wunder, denn nur Gott selbst konnte darin sein. Nehmen wir an, dass der Mond von unentwickelten Menschen bewohnt wäre. Was glaubt ihr, was jene Menschen empfinden würden, wenn irdische Astronauten auf dem Mond landen würden? Man würde sie ohne Zweifel für Götter halten.
Ihr haltet die Gesetzgebung, die euch unter den zehn Geboten bekannt ist, für unglaubwürdig. Aber das ist ein Irrtum, denn sie gewinnt an Glaubwürdigkeit, wenn die Wahrheit erkannt wird, nämlich, dass sie von Santinern mittels eines Raumschiffes überbracht wurde.

∞

Jeder Mensch, der aus der Kirche austritt, sollte ausdrücklich erklären, dass die Kirche verantwortungslos und aus dogmatischem Eigensinn an der Wahrheit vorbeigeht.

∞

Ihr habt alle ein Mitspracherecht, wenn es um das große Leben eurer Seelen im göttlichen Universum geht. Darum lasst euch nicht unterdrücken. Die spirituellen Kontakte und Phänomene gehören mit zu eurem Erdenleben. Jeder hat die Aufgabe, mit bestem Willen und Können seinem aufgeschlossenen und wissbegierigen Mitmenschen zu helfen.

∞

Die meisten Menschen wissen nicht, was Religion wirklich bedeutet. Auch die meisten Priester sind davon nicht ausgenommen. Religion ist das göttliche Grundgesetz für jeden Menschen, ganz gleich, ob er weiß, braun oder schwarz ist. Es gibt keine Ausnahme. Jeder Mensch, der in die Welt hineingeboren wird, ist zur Religion, also zur Wahrheit und zum Gesetz verpflichtet. Wer dieses Grundgesetz kennt, hat die heilige Pflicht, es seinem Nächsten zu erklären. Aus diesen Gründen ist Religion Rückverbindung mit Gott.

∞

Gott schuf den Menschen nicht allein auf dieser Erde. Gott schuf auch uns und wir leben auf einem anderen Stern. Ebenso gibt es noch unzählige Sterne, auf denen Menschen in Fleisch und Blut leben. Sie müssten demnach einen Gott für sich haben, wenn man eurer Bibel glaubt. Das ist Unsinn. Der Ursprung des Menschen liegt noch weiter zurück. Aber Gott schuf keine Ebenbilder, sondern Wesen, die so vernunftbegabt sind, dass sie Freude an der gesamten Schöpfung empfinden. Der Mensch hat jedenfalls die Gabe, dass er über die Schöpfung nachdenken kann. Er kann sie sich nutzbar machen und sie verbessern und erweitern. Die Ähnlichkeit des Menschen mit der Gottheit besteht darin, dass er einen schöpferischen Tatendrang besitzt. Es ist nicht das Aussehen, sondern das Bewusstsein, was gottähnlich ist.

∞

Wir haben zur besseren Verständigung auch den Weg über den Rundfunk versucht. Wir wissen aber aus Erfahrung, dass man Radioübermittlungen aus unseren Raumschiffen nicht ernst nimmt. Man hält sie für Amateurfunk und Fälschungen. Überdies benutzen wir unsererseits eine weit bessere Methode, nämlich die Verständigung über die Telepathie. Für diese gibt es keine Hindernisse und keine räumliche Begrenzung. Außerdem ist sie das schnellste, was wir überhaupt kennen. Für unsere Gedankenübertragungen haben wir eine technische Hilfe entwickelt, einen Verstärker, bzw. einen Leitstrahl, der einen Gedanken in eine bestimmte Richtung lenkt. Denkt einmal an euren Laserstrahl. Es gibt noch eine Unmenge von Möglichkeiten für dcn Fortschritt. Zu allem gehört jedoch eine höhere Intelligenz. Wir haben deshalb unser Bewusstsein systematisch geschult. Unser Gehirn hat sich dem Bewusstsein weitgehend angepasst, es ist voll entwickelt.

Die Teleportation, die augenblickliche Versetzung an einen anderen Ort, wird sehr oft als Dematerialisation bezeichnet. Die Teleportation kann durch Geisteskraft erfolgen. Das brasilianische Medium Carlos Mirabelli war ein sehr gutes Beispiel dafür. Aber in Bezug auf unsere Raumschiffe handelt es sich um einen durchaus technischen Vorgang. Was eure Wissenschaftler dabei schockiert, ist, dass lebende Menschen verschwinden und wiederkommen, ohne dass sie dabei einen Schaden erleiden. Die Antwort ist einfach, weil es Körper und Geist gibt, denn beide Teile sind verschieden. Wenn der Körper dematerialisiert wird, ist das Aufbaugesetz des materiellen Körpers noch lange nicht aufgehoben. Was die Seele betrifft, ist diese sowieso unantastbar. Eine Teleportation kann ohne den geringsten Schaden erfolgen, weil sich dieser interessante Vorgang im Bruchteil einer millionstel Sekunde vollzieht. durch diese riesige Geschwindigkeit hat der Körper keine Möglichkeit, einen Schaden zu erleiden. Jeder materielle Schaden braucht verhältnismäßig mehr Zeit.

∞

Allein schon die Unkenntnis über das Leben nach dem Tode mit seiner Verantwortung, leitet vieles in falsche Bahnen. Dazu kommt der ständig verschlechterte Gesundheitszustand aller Erdenmenschen. Das Erbgut ist durch und durch geschädigt.

∞

Laster, wie Rauchen, Alkohol und eine unvorstellbare Industrie, verseucht die ganze Erdenmenschheit. Es handelt sich nicht um einen Genuss, sondern um ein tödliches, schleichendes Gift von großer Wirkung. Der Tabak vergiftet die Nerven und die Blutgefäße, zersetzt Zellen und bietet Mutationen und Fehlentwicklungen viele Möglichkeiten. Der Tabak lähmt den Willen, verlangsamt die Gehirnfunktionen und führt zu Labilität gegenüber allen Entscheidungen. Das wird noch schlimmer, wenn Alkoholmissbrauch hinzukommt. Der Tabak war bei euren Indianern kein eigentliches Genussmittel. Es war nur ein Symbol des Friedens. Er wurde nur als eine symbolische Handlung in der Friedenspfeife geraucht, nur ein Zug zur Versöhnung. Aber die Europäer haben den Tabak zu einem Laster allgemeiner Art und jeder Form gemacht. Heute kämpfen Staat und Industrie um die Einnahmen aus dieser entsetzlichen Volksseuche. Die Menschheit weiß heute um die Gefährlichkeit des Nikotins. Aber trotzdem lässt sich die Masse der Menschheit dadurch nicht beeindrucken. Daran erkennt ihr die Unfähigkeit der Erdenmenschheit zur Logik und richtigen Willenskraft. Hier zeigt sich deutlich, dass die Intelligenz im Keime erstickt wird. Auch eure Führer, die, die Verantwortung für euch übernehmen, machen keine Ausnahme. Wundert ihr euch dann, dass eure Weltsituation in einer solchen Gefahr ist? Wer seinen eigenen Körper und seine eigene Seele nicht respektiert oder schont, wie soll jener dann auch noch einen Funken von Gefühl und Verantwortung für seine Mitmenschen haben?

∞

Jede Forschung ist erlaubt, auch wenn man die Hölle erforscht. Aber die Anwendung der Atomforschung muss stets zum Wohl der Schöpfung erfolgen. In der Schöpfung nimmt der Mensch die höchste Stelle im materiellen Leben ein. Sein Wohl steht deshalb auch an erster Stelle. Bisher wurde dies nicht von euch beachtet.

Eure Atombomben lösen Energien aus, welche den magnetischen Gürtel beeinflussen, der sich um die Terra zieht. Wenn dieses Spannungsverhältnis gestört wird, erfolgen auf der Erde Katastrophen, die nicht zu sein brauchten. Zwar gibt es Naturkatastrophen, die sich nicht vermeiden lassen, aber neuerdings gibt es bei euch Naturkatastrophen, die heraufbeschworen sind. Es gibt als Folge der Atomversuche Erdbeben, Seebeben, Wetterkatastrophen, Klimaverschiebungen, Stromversetzungen in den Meeren, Rotationsunsicherheit und noch vieles andere. Ihr habt viel Unheil angerichtet!

∞

Fopp- und Lügengeister aus dem Jenseits versuchen mit allen Mitteln, Medien hereinzulegen, indem sie sich als Außerirdische ausgeben. Dagegen sind wir völlig machtlos. Es liegt an euch, nicht darauf hereinzufallen. Jedenfalls haben viele Menschen schon ein ganz gutes Gefühl dafür, was von uns stammt.

∞

Die tatsächliche Einstellung eurer Regierungen zu unserer Existenz ist leider so, dass jedes Beweisstück sofort beschlagnahmt und verschwiegen wird, sowie es bekannt wird. Die Öffentlichkeit erfährt nichts.

∞

Es ist ein Irrtum, wenn die Theologie glaubt, dass ein Mensch von Gott persönlich geleitet und beobachtet wird. Es ist ein Irrtum, wenn man annimmt, dass ein Mensch nach seinem Tode vor das Antlitz Gottes geführt wird oder dass er vor der Hierarchie erscheinen muss. Gott, der Planer, hat viele Organisationen geschaffen, die im geistigen Reich absolute Vollmachten besitzen. Es gibt Millionen von Geistwesen, die Gott vertreten. Einer dieser Stellvertreter ist Jesus Christus, den wir einmal unterstützt haben. Und wir tun es noch. Verwechselt die Antimaterie nicht mit dem Jenseits, das sind zwei verschiedene Welten.

∞

Spottet nicht über übersinnliche oder außerirdische Erscheinungen, sondern erforscht sie aufgeschlossen, ohne Vorurteile und Überheblichkeit. Verdammt nicht alles Unerklärliche zum Aberglauben. Verachtet nicht jene Menschen, die sich bemühen, positiv zu denken und zu handeln. Beseitigt alle Dogmen, die auf Analogien aufgebaut sind, deren Ursprung nicht genau nachprüfbar ist.

∞

Traktate gibt es genug. Wer diese Traktate liest, fühlt, dass es sich zumeist um ein leeres Geschwafel handelt. Aber bei unseren Botschaften handelt es sich nicht um Traktate, sondern um Kernfragen der Zukunft, einer Zukunft, die jedem Menschen noch begegnet, auch wenn er immer wieder sterben muss.

∞

Es ist ein unglaubliches Verbrechen an der Wahrheit, dass man die Reinkarnationslehre verdammt hat. Ohne Reinkarnation ist überhaupt kein sinnvoller Fortschritt möglich. Ein Glaube ohne dieses Gesetz ist überhaupt kein Glaube - denn er lässt die Frage unbeantwortet, warum der Mensch überhaupt lebt und Anstrengungen macht, wenn er doch in verhältnismäßig kurzer Zeit sterben muss?

∞

Es fehlt der allgemeine Respekt vor der göttlichen Natur. Schlechte Beispiele werden nicht verfolgt, sondern befolgt.

∞

Diese Menschheit muss durch die Nacht zum Licht. Aus diesem Grunde müssen zur Läuterung bestimmte Menschen das Leid dieser Erde kennen lernen, d.h. nicht nur selbst erfahren, sondern auch das Verständnis für das Leid der Mitmenschen lernen. Erst über das Leid in jeder Form kommt der Mensch in die Lage, das kostbare Geschenk Leben zu achten.

∞

Der Eigensinn verhindert jeden Fortschritt. Durch den Eigensinn müssen Millionen sterben. Der Eigensinn ist die Willenskraft der Rechthaberei.

∞

Gott hat jedem Menschen einen Zwang auferlegt. Er hat seine Gesetze und wer diese verletzt oder missachtet, wird in die Strafe genommen. Das ist aber in euren Augen ein undemokratischer Gott.

∞

Jedes Unrecht, das dem Menschen zugefügt wird, ist ein Angriff auf den Schöpfer, der den Menschen als höchstes Bewusstsein innerhalb der Fauna geschaffen hat. So weit denken die Erdenmenschen gar nicht.

∞

Jede Entgleisung der Natur ist ein Angriff des Widersachers Gottes oder das Verschulden der Menschheit. Gott selbst ist unfehlbar. er ist euer Erzieher, aber kein Diktator, sondern die höchste Autorität im Universum.

∞

Wer von Grund auf böswillig ist, wird von seiner Böswilligkeit stets Gebrauch machen. Er wird über meine Worte lästern und meine Existenz abstreiten. Wer einen falschen Glauben vertritt, wird sich gegen jeden anderen Glauben sperren. Wer aber die Wahrheit sucht, wird sie auch finden, auch wenn es Jahre dauert.

∞

Fest steht für uns, dass die reichsten Leute dieser Terra unzufrieden und krank sind, weil sie sich den bösen Mächten verschrieben haben.

∞

Ebenso steht fest, dass man sich für unsere Technik interessiert. Den von uns vorgeschlagenen Vertrag, dass wir Hilfe für die spirituelle Entwicklung der Menschheit geben und die USA im Gegenzug ihre Atomwaffen abbauen und zerstören, haben sie abgelehnt.

∞

Man sagt bei euch: „Der Teufel rückt mit der Bibel aus!“ Die Wissenschaft drückt sich vor dem Wort ‚Gott‘. Die Führer der Menschheit weichen dieser Bezeichnung aus. Die Schulweisheit will nichts davon wissen. Geistige Lehrer werden nicht anerkannt, weil sie von Gott reden. Ja, alle rücken vor der Bibel aus.

Ich frage euch: Was sind das für Leute, die sich vor dem Wort ‚Gott' fürchten?

∞

Es sind nur sehr wenige, die versuchen, uns zu begreifen. Sie sind uns willkommen und sie werden es nicht zu bereuen haben. Wer unsere Belehrungen ernst nimmt, der wird auch steigen. Wer über uns lästert, muss fallen.

∞

Mit falschen Erkenntnissen kann man keinen Frieden gestalten. Darum müssen erst die falschen Erkenntnisse, Vermutungen und Definitionen beseitigt werden. Die Schulweisheit enthält gefährliche Irrtümer. Kleine Ursachen können riesige Auswirkungen zur Folge haben. Unterschätzt nicht die Kleinigkeiten, wenn sie negativ sind.

∞

Stellt euch nur ein kleines bisschen vom Universum vor. Muss dieser Versuch nicht dazu zwingen, Ehrfurcht zu empfinden? Die erhabene Größe des Vorhandenen, des Lebens, der Gesetze und des dazu gehörigen Unsichtbaren ist doch wahrlich Grund genug, auf die Knie zu sinken und alle diese Dinge anzubeten. In allen diesen Erscheinungen offenbart sich die unvorstellbare Majestät einer denkenden Macht, die nur das Gute will und ständig immer wieder und wieder korrigiert, auch wenn der Mensch böse ist und nicht begreifen will.

∞

Lasset die Toten unter den Toten sein. Damit meinte Christus die geistig Toten.

∞

Der Beweis des ewigen Lebens wäre ein vernichtender Schlag gegen die gesamte Wissenschaft und Forschung eurer Erde.

∞

Achtet abends gut auf die Zeichen am Himmel, insbesondere in den Sternenbildern!

∞

Gelobt sei der Tag, an dem der Mensch weiß: Gott lebt!

∞

Der dritte Weltkrieg wird nicht stattfinden.

∞

Der Mensch ist eine interessante Studie für fortgeschrittene Planeten, da hier am deutlichsten der Kampf zwischen Gut und Böse zu sehen ist.

∞

Die Wahrheit ist die Existenz der Welt und des Weltalls. Dieses Weltall wird gelenkt, sonst wäre es ein Chaos. Ihr könnt aber hinblicken wohin ihr wollt, überall herrscht eine mathematische Ordnung und beweist damit die Lenkung. Eure Atomphysik hat die mathematische Ordnung ganz besonders bewiesen. Die

Weltordnung des Alls hat einen großen, unfassbaren Verstand, sonst wäre es keine Ordnung. Die Unordnung auf dieser Welt im Zusammenleben der Völker beweist, dass hier der Verstand fehlt. Dieser Verstand ist wohl vorhanden, aber er wird durch rohe Gewalt unterdrückt.

∞

Der erste Schritt aus dem gefährlichen Sumpf der Aufrüstung herauszukommen, war die Wiedervereinigung Deutschlands. Jetzt kann anschließend eine umfassende politische Reform auf der ganzen Ebene erfolgen.

∞

Betrunkene Menschen machen mit ihren Seelen mehr oder weniger geistige Ausflüge in die tiefsten Sphären, wo sie dann die luziferischen Schöpfungen sehen wie Mäuse, Ratten, Schlangen und Ungeziefer, von den scheußlichen Verunstaltungen geistig Verdammter ganz abzusehen. Der menschliche Körper ist dem eigentlichen Ursprungs-Ich, dem Geist, nur zur Prüfung und Sicherung beigegeben.

∞

Die materielle Welt ist die Vorschule für das göttliche Gymnasium. Eure Psychologen und Mediziner würden viel schneller vorankommen, wenn sie sich über diese zwei Dinge klar werden würden.

∞

Die Erde ist nicht überbevölkert, aber die Völker sind falsch verteilt. Ihr macht gottlose Unterschiede zwischen Rassen und

Konfessionen. Ihr wollt nicht einsehen, dass es nur eine Krönung der Schöpfung im ganzen Universum gibt, zu der jede menschliche Seele gehört, ob sie ein anderes Aussehen hat oder in einem anderen Gebiet wohnt oder auf einem anderen Stern lebt. Beseitigt mit aller Liebe und Energie alle eure Grenzen, und ihr werdet sofort belohnt.

∞

Ein Paradies Gottes hat keine Grenzen und jeder anständige Mensch darf hinein. Urteilt nicht nach Haut und Pass, sondern nur nach Gut und Böse.

∞

Auf der Arbeit, direkt von Menschenhand, ruht ein großer Segen. Der Mensch bleibt immer unentbehrlich und muss darum auch geachtet und geschützt werden.

∞

Wir Santiner stehen auf der gleichen Stufe wie jenseitige Lichtboten.

∞

Eine wissenschaftliche, vernünftige Religion, ein einheitlicher Glaube an einen einmaligen großartigen Schöpfer ist der Grundstein für eine Zukunft, die euch als ein Utopia erscheint, aber auf diesem Wege erreichbar ist. Eure sehr materiell und technisch eingestellte Lebensweise hat die euch von der göttlichen Natur mitgegebene Medialität verkümmern lassen.

∞

Ihr nehmt eure Existenz als selbstverständlich hin. Euren Verstand betrachtet ihr als euren Verdienst. Das Maß eurer Erkenntnis habt ihr euch selbst geschaffen. Eure Liebe besteht im Eigennutz. Was euch an die Existenz Gottes mahnt, dafür findet ihr oder eure Wissenschaft keine Erklärung. Was euch an den Tod erinnert, weist ihr von euch. Ihr flieht vor dem Übersinnlichen und flüchtet immer weiter fort von Gott. Über die wirkliche Wahrheit wird gelästert und gelacht. Das Heilige wird verspottet, das Böse wird zur Lustbarkeit erkoren. Dabei habt ihr keine Ahnung davon, dass ihr über die erhabensten und heiligsten Mysterien des Allmächtigen lacht.

∞

Jedes menschliche Wesen entstammt einem Zentralpunkt, einer geistigen Zentralsonne, einer gewaltigen Intelligenz, ganz gleich, welche materiellen Unterschiede auch bestehen mögen. Der geistige Teil des Menschen kommt aus dem Geist Gottes. Milliarden Funken aus einem gewaltigen Feuer, und jeder Funke springt in eine Form. Die primitivsten Menschen dieser Erde sind in der Erkenntnis einer anderen Daseinsform erfahrener und wissender als der modernste Wissenschaftler. Inmitten dieser Unkenntnis, Verleugnung und Verdrehung, Verzerrung und Gottlosigkeit kommen wir im Auftrag unser aller Vater.

∞

Die Stimme des Gewissens schwingt telepathisch, doch wenn der höhere Sinn zerstört ist, kann sie nicht vernommen werden. Wer keine Stimme des Gewissens hat, darf nicht an den Problemen der Menschheit mitwirken.

∞

Wer Unmögliches will, der muss für das Unmögliche reif sein. Bei Gott gibt es kein ‚Unmöglich'. Doch es gibt ein ‚Unmöglich' bei allen Wesen, die für ein göttliches Wunder nicht reif genug sind. Wer sich ins Weltall wagt, der wagt sich in die Bereiche einer anderen Dimension, die es auf eurem Erdenplan in keiner Weise gibt.

∞

„In den Sternen stets geschrieben." Das trifft auch heute noch zu. Doch steht jetzt in den Sternen geschrieben, dass der Mensch seinen Untergang systematisch vorbereitet. Bei einer Reinkarnation auf dieser Erde muss der Mensch zwangsläufig das ganze Unrecht ausbaden. Das bedeutet aber, dass er degeneriert und mit vielen Krankheiten zur Welt kommt und in diesen Unterverhältnissen leben muss, die einer Hölle nicht nachstehen.

∞

Naturwissenschaften und Theologie müssen eine Einheit bilden, denn es ist völlig falsch, wenn man unter der Bezeichnung Natur etwas ganz anderes versteht als das göttliche Wirken und die göttliche Schöpfung.

∞

Wenn die Verbindung eine höhere Stufe einnimmt, so spricht man nicht von einer Telepathie mit Geistern, sondern sagt ganz einfach, dass jene Menschen gut inspiriert werden.

∞

Wer nicht mehr imstande ist, an ganz bestimmte Bibeltexte zu glauben, der wird auch nicht an diese Botschaften glauben können. Die Gottesworte lauten: „Klopfet an, so wird euch aufgetan!“ Wer sich nicht die Mühe machen will, den Dingen selbst von sich aus auf die Spur zu kommen, dem wird die Tür zum geistigen Erleben verschlossen bleiben, und jener wird nicht zu einer Erkenntnis kommen, sondern nur das glauben, was ihm sichtbar und begreifbar begegnet.

∞

Die Kinder dieser Erde könnten positiver geboren werden, wenn die werdenden Mütter sich sehr oft positive, schöne Bilder ansehen würden. Die guten Eigenschaften würden somit intensiver auf die Kinder dieser Erde übertragen.

∞

Wer sich von Gott trennt, der trennt sich auch von übersinnlichen Fähigkeiten.

∞

Die Inspirationen bei uns Santinern betreffen in einigen Fällen nicht nur die Verbindung mit der guten Geisterwelt, sondern mitunter auch eine telepathische Verbindung mit dem großen Zentralbewusstsein des Universums wie es auch bei Jesus Christus der Fall war. Die Verkündigungen jener Menschen, die sich eine solche Verständigung bewahrt haben, sprechen also im allgemeinen nicht das aus, was sie selber erkennen und denken, sondern das, was durch das große Zentralbewusstsein ausgestrahlt wird.

∞

Wenn eure Religion von einem Sohn Gottes spricht, so wird diese Bezeichnung sofort wörtlich genommen. Das hat ebenfalls zu völlig falschen Vorstellungen geführt. Jeder Mensch ist durch die Intelligenz und durch den Willen des Schöpfers entstanden.

∞

Wenn die Menschen gut oder schlecht sind, so ist das die Folge ihrer absoluten Freiheit. Sie können tun und lassen was sie wollen. Ja, sie können sogar die Erde vernichten, obgleich sie selbst eine göttliche Schöpfung darstellen.

∞

Es ist die Zeit nahe, welche die Menschheit zwingt, an die Existenz Gottes zu glauben und ihm zu vertrauen. Die Menschheit soll nicht vernichtet werden, sondern sie soll aufblühen wie eine frisch begossene Pflanze. Nicht Vernichtung, sondern Aufbau der Kultur und des Glaubens ist unsere Aufgabe, aber auch Abbau der Politik und der vernichtenden Waffen.

∞

Das Übel der Welt in nicht zu kleinem Maße ist, dass wissenschaftliche Erkenntnisse falsch ausgelegt werden. Aber es ist kein Wunder. Würden die Wissenschaftler mehr über die okkulten Dinge Bescheid wissen, so würden sie kaum derartige Fehler begehen.

∞

Der Mensch macht einen großen Fehler, nämlich den, dass er alles aus seiner Perspektive sieht und sich einbildet, so wie er müssten auch andere denken. Wir Santiner haben eine ganz andere Denkweise als ihr, aber dafür eine wesentlich friedensbringendere. Der Mensch, je mehr er mit der grobstofflichen Materie vertraut wird und je mehr er sich technisch entwickelt, geht dabei immer mehr rückwärts, da er sich, im Gegensatz zu uns, von Gott entfremdet.

∞

Das All hat viele Planeten, die der Erde gleichen. Jedoch mit ihrem Vernichtungsplan durch Atomzertrümmerung zur Vernichtung aller Lebewesen und aller Materie steht die Erde einmalig da. Wir brauchen keine Atomzertrümmerung und kein Radar, wir brauchen nur die Dematerialisation. Die schenkt uns der himmlische Vater.

∞

Die Harmagedon-Schlacht, wie es in der Bibel prophetisch steht, schreitet bereits ihrem Ende entgegen. Ihr werdet in den kommenden Zeiten noch öfters schwere Katastrophen beobachten können. Eine Mahnung an die Welt, an das Gewissen der Menschen.

∞

Was den Menschen am geistigen Fortschritt im göttlichen Sinne hindert, sind der Unglaube und der Zweifel. Man sollte eigentlich annehmen, dass die Wissenschaftler durch die Fortschritte mehr und mehr an Gott glauben und Gottes Gesetze viel besser begreifen müssten. Aber ganz im Gegenteil. Luzifer blendet sie und sie lassen sich blenden!

∞

Wenn wir uns immer wieder gegen den Materialismus auslassen, dann meinen wir einen ganz bestimmten Materialismus, nämlich den Materialismus, welcher dem Menschen seine Ideale raubt und den Glauben. Würden die Wissenschaftler glauben an das Weiterleben im geistigen Reich, so hätten sie die erste Voraussetzung erfüllt, um durch die Forschung der Menschheit die Tür zu öffnen zum Reiche der unfassbaren Kraft der Vierten Dimension. Aber nur, wenn alle es tun würden.

∞

Das Wassermannzeitalter hat bereits begonnen. Es ist das Zeitalter der Vergeistigung.

∞

Der Mensch spricht von unbedingter Freiheit, er wünscht sie sich und versucht, sie sich mit allen Mitteln zu erkämpfen, ohne Rücksicht auf Verluste zu nehmen, welche wiederum für andere Freiheitsverluste bedeuten. Der Mensch möchte alles erzwingen, aber wiederum möchte er selbst dafür nichts einbüßen und aufgeben. Unbedingte Freiheit wird der Mensch erst dann erlangen, wenn er seine Schwerkraft aufheben kann und den Weg der Vergeistigung geht. Dann gewinnt er die Freiheit, welche kein Gegenopfer fordert.

∞

Die Atlantier kannten einen Weg zur Aufhebung der Schwerkraft. Mit Hilfe einer geistigen Ekstase war es ihnen möglich, über dem Erdboden mit ziemlicher Geschwindigkeit dahinzuschweben, doch konnten sie sich nur wenige Fuß hoch vom Erdboden erheben. Mit Hilfe eines musikalischen Akkordes oder vielmehr mit einem Zusammenklang von fünf Tönen, von denen zwei Töne nicht für das menschliche Ohr hörbar waren, konnten die damaligen Atlantier schwere Felsen verrücken. Auf diese Weise hatten sie Kenntnis von einer Schwingungsebene, die der gleiche Ausgangspunkt unserer eigenen technischen Entwicklung ist. Die geistige Haltung auf der Erde hat ständig weiter abgenommen, während die materialistische Haltung zugenommen hat. Ein großer geistiger Abstieg der Erdenmenschheit löschte diese Erkenntnis vor etwa 4.000 Erdjahren aus. Dann kam die Zeit, da man euch ein Geschenk machte. Es war eine Probe aufs Exempel. Ihr habt diese Probe nicht bestanden. Der erste Gedanke war: Missbrauch aus Rachsucht und Gewalt. Die Kernspaltung der Atomforschung gibt euch nicht das Recht, die göttliche Ordnung, Harmonie und Schöpfung anzugreifen.

∞

Irrtümer werden in Leder gebunden und mit Goldschrift versehen, damit der Ungeist Material hat, die gesunde Denkart zu vergiften.

∞

Die Telepathie ist die schnellste Bewegung der Gedanken. Sie ist mindestens 100 mal schneller als das Licht.

∞

Das Paradies ist kein Ort, sondern ein Zustand. Es ist ein Gefühl höchster Zufriedenheit.

∞

Bevor man über den Frieden oder über die Abrüstung verhandelt, sollte man eine Art von allgemeiner Schulung vorausschicken. Man verhandelt über Millionen von Menschen, die man unter Umständen ins Jenseits schickt. Aber selbst hat man keine Ahnung, ob es ein solches Jenseits überhaupt gibt. Die Kirchen und ihre Religionen haben ihnen kein exaktes, objektives Wissen in dieser Hinsicht vermittelt.

∞

Das Erinnerungsbewusstsein ist nur vorübergehend, d.h. für die Zeit eines materiellen Lebens, ausgeschaltet. Aus diesem Grunde lohnt sich jeder Fortschritt, jedes Wissen, jedes Talent, jede Fähigkeit des Menschen und jede Erfahrung, die er im Laufe eines Erden- oder Sternenlebens gemacht hat.

∞

Völker der Erde! Ich beschwöre euch im Namen des Ewigen, der das Universum geschaffen hat, revolutioniert mit aller Kraft gegen den entsetzlichen Irrtum von Tod und Leben. Eure Technik ist himmelhoch entwickelt, euer Wissen über euch selbst ist ein schmutziger Abgrund, der durch Fanatismus und Selbstverherrlichung, durch Machtgier und Materialismus, durch Egoismus und Rachsucht vor euren verbundenen Augen droht. Gott warnt euch! Das Zentralbewusstsein des Universums wird nicht ohne Taten bleiben. Mose hat die Weisungen schon vor einigen Jahrtausenden erhalten. Ihm wurde aufgetragen, das Volk und jeden Menschen vom Raumschiff fernzuhalten. Jede Überschreitung der angedeuteten Grenze bedeutete den sicheren Tod. Ihr habt keine Ahnung von der unvorstellbaren Macht dieser Kraftfelder der Raumschiffe. Sie können ganze Wälder und ganze Städte in Flammen aufgehen lassen. Ihr werdet sagen: „Wie furchtbar! Das sind doch Drohungen! Das wollen unsere

Freunde sein? Das sind gefährliche Feinde!" Zugegeben, es hört sich nach Feindschaft an. Aber wir sind auch nur friedliche ‚Friedens-Soldaten' des Ewigen. Wir können begreifen, dass Gott seine Schöpfung nicht durch unreife, aber dennoch gefährliche Menschenkinder zerstören lässt. Weil wir eure Freunde sind, möchten wir euch davor bewahren.

∞

Die wichtigste Erkenntnis ist die Wiedergeburt des Menschen. Sie allein ermöglicht den Fortschritt bzw. die Entwicklung.

∞

Das Leiden kommt aus dem Lager einer gottlosen übersinnlichen Geheimorganisation. Mit euren Worten: Aus der Hölle. Für dieses Ziel gibt es eine ganze Schöpfung, von den Bakterien angefangen, einschließlich der Fauna und Flora. Hinzu kommen die durch Inspiration hervorgerufenen Schäden durch Technik und Wissenschaft oder aus dem falschen Verhalten der Industrie und der Menschen selbst.

∞

Es besteht ein unvorstellbarer Kampf zwischen der göttlichen Organisation und dem gewaltigen Heer der Abtrünnigen.

∞

Wenn die seelische Fähigkeit über die organische Fähigkeit gesetzt wird, so erfolgt eine geistige Heilung. Mit jedem Zweifel an Gott und seinem geistigen Wirken versperrt der Zweifler den Empfang seiner Zellen und Moleküle. Wenn diese Zellen durch ein falsches geistiges Verhalten taub sind, können sie die Stimme Gottes nicht hören.

∞

Ihr müsst auch etwas dazu tun und darüber eingehend nachdenken. Eine gute Meditation bringt euch weiter. Doch wer meditiert schon, und wer meditiert richtig, wenn ihm die Grundlage dazu fehlt?

∞

In dieser Hinsicht ist noch nichts von Bedeutung unternommen worden. Einzig an einigen Wunderheilorten und durch einige Geistheiler oder Heilpraktiker sind Erfolge erzielt worden, leider verschwindend wenig. Eine Unkenntnis der Naturgesetze ist noch kein Wunder. Ein Astronaut wäre vor einigen Jahren noch ein Wunder gewesen.

∞

Das größte aller Wunder der gesamten Schöpfung ist und bleibt die Seele. Es ist von großer Wichtigkeit, dass der Erdenmensch über seine Seele, so gut es geht, Bescheid wissen muss, denn mit dieser Erkenntnis erspart er sich unendlichen Kummer und wird lernen, seinen materiellen Körper besser zu regieren. Der materielle Körper ist nur das materielle Gefäß, das einen sehr kostbaren und sehr feinstofflichen Inhalt aufbewahrt, nämlich das kostbare, unsterbliche Ich, die Seele.

∞

Wenn der Tod durchschritten wird, so tritt die Seele in selbständige Aktion. Ihr könnt besser hören und sehen, als es je einem

Erdenmenschen im materiellen Kleid möglich ist! Gott der Schöpfer ist nicht so unwissend und unfähig, dass er ein solches Übel auf die Dauer auf euch lasten lässt.

∞

Es ist richtig, dass Gott die höchste Obrigkeit ist. Aber die Obrigkeiten auf dieser Terra werden nicht von Gott eingesetzt. Sie sind durch das Machtspiel der Politik zu diesen Ämtern gekommen, niemals aber auf Grund ihrer religiösen Weltanschauung oder durch hohe Selbsterkenntnis in Bezug auf die Mysterien des Universums.

∞

Unsere Flugschiffe landen wiederholt auf dieser Erde. Die Annäherung eines Menschen an das Schiff ist lebensgefährlich, wenn es nicht auf eine bestimmte Weise angepasst ist. Wir können ein Schiff nicht auf der Erde lassen, weil das Verhalten der Regierungen unser Vertrauen missbrauchen würde. Nehmt einmal an, dass ein irdisches Raumschiff auf dem Mars landen würde. Wenn ihr aber wüsstet, dass die Marsbewohner teuflische Waffen haben und skrupellos gefährlich sind, was würdet ihr in diesem Falle tun? In ähnlicher Situation befinden wir uns. Wir haben bereits erlebt, dass man uns mit Waffen gejagt hat. Ein Santiner würde nicht eine Minute mehr seines Lebens froh sein, wenn er in die Hände von Wissenschaftlern oder Regierungskreisen geraten würde. Es gibt Beispiele dafür! Wir haben von dieser Seite noch keinen einzigen Friedens- oder Freundschaftsbeweis gesehen.

∞

Die Wahrheit kann immer gesagt werden, ob sie einem passt oder nicht. Außerdem ist das gar nicht so verwunderlich, wie es den Anschein hat. Es gibt viele Fakire und Yogis, die ähnliche Wunder vollbringen. Sie heben die Schwerkraft auf, lassen sich von Schwertern durchbohren und wochenlang lebendig begraben. Sie meistern die Materie, wie es Christus tat.

∞

Es gibt auch heute auf der Erde einige Menschen, die bereits klinisch tot waren. Solange nämlich die so genannte Silberschnur, das geistige Band, das den Körper mit der Seele verbindet und diesen mit geistiger Energie versorgt, noch nicht durchgerissen ist, ist eine Wiederbelebung noch möglich.

∞

Gehirnzellen dürfen nicht länger als einige Minuten ohne Kreislauf des Blutes sein, sonst zersetzen sie sich und dann ist es aus. Christus aber brauchte kein Gehirn zum Denken, sein Geist war außerordentlich stark.

∞

Wer sich Gott zum Feinde schafft, der widersetzt sich einem Unbesiegbaren. Ihr habt schon Angst vor einem Geist, vor einem so genannten Gespenst. Aber merkwürdiger Weise habt ihr anscheinend keine Angst vor dem Größten aller Geister.

∞

Gedanken sind Kraftströme. Auf den Gedanken folgt die Tat und jeder Gedanke hat das Bestreben, sich zu realisieren. Prüfet eure Gedanken, denn schon allein das unkontrollierte oder fahrlässige

Denken kann für jeden Menschen sehr gefährlich werden. Gedanken nehmen unsichtbare, aber dauerhafte Formen an. Ihr werdet sie so schnell nicht los, denn sie bestehen im Kosmos weiter und können viel Schaden anrichten. Wer sich schon in Gedanken mit dem Töten, mit kriegerischen oder verbrecherischen Möglichkeiten befasst, der wird völlig eingegarnt und befindet sich wie eine Fliege in einem Spinnennetz. In einer anderen Daseinsform, jenseits eurer normalen Wahrnehmung, kommt ihr aus diesem Wust negativer Gedanken nicht so leicht heraus. Sie werden aktiv und greifen euch selbst an.

∞

Das Gesetz der Aufschwingung und Fortpflanzung auf große Entfernungen ist den irdischen Wissenschaftlern nicht unbekannt. Die Wissenschaftler dieser Erde können sich nicht vorstellen, welch ein ungeheures Leid sie schon über andere Gestirne gebracht haben, die in Entfernungen sind, die nur nach Lichtjahren berechnet werden können. Die Erde hat das Leid einer gefallenen Menschheit zu tragen. Die Erlösung kommt aus lichten Höhen und nicht aus einer Einsicht irdisch geprüfter Menschen.

∞

Es sind mittlerweile viele Santiner auf der Erde inkarniert. Der Mann, der auf geheimnisvolle Weise in einer UNO-Versammlung als Unbekannter aufgetreten ist und eine bemerkenswerte Rede gehalten hat und dann wieder trotz aller Sicherungen auf geheimnisvolle Weise aus dem Blickfeld verschwand, war ein Santiner, der sich für diese Zeit materialisiert hatte.

∞

Krieg ist Mord! Wenn Gott Krieg führt, ist er allerdings kein Mörder, sondern er fordert nur zurück, was er euch gegeben hat, nämlich das Leben. Er fordert dann überhaupt alles zurück, was ihr von Ihm bekommen habt. Das ist sein gutes Recht, das Recht, das ihr erkennen müsst. Wer leihweise gibt, kann auch zurückverlangen. Das ist eure Freiheit der Selbstentscheidung, das Wohnrecht auf diesem Planeten und das Leben in der Materie, eure Sehkraft mit der ihr die Schönheiten des Universums betrachten solltet.

∞

Nach eurer juristischen Auffassung kann ein Verbrecher, beispielsweise ein Mörder, mit dem Tode bestraft werden. Er soll also den Tod verdient oder sein Leben verwirkt haben. Diese Auffassung kann nur aus eurer Bibel kommen. Ich sage euch hiermit eindringlich, dass Gott oder auch nur ein Angehöriger seiner Hierarchie niemals auf einen so absurden, scheußlichen Gedanken kommen würde. Das Sühnen einer Schuld mit dem Tode ist eine infame Lüge, die sich Politiker und Priester ausgedacht haben, um vor einer Sünde abzuschrecken. Das Töten in jeder Form, soweit es einen Menschen betrifft, ist absoluter Mord! Eine objektive Religion, die wissenschaftlich untermauert ist und deren Lehren und Gesetze unantastbar glaubwürdig sind, würde derartige Gräuel überhaupt nicht zulassen. Aus diesem Grunde erfolgte die Inkarnation von Jesus Christus. Er trat gegen die Lügen der damaligen heiligen Schrift auf. Weil das den Priestern nicht passte, hat man einen Weg gefunden, den verabscheuten Mord an ihm selbst zu vollziehen.

∞

Verteidigung ist ein Akt, seine Unschuld zu beweisen. Dies kann im politischen Sinne, wie bei uns, nur auf diplomatischem Wege geschehen. Euch fehlt also der internationale Gerichtshof, der den Verteidiger stellt und den Ankläger anhört. Eine Verteidigung mit Waffen ist ebenfalls Mord. Ihr habt euch um ein Höchstmaß an Waffen bemüht, aber ihr habt dafür die höchsten Erkenntnisse verspottet. Ihr habt euch nicht um die geistigen Wahrheiten gekümmert.

∞

Wir haben eure Energieversorgung studiert. Wie ihr wisst, konnten wir in Amerika die Stromversorgung für längere Zeit unterbrechen. Das war nur ein Versuch.

∞

Gott ist das universelle Zentralbewusstsein. Ein Bewusstsein ist ein kosmischer Vorgang, ein Schwingungsprozess. Ein solcher kann gar nicht die Erde in Person besuchen. Mit Gott kann man nur telepathisch in Verbindung treten, wenn man imstande ist, sich selbst auf die entsprechende Frequenz einzustellen.

∞

Wir bringen keine Sensationen. Und wir haben für alles Ungewöhnliche eine sinnvolle Erklärung, oder wir schweigen. Wir bringen keine einzige Botschaft, in der nicht eine bedeutende Ermahnung als Lehre erkennbar ist. Wir helfen euch durch Belehrung. Das Hauptübel der gesamten irdischen Zwickmühle, aus der die Menschheit nicht mehr heraus kann, ist nicht die politische Führung, sondern die gefährliche Publikation.

∞

Die Publikation ist der tatsächliche und seit Jahrtausenden emsig tätige und mächtige Feind der gesamten Menschheit. Sie ist der unüberwindliche Fels im Wege zum universellen Frieden über alle Grenzen. Die Publikation hat sich aufgebläht und ist nicht in der Lage, auf ehrliche Weise die Nachfrage zu stillen. Aus diesem Grunde erfindet sie Sensationen, die der Menschheit schwere Probleme auferlegen, denn sie hat kein Gewissen und ist gottlos und erkenntnislos in einem erschreckenden Maße.

∞

Wer im Dienst eines Staates steht, der hat nicht nur ein Amt, sondern Verantwortung. Die meisten glauben, dass sie diese Verantwortung nur vor ihrem Vorgesetzten haben, also nur nach oben hinauf. Es ist aber gerade umgekehrt der Fall. Je höher nach oben, um so mehr steigert sich diese Verantwortung nach unten. Diese Umkehrung der Wahrheit ist bei euch auf dieser Erde überall anzutreffen. Es ist ein sehr bedeutender Grund, warum ihr dauernd Streitigkeiten und Missverständnisse untereinander habt. Ihr seid Euch der Gaben Gottes nicht bewusst. Aus Liebe kann der Mensch großes Tun, doch nur das Gegenteil geschieht aus Hass. Wir haben schon öfters auf die schweren Folgen der Atombomben hingewiesen. Ihr habt die schwersten Erdbeben erlebt. Ihr habt das Wetter für lange Zeit in Aufruhr gebracht. Ihr habt unsere Warnungen ignoriert. Ihr habt stets eine Ausrede für diese Verbrechen. Und ihr schiebt alles auf die Sonne ab, die nichts damit zu tun hat. Aber das Volk ist damit zufrieden.

∞

Die Seelen, die sich in dem heutigen China inkarniert haben, stammen zu einem großen Teil von dem zerstörten Planeten Mallona, was sich besonders in der technischen Hochentwicklung dieser Menschen zeigt. Sie sind mit der Erinnerung an ihren früheren Planeten sehr belastet und kapseln sich darum auch von der übrigen Welt ab, weil sie kein Zugehörigkeitsgefühl bekommen. *(Der Asteroidengürtel besteht aus Bruchstücken des zerstörten Planeten; Anm. d. Hrsg.)* Viele Seelen haben sich jetzt in China inkarniert, um diese Blockade aufzulösen, was die letzten Ereignisse in China zeigen. Es wird auch immer wieder aufflackern. Es ist wichtig, dieses zu unterstützen. Die Einkapselung kann zu einer Gefahr werden, da die Menschen dort keine Chance für eine Weiterentwicklung haben. Mit dem Öffnen würde auch die Gefahr einer Machtposition beendet. Die ‚weißen' Rassen müssen sich daher einigen, sonst haben sie ihre führende Rolle in dieser Welt ausgespielt. Der Ablauf des kommenden Erdengeschehens ist genau vorgeplant und bis in jede Einzelheit vorausberechnet.

∞

Auf eurer Welt herrscht leider geistige Nacht. Machtwahn und Egoismus unterdrücken die höchsten Erkenntnisse, die das Leben überhaupt erst wertvoll machen können. Es ist unfassbar schmerzhaft für uns, euch in dieser Fallgrube zu sehen.

∞

Wer nicht an den Widersacher glaubt, der kennt seinen gefährlichsten Feind nicht, der ist ihm ausgeliefert. Wer die Mittel des Widersachers nicht kennt, der ist außerstande, sich zu wehren. Telepathische Drähte ziehen den Menschen wie eine Marionette hin und her. Weil er diese Fäden nicht sieht, noch an ihre Existenz glaubt, so ahnt er nicht, wie er gesteuert wird, bis er zum vollendeten Werkzeug seines Beherrschers wird. Ich zweifle nicht daran, dass es eine Reihe von Menschen gibt, die hier auf dieser Terra versuchen, diese Menschheit besser zu führen. Diese Menschen scheitern zumeist, weil sie der Brutalität ihrer Gegner ausgesetzt sind, oder weil sie durch die wirksame Waffe der Lächerlichkeit außer Kraft gesetzt werden.

∞

Christus wusste, was dieser Menschheit fehlte. Es war eine ‚wahre' Religion. Seine Mission kam überhaupt nicht richtig zum Zuge, weil die bestehenden Ansichten über eine Religion viel zu stark verwurzelt waren. Auch wenn heute Christus eine sehr bedeutende Rolle spielt, so entspricht das nicht seiner wahren Absicht, wie er sie einmal gehabt hat. Es ist eine Verfälschung der Wahrheit, nur in einer anderen Form. Was euch fehlt, ist mehr Vertrauen zu jenen Dingen, die euch nicht wichtig erscheinen. Aber sie sind nicht nur wichtig, sondern die Essenz eures Daseins, das nicht nur irdisch, sondern universell ist.

∞

Die materielle Welt, in der ihr lebt, ist nur ein kleiner Teil des wirklichen Daseins. Nur ein Achtel ragt wie ein Eisberg aus dem gewaltigen Ozean der Schöpfung hervor. Doch was der Kosmos an Gedanken- und Erinnerungsschwingungen aufbewahrt, ist für jeden menschlichen Verstand, ja, auch für uns, unvorstellbar. Es geht kein Geschehen und kein Gedanke, kein Augenblick, verloren. Alles liegt geordnet, wie in einem großen Archiv.

∞

Würde es sich lohnen wegen einer Ameise ein ganzes Universum zu erschaffen? Ich weiß eure Antwort, und trotzdem geht euer ganzes Denken in diese Richtung. Der Mensch ist von Gott erschaffen, damit er das Universum begreift, ohne dieses Begreifen lohnt sich der ganze Aufbau nicht. Alles ist zur Freude und für das Interesse des Menschen erschaffen worden. Aber ihr glaubt, dass die Erde dazu genügt. Um die Dinge der Natur nur einigermaßen zu begreifen, gehört mehr als ein einziges Menschenleben. Darum hört auf mich. Je weniger der Mensch begreift, desto öfter kommt er auf diesen Planeten zurück. Doch in der Zwischenzeit wird von ihm Rechenschaft verlangt. Die meisten Erdenmenschen leben so interesselos dahin, dass ihr ungeschultes Denken jeden Aufstieg verhindert. Sie sind daher nicht fähig, die Vorgänge auf dieser Terra zu erfassen und zu kritisieren. Doch die Führung rechnet mit ihnen und missbraucht sie für ihre negativen Zwecke.

∞

Gott fordert eine wahre Religion! Die alberne Vermenschlichung des Schöpfers muss einmal ein Ende haben. Die Identifizierung gewisser Menschen mit Gott muss aufhören. Die Schöpfung ist heilig genug. Die Jugend will sich nicht mehr veralbern lassen. Sie will eine Religion der Wahrheit haben. Wo gibt es auf dieser Welt jene Wahrheit, die von der Jugend geglaubt und verehrt werden kann?

∞

Fast sämtliche lebenswichtigen Richtlinien für das menschliche Leben stehen unter ganz falschen Gesichtspunkten. Die angeblich gescheitesten Menschen dieser Erde, welche diese Richtlinien schaffen oder dulden, sind der festen Überzeugung, dass mit dem Tode des Menschen und der damit verbundenen Zerstörung des Gehirns, jedes Bewusstsein aufhört. Diese Überzeugung gipfelt in dem Unsinn, der durch nichts bewiesen ist, nämlich in der Annahme, dass das Bewusstsein an die Materie gebunden ist. Dass ein Bewusstsein ohne Materie existieren kann, hält man für unmöglich. Demgegenüber gibt es Hunderte Millionen von Beweisen für die immaterielle Existenz des menschlichen

Bewusstseins, die als Halluzination, Einbildung, Krankheit, Hysterie, Selbsttäuschung oder Aberglaube hingestellt werden. Ein derartiger Unfug versetzt uns in einen Schockzustand, der nicht so leicht zu überwinden ist. Das ist nicht nur Dummheit, sondern gezielte Böswilligkeit und beispiellose Abgebrühtheit gegenüber göttlichen Phänomenen, die eigens dazu da sind, euch von größeren Aufgaben und Welten zu überzeugen. Vererbter Wahnsinn dieser Art kann niemals diese Terra zum Paradies machen.

∞

Die christlichen Kirchen haben sich beklagt, dass so viele Menschen aus der Gemeinschaft austreten. Ist das ein Wunder? Aber die Kirchen haben in ihrer Unvernunft diese Austrittsbewegung noch gefördert. Sie haben das Negative in die Kirchen hereingelassen, sie wollten ‚modern' und ‚zeitgemäß' sein, ohne zu wissen, dass ‚modern' und ‚zeitgemäß' vom Widersacher inszeniert wird.

∞

In Deutschland haben die Kirchenbehörden einen großen Fehler gemacht. Sie haben ihre Kurzpredigten über das Fernsehen ausstrahlen lassen. Damit haben sie gerade das Gegenteil erreicht, nämlich die Abneigung gefördert. Die schlechtesten und unfähigsten Interpreten, die man sich denken kann, hat man zu Worte kommen lassen. Der Erfolg ist dementsprechend.

∞

Der Gottglaube braucht die besten und fähigsten Interpreten, die es auf Erden gibt, aber keine blindgläubigen Stümper. Den

Kirchenbehörden fehlt auf alle Fälle die notwendige Selbstbeobachtung, ohne die sie ihre Fehler niemals erkennen werden.

∞

Die wahre Religion muss mit den Erkenntnissen der Naturwissenschaft synchron verlaufen. Es darf nicht sein, dass die Naturwissenschaft den Gottglauben unterwandert.

∞

Ihr glaubt, dass ihr einen Maßstab für die Höchstgeschwindigkeit habt: Es ist das Licht. Aber das ist eine irdische Vorstellung, weil ihr aus den irdischen Maßen noch nicht herausgekommen seid. Mit Lichtgeschwindigkeit könnten wir euch nicht besuchen. Das wäre unmöglich. Unsere Erfahrungen sind euch etliche tausend Jahre voraus. Darum haben wir auch eine ganz andere Religion und bessere Erkenntnisse und Beziehungen zu Gott und seiner Hierarchie.

∞

Ich muss euch darauf aufmerksam machen, dass meine Erklärungen ungeheuer phantastisch erscheinen, obgleich sie sehr wahr sind. Unsere wissenschaftlichen Erkenntnisse reichen viel weiter, ohne dass wir hochmütig werden. Demut ist der einzige Schlüssel zum Fortschritt. Darum sage ich euch: Es wird keinen Frieden und keinen dauerhaften Fortschritt auf dieser Welt geben, wenn ihr nicht den Mut habt, den wahrhaftigen Gottglauben an die Spitze eurer Wissenschaften zu stellen. Ihr habt bei eurer aufrichtigen Suche nach dem großen, geheimnisvollen Unbekannten den falschen Weg eingeschlagen und Religion durch Philosophie ersetzt. Religion ist Tatsache, Philosophie ist Denken. Nun will ich euch sagen, warum ihr lieber denkt als glaubt: Es ist die Angst vor eurem eigenen Wesen. Es ist die Furcht vor der Wahrheit. Es ist das schlechte Gewissen, vor das Angesicht des Allmächtigen zu treten. Der Feigling zieht immer wieder mit aller Gewalt den Vorhang vor das Reich des Unsichtbaren.

∞

Wir setzen Zeichen in den Himmel, die ihr einfach als Naturphänomene abtut.

Botschaften bis zum Jahr 2007

Hast du eine neue Botschaft für uns?
Ja. Ich möchte euch mit auf den Weg geben, den Frieden in euren eigenen Familienleben zu lernen. Ich wiederholte es noch einmal. Lernt den Frieden in euren eigenen Familien zu leben. Ansonsten gebt ihr der negativen Macht zu viele Möglichkeiten und Energie, noch mehr von diesem Planeten in Besitz zu nehmen. Die Regierungen sind für euch wichtig, um die europäischen Staaten wieder in den Vordergrund zu bekommen. Denn ansonsten wird Europa von den USA und Asien überrollt. Dort finden im Moment Machtspiele statt. Die terroristischen Anschläge werden weiter gehen. Auch dort ist es wichtig, dass ihr euren Frieden lebt. Wir werden in Zukunft vermehrt in den europäischen Bereichen sein.

Warum in den europäischen Bereichen?
Weil die negative Seite versucht, in diesen Gefilden viel Unruhe zu stiften.

Auch haben wir jetzt den Start der Discovery vereitelt, da sie sonst wiederum explodiert wäre. Die Anschlüsse zwischen dem Tank und dem eigentlichen Raumschiff sind nicht in Ordnung. Sie sind dieser Wärmeleitung nicht standhaft genug und können damit immer wieder das Raumschiff beschädigen. Die Forscher der NASA sollten lernen, andere Asbestmaterialien, die schwerer entflammbar sind, zu benutzen. Normalerweise müsste die Intelligenz dieser Forscher hierfür ausreichen. *(Botschaft vom 16.7.06; Anm. d. Hrsg.)*

Vorgestern gab es die Geschichte im Irak mit dem Amerikaner, der Schokoladen an Kinder verteilt hat. Dort hatte der so genannte Terrorist vor, in sie hineinzufahren. Mich interessiert nun nur die moralische Seite. Mord ist Mord, da gibt es keine

Entschuldigung. Wenn ein Volk, wie jetzt die Iraker, sich verteidigen will. Das Volk will die Amerikaner aus ihrem Land haben, sie wollen ihr eigenes Öl haben. Sicher ist es nicht ethisch, dass man eben mal mit einem Auto in zwanzig Kinder fährt, weil man einfach pervers ist oder aber sein Land auf diese perverse Art verteidigt?
Dies ist der fundamentalistische Islam. Dies ist dann die fanatische Handlung, durch diese Handlung den Platz an Gottes Seite zu bekommen und je dramatischer diese Handlungsweise ist, desto besser ist der Platz an Gottes Seite. Es ist eine Ideologie, ein Fanatismus, der dort in diesen Bereichen herrscht und wird dann von den anderen Terroristen aufgegriffen und den Unwissenden eingeflößt. Und dies war lange noch nicht alles. Es wird noch viel schlimmer, weil der Machtkampf um das Öl noch nicht beendet ist. Die neue irakische Regierung gibt das Öl auch nicht so freiwillig an die USA ab, wie die USA es sich so gedacht haben. Also wird der Terrorismus, die Terrorismusschraube dort noch weiter gedreht. Und nicht nur dort, auch in Israel hat es begonnen, in Afghanistan ist es auch noch nicht zu Ende. Die USA möchte langfristig auch in andere Bereiche vordringen. Zunächst wird es der Iran sein, um dort an die Ölvorkommen zu gelangen. Und dann wird es auch noch mal in Afrika sein, um dort noch an die Reserven zu gelangen. Immer unter dem Motto zu helfen oder einen Diktator zu stürzen und eine Demokratie zu bringen. Eine Demokratie bringen heißt für die USA, ich will dein Öl.

Weiß die Regierung der USA, wo sich Bin Laden aufhält?
Natürlich. Sie arbeiten in gewissem Maße zusammen.

Wird es noch Klimaveränderungen geben?
Auch ihr werdet in euren Bereichen von Stürmen noch ereilt werden. Zwar nicht von der Stärke wie in Jamaika, Kuba oder

den USA, aber die Klimaveränderung geht natürlich Schritt für Schritt weiter.
Was ich noch mit auf den Weg geben möchte, ist ja die Tatsache, dass wir in unserer Entwicklung, auch ein Leben mit Unmut und Krieg zu durchleben hatten. Schließlich sind wir in unserer Entwicklung, sowohl in der positiven wie auch in der materiellen, sprich das Umweltbewusstsein, technische Errungenschaften und so weiter euch um zehntausend Jahre voraus. Unsere Mission ist heutzutage euch an euren Ursprung, an den göttlichen Ursprung zu erinnern und euch die Weisung zu geben, dass es euch genau so möglich ist, ebenfalls einen enormen Schritt in eurer Entwicklung weiterzukommen, wenn die Technik von Nicola Tesla auf der Erde zugelassen werden würde.

Du hattest erklärt, dass auf Metharia, was wir auch schon lange wissen, eine Phase von Unmut und Krieg herrschte. Das würde bedeuten, dass zu der Zeit Metharia ein Läuterungsplanet war?
Das bedeutet nicht, dass Metharia ein Läuterungsplanet war, sondern dass Metharia von anderen Planetenbewohnern angegriffen wurde, um durch deren Herrschaft in einen Läuterungsplaneten umgewandelt zu werden. Auf der anderen Seite ist in der Evolution, in der Geschichte des gesamten Universums jeder Planet, egal in welcher Entwicklung er sich befindet, immer ein Läuterungsplanet für die weitere geistige Entwicklung. Es wird immer wieder jeden Planeten ereilen, sich in seiner eigenen seelischen Vollkommenheit weiter zu entwickeln. Es gibt kein Ende.
Wir Santiner haben in unserer Evolutionsgeschichte lange dazu gebraucht, aber mit göttlicher Hilfe und dem Beistand von Jesus Christus haben wir es geschafft, das Licht und die positive Entwicklung auf dem Stern Metharia einkehren zu lassen. Wir wissen, dass ihr in einer schwierigen Situation seid, dass ihr alle den Wunsch an uns habt, dass wir das positive Leben auf diesen Planeten zu bringen. Ich möchte euch jedoch darauf hinweisen,

dass dies ein schwerer Weg ist, das Licht des Positiven auf diesen Planeten zu verbreiten. Ihr seid immer in den Bereichen des negativen Angriffes und der negativen Einflüsse, also von Aspekten, die euch auf diesem bisherigen Erdenleben einsuggeriert werden oder die ihr selbst auslebt. Wir möchten euch hier und heute bitten, nicht zu sehr darum zu kämpfen, dass Licht nur nach außen hin zu verbreiten. Ich sage es immer wieder und noch mal: um etwas Positives für diesen Planeten Erde hier erreichen zu können, ist es wichtig, den Frieden in sich selbst zu leben, den Frieden in sich selbst zu haben und den inneren Frieden auch in sich zu spüren. Auch den Frieden mit anderen Menschen einzugehen, auch wenn dort negative Auswirkungen gewesen sind. Auch dann, wenn ihr nicht die Anerkennung von anderen Menschen erhaltet, die euch nach eurer Auffassung entgegengebracht werden sollten. Der wichtigste Ansatz ist das positive, friedvolle Leben mit sich selbst. Aber auch immer wieder ein wachsames und helles offenes Auge zu haben für die negativen Seiten dieses Planeten. Und das heißt, je friedvoller ihr in euch werdet, um so höher sind dann auch die negativen Angriffe, wenn sie denn durch euren Schutz hindurch kommen. Wir Santiner mussten auch Kriege führen, um für unseren Weltfrieden leben zu können. Auch wir haben die Opferbereitschaft gehabt, dieses Leben in einer negativen Zeit zu durchwandern. Wir möchten euch heute auch hier bitten, immer wieder die Bereitschaft zu haben, an dem eigenen inneren Frieden und in der Familie zu arbeiten, aber auch die Stärke zu besitzen, dem anderen zu trotzen und nicht in eine seelische und körperliche Abhängigkeit zu verfallen, denn dann hat die negative Seite gewonnen.

Die Frage, die sich in mir formierte, war, wenn wir hier auf dieser Erde auf eine apokalyptische Katastrophe zusteuern, um in eine höhere Schwingungsebene zu kommen, ob dieser Prozess auf Metharia auch so stattgefunden hat?

In diesem Umfang nicht. Das ist hier bei diesem Planeten Erde, da er einer der letzten Läuterungsplaneten im Gesamtumfang ist. Je mehr positives Licht wir auf diesen Planeten senden, um so mehr werden wir natürlich auch dadurch die negative Seite aktivieren, die wiederum versucht, diesen Planeten als ihre letzte Zufluchtsstätte zu bewahren und zu erhalten. Denn nur hier können die Seelen noch beeinflusst werden, um Jesus Christus und Gott zu schädigen, um die Macht zu übernehmen.

Ich habe die Bitte, ob du etwas über die aktuelle politische Situation von dieser Welt sagen kannst?
Ja, die nächsten Erdbeben hatte ich ja vorausgesagt, dass sie kommen werden, und das waren auch noch nicht alle Auswirkungen. Ihr müsst euer größtes Augenmerk auf die asiatischen Länder werfen. Sie beginnen die weltpolitische Lage zu beherrschen. Ihr Machtpotenzial ist sehr groß und sie haben sich eine Unsumme an materiellen Dingen an die Seite gelegt. Wobei es immer wieder darauf ankommt, darauf zu achten, wie weit die Macht von den USA ausgeht. Der Präsident möchte einen weiteren Krieg forcieren, um an weitere Ölquellen zu kommen, um dort das Ölmonopol für diesen gesamten Planeten Erde zu haben.

Ein Krieg mit dem Iran?
Ja. Wobei die anderen Länder wie Indien, Nordkorea und noch andere dabei sind, ihre Atombombenaufrüstung weiter fortzuführen, ohne auf die warnenden Worte der UNO oder dergleichen Delegationen zu hören. Also, dies heißt die Kriege werden weitergehen, die Machtpotenziale werden weiter ausgespielt.

Ging der Anschlag in Amerika auf die Erdölraffinerie von der Al Kaida aus?
Ja.

Warum ist das stillschweigend niedergedrückt worden?
Weil Amerika im Grunde genommen mit der Al Kaida zusammenarbeitet.

Und was können wir tun, bzw. was könnte jeder Einzelne von uns eventuell schon lernen, um euch später eine Hilfe sein zu können? Ihr kennt uns besser als wir selber, unsere Stärken oder Defizite. Es geht mir darum, nicht zu viel Zeit zu vergeuden, sondern etwas Zielgerichtetes tun zu können.
Den Frieden in den eigenen Familien zu leben. Ich sage es immer wieder. Dort beginnt die Arbeit der einzelnen positiven Aktivitäten des göttlichen Seins. Der Frieden in den eigenen Familien ist das höchste Gut.

Ashtar Sheran, warst du im Altertum bei der Übergabe der Gesetze auf dem Berg Sinai dabei?
Ja, das war ich, als die Gebote für die Menschheit übergeben wurden. Ich war auch dabei, als Jesus Christus ans Kreuz genagelt wurde. Und als er später in sein Grab gelegt wurde, haben wir ihn dann mit in unser Raumschiff genommen. Ich war auch dabei, als die Pyramiden von uns gebaut wurden. Ich hatte die Leitung darüber. Ich war auch dabei, als die Santiner alte Kulturen über das Sonnensystem aufgeklärt habe.

Das war also schon so ungefähr vor 13.000 Jahren?
Ja, ich bin nicht ganz so alt. Aber ich habe immer wieder auf Metharia inkarniert und immer wieder meine Position in Anspruch genommen. Ich war zwischenzeitlich auch im geistigen Reich und habe dort meine Seele energetisch aufladen lassen, um wieder zu inkarnieren. Der Name Ashtar Sheran ist ein Kommandoname. Unter diesem Kommando läuft die göttliche Verantwortung für die Erdenmenschheit. Und der Name Ashtar Sheran steht für Schutz des gesamten Universums. Und somit sind wir Santiner in allen Dingen, die das Universum betrifft,

verbunden. Ebenso sind wir für die Entwicklung der Menschen auch zuständig.

Ashtar Sheran, kannst du uns etwas über die Vogelgrippe sagen? Ist das ein gemachter Virus?
Diesen Virus gibt es schon seit tausenden von Jahren.

Auch die asiatische Grippe?
Dadurch, dass die Menschheit nicht mehr an ihre Ursprüngen heran geht, sondern dass alles in einer gewissen Form zivilisierter sein sollte, aber gleichzeitig die Natur durch Verpestung der Luft geschädigt wird, kommt es natürlich zu neuen Erregern, Bakterien und Krankheiten. Diese Form von Vogelgrippe, das Sterben der Vögel hat es schon immer gegeben, nur es ist den Menschen nicht aufgefallen, und sie hatten dem keine Beachtung geschenkt. Und natürlich breiten sich dann Viren und Bakterien irgendwann über den gesamten Planeten aus.

Ist das ein Ausgleichsversuch des Planeten?
Ja, und Warnungen der Natur.

Ich habe gelesen, dass eigentlich für die Erwärmung der Erde nicht das Kohlendioxid ausschlaggebend ist, sondern der Wechselstrom. Stimmt dies?
Nein.

In den zwanziger Jahren hat doch Edison gesagt, dass der Wechselstrom tödlich sei. Was hat er damit gemeint?
Der Wechselstrom an sich ist nicht tödlich, wenn er in einer positiven Form für diesen Planeten angewandt wird. In dieser harmlosen Form, wie er ist, ja. Durch die Erderwärmung – die Ursache ist die Verunreinigung der Luft – wird die Ozonschicht um den Planeten immer dünner. Und dadurch können die Strahlen der Sonne nicht mehr so gefiltert werden, dass sie für

die Menschen unschädlich sind. Das heißt, ihr werdet irgendwann einmal, wenn ihr euch zu sehr der Sonne aussetzt, verbrennen.

Hast du eine Weihnachtsbotschaft für uns?
Wir möchten euch bitten, für den Weltfrieden ein Licht zu entzünden. Wir möchten euch bitten, den Frieden in den Familien zu bewahren. Wir möchten euch bitten, die Aspekte der Harmonie und der Liebe für diesen göttlichen Planeten auszustrahlen. Wir möchten euch bitten, Licht für die Kriege auf diesem Planeten zu entzünden, damit positives Licht in die Welt hinaus strahlen kann, damit diese Kriege ein Ende finden. Wir möchten euch bitten, ein Licht und Gedanken an die armen Länder zu senden, damit diese in ihrem Schicksal und Karma ihre Lebenssituation bewältigen können. Wir möchten euch bitten, den inneren Frieden in euch zu bewahren. Wir möchten euch bitten, darauf zu achten, dass es euren Menschen in eurem Umfeld gut geht und dass ihr mit ihnen gute Gedanken austauscht und euch ihre sorgenvollen Nöte anhört.
Die Negativität auf diesem Planeten ist im jetzigen Zustand erhöht. Die Negativität versucht, die Menschen zu beeinflussen und sie von ihren Wegen abzubringen. Die Weltwirtschaftskrise wird nicht ihren ursprünglichen Höhepunkt erhalten. Das, was hier als Scheinheiligkeit bei den Politikern gesehen wird, ist für euch nur alles Lug und Trug. Die Menschen werden ausgebeutet und die jungen Menschen werden nicht beachtet. Ich möchte vor allem die Worte an die Jugend richten, ihr uraltes Wissen, welches in ihren Seelen ruht, zu öffnen, um für diesen Planeten etwas Gutes zu bewirken, um ihre Stellung hier zu bewahren und auch im Materiellen vorwärts zu kommen. Strebt nach dem Höheren und dem Höchsten, was in euren Möglichkeiten steht. Lasst euch durch die Negativität nicht beeinflussen. Hütet euch vor den so genannten guten Worten anderer Menschen. Besinnt euch auf euer ureigenstes Wissen.

Aus welchem Grund ist die Negativität so sprunghaft angestiegen?
Durch die Weltwirtschaftssituation. Die Macht nach dem Materiellen ist momentan auf dem Höhepunkt. Die einzelnen Länder versuchen ihren materiellen Status zu erhöhen und versuchen dadurch für weitere Rüstungsversuche, Rüstungsaufbauten und neueste Versuche, Geld an die Seite zu schaffen. Ebenso versuchen die Machthaber auch dieses Materielle an die Seite zu ziehen, um auf dem Mond eine feste Station einzurichten, falls dieser Planet kollabiert, dass sie sich dort aufhalten können.

Hast du eine neue Botschaft für uns (Ostern 2007)?
Ja, wir möchten euch mit auf den Weg geben, euch den negativen Schwingungen dieses Planeten entgegenzustellen. Wir möchten euch bitten, in der nächsten Zeit viele Kerzen anzuzünden, um Licht in diese Welt zu senden. Wir möchten euch bitten, positive Gedanken in den Orient zu schicken, um dort die bestehenden Unruhen zu neutralisieren. Wir möchten euch bitten, hierbei mitzuhelfen, dass kein weiterer Machtkrieg entsteht.
In den früheren Zeiten beruhten die Kriege auf diesem Planeten auf unterschiedlichen Religionsauffassungen. Mittlerweile handelt es sich nicht mehr um Glaubenskriege, sondern es sind jetzt Machtkriege, um die letzten Reserven von Öl und Gas aus diesem Planeten zu holen.
Was nur dabei wichtig ist: Bewahrt Gedanken der Neutralität und geht nicht in die Wut oder den Hass, denn somit würdet ihr der negativen Seite wiederum die Möglichkeit geben, dass dieser Planet schneller und weiter zerstört wird.
Weiterhin wird der Terrorismus seinen weiteren Weg gehen. Und dieser Terrorismus wird auch von Luzifer unterstützt. Auch dort bitten wir um eure positiven Gedanken, um dieser negativen dunklen Macht Einhalt zu gebieten.

Ich würde dich bitten, vielleicht ein paar Worte zum aktuellen Klimawandel, der ja jetzt sehr deutlich für uns alle ist, zu sagen. Wie schlimm es jetzt im Moment ist und wie schlimm es noch werden kann.

Wir haben ja all die Jahrzehnte immer wieder davor gewarnt, dass es zu diesen Klimaverschiebungen kommen wird. Die Polaritäten sind dabei, sich langsam zu verschieben. Der Polsprung hätte schon längst stattfinden müssen, ist aber noch nicht geschehen. Dadurch, dass dieser Polsprung sich vorbereitet und die Klimaverschiebung durch die Ausnutzung der Erde und durch Abgase geschehen ist, wird dieses für euch Menschen hier in diesen Bereichen immer schlimmer.

Ihr müsst vor allem die Sonne meiden. Bitte setzt euch nicht mehr der Sonnenstrahlung so sehr aus, dass ihr unbekleidet in der prallen Sonne liegt. Dies würde eure Haut sehr verbrennen. Wir sind dabei, an jedem Elften eines Monats eurer Zeitrechnung einen Energiegürtel um diesen Planeten zu legen. Dadurch versuchen wir die Klimaveränderung für den gesamten Planeten wieder zu korrigieren. Wie weit dies uns gelingen wird, und wie viele Jahre wir noch brauchen werden, kann ich heute noch nicht sagen. Es kommt darauf an, wie die Menschen auf diesem Planeten weiterhin mit diesen Abgasen und filterlosen Ausdünstungen umgehen.

Dann ist mir aufgefallen, dass aufgrund dieses Klimawandels die Politik schwer am diskutieren ist, und ich habe das Gefühl, dass es aber wirklich nur bei Diskussionen bleiben wird und dass es einfach nur darum geht, nicht der Natur wirklich etwas Gutes zu tun, sondern Macht zu erhalten und Geld zu verdienen.

Dies hat einen ganz anderen Beweggrund: nämlich von den eigentlichen Problemen der Politik abzulenken. Ihr seid durch den Wirbelsturm, der über euer Land zog, in Mitleidenschaft gezogen, und die Menschen haben natürlicherweise mehr Angst bekommen. Die Politiker wollen jetzt dadurch in einer Schein-

heiligkeit zeigen, dass sie sich um die Umwelt kümmern, um aber von ihren eigentlichen Problemen, die sie haben, abzulenken.
Die Regierung hier in Deutschland liegt am Boden. Sie ist im Grunde genommen gar nicht regierungsfähig. Es werden immer wieder neue Gesetze durchgebracht, die dem Menschen mehr schaden, als ihm helfen. Den einzigen, denen geholfen werden, sind die großen Unternehmer. Sie bekommen laufend Milliarden an Subventionen zugeschustert, die nicht notwendig sind. Aber nach außen wird ein Bild vermittelt, dass man sich eigentlich um die Umwelt kümmert. Trotz dieser deutlichen Worte möchte ich euch bitten, in positiven Gedanken zu bleiben. Alles kommt irgendwann aus der Verdeckung heraus.

Ist es von euch erwünscht, dass wir vermehrt Politiker ansprechen, um eure Botschaften auch in diese Bereiche zu bringen?
Dieses hat überhaupt keinen Sinn. Das ist für euch vergeudete Energie. Eine Arbeit in Stille und Wahrhaftigkeit hat mehr Wert, als in die Öffentlichkeit zu gehen und verlacht zu werden.

Das Interplanetarische Gesetz Gottes

Die Santiner waren die Übermittler des Interplanetarischen Gesetzes Gottes an Moses. Dieses ursprüngliche Interplanetarische Gesetz besteht aus sieben Hauptgeboten und sieben Forderungen. Es beweist durch die tiefe Liebe zu Gott und seiner Schöpfung, die darin zum Ausdruck kommt, wie sehr wir unseren außerirdischen Freunden vertrauen dürfen. Leider wurden diese heiligen Zeilen durch menschliche Einflussnahme verfälscht und in die biblische, unvollkommene Form der zehn Gebote gebracht. Über den medialen Kontakt wurde uns Menschen das Gesetz wiedergegeben.

Die sieben Hauptgebote

1. Am Anfang war eine raumlose Kraft. Es war der Logos, die höchste Intelligenz. Du bist nicht fähig, diese Kraft und Intelligenz durch irgendein Gleichnis verständlich zu machen. Du darfst darüber keine eigenen Betrachtungen anstellen, sondern erkenne mittels deines eigenen Verstandes und Gefühls diese Intelligenz als deinen Schöpfer an. Alles andere Denken in dieser Richtung ist von Übel.

2. Du darfst nicht gegen die Gesetze der Natur handeln und leben, denn du schädigst nicht nur dich und deine Seele, sondern viele deiner Nachkommen, denen dann in keiner Weise mehr zu helfen ist, wenn du die intelligente Schöpfung Gottes geschädigt hast. Du trägst die volle Verantwortung für jedes Leid auf dieser Erde.

3. Du darfst deinen Schöpfer weder verspotten noch verfolgen, selbst wenn du ihn mit deinem eigenen, unentwickelten Denken nicht verstehen oder erfassen kannst, denn du bist nicht mehr, sondern weniger als Gott. Darum beschmutze seinen Namen nicht und bringe ihn nicht in Verbindung mit deinem eigenen Denken. Kritisiere nicht den Logos, denn er ist unfehlbar auf Grund seiner unendlichen Erfahrung und unermesslichen Kraft.

4. Sei unermüdlich tätig, sowohl im Denken als auch im Handeln. Doch wisse, dass der Gedanke die größte Kraft und das höchste Erbe Gottes darstellt. Dein Gedanke ist unermesslich in seiner Auswirkung, jenseitig und diesseitig. Denke mit aller Ehrfurcht an deinen Schöpfer, sowohl in der Zeugung deiner Nachkommen als auch im Gestalten aller Dinge, und schaffe jede Sache nur zum Guten und niemals zur Unehre Gottes und deiner selbst. Achte den unermüdlichen Fleiß des Schöpfers und achte die Arbeit deiner Mitmenschen, die der Schöpfung zur Ehre Gottes im Schweiße dienen.

5. Mache keinen Unterschied zwischen arm und reich, noch einen Unterschied zwischen jung und alt oder zwischen einer Farbe. Ehre die Erfahrungen und achte das Leid. Höre auf den Rat deiner Eltern, sofern sie an Gott, den Schöpfer, glauben. Ohne diesen Glauben kannst du vielleicht reich, aber niemals glücklich, zufrieden, noch weniger selig werden.

6. Dein Schöpfer wünscht, dass du das Leben in aller Welt als seine Kraft achtest. Du hast kein Recht, über das Leben eines Mitmenschen zu bestimmen. Bekämpfe die gegensätzliche Schöpfung und das Leben zerstörende Leben. Töte kein Tier zu deinem Vergnügen, sondern nur zur Erhaltung und Sicherung deines eigenen Lebens.

7. Schädige keinen Mitmenschen, weder an Leib oder Seele, noch im Ansehen oder an seinen selbst erarbeiteten Gütern. Schädige ihn nicht an seiner Entwicklung, weder in seiner Liebe noch in seiner Freiheit, sondern hilf ihm alle Zeit in allen diesen Dingen, ohne auf Dank zu warten. Leiste deinen Beitrag zur Wahrheit und zur Erhaltung aller Einrichtungen, die dein Leben, deine Gesundheit und deine geistige und seelische Entwicklung fördern.

Die sieben Forderungen

1. Zeuge nicht aus deiner Lust, sondern aus der freiwilligen Opferbereitschaft, einer begnadigten Seele zu einer besseren Einsicht und Selbsterkenntnis zu verhelfen und für sie so lange zu sorgen, bis sie die Selbstständigkeit im Denken und Handeln erlangt hat.

2. Achte deine Lebensgefährtin als die verantwortliche Trägerin des göttlichen Willens, des göttlichen Lebens, und als die Wegbereiterin der planvollen Zukunft. Ihr Versagen bedeutet die Vernichtung in langsamer, aber unvermeidlicher Folge.

3. Teile nicht die Schätze dieser Erde auf, denn sie sind allen Kreaturen, vor allem aber allen Menschen ohne irgendeinen äußerlichen Unterschied gegeben. Der Stern Erde ist ein Geschenk Gottes an die gesamte Menschheit, die auf diesem Stern lebt und je leben wird.

4. Beneide keinen Mitmenschen, noch eine Gruppe oder ein Volk, noch eine Rasse, noch ein Land, in dem Menschen für sich leben. Denn du kannst nicht mit aller Bestimmtheit wissen, ob du jene nicht wegen eines Irrtums beneidest, der noch nicht erkannt worden ist.

5. Wende keine Gewalt an, auch wenn du glaubst, der Stärkere oder der Angegriffene zu sein. Denn jede Gewalt ist eine Herausforderung unheimlicher Kräfte, die nicht nur deinen Gegner, sondern auch dich selbst vernichten, und die Zukunft deiner Nachkommen erschweren oder unmöglich machen.

6. Bediene dich in allen Schwierigkeiten des Logos und wende dich ab von den Ratschlägen deiner Berater und Feinde, die gleicherweise auf deinen Untergang warten.

7. Traue deinen Sinnen nicht, denn nur deine Seele ist fähig, die allerletzte Entscheidung zu treffen – und dabei hilft dir Gott und sonst nichts.

Das Vaterunser im Urtext

Unser Vater, der du bist im Himmel,
geheiligt werde dein Name,
deine Geisterwelt komme zu uns,
dein Wille geschehe im Jenseits und im Diesseits.
Gib uns heute das Brot für den folgenden Tag.
Vergib uns unsere Sünden,
mehr als wir denen vergeben, die sich gegen uns versündigt haben,
und lass uns nicht los von deiner Hand, damit wir nicht der Versuchung zum Opfer fallen,
sondern befreie uns von dem Bösen.
Amen.

Ein Dankgebet

Lieber Vater im Himmel,
wir danken dir von ganzem Herzen für all deine Liebe, Gnade und Barmherzigkeit.
Wir danken dir für unser Leben und für unsere Existenz.
Wir danken dir für alles Gute und Schöne in diesem Leben und in anderen Leben,
und für deine wunderbare Schöpfung im ganzen Universum.
Wir danken dir für unsere Führung, für unseren Schutz und für unsere Belehrung,
und für deine allumfassende, wunderbare Liebe.
Amen.

Die zwei Gesetze der Santiner

- Den Mitmenschen gegenüber Hilfsbereitschaft leben.
- Die eigene Seele auf das geistige Reich ausrichten.

Mediale Zeichnungen

Sämtliche Zeichnungen werden ohne abzusetzen in einem Strich gezeichnet, weshalb das Profil bevorzugt wird.

Ashtar Sheran
Generalbevollmächtigter der außerirdischen Raumfahrtflotte, Sternenbruder und autorisierter Weltenlehrer.

Setun Shenar
Ein Santiner, der die Verantwortung für die Menschheit mitträgt.

Tai Shiin

Assistent von Ashtar Sheran.

Der Helm trägt in Übereinstimmung mit dem Portrait von der Santinerin Loa das gleiche Sternabzeichen. Die Erhöhung auf dem Helm dient zur Verstärkung der Ferntelepathie.

Esthur
Sohn des Santiners Tai Shiin.

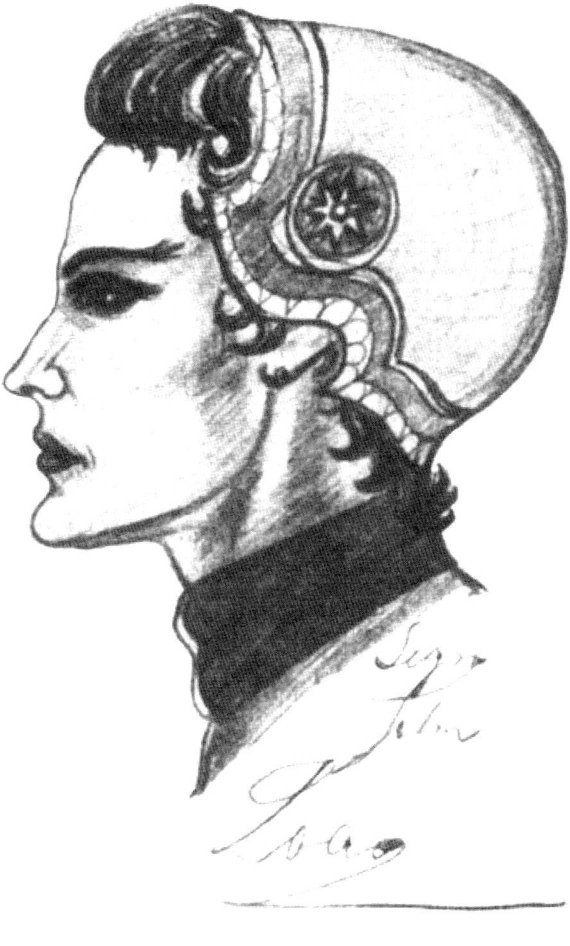

Loa
Eine Verwandte des Raumschiff-Kommandanten Ashtar Sheran.

Vutsia Shea
Eine Santinerin von der Raumstation Share. Die Menschen von den Raumstationen oder Raumschiffen tragen alle eine hochgeschlossene Kleidung. Diese Zeichnung wurde mit besonderer Sorgfalt angefertigt. Sie erfolgte innerhalb von 30 Minuten.

Oshur Shinar
Stützpunkt-Kommandant der erdnahen Weltraumstation Share.

Zyndar Shiin
Assistent des Stützpunkt-Kommandanten Oshur Shinar.

John Sheridan
Der Lichtbote John Sheridan hat durch die Hand des Mediums weit über 100 historische Schutzpatron-Zeichnungen ausgeführt. Das Medium hat keine Kostümkunde studiert, trotzdem stimmen die Kostüme etc. mit den angegebenen Jahrhunderten genau überein. Alle Zeichnungen stammen von ihm in Zusammenarbeit mit dem Zeichenmedium.

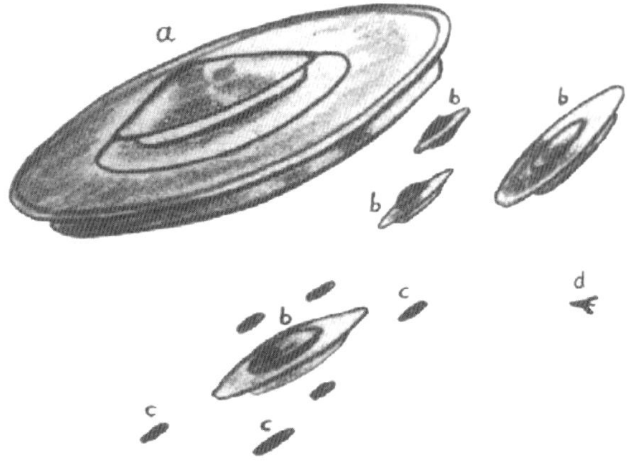

Ein **Hauptmutterschiff** mit Mutterschiffen und den dazugehörigen Raumschiffen.

a. Hauptmutterschiff
b. Mutterschiffe, zugehörig zum Hauptmutterschiff
c. Vimanas oder Raumschiffe, zugehörig zum Mutterschiff
d. Düsenflugzeug der Erde als Größenvergleich

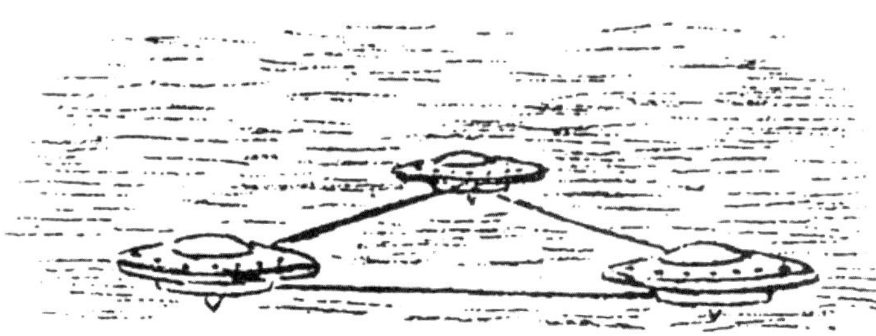

Unterseeische Raumstation mit eigenem elektromagnetischem Kraftfeld. Es sind flache Mutterschiffe, die kleinere Raumschiffe aufnehmen. Jedes kleine Raumschiff wird durch eine Signalanlage elektronmagnetisch in seine Schleuse gesteuert. Es ist unbekannt, wie viele dieser Santiner-Stationen in den Ozeanen angelegt sind.

So hat der **‚Stern von Bethlehem'** wirklich ausgesehen. Es handelt sich um ein außerirdisches Raumschiff und nicht um ein astronomisches Phänomen.

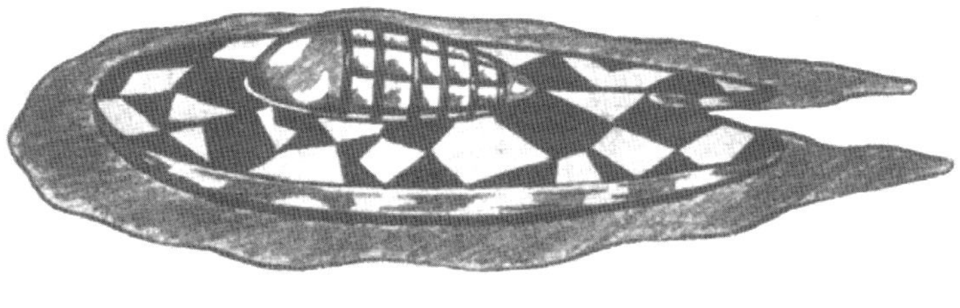

Das neueste Modell einer **Vimana**, speziell für den Erdflug gebaut. Die Flugscheibe wird rot und weiß gekennzeichnet, damit sie gut erkannt werden kann.

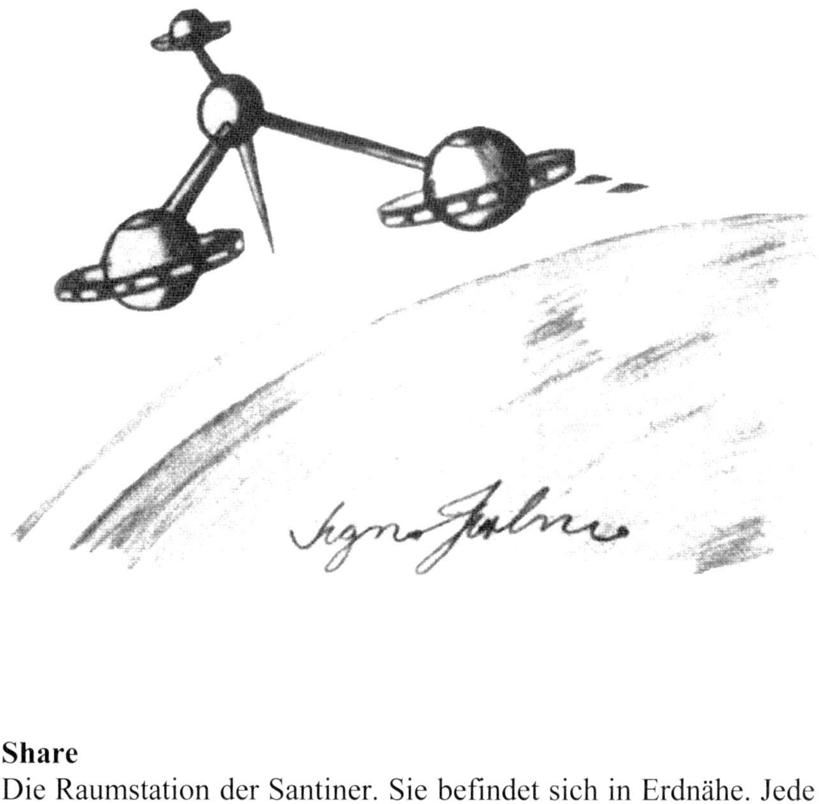

Share
Die Raumstation der Santiner. Sie befindet sich in Erdnähe. Jede Kugel ist eine kleine Erde für sich und bietet 2.000 Menschen Raum mit allem Komfort. Bei Ortswechseln können sich die Kugeln dicht aneinanderlegen. Von dieser Weltraumstation aus wird die Erde einer laufenden Kontrolle unterzogen.

Rückstrahl-Antimagnet-Generator einer fliegenden Scheibe.

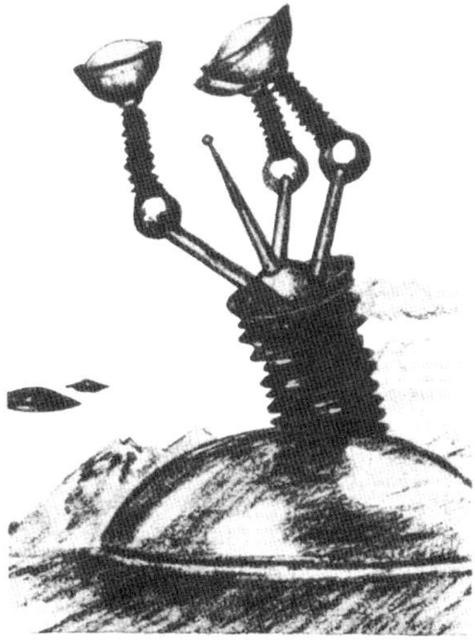

Santiner-**Observatorium** in der Raumstation Share, von wo aus unsere Erde genauestens beobachtet wird.

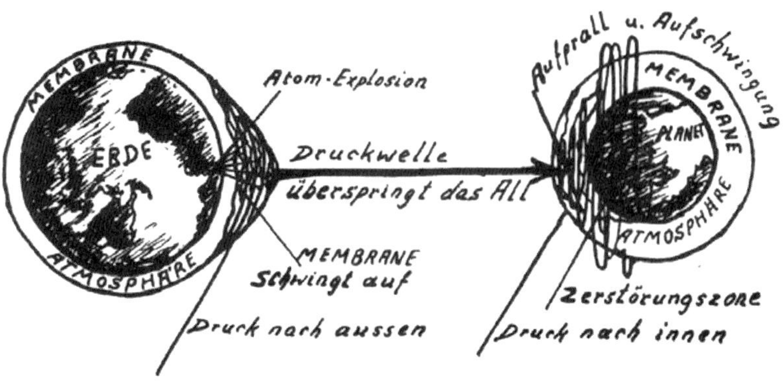

Darstellung der **interplanetarischen Auswirkung** der auf der Erde ausgelösten Atombombenexplosionen. Die Beschriftung wurde auf Grund der medialen Durchgaben hinzugefügt.

Wohnhaus auf Metharia. Die Raumschiffe fliegen in die obere Öffnung des Rundbaues ein und aus. Im Haus schieben sie sich seitlich in eine Garage ein. An der Vorderseite des Hauses befindet sich ein Erkennungszeichen, das von der Flugscheibe aus erkannt wird, da der Blick schräg nach unten fällt.

Magnetische Schnellbahn auf dem Heimatplaneten der Santiner, auf Metharia. Die Schleifen an der Seite sind die typischen Santiner-Schriftzeichen.
Jeder Strich, auch die Schraffur von Licht und Schatten, ist durch jenseitige Kraft und Handführung erfolgt.

Die Mars-Frucht **Sebar**. Diese Frucht dient den Santinern als Nahrung und soll ihnen große Energie verleihen.

Weitere Botschaften von den Santinern

Die Santiner
Martin Fieber (Hrsg.)
240 Seiten
ISBN 978-3-935422-08-6
Diese Botschaften wurden ebenso wie ‚Friede über alle Grenzen' und die ‚Blaue Reihe' im Medialen Friedenskreis Berlin (MFK) übermittelt. Wer sind die Santiner? Wo und wie leben sie? Welchen Auftrag haben sie?
Hier erfahren Sie, warum die Santiner sich im Bereich unseres Planeten aufhalten, was sie uns zu sagen haben und vieles mehr. Einige eindringliche Reden ihrer Führungspersönlichkeit Ashtar Sheran bilden den Kern dieses Werks. Zusätzlich enthält das Buch weitere Botschaften von Ashtar Sheran und anderen Santinern aus der Zeit bis 2003. Diese wurden im Spirituellen Forschungskreis Bad Salzuflen empfangen, der die Arbeit des MFK fortführt und eng mit unserem Verlag zusammenarbeitet.

Die Mission der Santiner
Hermann Ilg
240 Seiten
ISBN 978-3-935422-58-1
Die Mission der Santiner ist ein beispielloser Liebesdienst, den eine treu zu Gott stehende außerirdische Brudermenschheit, die Santiner, in vorbildlicher Weise für die irdischen Menschen erfüllt. Die Santiner bemühen sich, die Folgen der schwerwiegenden Versäumnisse und Verfehlungen, welche die irdische Menschheit zu verantworten hat, wenigstens so weit abzumildern, dass nicht weitere, unschuldige Menschheiten anderer bew[illegible]ieten durch die kosmischen Auswirkungen der irdisch[illegible] in Mitleidenschaft gezogen werden. Zusätzlich enthält das Buch eine kurze Gruß-Botschaft von Hermann Ilg selbst aus dem Jahre 2004, die er uns über ein ihm schon aus irdischen Zeiten bekanntes Medium übermittelt hat, und eine Botschaft der Santiner sowie eine abschließende Rede von Ashtar Sheran.

Das Leben der Santiner
Hermann Ilg
320 Seiten
ISBN 978-3-935422-43-7
Wie leben die Santiner? Wie sieht ihr Tagesablauf aus? Wie unterscheidet sich ihr Heimatplanet von der Erde? In diesem Buch erfahren Sie mehr über die Santiner und ihr Wesen, wie sei wohnen, wie sie denken und was sie uns Menschen auf der Erde mitteilen möchten. Ergänzt werden sie mit aktuellen Durchgaben der Santiner, die in den letzten Jahren im SFK erfolgten.

Die Bauten der Außerirdischen in Ägypten
Hermann Ilg – Helmut P. Schaffer
160 Seiten , 70 Fotos
ISBN 978-3-935422-59-8
Dieses Buch enthält eine Fülle von Beweisen für die Beteiligung außerirdischer Menschen an der Errichtung der großartigsten Bauwerke dieses Planeten. Durch die inspirative Hilfe von Geistwesen und Santinern gelingt es Hermann Ilg mit überzeugend einfacher Logik und anhand von Fotografien, uns dieses spannende Thema näher zu bringen. Es wird lebhaft beschrieben, wie es seinerzeit gelingen konnte, innerhalb kürzester Zeit diese gewaltigen Steine in absoluter Perfektion aufeinander zu türmen. In leicht verständlichen Worten werden Sinn und Zweck der Pyramiden und anderer Bauten erklärt. Zusätzlich erhält der Leser Informationen über die Besiedelungsgeschichte der Erde und Erfahrungsberichte von Menschen, die sich im Innern der Pyramiden aufgehalten haben.

Botschaften von Elias und der geistigen Welt

Das kleine Buch vom Schutz der Seele
Martin Fieber (Hrsg.)
192 Seiten
ISBN 978-3-935422-44-4
Wozu sollte man sich schützen? Warum gerade bei Vollmond?
Warum sollte man regelmäßig die Chakren schließen? Wie schützt uns unser Seelenstein? Und unsere Geburtsfarbe? Was ist ein Seelenhaus?
In diesem Buch erklärt die geistige Welt die Hintergründe, warum die Seele geschützt werden sollte. Die durch Abbildungen veranschaulichten einfachen Schutzübungen sollen dem Anwender helfen, in seine Mitte zu kommen und sich von Energien abzugrenzen, die nicht gut tun.
Ein wichtiger Leitfaden aus der geistigen Praxis für unsere tägliche Praxis.

Das kleine Buch vom Schutz der Seele
Hörbuch 2CD – 125 Minuten
Hochwertiges Digipack
Martin Fieber (Hrsg.)
gelesen von **Michaela Merten** und **Pierre Franckh**
ISBN 978-3-935422-64-2
Michaela Merten und Pierre Franckh machen dieses Hörbuch zu einem Ereignis. Genießen Sie es und lassen Sie sich überzeugen, wie wichtig der Schutz der eigenen Seele wirklich ist.

Das Geistige Reich
Martin Fieber (Hrsg.)
240 Seiten
ISBN 978-3-935422-09-3
Wie ist das geistige Reich aufgebaut? Welche Sphären gibt es? Welche Aufgaben haben Erzengel, Lichtträger und Lichtboten?
Hier erfahren Sie alles, was Sie schon immer mal über das geistige Reich wissen wollten.

Das Geheimnis unserer Gedanken
Martin Fieber (Hrsg.)
160 Seiten
ISBN 978-3-935422-10-9
Was ist das Denken? Wie funktioniert es? Was ist Intelligenz? Wie funktioniert Telepathie? Und wo sitzt die Erinnerung? Was ist die Aufgabe unseres Gehirns? Wo findet das Denken eigentlich statt? Was ist der Unterschied zwischen Inspiration und Intuition?
Auf diese und viele andere Fragen hat der Lichtträger Elias eine überzeugende und logische Antwort parat. Jeder wahrlich Interessierte wird mit diesem wegweisenden, ja revolutionären Buch einen Schatz in Händen halten, der eine lebenslange Bereicherung sein wird.

Reinkarnation und Religion
Martin Fieber (Hrsg.)
320 Seiten
ISBN 978-3-935422-11-6
Was bedeutet Reinkarnation? Was ist göttlicher Glaube? Worin irrt die Kirche? Was ist wahrer Spiritualismus? Kann ein Atheist einen größeren Glauben besitzen als der Papst?
Reinkarnation, Religion und Spiritualismus oder die Lehre der Grenzwissenschaft, kann man nicht trennen, es gehört alles zusammen. Ganz selten wurden bisher diese miteinander verwandten Bereiche unserer Religio, also unserer Rückverbindung mit Gott, in einem Buch dargestellt.
*„Das Leben ist viel wichtiger als eine Zeremonie. Die wahre Religion ist kein Ritual, sondern ein heiliger Dienst am Menschen.“ (*Elias*)*

Gedanken für den Weltfrieden
Martin Fieber (Hrsg.)
176 Seiten
ISBN 978-3-935422-49-9
Dieser wunderschöne Geschenkband enthält eine Sammlung verschiedenster Gedanken der geistigen Welt, die jeden friedliebenden Menschen ansprechen werden. Die einfachen und brillanten Gleichnisse sind heutzutage aktueller denn je. Jede Seite enthält einen in sich geschlossenen Hinweis darauf, warum die derzeitigen Machtstrukturen

auf unserem Planeten nicht geeignet sind, den Weltfrieden zu realisieren. Gleichermaßen wird dem Leser verständlich, dass ein Beitrag jedes einzelnen in seinem persönlichen Bereich wichtig ist, um die Missstände zu beheben.

Die Blaue Reihe

Diese Buchreihe umfasst die Ergebnisse der Forschungsarbeit des Medialen Friedenskreises Berlin.

Band 1: Jesus Christus
Martin Fieber (Hrsg.)
80 Seiten
ISBN 978-3-935422-01-7
War Jesus Christus die Inkarnation Gottes? Was hat er bis zu seinem 28. Lebensjahr gemacht? Ist er wirklich für uns Menschen gestorben und hat alle Sünden auf sich genommen? In diesem Buch finden Sie Wahrheiten und Antworten auf viele Fragen zu der größten Seele, die je auf diesem Planeten lebte.

Band 2: Das Sterben
Martin Fieber (Hrsg.)
160 Seiten
ISBN 978-3-935422-02-4
Was geschieht im Augenblick des Todes? Was geschieht bei tödlichen Unfällen oder Selbstmord mit der Seele? Wie wirkt sich Trauer von Hinterbliebenen auf das Befinden der ‚Verstorbenen' aus? Das Tabuthema vieler Menschen wird an der Wurzel gepackt. Die große Bedrohung wird durch dieses Buch in ein vertrautes Wissen umgewandelt. Das Weiterleben der Seele nach dem körperlichen Tod wird erläutert und nachgewiesen.

Band 3: Die Stimme Gottes
Martin Fieber (Hrsg.)
64 Seiten
ISBN 978-3-935422-03-1
Ein provokanter Titel für ein Buch, in dem ein hohes Geistwesen stellvertretend für die göttlichen Sphären spricht. Es wird aufgezeigt, wie die Geschehnisse auf diesem Planeten von einer höheren Warte aus gesehen werden. Gesellschaft, Politik, Wissenschaft und Kirche werden in einer für jedermann verständlichen Weise unter die Lupe genommen, die Probleme beim Namen genannt und Lösungsvorschläge gemacht. Hier wird Klartext geredet!

Band 4: Die mediale Arbeit
Martin Fieber (Hrsg.)
176 Seiten
ISBN 978-3-935422-04-8
Was ist Medialität? Welche Voraussetzungen müssen für mediale Arbeit erfüllt sein? Welche Gefahren gibt es im Verkehr mit der Geisterwelt Gottes? Im Dialog mit der geistigen Welt werden die wichtigen Grundbedingungen und Gesetzmäßigkeiten genannt, die für positive mediale Arbeit unerlässlich sind. Es wird deutlich auf die Gefahren des Spiritismus hingewiesen und aufgezeigt, wie gute und schlechte Medien bzw. mediale Kontakte unterschieden werden können. Dieses Buch klärt auf und warnt vor Leichtsinnigkeit.

Band 5: Der Schöpfer – Der Widersacher
Martin Fieber (Hrsg.)
160 Seiten
ISBN 978-3-935422-05-5
Wer und was ist der Schöpfer? Warum lässt Gott so viel Leid zu? Gibt es einen Widersacher?
Die geistige Welt hat hier den Versuch unternommen, in uns verständlichen Worten die Existenz Gottes und seine grandiose Schöpfung zu beschreiben. Außerdem kommt die Tragik der Geschehnisse um Luzifer, den Widersacher, deutlich zum Ausdruck. Sie finden Erklärungen zu einem Bereich des Glaubens, den die Kirche uns verschweigt.

Band 6: Die Seele – Der Schutzpatron
Martin Fieber (Hrsg.)
128 Seiten
ISBN 978-3-935422-06-2
Seele – was ist das? Wie funktioniert das Zusammenspiel von Seele, Geist und Körper? Hat jeder Mensch einen persönlichen Schutzpatron, und wie macht sich der bemerkbar? Die geistige Welt bringt uns das Thema auf deutliche Art und Weise nahe und führt uns in das Thema der Reinkarnation ein.

Band 7: Krankheit, Heilung und Gesundheit
Martin Fieber (Hrsg.)
176 Seiten
ISBN 978-3-935422-07-9
Was sind die Hauptursachen von Krebs? Worauf sollte man bei der Ernährung achten? Gibt es eine geistige Heilung und wie funktioniert sie? Welche Folgen hat der Genuss von Alkohol und Nikotin für Seele, Geist und Körper? Die geistige Welt hilft uns, Ursachen vieler Krankheiten zu erkennen. Außerdem werden Maßnahmen zur ganzheitlichen Heilung bzw. Gesunderhaltung beschrieben.
Weitere Schwerpunkte sind Gebet, Drogen und Karma.

Set „Die blaue Reihe“ – Band 1 bis 7
Martin Fieber (Hrsg.)
944 Seiten
ISBN 978-3-935422-29-1

Weitere Bücher aus unserem Verlag

Machu Picchu – Die Stadt des Friedens
Martin Fieber
192 Seiten, 125 farbige Abbildungen
ISBN 978-3-935422-48-2
Machu Picchu ist nicht nur die beliebteste Touristenattraktion Perus sondern ganz Südamerikas. Und doch ist Machu Picchu immer noch eines der größten Geheimnisse der Welt. Das Buch ist eine spannende Reise zu diesem magischen Ort in den Wolken, in die Vergangenheit Perus, in die Geschichte unseres Planeten und zur eigenen Seele. Wie es schon bei den ägyptischen Pyramiden war, gibt es auch bei der berühmten Inkastadt keinen Zweifel, dass die Bauweise der Fundamente der dortigen Gebäude außerirdischen Ursprungs ist.

Poster Machu Picchu
64 cm breit / 45 cm hoch
ISBN 978-3-935422-46-8
Nur das Anschauen des Bildes lässt Sie einen Hauch des Friedens erleben, den dieser magische Ort ausstrahlt.

Steh' endlich auf!
Martin Fieber
128 Seiten
ISBN 978-3-935422-47-5
Dieser lehrreiche Erfahrungsbericht beschreibt die Abgründe einer spirituellen Abhängigkeit bis ins kleinste Detail: von den anfänglichen euphorischen Gefühlen, über die Hölle der seelischen Schmerzen, bis zurück in die Freiheit des normalen Lebens. Er wird ergänzt von einem Leitfaden, welcher den Weg zu finden hilft durch den Jahrmarkt der heutigen Esoterik und den Dschungel der dazugehörigen Seminarangebote. Spannend, ehrlich und wahrhaftig geschrieben. Dieses Aufklärungswerk könnte Leben retten.

Seele des Friedens
Martin Fieber
128 Seiten
ISBN 978-3-935422-65-9
Dies ist eine kleine Geschichte über Ängste und wie man sie in aufbauende Energie umwandelt. In Mut machenden Worten empfängt eine kleine Seele von einer großen Seele Antworten auf ihre innersten Ängste und Empfindungen.
In spielerischer Form werden über 40 Ängste besprochen und lassen so den Sinn hintern den Ängsten erkennen. Abschließend wird aufgezeigt, wie man seine Ängste an die geistige Welt abgeben kann.
Dieses Buch tritt in die Spuren von Khalil Gibrans ‚Der Prophet'.

Strömende Stille
Hermann Ilg
96 Seiten
ISBN 978-3-935422-55-0
Dieser Band enthält Gedichte von kosmischem Charakter, ebenfalls von der geistigen Welt uns Menschen überreicht. Es sind wunderschöne Verse, die Herz und Seele berühren.
Ein Büchlein, das auch als Geschenk gut geeignet ist. Mit einfühlsamen Zeichnungen.
„Die tiefste Wahrheit strahlt in den Gedichten auf, die einfach sind wie Kinderworte. Damit sind Sinn und Bedeutung der Gedichte von Hermann Ilg umrissen. Sie sind Meditationen in Versen, Lautwerdungen mystischen Natur-, Geist- und Gott-Erlebens. Sie enthüllen mit wenigen Worten verborgene Weisheit und Gewissheit." (K.O. Schmidt)

Die große Begegnung (erscheint 2007)
Herbert Victor Speer
ca. 200 Seiten
ISBN 978-3-935422-66-6
Dies ist ein ergreifender Erfahrungsbericht von Begegnungen mit der lichten und dunkleren Jenseitswelt. Der Autor, der den früheren Medialen Friedenskreis Berlin gegründet hat und dessen Botschaften in der ganzen Welt bekannt waren, schildert hier seinen ergreifenden

spirituellen Weg. Jeder Weg zur Bewusstwerdung ist irgendwann einmal ein sehr schwieriger und beschwerlicher. Herbert Victor Speer suchte sich einen manchmal nicht in Worte zu fassenden Weg aus, der in einem Kampf mit der Dunkelheit seinen Höhepunkt fand. Seine Erlebnisse sind absolut wahrhaftig geschrieben.
Ein Buch, das erst jetzt – knapp 25 Jahre nach dem Übergang von Herbert Victor Speer ins geistige Reich – von ihm persönlich zur Veröffentlichung frei gegeben wurde.
Dieses Buch ist nichts für schwache Nerven, aber jeder, der dieses Buch liest, geht von nun an mit anderen Augen durch die Welt.

Das goldene Band
Maliesa Nasilowski
310 Seiten
ISBN 978-3-935422-67-3
Gibt es ein Leben nach dem Tod? Und wie geht es dann weiter? Dieses Buch zeigt, wie durch „Das goldene Band" die Autorin mit ihrem Mann Horst zusammengeführt wurde, und es beginnt mit der Schilderung seines Überganges vom irdischen Leben ins geistige Reich. Nach einigen Monaten ist sogar eine Kontaktaufnahme mit Horst im Spirituellen Forschungskreis Bad Salzuflen (SFK) mittels eines Mediums möglich.
In vierundzwanzig einzigartigen Protokollen von Sitzungen im SFK wird über ein Leben nach unserem Tod berichtet, und es werden Einblicke in die Tätigkeiten der Jenseitigen gewährt. Es wird geschildert, wie Horst im geistigen Reich in Empfang genommen wurde, wo er dann seinen früher verstorbenen Sohn wieder traf. Dieses Buch ist vollkommen authentisch und entspricht in allen Teilen der Wahrheit.

Reiki – Ein Geschenk des Himmels
Gertrud A. Manasek
112 Seiten
ISBN 978-3-935422-61-1
Der erste Teil der Reiki-Trilogie vermittelt ein tiefes Verständnis für die Reiki-Energie und zeigt den spirituellen Hintergrund in seiner Vielschichtigkeit auf. Ein weit gespannter Bogen unterschiedlichster Themen erwartet den Leser. Dieses Buch ist eine Fundgrube für jeden bewusst

lebenden Menschen und führt ihn über die einzigartige Reiki-Energie zu seinem wahren Selbst.

Das Gnadengeschenk Reiki II
Gertrud A. Manasek
160 Seiten
ISBN 978-3-935422-62-8
Im zweiten Teil der Reiki-Trilogie nimmt die erfahrene Reiki-Lehrerin die vielen konstruktiven und weiterführenden Gedanken und Anregungen aller Reiki-Schüler auf. Den interessierten Leser erwarten viele praktische Hinweise für den Umgang mit sich selbst, aber auch meditative Impulse und Lebensweisheiten hohen Grades mit dem Reiki Grad II.

Das Mysterium der Reiki-Meister-Energie
Gertrud A. Manasek
160 Seiten
ISBN 978-3-935422-63-5
Der dritte Teil des Buches beschreibt die konsequente Fortführung, Weiterentwicklung und Vervollkommnung des einmal beschrittenen Reiki-Weges, der in die allumfassende Harmonie der universellen Lebensenergie Reiki führt. Der Leser wird mit einer Fülle von spirituellem Wissen, vertieften Detailkenntnissen und mannigfaltigen, leicht in die Praxis umsetzbaren und in das tägliche Leben integrierbaren Hinweisen vertraut gemacht.
Ein Reiki-Buch für Fortgeschrittene und solche, die ihr Wissen mit kosmischem Wissen vervollständigen möchten.

Wer Interesse an einem kostenlosen Probeprotokoll einer medialen Sitzung des Spirituellen Forschungskreises e.V., Bad Salzuflen hat, melde sich bitte bei uns im Verlag. Wir senden es gerne zu.
Bergkristall Verlag GmbH
Krumme Weide 30, 32108 Bad Salzuflen